权威·前沿·原创

皮书系列为
"十二五"国家重点图书出版规划项目

中国社会科学院创新工程学术出版项目

人权蓝皮书

BLUE BOOK OF
CHINA'S HUMAN RIGHTS

中国人权事业发展报告
No.5（2015）

ANNUAL REPORT ON CHINA'S HUMAN RIGHTS No.5
(2015)

中国人权研究会 / 编
主　编 / 李君如
副主编 / 常　健

社会科学文献出版社
SOCIAL SCIENCES ACADEMIC PRESS (CHINA)

图书在版编目(CIP)数据

中国人权事业发展报告.5,2015/李君如主编.—北京:社会科学文献出版社,2015.9
(人权蓝皮书)
ISBN 978-7-5097-7957-6

Ⅰ.①中… Ⅱ.①李… Ⅲ.①人权-研究报告-中国-2015 Ⅳ.①D621.5

中国版本图书馆CIP数据核字（2015）第194473号

人权蓝皮书
中国人权事业发展报告 No.5（2015）

主　　编 / 李君如
副 主 编 / 常　健

出 版 人 / 谢寿光
项目统筹 / 刘骁军　芮素平
责任编辑 / 芮素平　郭瑞萍　易　卉

出　　版	社会科学文献出版社·社会政法分社（010）59367156 地址：北京市北三环中路甲29号院华龙大厦　邮编：100029 网址：www.ssap.com.cn
发　　行	市场营销中心（010）59367081　59367090 读者服务中心（010）59367028
印　　装	北京季蜂印刷有限公司
规　　格	开本：787mm×1092mm　1/16 印张：31.5　字数：482千字
版　　次	2015年9月第1版　2015年9月第1次印刷
书　　号	ISBN 978-7-5097-7957-6
定　　价	128.00元
皮书序列号	B-2011-188

本书如有破损、缺页、装订错误，请与本社读者服务中心联系更换

▲ 版权所有 翻印必究

人权蓝皮书编辑委员会

编委会主任 罗豪才

副 主 任 李君如　薛进文　谢寿光　李步云

主　　编 李君如

副 主 编 常　健

人权蓝皮书工作室 南开大学人权研究中心

主要编撰者简介

李君如 研究员，博士生导师，中国人权研究会副会长，中共中央党校原副校长，第十届全国政协委员、第十一届全国政协常委，国务院政府特殊津贴享受者。曾发表《中国在人权事业上的历史性进步》、《人权实现及其评估方法研究》、《社会建设与人权事业》、《"十二五"规划与中国人权事业发展》、《中国的文化变革与人权事业的进步》、《中国梦，中国人民的人权梦》、《在全面推进法治中全面保障人权》等学术论文，曾获联合国艾滋病规划署颁发的"艾滋病防治特殊贡献奖"。

常　健 博士，教授，博士生导师，中国人权研究会理事，南开大学人权研究中心副主任，南开大学周恩来政府管理学院副院长。曾出版《人权的理想·悖论·现实》、《当代中国权利规范的转型》、《效率、公平、稳定与政府责任》、《中国公共冲突化解的机制、策略和方法》等学术专著，参与主编《人权知识公民读本》、《中国人权建设60年》、《中国人权在行动》（2003~2004、2005、2006~2007、2008~2009、2010、2011、2012、2013年），参与翻译《人权百科全书》、《领导学》和《公共部门管理》，并发表《人权入宪后的法律界定、限定、约定和设定》、《论人权的平等保护与特殊保护》、《论经济增长与权利保障的携手共进》、《新时期中国人权发展的挑战与战略选择》、《中国住房保障制度与公民住房权保障》、《价值内涵与实现方式：人权研究的两个视角》、《强调人格尊严：中国人权事业的新发展》、《利益与自由：人权的两个内在维度》、《人权教育需要明确的六个定位》、《辩证看待人权利益论与自由论之争》、《人权理念在中国的本土化进程》、《人权理念在中国特色社会主义价值体系中地位的提升》、《中国在国际人权领域的学习、交流与合作》、《科学理解和把握中国人权保障政策》、《人权保障与公共冲突化解》、《人权间冲突的主体间分析》、《人权入宪十年对中国社会产生的深刻影响》、《关于人权普遍性的学科间争论》、《人权保障"中国梦"的世界影响力》、《国家治理现代化推进公民和政治权利保障》等学术论文。

摘　　要

这是有关中国人权事业发展的第五本蓝皮书，重点分析研究 2014 年中国人权事业的最新进展。

全书包括总报告、专题报告、调研报告和案例研究以及附录。

总报告回顾了 2014 年中国人权事业在全面深化改革中取得的新进展，分析了中共十八届四中全会通过的《关于全面推进依法治国若干重大问题的决定》对中国人权事业发展提出的新要求，指出未来中国人权事业将迈入人权保障全面法治化的新阶段。

21 篇专题报告聚焦于 2014 年中国人权事业发展中的最重要问题。在经济、社会和文化权利方面，有 8 篇报告，分别涉及失地农民权利、社会救助权利、健康权、受教育权和环境权保障；在公民权利和政治权利方面，有 6 篇报告，分别讨论了生命权、反恐斗争、户籍制度改革、权力清单制度、公民数据隐私保护、司法公开对人权保障的意义；在特定群体的人权保障方面，有 3 篇报告，分别探讨了新疆、西藏及四省藏区少数民族就业权利保障，领事保护与海外中国人的人权保障，以及"走出去"战略下中国企业海外投资的人权影响；在人权研究方面，有 2 篇报告分别分析了在 CSSCI 期刊上发表的人权论文和国家人权教育与培训基地建设。此外，按照以往惯例还有 2 篇报告分别对 2014 年国家人权立法和中国开展国际人权合作与交流的进展进行了分析。

在调研报告和案例研究部分，共有 3 篇报告分别涉及农民工法律援助、社会组织和中国民众反腐败观念的调查。

2 篇附录分别是 2014 年中国人权大事记以及 2014 年制定、修订或修改的与人权直接相关的法律法规。

所有报告的撰写都本着严肃认真的科学态度，遵循蓝皮书关于权威性、前沿性、原创性、实证性、前瞻性、时效性的要求，实事求是地反映2014年中国人权事业的实际发展，客观地分析取得的进步和存在的问题，并在充分研究的基础上提出促进各项人权保障的政策建议，对中国人权事业发展的前景做出展望。

目　录

BⅠ　总报告

B.1 中国人权事业在全面深化改革和推进依法治国中发展
　　…………………………………… 罗豪才　李君如　常　健 / 001

BⅡ　专题报告

经济、社会和文化权利

B.2　失地农民的权利保障 ………………………………… 郑智航 / 046
B.3　社会救助权利保障：发展与挑战 ……………………… 陆海娜 / 061
B.4　生殖健康权利保障 ……………………………………… 刘鸿雁 / 074
B.5　基本公共卫生服务均等化与健康权利保障 …………… 满洪杰 / 088
B.6　2014年教育改革与受教育权利保障 …………………… 刘　一 / 105
B.7　职业教育权利的保障 …………………………… 周　伟　钟　慧 / 122
B.8　大气污染治理与健康权利保障 ………………………… 张明涛 / 137
B.9　环境权司法保障的进展与展望 ………………………… 唐颖侠 / 153

公民权利和政治权利

B.10　限制死刑与保障生命权 ……………………… 张晓玲　刘沛恩 / 167

B.11 2014年中国反恐怖斗争与人权保障 ······ 古丽阿扎提·吐尔逊 / 184
B.12 户籍制度改革与居民身份平等 ······ 李云龙 / 199
B.13 建立权力清单制度，推进公民监督权与自由权保障
　　　　　　　　　　　　　　　　　　　　　　······ 刘　明 / 216
B.14 公民数据隐私权保障：威胁与治理 ······ 王四新　李汶龙 / 234
B.15 司法公开与公正审判权保障 ······ 黄士元 / 249

特定群体的人权保障

B.16 新疆、西藏及四省藏区少数民族就业权利保障 ······ 陈　超 / 267
B.17 领事保护与海外中国人的人权保障 ······ 刘　杰　石冬旭 / 289
B.18 "走出去"战略下中国企业海外投资的人权影响
　　　　　　　　　　　　　　　　　　　　　 ······ 张万洪　程　骞 / 305

人权立法和国际合作

B.19 2014年国家人权立法分析报告 ······ 班文战 / 322
B.20 2014年中国开展国际人权合作与交流的进展 ······ 罗艳华 / 340

人权研究状况

B.21 2004~2014年CSSCI期刊发表的人权论文分析报告
　　　　　　　　　　　　　　　　　　······ 许　尧　朱筱煦　王　燕 / 359
B.22 国家人权教育与培训基地建设：回顾与展望 ······ 张　弦 / 373

BⅢ 调研报告和案例研究

B.23 农民工法律援助的新进展
　　　——以北京致诚农民工法律援助与研究中心为案例
　　　　　　　　　　　　　　　　　　　　　　······ 佟丽华　陈思远 / 384
B.24 社会组织的新发展及其在人权保障中的作用：以武汉市为例
　　　　　　　　　　　　　　　　　　　　　　······ 丁　鹏　张万洪 / 403

目录

B.25 中国民众反腐败观念调查报告
　　……………………… 张永和　朱林方　刘耘芸　周　力
　　　　　　　　　　　　　严　冬　尚海明　钟　科　肖　武 / 414

BⅣ　附录

B.26 中国人权大事记·2014 ……………………… 许　尧 / 447
B.27 2014年制定、修订或修改的与人权直接相关的
　　 法律法规（数据库）……………………………… 班文战

Abstract ………………………………………………………… / 475
Contents ………………………………………………………… / 477

皮书数据库阅读使用指南

003

总 报 告

General Report

B.1
中国人权事业在全面深化改革和推进依法治国中发展

罗豪才 李君如 常 健*

摘 要： 2014年，中国在全面深化经济、政治、文化、社会、生态环境以及司法领域的改革中推动人权事业全面发展。中共十八届四中全会通过的《关于全面推进依法治国若干重大问题的决定》对中国人权事业保障提出了新的要求。展望未来，中国人权事业将迈入全面法治化的新阶段。

关键词： 全面深化改革 依法治国 人权保障

---

* 罗豪才，中国人权研究会会长，北京大学法学教授，博士生导师；李君如，中国人权研究会副会长，中共中央党校原副校长，研究员，博士生导师；常健，南开大学人权研究中心副主任，南开大学周恩来政府管理学院副院长，教授，博士生导师。

一 2014年回顾：在全面深化改革中促进人权保障的一年

2014年，是中国全面深化改革的一年。根据中国共产党十八届三中全会通过的《中共中央关于全面深化改革若干重大问题的决定》（以下简称《全面深化改革决定》），中国政府在经济、政治、文化、社会、生态环境和司法等领域推出了一系列深化改革的重要举措，其中许多举措直接或间接涉及对人权的尊重和保障，推动了中国人权事业的发展，使公民的相关权利得到了更充分、更切实的保障。

（一）深化经济领域改革，促进公民经济权利的平等保障

2014年，中国在经济领域深化了市场经济体制、收入分配结构、农村土地制度等方面的改革，促进公民的经济权利获得更平等的保障。

1. 支持非公有制经济健康发展，保障各类经济主体及其经营者享受平等权利

《全面深化改革决定》提出要支持非公有制经济健康发展，坚持权利平等、机会平等、规则平等原则，废除对非公有制经济各种形式的不合理规定，消除各种隐性壁垒，制定非公有制企业进入特许经营领域的具体办法。[1] 2014年，中国政府深化了市场经济体制改革，保障各类经济主体在市场中享受平等的权利，这也就保障了各类经营者在经济活动中的平等权利。

2014年6月4日，国务院发布了《关于促进市场公平竞争维护市场正常秩序的若干意见》（国发〔2014〕20号），提出把该放的权力放开放到位，法不禁止的，市场主体即可为；法未授权的，政府部门不能为。各类市场主体权利平等、机会平等、规则平等，政府监管标准公开、程序公开、结

---

[1] 《中共中央关于全面深化改革若干重大问题的决定》（2013年11月12日通过），《人民日报》2013年11月16日，第1版。

果公开，保障市场主体和社会公众的知情权、参与权、监督权。该《意见》特别提出要放宽市场准入，凡是市场主体基于自愿的投资经营和民商事行为，只要不属于法律法规禁止进入的领域，不损害第三方利益、社会公共利益和国家安全，政府不得限制进入。为改革市场准入制度，要制定市场准入负面清单，国务院以清单方式明确列出禁止和限制投资经营的行业、领域、业务等，清单以外的，各类市场主体皆可依法平等进入；地方政府需进行个别调整的，由省级政府报经国务院批准。要大力减少行政审批事项，禁止变相审批，打破地区封锁和行业垄断，完善市场退出机制。为贯彻国务院该《意见》的精神，许多地方制定了具体细则，如上海市和四川省就分别制定了贯彻落实该《意见》的实施意见。这些措施，对于改变非公企业及其经营者遭受的身份歧视，保障公民经济活动中的平等权利，具有重要的意义。

2014年11月16日，国务院发布了《关于创新重点领域投融资机制鼓励社会投资的指导意见》（国发〔2014〕60号），提出要"营造权利平等、机会平等、规则平等的投资环境，进一步鼓励社会投资特别是民间投资"；"实行统一市场准入，创造平等投资机会；创新投资运营机制，扩大社会资本投资途径"。2014年12月2日，国家发展改革委发布了《关于开展政府和社会资本合作的指导意见》（发改投资〔2014〕2724号），指出开展政府和社会资本合作，有利于拓宽社会资本投资渠道，推动各类资本相互融合、优势互补，促进投资主体多元化，发展混合所有制经济。政府要牢固树立平等意识及合作观念，集中力量做好政策制定、发展规划、市场监管和指导服务，从公共产品的直接"提供者"转变为社会资本的"合作者"以及社会资本合作项目的"监管者"。要建立合理的投资回报机制，构建有效的风险分担机制，保证合作双方的合法权益，营造公开透明的政策环境。

2014年12月17日，最高人民法院发布了《关于依法平等保护非公有制经济促进非公有制经济健康发展的意见》（法发〔2014〕27号），提出人民法院要依法平等保护非公有制经济的合法权益，坚持各类市场主体的诉讼地位平等、法律适用平等、法律责任平等，为各种所有制经济提供平等司法保障。要及时审理执行相关案件，有效化解非公有制经济发展中的各类纠纷；正确

认定民商事合同效力，保障非公有制经济的合法交易；妥善审理权属及劳动争议纠纷案件，保护非公有制经济的合法权利；妥善审理破产、清算案件，促进生产要素的优化组合和非公有制经济的转型升级；妥善审理各类知识产权案件，保障和推动非公有制经济的自主创新；平等适用刑法，依法维护非公有制经济主体合法权益；坚持罪刑法定，确保无罪的非公有制经济主体不受刑事追究；严格办案程序，切实保障非公有制经济主体的诉讼权利；监督和促进行政机关依法行使职权，依法纠正违法行政行为；坚持审判中立，确保非公有制经济与行政机关同受法律保护和约束；坚持平等原则，确保非公有制经济合法权益及时实现，对非公有制经济主体与国有经济、集体经济主体同等对待，不得因申请执行人和被执行人的所有制性质不同而在执行力度、执行标准上有所不同；保护申请执行人的合法权益，切实维护非公有制经济的正常生产经营；改进司法工作作风，切实保障非公有制经济主体的诉讼权利。

2. 发展混合所有制，拓展民营资本及其所有者参与经济发展的渠道

《全面深化改革决定》提出要积极发展混合所有制经济，使国有资本、集体资本、非公有资本等交叉持股，相互融合。鼓励非公有制企业参与国有企业改革，鼓励发展非公有资本控股的混合所有制企业。[①] 2014 年，中国政府大力推进混合所有制，拓展民营资本在一些过去受到限制的经济领域的发展机会，保障了各类资本所有者在资本经营中的平等权利。

2014 年 7 月，国资委在中国医药集团总公司和中国建筑材料集团公司开展了混合所有制经济试点，探索发展混合所有制经济的有效路径。重点在 6 个方面进行探索：一是探索建立混合所有制企业有效制衡、平等保护的治理结构；二是探索职业经理人制度和市场化劳动用工制度；三是探索市场化激励和约束机制；四是探索混合所有制企业员工持股；五是探索对混合所有制企业的有效监管机制；六是探索混合所有制企业党建工作的有效机制。[②]

---

① 《中共中央关于全面深化改革若干重大问题的决定》（2013 年 11 月 12 日通过），《人民日报》2013 年 11 月 16 日，第 1 版。
② 辛红：《国资委启动央企四项改革试点 不碰国资流失"底线"》，中新网，http://www.chinanews.com/gn/2014/07－16/6390647.shtml。

与此同时,多家大型国企纷纷出台各自的混合所有制方案,其中包括中信集团、国家电网、中石油、中石化、中国电信等著名央企。在金融企业中,交通银行率先推出深化混合所有制改革计划。

各地纷纷提出了推进混合所有制经济发展的实施路径。上海市制定了《关于推进本市国有企业积极发展混合所有制经济的若干意见(试行)》,提出要经过3~5年持续推进,基本完成国有企业公司制改革,除国家政策明确保持国有独资外,其余企业实现股权多元化。主要通过3条途径:一是公司制股份制改革,包括整体上市、核心业务资产上市、公司制股份制改革,以及探索特殊管理股制度等4个方面;二是开放性市场化双向联合重组,聚焦产业链、价值链,从国有经济、非公经济两个方面,进一步加大开放性市场化双向联合重组的力度;三是股权激励和员工持股,鼓励整体上市企业集团、符合条件的竞争类企业集团及下属企业,以及国有及国有控股企业的转制科研院所、高新技术企业实施股权激励。[1] 无锡国资委推进混合所有制改革主要通过5条路径:(1)推进国有企业上市;(2)引入民资参与国企改革;(3)主动收购重组;(4)与外资合作;(5)利用创业投资。[2] 陕西省人民政府发布了《关于推进混合所有制经济发展的意见(试行)》(陕政发〔2014〕30号),提出:2014年要完成省属国有企业分类改革,积极推进子公司层面建立混合所有制企业;到2017年,大多数省属国有企业实现股权多元化,国有资产证券化率比2014年提升10%以上;到2020年,国有企业基本建成现代企业制度,混合所有制企业成为市场经济的主要微观主体,国有资产证券化率再提高10%以上。2014年选择10家省属国有企业开展混合所有制试点。[3]

---

[1] 彭友:《上海市召开国资改革推进大会 发力混合所有制经济》,经济观察网,http://www.eeo.com.cn/2014/0707/263082.shtml。

[2] 《江苏无锡国资委多种形式推进市属国有企业发展混合所有制》,国资委网站,http://www.sasac.gov.cn/n1180/n1583/n2485004/n7226091/n9001987/15979586.html。

[3] 陕西省人民政府:《关于推进混合所有制经济发展的意见(试行)》(陕政发〔2014〕30号),2014年8月23日。

3. 改革收入分配结构，保障公民公平获酬权

《全面深化改革决定》指出，要改革收入分配制度，着重保护劳动所得，努力实现劳动报酬增长和劳动生产率提高同步，提高劳动报酬在初次分配中的比重。保护合法收入，调节过高收入，清理规范隐性收入，取缔非法收入，增加低收入者收入，扩大中等收入者比重，努力缩小城乡、区域、行业收入分配差距，逐步形成橄榄型分配格局。[①]

2014年，中国政府大力调整收入分配结构，保障公民平等享有获得公平报酬的权利。一是促就业，提高工资性收入。2014年城镇新增就业1322万人，超额完成1000万人的目标，农民工人数同比增长1.9%。同时，全国有19个省（区、市）提高了最低工资标准，平均增幅为14.1%，23个省份调高了工资指导线。农民工月均收入水平为2864元，比2013年增长9.8%。二是政府扶持减负，增加经营性收入。2014年有2000多万家小微企业享受到了政策减免税的优惠，同时国务院专门出台了普惠性降税的措施，每年可以为企业和居民减少负担400多亿元。2014年农村居民人均第一产业经营净收入比2013年增长5.6%，人均第三产业经营净收入增长16.3%，非农产业经营收入成为农村居民增收的重要推动力量。三是拓宽财产性收入渠道。2014年城镇居民出租房屋收入同比增长20.9%，农村居民人均转让土地经营权收入增长了40.3%。互联网金融的快速发展，让一些家庭财产不多的居民有机会利用手中的余钱，获得高于活期存款的收益。四是提升转移性支付的比例。2014年全国居民人均转移净收入3427元，增长12.6%，转移净收入占全国居民人均可支配收入的比重由2013年的16.6%提高到2014年的17%。城镇居民人均转移净收入增长11.4%，农村居民人均转移净收入增长13.9%。全国城乡居民基础养老金最低标准提高至每人每月70元，城镇居民医保人均政府补助达到320元。企业退休人员养老金已实现"十连涨"，月人均水平超过2000元。[②]

[①] 《中共中央关于全面深化改革若干重大问题的决定》（2013年11月12日通过），《人民日报》2013年11月16日，第1版。

[②] 孙启文：《居民收入保持较快增长——解读〈二〇一四年国民经济和社会发展统计公报〉》，国家统计局网站，http://www.stats.gov.cn/tjsj/sjjd/201503/t20150311_692389.html。

2014年8月29日中共中央政治局审议通过了《中央管理企业负责人薪酬制度改革方案》和《关于合理确定并严格规范中央企业负责人履职待遇、业务支出的意见》①，要求对央企高管薪酬采用差异化管控的办法，综合考虑央企高管当期业绩和中长期持续发展，重点对行政任命的央企高管人员以及部分垄断性的高收入行业的央企负责人的薪酬水平实行限高，以此来抑制央企高管获得畸高薪酬，缩小央企内部分配差距，使得央企高管人员薪酬增幅低于企业职工平均工资增幅。

收入分配结构调整在促进公民平等享受获得公平报酬的权利方面收到了显著的成效。从2014年的统计数据可以看到：（1）全国居民人均可支配收入实际增长8%，快于7.4%的经济增长速度。全国居民人均可支配收入中位数为17570元，比2013年名义增长12.4%。（2）农村居民人均可支配收入实际增长9.2%，快于城镇居民人均可支配收入6.8%的增长速度，农村居民收入增幅已连续5年超过城市居民。（3）农村居民人均可支配收入为10489元，城镇居民人均可支配收入为28844元，城乡居民收入比13年来首次降至3以下。（4）农村贫困人口减少1232万人。（5）居民收入水平的差距正在进一步缩小。按全国居民五等份收入分组，低收入组人均可支配收入为4747元，中等偏下收入组人均可支配收入为10887元，中等收入组人均可支配收入为17631元，中等偏上收入组人均可支配收入为26937元，高收入组人均可支配收入为50968元。2014年全国居民基尼系数为0.469，是2003年以来的最低值。②

4. 改革农村土地经营权，拓展农民的财产权益

《全面深化改革决定》提出要赋予农民对承包地占有、使用、收益、流转及承包经营权抵押、担保权能，允许农民以承包经营权入股发展农业产业

---

① 《中共中央政治局召开会议，审议〈深化党的建设制度改革实施方案〉、〈中央管理企业负责人薪酬制度改革方案〉、〈关于合理确定并严格规范中央企业负责人履职待遇、业务支出的意见〉、〈关于深化考试招生制度改革的实施意见〉》，《人民日报》2014年8月30日，第1版。

② 《国家统计局局长马建堂在国新办举行的"2014年国民经济运行情况发布会"上的讲话》，国新办网站，http://www.scio.gov.cn/xwfbh/xwbfbh/wqfbh/2015/20150120/index.htm。

化经营。鼓励承包经营权在公开市场上向专业大户、家庭农场、农民合作社、农业企业流转。赋予农民更多财产权利,保障农民集体经济组织成员权利,赋予农民对集体资产股份占有、收益、有偿退出及抵押、担保、继承权。保障农户宅基地用益物权,慎重稳妥推进农民住房财产权抵押、担保、转让,探索农民增加财产性收入渠道。建立农村产权流转交易市场,推动农村产权流转交易公开、公正、规范运行。建立城乡统一的建设用地市场,在符合规划和用途管制前提下,允许农村集体经营性建设用地出让、租赁、入股,实行与国有土地同等入市、同权同价。建立兼顾国家、集体、个人的土地增值收益分配机制,合理提高个人收益。① 2014年,中国政府深化了农村土地经营权改革,拓展了农民的财产权益。

2014年11月20日,中共中央办公厅、国务院办公厅印发了《关于引导农村土地经营权有序流转发展农业适度规模经营的意见》,提出要"实现所有权、承包权、经营权三权分置,引导土地经营权有序流转","让农民成为土地流转和规模经营的积极参与者和真正受益者"。要坚持农村土地集体所有权,稳定农户承包权,放活土地经营权,以家庭承包经营为基础,推进家庭经营、集体经营、合作经营、企业经营等多种经营方式共同发展。坚持依法、自愿、有偿,以农民为主体,政府扶持引导,市场配置资源,土地经营权流转不得违背承包农户意愿、不得损害农民权益、不得改变土地用途、不得破坏农业综合生产能力和农业生态环境。鼓励创新土地流转形式。鼓励承包农户依法采取转包、出租、互换、转让及入股等方式流转承包地。鼓励有条件的地方制定扶持政策,引导农户长期流转承包地并促进其转移就业。鼓励农民在自愿前提下采取互换并地方式解决承包地细碎化问题。

2014年12月1日,农业部会同中央农村工作领导小组办公室、中组部等农村改革试验区工作联席会议成员单位下发了《关于第二批农村改革试

---

① 《中共中央关于全面深化改革若干重大问题的决定》(2013年11月12日通过),《人民日报》2013年11月16日,第1版。

验区和试验任务的批复》，全国共 34 个县市将参与该项改革试验。加上 2012 年确定的第一批试验区，第二轮农村改革试验区的数量达到 58 个，覆盖 28 个省（区、市）。同时，农业部还在 2012 年试验任务的基础上新增了试验内容，包括 5 个方面：（1）深化农村土地制度改革；（2）完善农业支持保护体系；（3）建立现代农村金融制度；（4）深化农村集体产权制度改革；（5）改善乡村治理机制。细分的 19 个试验项目中有 7 个涉及农村土地制度方面的改革。①

2014 年 12 月 2 日，中央全面深化改革领导小组第七次会议审议了《关于农村土地征收、集体经营性建设用地入市、宅基地制度改革试点工作的意见》。会议指出，坚持土地公有制性质不改变、耕地红线不突破、农民利益不受损三条底线，在试点基础上有序推进。2015 年 1 月，中共中央办公厅和国务院办公厅联合印发了该《意见》，这标志着中国农村土地制度改革即将进入试点阶段。试点的主要任务和措施包括：（1）完善土地征收制度；（2）建立农村集体经营性建设用地入市制度；（3）改革完善农村宅基地制度；（4）建立兼顾国家、集体、个人的土地增值收益分配机制，合理提高个人收益。

（二）推进政治领域改革，拓展政治权利的实现路径

2014 年，中国在政治领域深化了协商民主制度建设、行政审批制度改革、预算制度改革和信访工作体制改革，并大力开展反腐败工作，拓展了公民政治权利的实现路径，强化了对知情权、表达权、参与权和监督权的保障。

1. 加强协商民主制度建设，保障人民的参政权

《全面深化改革决定》指出，要推进协商民主广泛多层制度化发展，构建程序合理、环节完整的协商民主体系，拓宽国家政权机关、政协组织、党

---

① 李果：《农业部启动第二批农村试改 集中土地制度改革》，《21 世纪经济报道》2014 年 12 月 2 日。

派团体、基层组织、社会组织的协商渠道,深入开展立法协商、行政协商、民主协商、参政协商、社会协商,加强中国特色新型智库建设,建立健全决策咨询制度。①2014年,中国政府深化了协商民主的制度建设,保障公民有更多的渠道和机会参与社会和政治生活。

2014年9月21日,习近平在庆祝中国人民政治协商会议成立65周年大会上发表讲话,指出:"人民政协以宪法、政协章程和相关政策为依据,以中国共产党领导的多党合作和政治协商制度为保障,集协商、监督、参与、合作于一体,是社会主义协商民主的重要渠道。人民政协要发挥作为专门协商机构的作用,把协商民主贯穿履行职能全过程,推进政治协商、民主监督、参政议政制度建设,不断提高人民政协协商民主制度化、规范化、程序化水平,更好协调关系、汇聚力量、建言献策、服务大局。要拓展协商内容、丰富协商形式,建立健全协商议题提出、活动组织、成果采纳落实和反馈机制,更加灵活、更为经常开展专题协商、对口协商、界别协商、提案办理协商,探索网络议政、远程协商等新形式,提高协商实效,努力营造既畅所欲言、各抒己见,又理性有度、合法依章的良好协商氛围。"②

2014年12月,中共中央政治局审议通过了《关于加强社会主义协商民主建设的意见》,并于2015年2月正式印发。这一文件,明确了社会主义协商民主的本质属性和基本内涵,阐述了加强社会主义协商民主建设的重要意义、指导思想、基本原则和渠道程序,对新形势下开展政党协商、人大协商、政府协商、政协协商、人民团体协商、基层协商、社会组织协商等做出全面部署。该《意见》要求坚持依法有序、积极稳妥,确保协商民主有制可依、有规可守、有章可循、有序可遵;坚持协商于决策之前和决策实施之中,增强决策的科学性和实效性;坚持广泛参与、多元多层,更好保障人民群众的知情权、参与权、表达权、监督权;坚持求同存异、理性包

---

① 《中共中央关于全面深化改革若干重大问题的决定》(2013年11月12日通过),《人民日报》2013年11月16日,第1版。
② 《习近平在庆祝中国人民政治协商会议成立65周年大会上的讲话》,新华网,http://news.xinhuanet.com/politics/2014-09/21/c_1112564804.htm。

容，切实提高协商质量和效率。在协商渠道方面，要继续重点加强政党协商、政府协商、政协协商，积极开展人大协商、人民团体协商、基层协商，逐步探索社会组织协商。在协商程序方面，要从实际出发，按照科学合理、规范有序、简便易行、民主集中的要求，制订协商计划、明确协商议题和内容、确定协商人员、开展协商活动、注重协商成果运用反馈，确保协商活动有序务实高效。

2. 深化行政审批制度改革，赋予公民更多自主权

《全面深化改革决定》提出要进一步简政放权，深化行政审批制度改革，最大限度减少中央政府对微观事务的管理。市场机制能有效调节的经济活动，一律取消审批；直接面向基层、量大面广、由地方管理更方便有效的经济社会事项，一律下放地方和基层管理。① 2014年，中国政府深化行政审批制度改革，限制政府的行政审批权力，赋予公民更多的自主权利。

2014年，国务院根据《行政许可法》的要求，整体谋划、分步推进，先易后难、由浅入深，大刀阔斧取消、下放行政审批事项，着力推进简政放权。以投资和生产经营领域为重点，国务院又取消和下放246项行政审批事项，提前完成减少1/3行政审批事项的目标任务。② 截至2014年底，已相继取消和下放了9批共798项行政审批事项。③ 与此同时，各地也分批取消和下放了大量的行政审批事项。一批涉及企业投资项目核准、企业生产经营活动许可以及对企业、社会组织和个人的资质资格认定事项被取消或下放。

以行政审批制度改革为突破口的简政放权工作取得重要成效，为市场松了绑，为企业添了力，社会投资和创业热情迸发，就业岗位持续增加。2014年新登记注册市场主体1293万户，城镇新增就业1322万人，年末城镇登记

---

① 《中共中央关于全面深化改革若干重大问题的决定》（2013年11月12日通过），《人民日报》2013年11月16日，第1版。
② 国家发展和改革委员会：《关于2014年国民经济和社会发展计划执行情况与2015年国民经济和社会发展计划草案的报告——2015年3月5日在第十二届全国人民代表大会第三次会议上》，人民网，http：//politics. people. com. cn/GB/n/2015/0318/c1001 - 26708514. html。
③ 《截至2014年底已取消和下放798项行政审批事项》，《长沙晚报》2015年1月9日，第A6版。

失业率为 4.09%。[①]

3. 深化预算制度改革，保障公民的知情权、表达权、参与权和监督权

《全面深化改革决定》指出，改进预算管理制度，实施全面规范、公开透明的预算制度。[②] 2014年，中国政府深化预算制度改革，使公民在政府预算方面的知情权、表达权、参与权和监督权得到更切实的保障。

2014年9月26日，国务院发布了《关于深化预算管理制度改革的决定》（国发〔2014〕45号），提出要着力推进预算公开透明。实施全面规范、公开透明的预算制度，将公开透明贯穿预算改革和管理全过程，充分发挥预算公开透明对政府部门的监督和约束作用，建设阳光政府、责任政府、服务政府。积极推进预决算公开，细化政府预决算公开内容，除涉密信息外，政府预决算支出全部细化公开到功能分类的项级科目，专项转移支付预决算按项目按地区公开。积极推进财政政策公开。扩大部门预决算公开范围，除涉密信息外，中央和地方所有使用财政资金的部门均应公开本部门预决算。细化部门预决算公开内容，逐步将部门预决算公开到基本支出和项目支出。按经济分类公开政府预决算和部门预决算。加大"三公"经费公开力度，细化公开内容，除涉密信息外，所有财政资金安排的"三公"经费都要公开。对预决算公开过程中社会关切的问题，要规范整改、完善制度。

4. 推行政府权力清单制度，保障公民的知情权和监督权

《全面深化改革决定》指出，推行地方各级政府及其工作部门权力清单制度，依法公开权力运行流程。完善党务、政务和各领域办事公开制度，推进决策公开、管理公开、服务公开、结果公开。[③]

2014年以来，各地积极探索和推进政府权力清单制度，保障公民对政

[①] 国家发展和改革委员会：《关于2014年国民经济和社会发展计划执行情况与2015年国民经济和社会发展计划草案的报告——2015年3月5日在第十二届全国人民代表大会第三次会议上》，人民网，http://politics.people.com.cn/GB/n/2015/0318/c1001-26708514.html。

[②] 《中共中央关于全面深化改革若干重大问题的决定》（2013年11月12日通过），《人民日报》2013年11月16日，第1版。

[③] 《中共中央关于全面深化改革若干重大问题的决定》（2013年11月12日通过），《人民日报》2013年11月16日，第1版。

府权力的知情权和监督权。如浙江省人民政府就在 2014 年 3 月 27 日发布了《关于全面开展政府职权清理推行权力清单制度的通知》（浙政发〔2014〕8号），要求省级部门要在 2014 年 6 月份向社会公布部门权力清单，市、县（市、区）政府应于 2014 年 10 月份向社会公布权力清单，并报上一级机构编制部门备案。① 四川省人民政府办公厅于 2014 年 9 月 16 日发布了《关于推行行政权力清单制度进一步清理优化行政权力事项的通知》（川办函〔2014〕141 号），要求省级部门（单位）行政权力事项经省政府审定后，由省法制办编制出省级部门（单位）行政权力事项清单，于 2014 年 12 月底前报省政府发文公布。省级部门（单位）在省政府公布省级部门（单位）行政权力事项清单后的 10 个工作日内，在本部门（单位）网站上公布本部门行政权力事项清单。② 江西省人民政府办公厅于 2014 年 11 月 24 日发布了《全面清理省政府部门行政权力推行权责清单制度实施方案》（赣府厅字〔2014〕144 号），要求没有法律、法规、规章、"三定"规定依据的职权，一律予以取消；除法律、法规、规章明确规定应当由省级部门行使的行政权力外，其他行政权力按照方便公民、法人和其他组织办事，充分发挥基层政府就近便捷管理优势，提高管理服务效率的原则，一般下放到市县政府管理；行规行约制定、行业技术标准规范制定、行业统计分析和信息预警、行业学术和科技成果评审推广、行业纠纷调解等行业管理和协调事项，原则上转移给行业组织承担（法定由行政机关承担的除外）；对公民、法人和其他组织水平能力的评价、认定等，原则上交由社会组织自律管理；非行政许可类相关资格、资质管理，按国家标准清理，无依据的应予取消。如果社会组织暂时不具备承接条件的，可以设定 1~3 年的过渡期（社会组织培育期），过渡期满，予以转移。采取先建立权力清单再建立责任清单的工作步骤，权力清单工作自 2014 年 11 月下旬开始，至 2015 年 5 月 31 日结束，责任清单

---

① 浙江省人民政府：《关于全面开展政府职权清理推行权力清单制度的通知》（浙政发〔2014〕8 号），2014 年 3 月 27 日。
② 四川省人民政府办公厅：《关于推行行政权力清单制度进一步清理优化行政权力事项的通知》（川办函〔2014〕141 号），2014 年 9 月 16 日。

工作自2015年6月1日开始，2015年8月31日结束。①

2015年3月，中共中央办公厅、国务院办公厅印发了《关于推行地方各级政府工作部门权力清单制度的指导意见》，提出的工作目标是将地方各级政府工作部门行使的各项行政职权及其依据、行使主体、运行流程、对应的责任等，以清单形式明确列示出来，向社会公布，接受社会监督。地方各级政府工作部门作为地方行政职权的主要实施机关，是这次推行权力清单制度的重点。依法承担行政职能的事业单位、垂直管理部门设在地方的具有行政职权的机构等，也应推行权力清单制度。主要任务包括全面梳理现有行政职权，大力清理调整行政职权，依法律法规审核确认，优化权力运行流程，公布权力清单，建立健全权力清单动态管理机制，积极推进责任清单工作，强化权力监督和问责。

本年度蓝皮书中包括了刘明博士撰写的题为《建立权力清单制度，推进公民监督权与自由权保障》的专题报告，报告指出了政府权力清单制度与保障公民监督权和自由权之间的关系，对2014年各级政府推行权力清单制度的具体情况做出了更细致的概括，分析了权力清单实施中存在的问题和面临的挑战，并就如何推进权力清单制度、保障人权提出了政策建议。

5. 改进信访工作体制，完善公民表达权的实现机制

《全面深化改革决定》提出要改革信访工作制度，实行网上受理信访制度，健全及时就地解决群众合理诉求机制。把涉法涉诉信访纳入法治轨道解决，建立涉法涉诉信访依法终结制度。② 2014年，中国政府改进信访工作体制，畅通公民表达渠道，完善公民表达权的实现机制。

2014年2月，中共中央办公厅、国务院办公厅印发了《关于创新群众工作方法解决信访突出问题的意见》，要求进一步畅通和规范群众诉求表达渠道，健全公开透明的诉求表达和办理方式。完善民生热线、视频接访、绿

---

① 江西省人民政府办公厅：《全面清理省政府部门行政权力推行权责清单制度实施方案》（赣府厅字〔2014〕144号），2014年11月24日。
② 《中共中央关于全面深化改革若干重大问题的决定》（2013年11月12日通过），《人民日报》2013年11月16日，第1版。

色邮政、信访代理等做法，更加重视群众来信尤其是初次来信办理，引导群众更多以书信、电话、传真、视频、电子邮件等形式表达诉求，实行网上受理信访制度，大力推行阳光信访，全面推进信访信息化建设，建立网下办理、网上流转的群众信访事项办理程序，实现办理过程和结果可查询、可跟踪、可督办、可评价，增强透明度和公正性；逐步推行信访事项办理群众满意度评价，把办理工作置于群众监督之下，提高信访公信力。把领导干部接访下访作为党员干部直接联系群众的一项重要制度，与下基层调查研究、深入联系点、扶贫帮困等结合起来，提高工作实效性。省级领导干部每半年至少1天、市厅级领导干部每季度至少1天、县（市、区、旗）领导干部每月至少1天、乡镇（街道）领导干部每周至少1天到信访接待场所，按照属地管理、分级负责的原则接待群众来访。在坚持定点接访的同时，更多采取重点约访、专题接访、带案下访、下基层接访、领导包案等方式，把行政资源集中用于解决重大疑难复杂问题、检验施政得失、完善政策措施、加强督查问效上。要完善联合接访运行方式，完善信访联席会议制度，健全解决特殊疑难信访问题工作机制，健全统筹督查督办信访事项工作机制。

6. 大力反腐败，保护公民权利不受侵犯

《全面深化改革决定》提出要加强反腐败体制机制创新和制度保障，改革党的纪律检查体制，健全反腐倡廉法规制度体系，完善惩治和预防腐败、防控廉政风险、防止利益冲突、领导干部报告个人有关事项、任职回避等方面的法律法规，推行新提任领导干部有关事项公开制度试点。健全民主监督、法律监督、舆论监督机制，运用和规范互联网监督。[①] 2014年，中国政府大力开展反腐败工作，严惩滥用职权侵犯公民权利的腐败官员，保护公民权利不受侵犯。

从2013年6月至2014年9月，全国深入开展了以为民、务实、清廉为主题的党的群众路线教育实践活动。在整个活动过程中，中央先后确定了

---

① 《中共中央关于全面深化改革若干重大问题的决定》（2013年11月12日通过），《人民日报》2013年11月16日，第1版。

21项专项整治任务，包括：（1）文山会海、检查评比泛滥；（2）门难进、脸难看、事难办；（3）公款送礼、公款吃喝、奢侈浪费；（4）超标配备公车、多占办公用房、新建滥建；（5）"三公"经费开支过大；（6）"形象工程"和"政绩工程"；（7）侵害群众利益行为；（8）"会所中的歪风"；（9）培训中心的腐败浪费；（10）奢华浪费建设；（11）"裸官"问题；（12）干部"走读"；（13）"吃空饷"；（14）收"红包"及购物卡；（15）党员干部参赌涉赌；（16）党员干部参加天价培训；（17）党政领导干部企业兼职；（18）群众办事难；（19）乱收费、乱罚款、乱摊派；（20）落实惠民政策缩水走样；（21）拖欠群众钱款、克扣群众财物。

党的群众路线教育实践活动取得了实际的成效。据统计，相比活动开展前，全国压缩会议58.6万多个，下降24.6%；压缩文件190.8万多个，下降26.7%；压缩评比达标表彰活动19.2万多个，下降31.2%。取消各类领导小组和议事协调机构13.2万多个，减少18.4%。减少"一票否决"事项5451项，下降11.8%。13.7万多项行政审批事项被取消、下放，减少13.7%。查处"吃拿卡要""庸懒散拖"问题5万多起6万多人。查处在项目审批、专项转移支付资金分配等工作中搞暗箱操作、权力寻租问题2245起1991人。查处在公务活动和节日期间赠送、接受礼品、礼金和各种有价证券、支付凭证的问题1.3万多起4024人。查处公款吃喝、参与高消费的问题3083起4144人。应清理清退公务用车11.9万多辆，实际清理清退11.4万多辆，占95.8%。应调整清理的办公用房面积2425.7万平方米，实际调整清理2227.6万平方米，占91.8%。停建楼堂馆所2580个，面积1512.4万平方米。"三公"经费较活动开展前压缩530.2亿元，下降27.5%。减少因公临时出国（境）2.7万多批次9.6万多人。叫停"形象工程""政绩工程"663个，查处弄虚作假问题436起418人。查处征地拆迁、涉农利益、涉法涉诉、安全生产、食品药品安全、生态环境、教育、医疗卫生等方面损害群众利益的问题38.6万多起，逾20万人被查处。县乡村建立健全便民服务中心49.7万多个。超过19万个单位公开和简化办事程序，占69.6%。查处办事刁难群众典型案例3685起3761人。减少的收费、罚款项目达3.1万多个。查处乱收费、乱罚款、乱摊派的问题1.1万多起，涉及金额15.1亿元，处理8519人。查纠城乡低保错保漏保151.4万多人。查纠违规纳入农村危房改造、城镇保障性住房5.4万多人。查处落实惠民政策优亲厚友、以权谋私的问题5545起6494人。查处不按标准及时足额发放征地拆迁补偿款、侵占挪用各种补助资金问题6499起，处理3968人，涉及金额21.7亿元。查处对群众欠账不付、欠款不还、"打白条"、耍赖账的问题1.6万多起5万余人。应关停历史建筑和公园中的会所512家，已关停转型457家，占89.3%。查处违规出入会所的党员干部12人。查处培训中心腐败浪费问题16起9人。部分省区市、部委已排查奢华浪费建设项目212个，处理89个。查处6484名"走读"问题干部。清理清退"吃空饷"人员16.2万多人。10万余人主动上交"红包"及购物卡、涉及金额5.2亿元，查处2550人，涉及金额2.5亿元。查处党员干部参赌涉赌案件6122起7162人。排查出参加天价培训的领导干部2982人，叫停培训班7个，涉及735人。排查出党政领导干部企业兼职人数8.4万多人，已清理6.3万多人。①

2014年3月，中共中央办公厅、国务院办公厅发布了《关于厉行节约反对食品浪费的意见》（中办发〔2014〕22号），要求杜绝公务活动用餐浪费，推进单位食堂节俭用餐，推行科学文明的餐饮消费模式，减少各环节粮食损失浪费，推进食品废弃物资源化利用。

2014年7月，中共中央办公厅、国务院办公厅印发了《关于全面推进公务用车制度改革的指导意见》和《中央和国家机关公务用车制度改革方案》，《指导意见》要求改革公务用车实物供给方式，取消一般公务用车，普通公务出行实行社会化提供并适度补贴交通费用，从严配备定向化保障的公务用车。力争在2014年年底前基本完成中央和国家机关及其所属参照公务员法管理的事业单位公务用车制度改革，2015年年底前基本完成地方党政机关公务用车制度改革，用2~3年时间全面完成公务用车制度改革。

---

① 《21项专项整治反"四风"》，《广州日报》2014年10月8日，第A1、A4版。

《改革方案》规定中央和国家机关参改的机构范围包括中央纪委机关和中央各部门，全国人大机关，国务院各部门，全国政协机关，最高人民法院，最高人民检察院，各人民团体、群众团体，各民主党派中央、全国工商联，中央和国家机关所属参照公务员法管理的事业单位；参改的人员范围包括在编在岗的司局级及以下工作人员；参改的车辆范围是：取消一般公务用车，保留必要的机要通信、应急、特种专业技术用车和符合规定的一线执法执勤岗位车辆及其他车辆。

2014年11月24日，国家发展改革委和住房城乡建设部印发了《党政机关办公用房建设标准》（发改投资〔2014〕2674号），对1999年颁布实施的《党政机关办公用房建设标准》进行了修订。该《标准》对党政机关办公用房的建筑等级与面积指标、选址与建设用地、建筑和装修标准、室内环境与建筑设备等都做出了详细的规定。

2014年11月，中共中央办公厅印发了《关于深化"四风"整治、巩固和拓展党的群众路线教育实践活动成果的指导意见》，要求坚持不懈抓好作风建设，始终保持反"四风"高压态势，认真落实整改任务，深入推进专项整治，上下联动推进整改，切实加强制度建设，围绕权力运行扎紧织密制度笼子，强化正风肃纪维护制度严肃性，严格执行党内政治生活制度，用好批评和自我批评武器，坚持党性原则基础上的团结。[①]

2014年，中央开展了三轮巡视工作，公布了巡视组人员构成、联系电话、巡视单位，还首次公布了巡视现场谈话视频。共有40名副省部级以上高官（2013年为16名）、超过350名厅局级官员被查。[②]

2014年中国加强了反腐败国际合作。2014年3月，中央纪律检查委员会将预防腐败室、外事局整合，成立国际合作局，最高人民检察院于同月下发《关于进一步加强追逃追赃工作的通知》。2014年7月22日，公安部部

---

① 中共中央办公厅：《关于深化"四风"整治、巩固和拓展党的群众路线教育实践活动成果的指导意见》，《人民日报》2014年11月19日，第2版。
② 林韵诗：《中国反腐观察年报之2014》，财新网，http://china.caixin.com/2015-01-05/100771201.html。

署开展"猎狐2014"行动,缉捕在逃境外经济犯罪嫌疑人。9月26日,最高人民检察院启动为期半年的职务犯罪国际追逃追赃专项行动,集中追捕潜逃境外的职务犯罪嫌疑人。2014年10月10日,最高法、最高检、公安部、外交部联合发布《关于敦促在逃境外经济犯罪人员投案自首的通告》,敦促外逃腐败官员投案自首。2014年11月,国家主席习近平在多个场合谈及追逃追赃和反腐败国际合作。2014年11月8日,亚太经合组织(APEC)第26届部长级会议通过了《北京反腐败宣言》,决定成立APEC反腐执法合作网络,在亚太地区加大追逃追赃等合作,联手打击跨境腐败行为。最高人民检察院开展职务犯罪国际追逃追赃专项行动,与有关部门联合发布敦促在逃境外经济犯罪人员投案自首的通告,加强境外司法合作,共抓获境内外在逃职务犯罪嫌疑人749人,其中从美国、加拿大等17个国家和地区抓获、劝返49人。[1]

2014年,人民检察院查办贪污、贿赂、挪用公款100万元以上的案件3664件,同比上升42%;查办涉嫌犯罪的原县处级以上国家工作人员4040人,同比上升40.7%,其中原厅局级以上干部589人;查办受贿犯罪14062人,同比上升13.2%;查办国家机关工作人员渎职侵权犯罪13864人,同比上升6.1%,其中行政执法人员6067人、司法人员1771人。[2] 全国各级法院审结贪污贿赂等犯罪案件3.1万件4.4万人,同比分别上升6.7%和5.2%。其中被告人原为厅局级以上的99人,原为县处级的871人。加大对行贿犯罪打击力度,判处罪犯2394人,同比上升12.1%。[3]

本年度蓝皮书中包括了由张永和教授率领的研究团队撰写的《中国民众反腐败观念调查报告》,该团队在30个省、自治区、直辖市发放了4000份问卷,调查分析了民众对腐败现象的辨识、对腐败状况的评价、对腐败成因的认知、对腐败防治的态度和对反腐工作的信心。

---

[1] 最高人民检察院检察长曹建明在第十二届全国人民代表大会第三次会议上所做《最高人民检察院工作报告》,2015年3月12日。
[2] 最高人民检察院检察长曹建明在第十二届全国人民代表大会第三次会议上所做《最高人民检察院工作报告》,2015年3月12日。
[3] 最高人民法院院长周强在第十二届全国人民代表大会第三次会议上所做《最高人民法院工作报告》,2015年3月12日。

（三）深化文化领域改革，促进文化权利的平等保障

《全面深化改革决定》提出要建立公共文化服务体系建设协调机制，统筹服务设施网络建设，促进基本公共文化服务标准化、均等化。建立群众评价和反馈机制，推动文化惠民项目与群众文化需求有效对接。[1] 2014年，中国在文化领域加快了公共文化服务体系建设，促进公民更平等地享受公共文化服务。

2014年4月，文化部文化体制改革工作领导小组研究通过了《2014年文化系统体制改革工作要点》及其《分工实施方案》，并在文化部官方网站公开发布，对落实2014年文化系统体制改革重点工作任务进行了具体部署。该《工作要点》提出要统筹构建现代公共文化服务体系。按照中央的部署和要求，设立"国家公共文化服务体系建设协调组"，明确各部门职责分工，建立公共文化服务统筹协调机制。推动建设乡村综合性文化服务中心，实现资源整合、共建共享。制定基本公共文化服务保障标准、技术标准和评价标准，促进基本公共文化服务标准化、均等化。积极开展流动服务、数字文化服务，通过增加专项资金、转移支付等手段，增加对中西部地区、少数民族地区、边疆地区、革命老区文化设施建设和文化惠民工程的专项补助，促进公共文化资源在区域和城乡之间的合理配置。深化全国公共图书馆、博物馆、美术馆、文化馆（站）免费开放工作，建立和完善长效经费保障机制，加强监督管理和绩效评价，切实保障人民群众享有基本公共文化服务的权益。引入竞争机制，推动公共文化服务社会化发展，推动文化志愿服务工作制度化、常态化。研究推动把农村、基层群众和特殊群体看演出纳入公共文化服务体系。[2]

31个省区市分别制定了各自的文化体制改革实施方案，提出了具体的

---

[1] 《中共中央关于全面深化改革若干重大问题的决定》（2013年11月12日通过），《人民日报》2013年11月16日，第1版。

[2] 文化部文化体制改革工作领导小组：《2014年文化系统体制改革工作要点》及其《分工实施方案》，文化部网站，http://zwgk.mcprc.gov.cn/auto255/201404/t20140409_30282.html。

改革举措和工作方案。

2015年1月，中共中央办公厅、国务院办公厅印发了《关于加快构建现代公共文化服务体系的意见》，提出要从基本国情出发，认真研究人民群众的精神文化需求，因地制宜，科学规划，分类指导，按照一定标准推动实现基本公共文化服务均等化，切实保障人民群众基本文化权益，促进实现社会公平。到2020年，基本建成覆盖城乡、便捷高效、保基本、促公平的现代公共文化服务体系。公共文化设施网络全面覆盖、互联互通，公共文化服务的内容和手段更加丰富，服务质量显著提升，公共文化管理、运行和保障机制进一步完善，政府、市场、社会共同参与公共文化服务体系建设的格局逐步形成，人民群众基本文化权益得到更好保障，基本公共文化服务均等化水平稳步提高。该《意见》特别强调，要推动革命老区、民族地区、边疆地区、贫困地区公共文化建设实现跨越式发展。与国家扶贫开发攻坚战略结合，编制老少边穷地区公共文化服务体系建设发展规划纲要。根据国家基本公共文化服务指导标准，明确老少边穷地区服务和资源缺口，按照精准扶贫的要求，以广播电视服务网络、数字文化服务、乡土人才培养、流动文化服务、农村留守妇女儿童文化帮扶等为重点，集中实施一批文化扶贫项目。要保障特殊群体基本文化权益。将老年人、未成年人、残疾人、农民工、农村留守妇女儿童、生活困难群众作为公共文化服务的重点对象。积极开展面向老年人、未成年人的公益性文化艺术培训服务、演展和科技普及活动。该《意见》还具体规定了2015～2020年国家基本公共文化服务指导标准。[①]

（四）推进社会领域改革，提升社会权利保障水平

2014年，中国在社会领域深化了户籍制度、社会保障体制、医药卫生体制和教育体制的改革，并大力促进社会组织的发展，全面提升了各项社会

---

① 《关于加快构建现代公共文化服务体系的意见》，新华网，http://news.xinhuanet.com/zgjx/2015 - 01/15/c_ 133920319. htm。

权利的保障层次和均衡水平。

1. 深化户籍制度改革，保障居民平等享受基本公共服务

《全面深化改革决定》提出要推进农业转移人口市民化，逐步把符合条件的农业转移人口转为城镇居民。加快户籍制度改革，全面放开建制镇和小城市落户限制，有序放开中等城市落户限制，合理确定大城市落户条件，严格控制特大城市人口规模。① 2014年，中国政府深化户籍制度改革，努力保障居民平等享受基本公共服务。

2014年3月，中共中央、国务院印发了《国家新型城镇化规划（2014－2020年）》，要求以人为本，公平共享，以人的城镇化为核心，合理引导人口流动，有序推进农业转移人口市民化，稳步推进城镇基本公共服务常住人口全覆盖，不断提高人口素质，促进人的全面发展和社会公平正义，使全体居民共享现代化建设成果。努力实现1亿左右农业转移人口和其他常住人口在城镇落户；稳步推进义务教育、就业服务、基本养老、基本医疗卫生、保障性住房等城镇基本公共服务覆盖全部常住人口。

2014年7月，国务院发布《关于进一步推进户籍制度改革的意见》（国发〔2014〕25号），要求适应推进新型城镇化需要，进一步推进户籍制度改革，落实放宽户口迁移政策。统筹户籍制度改革和相关经济社会领域改革，合理引导农业人口有序向城镇转移，有序推进农业转移人口市民化。统筹推进户籍制度改革和基本公共服务均等化，不断扩大教育、就业、医疗、养老、住房保障等城镇基本公共服务覆盖面。进一步调整户口迁移政策，统一城乡户口登记制度，全面实施居住证制度，加快建设和共享国家人口基础信息库，稳步推进义务教育、就业服务、基本养老、基本医疗卫生、住房保障等城镇基本公共服务覆盖全部常住人口。到2020年，基本建立与全面建成小康社会相适应，有效支撑社会管理和公共服务，依法保障公民权利，以人为本、科学高效、规范有序的新型户籍制度，努力实现1亿左右农业转移人口

---

① 《中共中央关于全面深化改革若干重大问题的决定》（2013年11月12日通过），《人民日报》2013年11月16日，第1版。

和其他常住人口在城镇落户。全面放开建制镇和小城市落户限制，有序放开中等城市落户限制，合理确定大城市落户条件，严格控制特大城市人口规模。

2014年9月12日，国务院发布了《关于进一步做好为农民工服务工作的意见》（国发〔2014〕40号），要求坚持以人为本、公平对待。推进以人为核心的城镇化，公平保障农民工作为用人单位职工、作为城镇常住人口的权益，帮助农民工解决最关心最直接最现实的利益问题，实现改革发展成果共享。到2020年，转移农业劳动力总量继续增加，每年开展农民工职业技能培训2000万人次，农民工综合素质显著提高、劳动条件明显改善、工资基本无拖欠并稳定增长、参加社会保险全覆盖，引导约1亿人在中西部地区就近城镇化，努力实现1亿左右农业转移人口和其他常住人口在城镇落户，未落户的也能享受城镇基本公共服务，农民工群体逐步融入城镇，为实现农民工市民化目标打下坚实基础。为此，要实施农民工职业技能提升计划，加快发展农村新成长劳动力职业教育，完善和落实促进农民工就业创业的政策，规范使用农民工的劳动用工管理，保障农民工工资报酬权益，扩大农民工参加城镇社会保险覆盖面，加强农民工安全生产和职业健康保护，畅通农民工维权渠道，加强对农民工的法律援助和法律服务工作，逐步推动农民工平等享受城镇基本公共服务，保障农民工随迁子女平等接受教育的权利，加强农民工医疗卫生和计划生育服务工作，逐步改善农民工居住条件，有序推进农民工在城镇落户，保障农民工土地承包经营权、宅基地使用权和集体经济收益分配权，保障农民工依法享有民主政治权利，丰富农民工精神文化生活，加强对农民工的人文关怀，建立健全农村留守儿童、留守妇女和留守老人关爱服务体系。

本年度的蓝皮书中包括了李云龙教授撰写的《户籍制度改革与居民身份平等》的专题报告，报告指出户籍制度改革的实质是实现居民身份平等，总结了2014年户籍改革的重大举措和实际进展，分析了户籍制度改革面临的挑战，并提出了改进的政策建议。

2. 深化社会保障体系建设，促进社会保障权利的全面和平等保障

《全面深化改革决定》提出要建立更加公平可持续的社会保障制度。坚持社会统筹和个人账户相结合的基本养老保险制度,完善个人账户制度,健全多缴多得激励机制,确保参保人权益,实现基础养老金全国统筹。推进机关事业单位养老保险制度改革。整合城乡居民基本养老保险制度、基本医疗保险制度。推进城乡最低生活保障制度统筹发展。建立健全合理兼顾各类人员的社会保障待遇确定和正常调整机制。完善社会保险关系转移接续政策,扩大参保缴费覆盖面,适时适当降低社会保险费率。健全符合国情的住房保障和供应体系,建立公开规范的住房公积金制度。[①] 2014年,中国政府深化社会保障体系建设,促进社会保障权利的全面和平等保障。

2014年2月21日,国务院公布了《社会救助暂行办法》(国务院令第649号),将"托底线、救急难、可持续"作为社会救助工作的基本原则,全面确立了以最低生活保障与特困人员供养制度、受灾人员救助以及医疗救助、教育救助、住房救助、就业救助和临时救助为主体,以社会力量参与为补充的社会救助制度体系框架。这是中国第一部统筹各项社会救助制度的行政法规。

2014年2月26日,国务院发布了《关于建立统一的城乡居民基本养老保险制度的意见》(国发〔2014〕8号),决定将新农保和城居保两项制度合并实施,在全国范围内建立统一的城乡居民基本养老保险制度。"十二五"末,在全国基本实现新农保和城居保制度合并实施,并与职工基本养老保险制度相衔接。2020年前,全面建成公平、统一、规范的城乡居民养老保险制度,与社会救助、社会福利等其他社会保障政策相配套,充分发挥家庭养老等传统保障方式的积极作用,更好保障参保城乡居民的老年基本生活。年满16周岁(不含在校学生),非国家机关和事业单位工作人员及不属于职工基本养老保险制度覆盖范围的城乡居民,可以在户籍地参加城乡居民养老保险。城乡居民养老保险基金由个人缴费、集体补助、政府补贴构成。国家为每个参保人员建立终身记录的养老保险个人账户,个人缴费、地

[①] 《中共中央关于全面深化改革若干重大问题的决定》(2013年11月12日通过),《人民日报》2013年11月16日,第1版。

方人民政府对参保人的缴费补贴、集体补助及其他社会经济组织、公益慈善组织、个人对参保人的缴费资助，全部记入个人账户。个人账户储存额按国家规定计息。城乡居民养老保险待遇由基础养老金和个人账户养老金构成，支付终身。参加城乡居民养老保险的个人，年满60周岁、累计缴费满15年，且未领取国家规定的基本养老保障待遇的，可以按月领取城乡居民养老保险待遇。参加城乡居民养老保险的人员，在缴费期间户籍迁移、需要跨地区转移城乡居民养老保险关系的，可在迁入地申请转移养老保险关系，一次性转移个人账户全部储存额，并按迁入地规定继续参保缴费，缴费年限累计计算；已经按规定领取城乡居民养老保险待遇的，无论户籍是否迁移，其养老保险关系不转移。

2014年2月24日，人社部、财政部印发《城乡养老保险制度衔接暂行办法》（人社部发〔2014〕17号），规定参加城镇职工养老保险制度和城乡居民养老保险制度的人员只要满足一定条件就可以自由衔接转换，而且个人账户全部储存额将随同转移。

2014年4月18日，民政部印发《关于进一步开展适度普惠型儿童福利制度建设试点工作的通知》（民函〔2014〕105号），决定在全国范围内开展第二批适度普惠型儿童福利制度建设试点工作。该《通知》明确了试点工作的基本原则，制定了第二批试点地区名单，并部署了试点工作的目标、内容和工作要求。

2014年4月23日，财政部、民政部、住建部、人社部、国家卫生计生委以及中国残疾人联合会六部门联合印发了《关于做好政府购买残疾人服务试点工作的意见》（财社〔2014〕13号），同时发布了《政府购买残疾人服务试点项目目录》。该《意见》明确了政府购买残疾人服务试点工作的基本原则、工作目标、试点任务和工作要求，并提出力争到2020年在全国基本建立比较完善的政府购买残疾人服务机制，形成残疾人公共服务资源高效配置的服务体系和供给体系，显著提高残疾人公共服务水平和质量。

2014年11月6日，人社部会同财政部、国家发改委、工信部印发了

《关于失业保险支持企业稳定岗位有关问题的通知》(人社部发〔2014〕76号),明确在实施兼并重组、化解产能严重过剩、淘汰落后产能等调整优化产业结构过程中,对采取有效措施不裁员、少裁员的企业,由失业保险基金给予稳岗补贴,补贴标准不超过企业及职工上年度实际缴纳失业保险费的50%。这是失业保险制度改革的重大举措,有利于防范产业结构调整可能引发的失业风险。

全国30个省(区、市)(除港、澳、台、西藏外)都制定和发布了城乡居民大病保险实施方案,2/3以上的地市出台了大病保险实施办法。推进城乡居民基本医保制度整合和城乡统筹,全国共有8个省份和其他省份的35个地市开展了城乡统筹。

本年度蓝皮书包括了两篇有关社会保障权利的专题报告:一篇是郑智航副教授撰写的《失地农民的权利保障》,总结了失地农民权利保障的最新进展,分析了存在的不足,并提出了完善的政策建议;另一篇是陆海娜副教授撰写的《社会救助权利保障:发展与挑战》,总结了中国社会救助权利保障的新进展,分析了存在的主要问题和面临的挑战,并展望了未来的发展趋势和方向。

3. 深化医药卫生体制改革,平等保障公民健康权

《全面深化改革决定》提出要深化医药卫生体制改革,统筹推进医疗保障、医疗服务、公共卫生、药品供应、监管体制综合改革。深化基层医疗卫生机构综合改革,健全网络化城乡基层医疗卫生服务运行机制。加快公立医院改革,落实政府责任。完善合理分级诊疗模式,建立社区医生和居民契约服务关系。充分利用信息化手段,促进优质医疗资源纵向流动。加强区域公共卫生服务资源整合。取消以药补医,理顺医药价格,建立科学补偿机制。改革医保支付方式,健全全民医保体系。加快健全重特大疾病医疗保险和救助制度。完善中医药事业发展政策和机制。[①] 2014年,中国政府深化医药卫

[①] 《中共中央关于全面深化改革若干重大问题的决定》(2013年11月12日通过),《人民日报》2013年11月16日,第1版。

生体制改革，切实保障公民健康权。

2014年5月13日，国务院办公厅印发了《深化医药卫生体制改革2014年重点工作任务的通知》（国办发〔2014〕24号），要求加快推动公立医院改革，重点解决公立医院规划布局不合理、公益性不强、管理制度不健全、就医秩序不规范以及综合改革不配套等问题。把县级公立医院综合改革作为公立医院改革的重中之重，系统评估试点经验，梳理总结试点模式并加以推广。启动实施第二批县级公立医院综合改革试点，新增县级公立医院改革试点县（市）700个，使试点县（市）的数量覆盖50%以上的县（市），覆盖农村5亿人口。扩大城市公立医院综合改革试点，研究制订城市公立医院综合改革试点实施方案，2014年每个省份都要有1个改革试点城市。重点任务包括推进公立医院规划布局调整，建立科学补偿机制，理顺医疗服务价格，建立适应医疗行业特点的人事薪酬制度，完善县级公立医院药品采购机制，建立和完善现代医院管理制度，健全分级诊疗体系，完善中医药事业发展政策和机制。在推动社会办医方面，该《通知》要求放宽准入条件，优化社会办医政策环境，加快推进医师多点执业，推动社会办医联系点和公立医院改制试点工作。在推进全民医保体系建设方面，该《通知》要求推进城乡居民基本医保制度整合，完善筹资机制，改革医保支付制度，健全重特大疾病保障制度，推进异地就医结算管理和服务。在完善药物制度方面，该《通知》要求巩固完善基本药物制度，建立短缺药品供应保障机制，规范药品流通经营行为，提升药品流通服务水平和效率，改革完善药品价格形成机制。在基层运行机制方面，该《通知》要求进一步改革人事分配制度，稳定乡村医生队伍，原则上将40%左右的基本公共卫生服务任务交由村卫生室承担。

本年度蓝皮书包括了两篇有关健康权的专题报告：一篇是刘鸿雁研究员撰写的《生殖健康权利保障》，总结了2014年中国生殖健康权利保障的新进展，分析了面临的挑战，并提出了对策建议；另一篇是满洪杰副教授撰写的《基本公共卫生服务均等化与健康权利保障》，指出基本公共卫生服务均等化是保障健康权利的要求，总结了2014年实现基本公共卫生服务均等化的进展和成就，并对未来的发展趋势进行了展望。

4. 深化教育体制改革，平等保障公民受教育权

《全面深化改革决定》提出要深化教育领域综合改革，大力促进教育公平。健全家庭经济困难学生资助体系，逐步缩小区域、城乡、校际差距。统筹城乡义务教育资源均衡配置，实行公办学校标准化建设和校长教师交流轮岗，不设重点学校重点班，破解择校难题，标本兼治减轻学生课业负担。加快现代职业教育体系建设，创新高校人才培养机制，推进学前教育、特殊教育、继续教育改革发展。推进考试招生制度改革，从根本上解决一考定终身的弊端。义务教育免试就近入学，试行学区制和九年一贯对口招生。[①] 2014年，中国政府深化教育体制改革，促进公民受教育权的平等保障。

2014年5月2日，国务院发布了《关于加快发展现代职业教育的决定》（国发〔2014〕19号），提出到2020年，形成适应发展需求，产教深度融合，中职高职衔接，职业教育与普通教育相互沟通，体现终身教育理念，具有中国特色、世界水平的现代职业教育体系。中等职业教育在校生达到2350万人，专科层次职业教育在校生达到1480万人，接受本科层次职业教育的学生达到一定规模。从业人员继续教育达到3.5亿人次。重点提升面向现代农业、先进制造业、现代服务业、战略性新兴产业和社会管理、生态文明建设等领域的人才培养能力。

2014年9月，国务院发布了《关于深化考试招生制度改革的实施意见》（国发〔2014〕35号），要求着力完善规则，确保公平公正。把促进公平公正作为改革的基本价值取向，加强宏观调控，完善法律法规，健全体制机制，切实保障考试招生机会公平、程序公开、结果公正，增加学生选择权。在改进招生计划分配方式方面，该《意见》要求提高中西部地区和人口大省高考录取率，增加农村学生上重点高校人数，完善中小学招生办法，试行学区制和九年一贯对口招生，实行优质普通高中和优质中等职业学校招生名额合理分配到区域内初中的办法。在改革考试形式和内容方面，该《意见》

[①] 《中共中央关于全面深化改革若干重大问题的决定》（2013年11月12日通过），《人民日报》2013年11月16日，第1版。

提出 2015 年起增加使用全国统一命题试卷的省份。在改革招生录取机制方面，该《意见》提出要减少和规范考试加分，完善和规范自主招生，2015年起在有条件的省份开展录取批次改革试点。在改革监督管理机制方面，该《意见》提出要加强信息公开，深入实施高校招生"阳光工程"，加大违规查处力度。在改革考试科目设置方面，该《意见》提出要增加高考与高中学习的关联度，考生总成绩由统一高考的语文、数学、外语 3 个科目成绩和高中学业水平考试 3 个科目成绩组成。保持统一高考的语文、数学、外语科目不变，分值不变，不分文理科，外语科目提供两次考试机会。计入总成绩的高中学业水平考试科目，由考生根据报考高校要求和自身特长，在思想政治、历史、地理、物理、化学、生物等科目中自主选择。2014 年上海市、浙江省分别出台高考综合改革试点方案，从 2014 年秋季新入学的高中一年级学生开始实施。试点要为其他省（区、市）高考改革提供依据。

本年度蓝皮书中包括两篇有关教育改革与教育权利保障的专题报告：一篇是刘一撰写的《2014 年教育改革与受教育权利保障》，总结了 2014 年教育改革和受教育权利保障的新进展，分析了加强公民受教育权利保障面临的挑战，并提出了促进受教育权保障的政策建议；另一篇是周伟教授和钟慧撰写的《职业教育权利的保障》，总结了 2014 年职业教育权利保障的新进展，分析了职业教育权利保障面临的挑战，提出了促进职业教育权利保障的建议。

5. 促进社会组织发展，保障公民结社权

《全面深化改革决定》提出要激发社会组织活力，正确处理政府和社会关系，加快实施政社分开，推进社会组织明确权责、依法自治、发挥作用。适合由社会组织提供的公共服务和解决的事项，交由社会组织承担。支持和发展志愿服务组织。限期实现行业协会商会与行政机关真正脱钩，重点培育和优先发展行业协会商会类、科技类、公益慈善类、城乡社区服务类社会组织，成立时直接依法申请登记。①

---

① 《中共中央关于全面深化改革若干重大问题的决定》（2013 年 11 月 12 日通过），《人民日报》2013 年 11 月 16 日，第 1 版。

2014年4月，十二届全国人大常委会第八次会议审议通过的新修订的《环境保护法》，首次以法律形式确立社会组织在环境公益诉讼中的主体资格和认定标准。为贯彻新修订的《环境保护法》，最高法、民政部、环保部联合下发《关于贯彻实施环境民事公益诉讼制度的通知》。2014年12月8日最高人民法院审判委员会第1631次会议讨论通过了《最高人民法院关于审理环境民事公益诉讼案件适用法律若干问题的解释》，对社会组织参与环保公益诉讼做出了具有可操作性的规定。2014年9月，泰州市环保联合会就6家企业非法倾倒案提起公益诉讼，泰州市中院一审判决6家企业赔偿1.6亿元，成为截至2014年底全国环保公益诉讼中民事赔偿额最高的案件。①

2014年6月25日，中央组织部发布《关于规范退（离）休领导干部在社会团体兼职问题的通知》（中组发〔2014〕11号），对退（离）休领导干部兼任社会团体职务的数量、届数、年龄、审批程序以及职责、领取薪酬等情况做了严格规定，迈出了社会组织去行政化的重要一步。各地相继开展专项清理工作，取得积极成果。②

2014年11月24日，国务院印发了《关于促进慈善事业健康发展的指导意见》（国发〔2014〕61号），指出慈善组织是现代慈善事业的重要主体，大力发展各类慈善组织、规范慈善组织行为、确保慈善活动公开透明，是促进慈善事业健康发展的有效保证。鼓励兴办慈善组织，优先发展具有扶贫济困功能的各类慈善组织，积极探索培育网络慈善等新的慈善形态，引导和规范其健康发展。稳妥推进慈善组织直接登记，逐步下放符合条件的慈善组织登记管理权限。地方政府和社会力量可通过实施公益创投等多种方式，为初创期慈善组织提供资金支持和能力建设服务。要加快出台有关措施，以扶贫济困类项目为重点，加大政府财政资金向社会组织购买服务力度。该

---

① 《2014年社会组织十件大事》，新华网，http://news.xinhuanet.com/politics/2014-12/31/c_127350747.htm。
② 《2014年社会组织十件大事》，新华网，http://news.xinhuanet.com/politics/2014-12/31/c_127350747.htm。

《意见》还对慈善组织自我管理、开展募捐活动、使用捐赠款物、信息公开等提出了一系列明确的要求。

2014年12月15日，财政部、民政部、国家工商行政管理总局印发了《政府购买服务管理办法（暂行）》（财综〔2014〕96号），明确规定承接政府购买服务的主体包括在登记管理部门登记或经国务院批准免予登记的社会组织，并规定购买主体应当保障各类承接主体平等竞争，不得以不合理的条件对承接主体实行差别化歧视。2014年12月31日国务院第75次常务会议通过了《政府采购法实施条例》（国务院令第658号）。

本年度蓝皮书包括了丁鹏博士和张万洪副教授撰写的《社会组织的新发展及其在人权保障中的作用：以武汉市为例》，分析了2014年武汉市社会组织发展与公民结社权实现的状况，以及社会组织全面参与促进人权保障的工作情况，指出了存在的问题，并提出了政策建议。

（五）深化生态环境领域改革，更严格保障公民的环境和健康权利

《全面深化改革决定》提出要建立系统完整的生态文明制度体系，实行最严格的源头保护制度、损害赔偿制度、责任追究制度，完善环境治理和生态修复制度，用制度保护生态环境。[①] 2014年，中国政府深化生态环境领域改革，建立和实施严格的生态环境保护制度，切实保障公民的环境和健康权利。

2014年7月14日，国务院办公厅发布了《关于加快新能源汽车推广应用的指导意见》（国办发〔2014〕35号），要求贯彻落实发展新能源汽车的国家战略，以纯电驱动为新能源汽车发展的主要战略取向，重点发展纯电动汽车、插电式（含增程式）混合动力汽车和燃料电池汽车，以市场主导和政府扶持相结合，建立长期稳定的新能源汽车发展政策体系，创造良好发展

---

① 《中共中央关于全面深化改革若干重大问题的决定》（2013年11月12日通过），《人民日报》2013年11月16日，第1版。

环境，加快培育市场，促进新能源汽车产业健康快速发展。

2014年11月12日，国务院办公厅发布了《关于加强环境监管执法的通知》（国办发〔2014〕56号），要求严格依法保护环境，推动监管执法全覆盖。用严格的法律制度保护生态环境，抓紧制（修）订土壤环境保护、大气污染防治、环境影响评价、排污许可、环境监测等方面的法律法规。全面实施行政执法与刑事司法联动，开展环境保护大检查，各市、县级人民政府要将本行政区域划分为若干环境监管网格，逐一明确监管责任人，落实监管方案。对各类环境违法行为"零容忍"，加大惩治力度。

2014年12月27日，国务院办公厅发布了《关于推行环境污染第三方治理的意见》（国办发〔2014〕69号），指出环境污染第三方治理（以下简称第三方治理）是排污者通过缴纳或按合同约定支付费用，委托环境服务公司进行污染治理的新模式。要求到2020年，环境公用设施、工业园区等重点领域第三方治理取得显著进展，污染治理效率和专业化水平明显提高，社会资本进入污染治理市场的活力进一步激发。

2014年1月，环保部印发了《国家生态保护红线——生态功能基线划定技术指南（试行）》（环发〔2014〕10号），最终的生态红线可划分为生态功能保障基线（包括禁止开发区生态红线、重要生态功能区生态红线和生态环境敏感区、脆弱区生态红线三条）、环境质量安全底线（包括环境质量达标红线、污染物排放总量控制红线和环境风险管理红线三条）、自然资源利用上线（包括能源利用红线、水资源利用红线、土地资源利用红线三条）。环保部按计划要在2014年完成全国生态保护红线划定任务。

2014年1月21日，环保部、商务部、海关总署联合发布了《消耗臭氧层物质进出口管理办法》（部令第26号），明确国家对列入《中国进出口受控消耗臭氧层物质名录》的消耗臭氧层物质实行进出口配额许可证管理；国务院环境保护主管部门、国务院商务主管部门和海关总署联合设立国家消耗臭氧层物质进出口管理机构，对消耗臭氧层物质的进出口实行统一监督管理；国务院环境保护主管部门根据消耗臭氧层物质淘汰进展情况，商国务院商务主管部门确定国家消耗臭氧层物质年度进出口配额总量。

2014年5月22日，环保部印发了《关于推进环境保护公众参与的指导意见》，要求地方环保部门更加系统、全面、广泛、积极、稳妥地推进环境保护公众参与工作，使公众参与有序、理性、有效，成为推动环境保护事业向前发展的不竭动力。该《意见》首次明确了要尊重和保障公众的环境知情权、参与权、表达权和监督权。强调源头参与和全过程参与。该《意见》确立了畅通渠道、接受监督，依法有序、理性有效，平等自愿、公益优先三项环境保护公众参与的基本原则，并提出积极构建全民参与环境保护的社会行动体系，保障参与主体的广泛性。该《意见》明确了公众参与的重点领域，包括环境法规和政策制定、环境决策、环境监督、环境影响评价、环境宣传教育。①

2014年12月19日，环保部同时发布了《环境保护主管部门实施按日连续处罚办法》（部令第28号）、《环境保护主管部门实施查封、扣押办法》（部令第29号）、《环境保护主管部门实施限制生产、停产整治办法》（部令第30号）、《企业事业单位环境信息公开办法》（部令第31号）和《突发环境事件调查处理办法》（部令第32号），分别规定了环境保护主管部门实施按日连续处罚，查封，扣押，限制生产，停产整治，责令停业关闭，对突发环境事件的原因、性质、责任进行调查的办法，以及企事业单位被列入重点排污单位名录的条件和重点排污单位应当公开的信息。

本年度蓝皮书包括了两篇有关生态环境治理与公民环境和健康权利的专题报告：一篇是张明涛撰写的《大气污染治理与健康权利保障》，总结了2014年中国治理大气污染和保障公民健康权利的新进展，分析了面临的主要问题，并提出了改进的政策建议；另一篇是唐颖侠副教授撰写的《环境权司法保障的进展与展望》，指出司法救济是公民环境权实现的程序保障，总结了2014年中国环境权司法保障的主要进展，分析了环境权司法实践的困境，并对解决问题的路径进行了展望。

---

① 《推动环保公众参与 创新环境治理模式——解读〈关于推进环境保护公众参与的指导意见〉》，《中国环境报》2014年7月31日。

（六）推进司法领域改革，强化权利救济和公正审判权的实现

《全面深化改革决定》提出要深化司法体制改革，加快建设公正高效权威的社会主义司法制度，维护人民权益，让人民群众在每一个司法案件中都感受到公平正义。确保依法独立公正行使审判权检察权，改革审判委员会制度，推进审判公开、检务公开，录制并保留全程庭审资料，完善人权司法保障制度，进一步规范查封、扣押、冻结、处理涉案财物的司法程序，健全错案防止、纠正、责任追究机制，严禁刑讯逼供、体罚虐待，严格实行非法证据排除规则，逐步减少适用死刑罪名，健全国家司法救助制度，完善法律援助制度。[①] 2014年，中国深化司法改革，强化人权司法保障，保障公民在人权受到侵犯时能够得到及时、公正和有效的救济，使公民享受公正审判的权利得到切实的保障。

1. 深化司法改革

2014年，人民法院推动了多项改革措施，其中包括：（1）设立最高人民法院巡回法庭。在深圳、沈阳分别设立最高人民法院第一、第二巡回法庭，审理跨行政区域重大行政和民商事案件。在巡回法庭全面推行主审法官制度等各项改革措施，让审理者裁判、由裁判者负责。（2）设立跨行政区划法院。在北京、上海组建跨行政区划中级法院，办理跨地区重大刑事、民事、行政案件。（3）设立知识产权法院。在北京、上海、广州设立知识产权法院，审理知识产权民事和行政案件。（4）稳步推进重点项目改革试点。在吉林、上海、湖北、广东、海南、贵州、青海法院进行人财物省级统管、人员分类管理、司法责任制、司法职业保障等改革试点，选取12个法院开展审判权运行机制改革试点，按新模式设立深圳前海合作区人民法院、珠海横琴新区人民法院，为改革提供可复制、可推广的经验。（5）健全审判监督指导机制。克服监督指导工作中的行政化倾向，取消对高级法院的统计考

[①] 《中共中央关于全面深化改革若干重大问题的决定》（2013年11月12日通过），《人民日报》2013年11月16日，第1版。

核排名,指导高级法院取消对辖区法院不合理的考核指标。(6)改革人民陪审员工作机制。提前完成人民陪审员"倍增计划",全国人民陪审员总数达到21万人,共参审案件219.6万件。积极拓展人民陪审员参审范围,山东省东营市中级人民法院吸收人民陪审员参与审理倪发科受贿、巨额财产来源不明案,系人民陪审员首次参审重大职务犯罪案件。①

2015年2月4日,最高人民法院发布了《关于全面深化人民法院改革的意见——人民法院第四个五年改革纲要(2014-2018)》(法发〔2015〕3号),提出了65项具体改革举措。

人民检察院组织17个市县检察院开展检察官办案责任制试点,择优选任460名主任检察官,赋予相应司法办案决定权,完善司法办案责任制度,主任检察官对所办案件终身负责。同时,在10个省市开展深化人民监督员制度改革试点,拓宽监督范围,将查办职务犯罪工作中违法适用指定居所监视居住、阻碍律师或其他诉讼参与人依法行使诉讼权利等纳入监督,2014年人民监督员共监督案件2527件。②

2. 强化人权司法保障

人民法院采取一系列措施强化人权的司法保障,其中特别突出的是:(1)切实保障无罪的人不受刑事追究。根据罪刑法定、疑罪从无等法律原则,各级法院对518名公诉案件被告人和260名自诉案件被告人依法宣告无罪。福建省高级人民法院依法审理念斌投放危险物质案,以"事实不清、证据不足"宣告念斌无罪。(2)纠正冤假错案。各级法院按照审判监督程序再审改判刑事案件1317件,其中纠正一批重大冤假错案。内蒙古自治区高级人民法院依法再审呼格吉勒图故意杀人、流氓罪一案,改判呼格吉勒图无罪。(3)保障律师依法履职。最高人民法院制定了《办理死刑复核案件听取律师意见的办法》,保障律师查询立案信息、查阅相关材料

---

① 最高人民法院院长周强在第十二届全国人民代表大会第三次会议上所做《最高人民法院工作报告》,2015年3月12日。
② 最高人民检察院检察长曹建明在第十二届全国人民代表大会第三次会议上所做《最高人民检察院工作报告》,2015年3月12日。

等权利,律师可直接向最高人民法院法官当面陈述辩护意见。(4)解决立案难问题。人民法院清理了一些地方限制立案的"土政策",坚持依法受理案件。推进诉讼服务大厅、网站、12368热线"三位一体"诉讼服务中心建设,为当事人提供"一站式"服务。实行预约立案、上门立案,为行动不便的残疾人、老年人提供诉讼便利。推进涉诉信访改革,强化"诉访分离",开通全国法院远程视频接访系统,最高人民法院直接接谈4548人次,建立网上申诉信访平台,健全涉诉信访终结机制,畅通信访案件入口和出口。异地交叉评查信访案件,解决信访工作中的突出问题。(5)解决执行难问题。人民法院建立了具备网络查控、远程指挥、快速反应、信息公开等功能的四级法院执行指挥体系,加大执行力度。各级法院受理执行案件341万件,执结290.7万件,同比分别上升14.1%和7%。开展涉民生案件专项集中执行活动,执结涉民生案件21.9万件,执行金额87.8亿元。清理执行积案,依法打击拒不执行判决、裁定犯罪,判处罪犯696人,同比上升17.8%。(6)深入推进司法公开。人民法院实施"天平工程",实现审判执行全程留痕,以司法公开和机制变革倒逼、促进司法公正。2014年各级法院通过视频直播庭审8万次;截至2015年2月底,共上网公布裁判文书629.4万份;公开发布失信被执行人信息110万例,采取限制高消费等信用惩戒措施150万次。2014年5月26日,最高人民检察院印发了《人民检察院讯问职务犯罪嫌疑人实行全程同步录音录像的规定》(高检发反贪字〔2014〕213号)。2014年6月20日,最高人民检察院第十二届检察委员会第二十四次会议通过了《人民检察院案件信息公开工作规定(试行)》。2014年9月9日,公安部印发了《公安机关讯问犯罪嫌疑人录音录像工作规定》(公通字〔2014〕33号)。(7)以"零容忍"态度坚决惩治司法腐败。人民法院对73名履职不力的法院领导干部进行党风廉政问责。对当事人随案发放廉政监督卡,开展廉政回访。全国四级法院全部开通举报网站,实现联网运行和实时监督,及时处理举报线索。在全国法院清查虚假诉讼案件3397件,立案查处307人。查处利用审判执行权违纪违法干警863人,其中移送司法机关处理138人,给予党纪政纪处分 781 人，同比分别上升 126.5%、36.6% 和 120.6%。①

人民检察院在加强人权司法保障方面也采取了一系列措施，其中包括：（1）开展久押不决案件专项监督。在中央政法委统一领导和支持下，检察机关牵头，对政法各机关羁押 3 年以上仍未办结的案件持续进行集中清理；最高人民检察院对羁押 8 年以上的案件挂牌督办，逐案提出处理建议。经各机关共同努力，清理出 4459 人并已纠正 4299 人。对 32 件因存在疑点或证据不足难以定案，导致犯罪嫌疑人被长期羁押的案件分别依法做无罪处理，其中检察机关不起诉 10 人。（2）加强对诉讼活动的监督。在对刑事诉讼的监督方面，人民检察院督促侦查机关立案 21236 件，追加逮捕 27496 人，追加起诉 32280 人，对认为确有错误的刑事裁判提出抗诉 7146 件。在民事诉讼和行政诉讼监督方面，人民检察院对认为确有错误的民事和行政生效裁判、调解书提出抗诉或再审检察建议 9378 件，对民事执行活动中的违法情形提出检察建议 33107 件。②

本年度蓝皮书包括了三篇关于权利救济和公正审判权的专题报告：第一篇是张晓玲教授和刘沛恩撰写的《限制死刑与保障生命权》，总结了 2014 年中国限制死刑、保障生命权的最新进展，分析了国际上废除死刑的趋势，并就限制死刑、加强生命权保障提出了政策建议；第二篇是黄士元副教授撰写的《司法公开与公正审判权保障》，回顾了中国司法公开制度的历史发展，总结了 2014 年司法公开工作取得的成绩，分析了存在的问题，并提出了改进的对策建议；第三篇是佟丽华和陈思远撰写的《农民工法律援助的新进展——以北京致诚农民工法律援助与研究中心为案例》，分析了现阶段农民工法律援助的主要特点，总结了北京致诚农民工法律援助与研究中心从事法律援助工作的经验，分析了存在的主要问题，并提出了推动农民工法律援助健康发展的对策建议。

---

① 最高人民法院院长周强在第十二届全国人民代表大会第三次会议上所做《最高人民法院工作报告》，2015 年 3 月 12 日。
② 最高人民检察院检察长曹建明在第十二届全国人民代表大会第三次会议上所做《最高人民检察院工作报告》，2015 年 3 月 12 日。

二　全面推进依法治国与人权事业的未来发展

中共十八届四中全会审议并通过了《中共中央关于全面推进依法治国若干重大问题的决定》（以下简称《依法治国决定》），它既是深化建设社会主义法治国家的行动纲领，也是全面推进中国人权事业发展的宏伟纲领。它体现了人权保障的精神和要求，同时也对中国人权保障提出了新的要求。

（一）全面推进依法治国体现的人权精神

全面推进依法治国以保障人权作为其灵魂：所依之法应是保障人民权利之法，立法过程要保障人民的参与权，法律约束要体现人权的平等原则。

从依法治国的法律本质来看，依法治国所依之法必须是为民之法，是保障人民权利之法，"立法为民"是人权保障的立法要求。《依法治国决定》指出，"要恪守以民为本、立法为民理念，贯彻社会主义核心价值观，使每一项立法都符合宪法精神、反映人民意志、得到人民拥护"。[①] 它特别分析了中国法治的现状与人民的期望和要求的距离，指出这些问题违背了社会主义法治原则，损害了人民群众利益。它要求："必须坚持法治建设为了人民、依靠人民、造福人民、保护人民，以保障人民根本权益为出发点和落脚点，保证人民依法享有广泛的权利和自由、承担应尽的义务，维护社会公平正义，促进共同富裕。"[②]

从依法治国的立法过程来看，《依法治国决定》强调要"坚持人民主体地位"，这是人权保障的政治表述。它指出，"人民是依法治国的主体和力量源泉"，"要把公正、公平、公开原则贯穿立法全过程"。[③] 它要求"完善

[①] 《中共中央关于全面推进依法治国若干重大问题的决定》（2014年10月23日通过），《人民日报》2014年10月29日，第1版。

[②] 《中共中央关于全面推进依法治国若干重大问题的决定》（2014年10月23日通过），《人民日报》2014年10月29日，第1版。

[③] 《中共中央关于全面推进依法治国若干重大问题的决定》（2014年10月23日通过），《人民日报》2014年10月29日，第1版。

公众参与政府立法机制",包括健全立法机关主导、社会各方有序参与立法的途径和方式,健全向下级人大征询立法意见机制,健全法律法规规章起草征求人大代表意见制度,完善立法项目征集和论证制度,健全立法机关和社会公众沟通机制,探索建立有关国家机关、社会团体、专家学者等对立法中涉及的重大利益调整论证咨询机制,健全法律法规规章草案公开征求意见和公众意见采纳情况反馈机制。①

从依法治国的约束方式来看,《依法治国决定》强调要"坚持法律面前人人平等"②,这是人权保障对法治约束的基本要求。人权是每个人平等享有的权利,保障人权要求确立法律面前人人平等的原则,禁止一切超越法律的特权和违背法律的歧视。《依法治国决定》从四个方面阐释了依法治国中必须坚持的人人平等原则：(1)平等是社会主义法律的基本属性；(2)任何组织和个人都不得有超越宪法法律的特权；(3)在宪法和法律的实施中,绝不允许任何人以任何借口任何形式以言代法、以权压法、徇私枉法；(4)依法监督必须以规范和约束公权力为重点,坚决纠正有法不依、执法不严、违法不究行为。③

（二）全面推进依法治国对人权保障的新要求

全面推进依法治国也对人权保障提出了新的要求,就是要以法治保障人权,使人权保障进一步法治化。

《依法治国决定》指出,"人民权益要靠法律保障",要"依法保障公民权利","实现公民权利保障法治化,健全公民权利救济渠道和方式"④。它

---

① 《中共中央关于全面推进依法治国若干重大问题的决定》(2014年10月23日通过),《人民日报》2014年10月29日,第1版。
② 《中共中央关于全面推进依法治国若干重大问题的决定》(2014年10月23日通过),《人民日报》2014年10月29日,第1版。
③ 《中共中央关于全面推进依法治国若干重大问题的决定》(2014年10月23日通过),《人民日报》2014年10月29日,第1版。
④ 《中共中央关于全面推进依法治国若干重大问题的决定》(2014年10月23日通过),《人民日报》2014年10月29日,第1版。

深刻总结了中国社会主义法治建设的成功经验和深刻教训，指出："为了保障人民民主，必须加强法治，必须使民主制度化、法律化，把依法治国确定为党领导人民治理国家的基本方略，把依法执政确定为党治国理政的基本方式，积极建设社会主义法治，取得历史性成就。"①

（三）中国人权事业展望：迈入人权保障法治化的新阶段

展望2015年，在全面推进依法治国的背景下，中国人权保障事业将迈入全面推进人权法治保障的新阶段。它具体体现在以下五个方面。

1. 保障人权的相关法律法规将更加完备

人权法治保障需要立法先行。《依法治国决定》提出要加强重点领域立法，特别要"加快完善体现权利公平、机会公平、规则公平的法律制度，保障公民人身权、财产权、基本政治权利等各项权利不受侵犯，保障公民经济、文化、社会等各方面权利得到落实"②。在经济权利领域，以公平为核心原则的产权保护法律制度将得到进一步健全。在政治权利领域，有关协商民主和惩治贪污贿赂犯罪的法律法规将会进一步细化。在文化权利领域，将会制定公共文化服务保障法。在社会权利领域，有关公共服务、教育、就业、收入分配、社会保障、医疗卫生、食品安全、扶贫、慈善、社会救助和妇女儿童、老年人、残疾人合法权益保护和社会组织等方面的法律法规将会进一步完善。在环境权利领域，将会建立严格的法律制度保护公民的环境权和健康权。

2. 保障人权的法律法规体系的内在逻辑将更加一致

人权保障各类规范之间的关系，存在着逻辑和历史两个维度。而在中国法治国家的建设过程中，这两个维度之间存在着一定的错位。

从逻辑的维度看，各类人权保障规范具有上下位的关系。首先，宪法是

---

① 《中共中央关于全面推进依法治国若干重大问题的决定》（2014年10月23日通过），《人民日报》2014年10月29日，第1版。
② 《中共中央关于全面推进依法治国若干重大问题的决定》（2014年10月23日通过），《人民日报》2014年10月29日，第1版。

国家的根本大法，其他任何规范都不能违背宪法。其次，行政法规不能违背国家法律，地方性法规不能违背行政法规，行政规章和地方政府规章不能违背法律和法规，下级政府的规章不能违背上级政府的规章。

从历史的维度看，由于中国正处于社会转型时期，而这种转型又是渐进的，因此，人权保障各类规范的形成过程并不是严格按照逻辑关系来进行的。从实际的历史进程来看，改革开放之前，中国的人权保障规范是以执政党规范、行政法规和规章为主要形式。大部分人权保障文件是执政党和行政机关的法规、规章和其他规范性文件，人权保障的国家法律、地方性法规和社会规范不仅数量少，而且规范的人权保障范围也相当有限。在"文化大革命"时期，行政法规也很难发挥作用，执政党规范成为占主导地位的规范形式。改革开放后，人权保障的国家法律、行政法规、地方性法规、行政规章都逐步增加，其中，人权保障的行政法规和规章数量增长最快，成为人权保障更主要的规范形式。20世纪90年代末，中国将中国特色社会主义法律体系建设提到重要的议事日程。2011年3月10日，全国人大常委会委员长吴邦国宣布中国特色社会主义法律体系形成，标志着人权保障的法律规范成为人权保障规范的主要形式。从法律法规的形成方式来看，中国允许以行政法规和地方性法规先行尝试，即行政规范可以在符合宪法、法律的前提下做出带有创制性的规定，可以对某些尚未受到法律调整的社会生活做出行政规范的调整。这意味着在许多情况下，并不是先有国家法律，再有行政法规，再有地方性法规，而是先有地方性法规，再有行政法规，再有国家法律。

人权保障各类规范在逻辑维度和历史维度之间的错位，是中国法律体系渐进式建设过程中的特有现象，具有一定的历史合理性。一方面，通过下位规范的先行先试，可以为上位规范的建立积累经验并奠定基础，使上位规范的建立更具合理性和可行性。另一方面，执政党规范对人权保障规范的先导性影响，也实际推动了相应法律规范建设的破冰之旅。然而，这种错位也带来一定的现实问题，如下位规范缺乏上位规范的根据和支持，下位规范与上位规范之间有时会在一定时段出现相互冲突等。

但同时应当看到，全面推进依法治国将在一定程度上改变上述格局，要求各类人权保障规范的关系要实现逻辑的和历史的统一。它意味着国家法律要真正成为人权保障的主导规范,各种法律法规要严格按照其位阶关系来形成体系。首先,这意味着宪法在人权保障中的最高地位将被强化。《依法治国决定》明确提出:"坚持依法治国首先要坚持依宪治国,坚持依法执政首先要坚持依宪执政。""任何组织和个人都必须尊重宪法法律权威,都必须在宪法法律范围内活动,都必须依照宪法法律行使权力或权利、履行职责或义务,都不得有超越宪法法律的特权。"① 其次,这意味着要强化对法律法规的合法性和合宪性审查,为了避免下位的人权保障规范背离上位的法律和宪法。《依法治国决定》指出:"行政机关不得法外设定权力,没有法律法规依据不得作出减损公民、法人和其他组织合法权益或者增加其义务的决定"②,同时要求"把所有规范性文件纳入备案审查范围,依法撤销和纠正违宪违法的规范性文件"③。再次,这意味着今后的改革必须要有法律的授权。《依法治国决定》指出:"实现立法和改革决策相衔接,做到重大改革于法有据、立法主动适应改革和经济社会发展需要。实践证明行之有效的,要及时上升为法律。实践条件还不成熟、需要先行先试的,要按照法定程序作出授权。对不适应改革要求的法律法规,要及时修改和废止。"④

3. 保障人权的法律法规将得到更严格、更有效的实施

依法治国不仅在于立法,更在于行法。《依法治国决定》指出:"法律的生命力在于实施,法律的权威也在于实施。各级政府必须坚持在党的领导下、在法治轨道上开展工作,创新执法体制,完善执法程序,推进综合执法,严格执法责任,建立权责统一、权威高效的依法行政体制,加快建设职

---

① 《中共中央关于全面推进依法治国若干重大问题的决定》(2014年10月23日通过),《人民日报》2014年10月29日,第1版。
② 《中共中央关于全面推进依法治国若干重大问题的决定》(2014年10月23日通过),《人民日报》2014年10月29日,第1版。
③ 《中共中央关于全面推进依法治国若干重大问题的决定》(2014年10月23日通过),《人民日报》2014年10月29日,第1版。
④ 《中共中央关于全面推进依法治国若干重大问题的决定》(2014年10月23日通过),《人民日报》2014年10月29日,第1版。

能科学、权责法定、执法严明、公开公正、廉洁高效、守法诚信的法治政府。"① 严格执法要求坚持法定职责必须为、法无授权不可为，使得有关保障人权的法律规定严格落实到执法人员的行动上，防止执法过程中出现侵犯公民权利的现象。同时也要求强化对行政权力的制约和监督，使得各种违反人权保障法律法规的行为能够得到及时的曝光和纠正。

4. 人权将得到更有力的司法保障

人权保障的法治化要求当公民的权利遭受侵犯时能够得到及时、公正和有效的司法救济，"无救济无权利"。这对人权的司法保障提出了更高的要求。《依法治国决定》指出："保证公正司法，提高司法公信力。公正是法治的生命线。司法公正对社会公正具有重要引领作用，司法不公对社会公正具有致命破坏作用。必须完善司法管理体制和司法权力运行机制，规范司法行为，加强对司法活动的监督，努力让人民群众在每一个司法案件中感受到公平正义。"② 根据《依法治国决定》的要求，人权司法保障将会在许多方面得到强化，包括完善确保依法独立公正行使审判权和检察权的制度，健全行政机关依法出庭应诉、支持法院受理行政案件、尊重并执行法院生效裁判的制度，变立案审查制为立案登记制，扩大援助范围，推进以审判为中心的诉讼制度改革，实行办案质量终身负责制和错案责任倒查问责制，健全冤假错案有效防范、及时纠正机制，建立失信被执行人信用监督、威慑和惩戒法律制度，完善人民陪审员、监督员制度，推进审判公开、检务公开、警务公开、狱务公开，建立健全司法人员履行法定职责保护机制等。

5. 全民遵守保障人权的法律法规的意识将进一步增强

人权保障的法治化不仅要求人权法律法规的制定者、执行者和保障者做出努力，而且要求人权法律法规的受约束者自觉遵法守法。《依法治国决定》提出，"增强全社会尊重和保障人权意识"，"把法治教育纳入国民教育

---

① 《中共中央关于全面推进依法治国若干重大问题的决定》（2014年10月23日通过），《人民日报》2014年10月29日，第1版。
② 《中共中央关于全面推进依法治国若干重大问题的决定》（2014年10月23日通过），《人民日报》2014年10月29日，第1版。

体系，从青少年抓起，在中小学设立法治知识课程"①。同时，该《决定》要求把领导干部带头学法、模范守法作为树立法治意识的关键，完善国家工作人员学法用法制度，把宪法法律列入党委（党组）中心组学习内容，列为党校、行政学院、干部学院、社会主义学院必修课，特别强调："各级领导干部要对法律怀有敬畏之心，牢记法律红线不可逾越、法律底线不可触碰，带头遵守法律，带头依法办事，不得违法行使权力，更不能以言代法、以权压法、徇私枉法。"②

三 本年度蓝皮书的主要内容

本年度蓝皮书除了本篇总报告之外，还包括 21 篇专题报告、3 篇调研报告和案例研究，以及 2 个附录。

在专题报告和调研报告中，除了前面提到的与 2014 年中国深化经济、政治、文化、社会、生态环境和司法改革相关的各篇报告之外，还包括了以下报告。

（1）结合 2014 年中国人权保障的情况，古丽阿扎提·吐尔逊教授撰写了《2014 年中国反恐怖斗争与人权保障》，王四新教授和李汶龙撰写了《公民数据隐私权保障：威胁与治理》。

（2）在特定群体权利保障方面，有陈超博士撰写的《新疆、西藏及四省藏区少数民族就业权利保障》、刘杰教授和石冬旭撰写的《领事保护与海外中国人的人权保障》，以及张万洪副教授和程骞撰写的《"走出去"战略下中国企业海外投资的人权影响》。

（3）在人权立法和国际合作方面，延续了往年的体例，包括了班文战教授撰写的《2014 年国家人权立法分析报告》和罗艳华教授撰写的《2014

---

① 《中共中央关于全面推进依法治国若干重大问题的决定》（2014 年 10 月 23 日通过），《人民日报》2014 年 10 月 29 日，第 1 版。
② 《中共中央关于全面推进依法治国若干重大问题的决定》（2014 年 10 月 23 日通过），《人民日报》2014 年 10 月 29 日，第 1 版。

年中国开展国际人权合作与交流的进展》。

（4）在人权研究方面，有许尧博士等撰写的《2004~2014年CSSCI期刊发表的人权论文分析报告》和张弦博士撰写的《国家人权教育与培训基地建设：回顾与展望》。

附录仍然延续了往年的体例，包括了许尧博士总结的《中国人权大事记·2014》和班文战教授汇总的《2014年制定、修订或修改的与人权直接相关的法律法规》（数据库）。

专题报告

Thematic Reports

·经济、社会和文化权利·

B.2
失地农民的权利保障

郑智航*

摘 要： 中国城乡一体化进程的加快带来的一个直接后果是愈来愈多的农民失去自己的宅基地或耕地。改革开放30多年来，中国在失地农民土地收益权、社会保障权、工作权和知情权的保障方面取得了长足的进步。2014年，中国政府在这些权利的保障方面更是做出了巨大的努力。但是，在保障失地农民权利方面还存在诸多不足和值得完善的地方，需要从深化户籍制度改革、严格控制政府的土地征收权、高度关注失地农民社会权利以及积极完善失地农民诉权实现机制几个方面来推进失地农民权利保障事业。

---

* 郑智航，法学博士，山东大学法学院副教授，主要研究方向为法理学、人权法学。

失地农民的权利保障

关键词： 失地农民　城镇化　社会保障　户籍改革　社会权利

随着中国城乡一体化进程的加快，愈来愈多的集体性质的土地被转化为国有性质土地，愈来愈多的农民失去了自己的宅基地或耕地。所谓"失地农民"是指土地被依法征收后，家庭人均耕种面积少于0.3亩的这部分农业户口群体。截至2012年，全国失地农民有4000万~5000万人，而且每年还在以300万的速度增加。[①] 究其原因主要有以下几个方面：一是城镇化建设的急剧加快。中国城镇化率从1949年的10.64%发展到2011年的49%。2014年中国常住人口城镇化率达到53.7%[②]。城镇化在客观上需要加快土地农转非的速度，从而为工业发展提供建设用地。二是各类开发园区过多过滥，侵吞了大量农民土地。在城镇化的建设过程中，某些地方政府盲目兴建开发园区，并通过行政规划的方式改变农地使用性质，从而使大量农民失去土地。三是地方政府过度依赖土地财政。由于分税制改革使地方财权事权不匹配，地方政府对土地出让收入形成严重依赖。[③] 其结果是政府不断征收农民土地，扩大城市规模。在这种大的历史背景下，失地农民的权利保障问题愈来愈得到学术界和政府的高度关注。特别是十八届三中全会提出"完善城镇化健康发展机制，推动大中小城市和小城镇协调发展"这一发展战略以后，无论是中央还是地方都积极采取一系列措施来保障失地农民的权利，并取得了显著的成绩。

一　失地农民权利保障的新进展

十八大以来，中央提出了中国需要走新一轮城镇化的发展道路，十八届三中全会更是明确提出新型城镇化的发展战略。新型城镇化与过去城镇化一

---

① 《征地拆迁何太急　多替农民想一想》，《人民日报》2012年7月15日。
② 《国家新型城镇化规划（2014－2020年）》。
③ 邵宇军、米建伟：《中国土地财政的成因、影响及前景》，《发展研究》2013年第8期。

047

个重要的不同点在于强调"以人为核心"。这也就意味着中国需要进一步关注失地农民的权利保障,从而确保失地农民过一种有尊严的生活。在这种理念的指导下,中国在2014年采取了一系列措施来维护失地农民的各项基本权利,提升失地农民的生活水平。

(一)失地农民土地权利

失地农民失去土地使用权也就意味着其失去了附着于该土地使用权上的一系列财产性利益。在实践中,政府主要是通过土地征收取得农民的土地使用权,从而将农村集体土地转化为国有建设用地。为了保障失地农民土地收益权,先后出台了《国家建设征用土地条例》《中华人民共和国土地管理法》《关于完善征地补偿安置制度的指导意见》等法律、法规和规范性文件。中国也逐步确立了一次性货币补偿方式和以办理养老保险、定额发放一定养老保障金为主要形式的非货币补偿方式。中国政府的这些努力确实在不断地提高失地农民的土地收益,但是,这种土地收益还是受限于过去土地的基本用途,而且也没有建立与国有企业同权平等交易的机制。因此,十八届三中全会决定明确提出:"保障农民公平分享土地增值收益","建立城乡统一的建设用地市场。在符合规划和用途管制前提下,允许农村集体经营性建设用地出让、租赁、入股,实行与国有土地同等入市、同权同价"。十八届三中全会有关农民土地权利的相关论述为以后中国农村土地制度的发展指明了方向。

在十八届三中全会精神指引下,国务院于2014年1月印发了《关于全面深化农村改革加快推进农业现代化的若干意见》。该《意见》用相当篇幅强化了失地农民土地权利保障。一是强调保障失地农民公平分享土地收益,并要求改变对失地农民的补偿办法,对农民的住房、社保、就业培训给予合理保障。① 为了确保失地农民真正享有此项权益,国务院要求"(国务院)法制办、国土资源部会同中央农办、发展改革委、财政部、人力资源社会保

---

① 《关于全面深化农村改革加快推进农业现代化的若干意见》(中发〔2014〕1号)。

障部、住房城乡建设部、农业部、水利部、税务总局、林业局等部门负责落实。"① 目前,中国正在进行《土地管理法》的修订。在修正案草案中删除了现行法第 47 条的规定,即"按照被征收土地的原用途给予补偿,以及土地补偿费和安置补助费的总和不得超过土地被征收前三年平均年产值的 30 倍"。这将极大地提高失地农民的土地收益。各个地方也在积极地提高征地补偿标准。例如,湖北省于 2014 年 4 月 1 日起执行新的土地征收补偿标准。该补偿平均标准由原来的 2.64 万元/亩提高到 3.29 万元/亩,每亩提高了约 6500 元,涨幅为 24.5%。② 河北省在 2015 年提高了每个片区的补偿标准。具体来讲,"石家庄为 49420 元/亩,承德为 40738 元/亩,张家口为 28521 元/亩,秦皇岛为 36377 元/亩,唐山为 37266 元/亩,廊坊为 34341 元/亩,保定为 37216 元/亩,沧州为 31598 元/亩,衡水为 32092 元/亩,邢台为 31188 元/亩,邯郸为 35404 元/亩"。③ 二是实现同权同价。该《意见》强调在符合规划和用途管制的前提下,允许农村集体经营性建设用地入市,并与国有土地同权同价。④ 而集体经营性建设用地入市的另一个前提是土地确权。为了做好这项工作,国土资源部、财政部、住房城乡建设部、农业部、国家林业局在 2014 年 8 月联合下发《关于进一步加快推进宅基地和集体建设用地使用权确权登记发证工作的通知》。该《通知》要求对宅基地和集体建设用地使用权进行不动产确权登记。目前已有河北、湖南、陕西、山东、山西等省份进行农村集体经营性建设用地出让的试点工作。例如,河北的秦皇岛市还出台了《关于全面深化农村改革增强农村发展活力的实施意见》。该《实施意见》强调各地应当采取政府引导、财政补助、市场运作的方式来加快建设农村产权交易市场,从而确保农村集体经营性建设用地与国有土地同等入市、同权同价。

① 《关于全面深化农村改革加快推进农业现代化若干意见有关政策措施分工的通知》(国办函〔2014〕31 号)。
② 胡志喜:《湖北征地补偿执行新标准》,《中国国土资源报》2014 年 4 月 4 日。
③ 《河北省人民政府关于加强和改进征地工作建立被征地农民基本生活保障制度的通知》。
④ 《关于全面深化农村改革加快推进农业现代化的若干意见》(中发〔2014〕1 号)。

（二）失地农民社会保障权

长期以来，中国在城市和广大农村实行两套不同的制度，即在城市实行最低生活保障制度和退休或养老金制度，而在农村主要依靠土地来保障农民获得最低的生活资源和实现养老。农民失去土地也就意味着将有可能失去最起码的生活资源和养老资源。因此，中国政府在探索保障失地农民土地收益权的同时，也积极加强对失地农民社会保障权进行保护的探索。2007年出台的《中华人民共和国物权法》明确规定在征收土地时应安排被征地农民的社会保障费用。[①] 2007年劳动和社会保障部联合国土资源部下发了《关于切实做好被征地农民社会保障工作有关问题的通知》。该《通知》对失地农民社会保障的工作责任、资金来源和管理以及落实社会保障权情况的审查和监督等进行了规定。[②] 各个地方也在积极探索符合当地实际情况的失地农民社会保障制度（见表1）。

表1 各地出台失地农民社会保障权文件

省份	时间	文件
北京	2004	《北京市建设征地补偿安置办法》
天津	2004	《天津市被征地农民社会保障试行办法》
上海	2003	《上海市被征用农民集体所有土地农业人员就业和社会保障管理办法》
重庆	2008	《重庆市2007年12月31日以前被征地农转非人员基本养老保险试行办法》
重庆	2008	《重庆市2008年1月1日以后新征地农转非人员基本养老保险试行办法》
河北	2004	《河北省人民政府关于加强和改进征地工作建立被征地农民基本生活保障制度的通知》
河北	2005	《关于建立被征地农民养老保险制度的意见》
河南	2008	《关于做好被征地农民就业培训和社会保障工作的实施意见》
云南	2009	《云南省被征地农民基本养老保障试行办法》

---

① 《中华人民共和国物权法》第42条规定："征收集体所有的土地，应当依法足额支付土地补偿费、安置补助费、地上附着物和青苗的补偿费等费用，安排被征地农民的社会保障费用，保障被征地农民的生活，维护被征地农民的合法权益。"
② 《关于切实做好被征地农民社会保障工作有关问题的通知》（劳社部发〔2007〕14号）。

续表

省份	时间	文件
新疆	2008	《新疆维吾尔自治区被征地农民就业培训和社会保障工作实施办法》
江苏	2013	《江苏省征地补偿和被征地农民社会保障办法》
浙江	2003	《浙江省人民政府关于加快建立被征地农民社会保障制度的通知》
浙江	2010	《浙江省征地补偿和被征地农民基本生活保障办法》
江西	2008	《江西省人民政府办公厅转发省劳动保障厅关于被征地农民养老保险试点工作的指导意见的通知》
辽宁	2005	《辽宁省被征地农民社会保障暂行办法》
黑龙江	2008	《黑龙江省被征地农民养老保险暂行办法》
湖南	2005	《湖南省人民政府办公厅关于切实做好被征地农民生活保障工作的通知》
湖南	2007	《湖南省人民政府办公厅转发省劳动保障厅关于做好被征地农民就业培训和社会保障工作指导意见的通知》
湖南	2010	《湖南省人民政府办公厅关于进一步做好高速公路和铁路建设被征地农民社会保障工作的通知》
安徽	2005	《安徽省人民政府关于做好被征地农民就业和社会保障工作的指导意见》
山东	2003	《山东省人民政府关于建立失地农民基本生活保障制度的意见》
山东	2004	《失地农民基本养老保障操作办法》
山东	2013	《山东省人民政府关于进一步做好新形势下农民工工作的意见》
广西	2008	《广西壮族自治区被征地农民社会保障试行办法》
四川	2010	《四川省人民政府办公厅关于进一步做好被征地农民社会保障工作的通知》
辽宁	2005	《辽宁省被征地农民社会保障暂行办法》
海南	2009	《海南省被征地农民社会养老保险暂行办法》
陕西	2007	《关于切实做好被征地农民就业培训和社会保障工作的实施意见》

资料来源：根据相关报道整理。

尽管这些制度和措施对于失地农民权益保障具有重大意义，但是，还存在以下几个方面的问题。一是以户籍制度为核心的人口管理制度所形成的城乡二元结构的长期存在导致出现失地农民社会保障权实现方面的制度歧视。城乡之间权利不平等、机会不平等和规则不平等现象较为普遍。二是失地农民养老保险制度覆盖面还较为狭窄，并且保险资金的筹资方式不是十分明确。三是失地农民很难被纳入社会救助体系，当他们生活有困难时，难以从政府获得最低生活、医疗、住房、就业和教育等方面的救助。

基于此，中国政府在2014年出台了一系列有助于失地农民实现社会保障权的具体措施。在现实中，许多失地农民最终进城务工，由农民逐步变成了产业工人。为了让农民顺利地进入城市，并分享到城乡进步带来的红利，国务院在2014年7月24日下发了《国务院关于进一步推进户籍制度改革的意见》。该《意见》要求："将农业转移人口及其他常住人口纳入社区卫生和计划生育服务体系，提供基本医疗卫生服务。把进城落户农民完全纳入城镇社会保障体系，在农村参加的养老保险和医疗保险规范接入城镇社会保障体系，完善并落实医疗保险关系转移接续办法和异地就医结算办法，整合城乡居民基本医疗保险制度，加快实施统一的城乡医疗救助制度。"[①] 四川、河南、河北、湖南等省根据本省实际情况出台了推进户籍制度改革实施方案，贵州、江西等省正在向社会征求意见。这些实施方案涉及了失地农民城市落户、社会医疗、最低生活保障、基本养老等内容（见表2）。

表2　2014年各地出台推进户籍制度改革实施方案（含征求意见稿）情况

省份	文　件	主要内容
四川	《四川省进一步推进户籍制度改革实施方案》	将采取多种方式，扩大基本公共服务覆盖面
河南	《河南省人民政府关于深化户籍制度改革的实施意见》	加快实施保障性安居工程，进城落户农业转移人口与城镇居民享受同等住房保障政策
河北	《河北省人民政府关于深化户籍制度改革的实施意见》	进入城镇落户人员，与用人单位签订劳动合同的，可参加城镇职工基本医疗保险；进入城镇落户人员符合当地低保救助条件的，按照属地管理原则，纳入城镇低保范围
湖南	《湖南省关于进一步推进户籍制度改革的意见》	稳步推进义务教育、就业服务、基本养老、基本医疗卫生、住房保障等城镇基本公共服务覆盖全部常住人口
新疆	《关于进一步推进自治区户籍管理制度改革的实施意见》	保障农业转移人口合法权益
贵州	《贵州省人民政府关于进一步推进户籍制度改革的实施意见(征求意见稿)》	为农业转移人口提供城镇基本公共服务
江西	《江西省关于进一步推进户籍制度改革的实施意见(征求意见稿)》	居住证持有人享有与当地户籍人口同等的教育、医疗等权利

资料来源：根据相关报道整理。

[①] 《国务院关于进一步推进户籍制度改革的意见》（国发〔2014〕25号）。

2014年，中国政府也在全国范围内推行新型农村养老保险制度。新型农村养老保险制度确定了个人缴费、集体补助和政府补贴相结合的筹资方式。按照该制度，城市规划区内的失地农民被纳入城市居民最低生活保障范围，有条件的地区还将失地农民纳入城镇职工社会保险参保范围。至于城市规划外的失地农民，只要这些地区已经建立社会养老保险制度、新型农村合作医疗制度和实行最低生活保障制度，他们就被纳入保障的范围。另一方面，中国政府也积极加强对失地农民的社会救助。国务院在2014年5月1日正式实施了《社会救助暂行办法》。该《办法》努力实现城乡居民在社会救助方面的权利平等、机会平等和规则平等。按照该《办法》，失地农民可以从政府获得最低生活保障、医疗救助、住房救助、就业救助、教育救助等。[1] 从5月至8月，"全国已有36076个街道（乡镇）设立了社会救助申请窗口，24391个街道（乡镇）制定了社会救助申请分办、转办流程，26310个街道（乡镇）明确了办理时限，分别占全国总数的88.3%、59.7%、64.4%"。[2]

（三）失地农民知情权

知情权是失地农民的一项基本人权。2004年，国土资源部就下发了《关于完善征地补偿安置制度的指导意见》。该《指导意见》规定："在征地依法报批前，当地国土资源部门应将拟征地的用途、位置、补偿标准、安置途径等，以书面形式告知被征地农村集体经济组织和农户。"[3] 接着，《国务院关于深化改革严格土地管理的决定》进一步强化了失地农民知情权的重要性。该《决定》规定："在征地依法报批前，要将拟征地的用途、位置、补偿标准、安置途径告知失地农民。"[4] 2011年，国务院办公厅发布了《关于积极稳妥推进户籍管理制度改革的通知》，明确了"农民的宅基地使用权

---

[1] 《社会救助暂行办法》（国务院令第649号）。
[2] 黄小希：《把安全网编织得更密更牢——〈社会救助暂行办法〉实施情况扫描》，新华网，http://news.xinhuanet.com/politics/2014-09/24/c_1112612948.htm。
[3] 《关于完善征地补偿安置制度的指导意见》（国土资发〔2004〕238号）。
[4] 《国务院关于深化改革严格土地管理的决定》（国发〔2004〕28号）。

和土地承包经营权受法律保护,现阶段,农民工落户城镇,是否放弃宅基地和承包的耕地、林地、草地,必须完全尊重农民本人的意愿,不得强制或者变相强制收回"。① 然而,由于中国政府在土地征收方面具有强势地位,农民自身法律意识淡薄以及农民自身具有分散性的特点等诸多因素的影响,失地农民在土地征收过程中的知情权受损是一个较为普遍的现象。

为了切实保障失地农民知情权的实现,中国政府在 2014 年加大了失地农民知情权的保护力度。国务院在《关于全面深化农村改革加快推进农业现代化的若干意见》中明确规定:"健全征地争议调处裁决机制,保障被征地农民的知情权、参与权、申诉权、监督权。"② 2014 年 10 月,国土资源部针对当前征地信息公开的重点和薄弱环节,下发了《关于进一步做好市县征地信息公开工作有关问题的通知》。该《通知》要求市县在征地工作中,要"以公开为原则,不公开为例外",进一步加大征地信息主动公开力度,严格履行报批前"告知、确认、听证"和批后"两公告一登记"程序。③ 各地政府也积极按照上述要求加强对失地农民知情权的保障,在征地获批前和获批后,都将拟征地块的位置、面积、用途、补偿标准、安置方式等相关信息向失地农民进行公告。倘若不进行公告,相关部门将不会对上报土地征收予以审批。在土地权属确认过程中,也主动邀请被征地农民代表参与其中,并将相关信息及时向广大农户披露。

(四)失地农民工作权

失地农民的再就业问题一直是党和政府高度关注的一个问题。2004 年国务院下发了《关于深化改革严格土地管理的决定》,规定政府应当将城市规划区内的失地农民纳入当地城镇社会就业体系,对于城市规划区以外的失地农民,应当为其留有必要的耕地,安排相应工作岗位或异地安置。为了进

---

① 《关于积极稳妥推进户籍管理制度改革的通知》(国办发〔2011〕9 号)。
② 《关于全面深化农村改革加快推进农业现代化的若干意见》(中发〔2014〕1 号)。
③ 《关于进一步做好市县征地信息公开工作有关问题的通知》(国土资厅发〔2014〕29 号)。

一步增强对失地农民工作权的保障力度，国务院办公厅在2006年转发了劳动保障部出台的《关于做好被征地农民就业培训和社会保障工作指导意见》。该《指导意见》明确指出被征地农民的就业问题直接影响着被征地农民的切身利益和社会稳定。"促进被征地农民就业"、"落实被征地农民就业安置责任"和"加强对被征地农民的培训工作"是切实保障失地农民工作权实现的三项重要要求。① 但是，长期以来，农民工与城里人在工作方面并不享有同工同酬的权利，他们在城里的住房问题也没有纳入住房建设规划之中。这直接影响到了失地农民工作权的实现。

2014年，中国加强了户籍制度改革的力度，这为失地农民的市民化提供了结构性支撑。而户籍制度改革又能够推动失地农民工作权的实现。十八届三中全会提出"保障农民工同工同酬"的要求在2014年也开始落实。各种公共文化服务设施、体育设施也向农民工同等免费开放。为了给失地农民创造良好的工作环境，各个地方都积极将失地农民住房问题纳入住房建设规划，并将住房公积金制度逐步覆盖到城市中具有稳定工作的失地农民。例如，山东省出台的《山东省新型城镇化规划（2014~2020年）》就规定："具有稳定就业的进城务工人员连续缴存住房公积金1年以上，可以申请住房公积金贷款"，并且，"山东省农村转移劳动力可在户籍所在地或求职就业地按规定享受职业培训补贴和技能鉴定补贴"。② 湖北省也出台了《关于进一步加强住房公积金管理工作的通知》，该《通知》规定：将在城市中有稳定工作的进城务工人员纳入住房公积金缴存范围。③ 另一方面，人力资源社会保障部于2014年3月31日出台的《农民工职业技能提升计划——"春潮行动"实施方案》也直接推动了失地农民工作权的实现。根据该《方案》，自2014年起，每年面向农村新成长劳动力和拟转移就业劳动者开展政

---

① 《关于做好被征地农民就业培训和社会保障工作指导意见》（国办发〔2006〕29号）。
② 席敏：《山东：进城务工人员缴存公积金1年以上可申请贷款》，新华网，http://news.xinhuanet.com/house/bj/2014-10-21/c_1112914457.htm。
③ 彭一苇等：《我省出台公积金新政16条 农民工首次纳入缴存范围》，荆楚网，http://news.cnhubei.com/xw/jj/201411/t3094855.shtml。

府补贴培训700万人次，培训合格率达到90%以上，就业率达到80%以上；每年面向在岗农民工开展政府补贴培训300万人次，培训合格率达到90%以上；每年面向有创业意愿的农村转移就业劳动者开展创业培训100万人次，培训合格率达到80%以上，创业成功率达到50%以上。① 中国政府也积极建立有利于失地农民市民化的基本公共服务、户籍、住房、土地管理、成本分担等制度，从而为失地农民进城务工排除后顾之忧。28个省份实现了农民工随迁子女在流入地参加高考。②

二 失地农民权利保障存在的不足

虽然中国在失地农民权利保障方面取得了令人瞩目的成绩，但是由于失地农民数量多、地区差异大、权利意识淡薄等多方面的原因，在保障失地农民权利方面还存在诸多不足和需要完善的地方。这也是中国政府在未来的失地农民权利保障方面需要进一步努力的地方。

（一）公共利益范围的扩大

《中华人民共和国物权法》第42条规定："为了公共利益的需要，依照法律规定的权限和程序可以征收集体所有的土地和单位、个人的房屋及其他不动产。"但是，中国相关法律并没有明确公共利益的范围。某些地方政府就抓住公共利益范围的不确定性来任意解释和扩大公共利益的范围，从而侵犯农民的合法权益。在具体的实践操作中，某些地方政府利用公共利益的内涵界定不清来进行权力寻租，将公共利益扩展到了整个经济领域——既包括公益性的也包括商业性的，从而导致土地征收权的极端滥用，为商业性目的或营利性目的征收土地是我国土地征收权滥用的主要方面。③ 在实践中，很多地方打着"国家需要和公共利益"旗号强行毁田拆房，然后，在征收的

---

① 《农民工职业技能提升计划——"春潮行动"实施方案》（人社部发〔2014〕26号）。
② 《2015年政府工作报告》。
③ 宋国明：《浅析国外土地征用的公共利益目的》，《中国土地》2003年第11期。

该片土地上新建高档别墅、高尔夫球练习场、五星级酒店和商业街等。这明显地超出了公共利益的范围,从而不利于失地农民权利的保障。

(二)失地农民在土地征收中的参与不足

尽管中国在保障失地农民知情权方面做出了相当大的努力,但是,参与不足直接影响到了失地农民知情权实现的效果。因为知情权实现的目的主要在于让公民通过了解相关信息来增强对公共事务的参与程度。随着家庭联产承包责任制的发展和农业税的取消,村集体组织出现了"空壳化"或"过度组织化"这样两种基本倾向,村集体愈来愈不能担任本村村民利益的代言人。在具体的土地征收过程中,农民一般并不直接参与征地补偿谈判。他们无法以独立权利主体地位参与到征用协商谈判中。这种谈判权主要由村集体来行使,而实际上的集体往往是那些在农村具有一定影响的个体。另一方面,土地征收过程往往缺乏畅通的申诉渠道,公民的有效监督反馈机制也无法真正建立起来。在这种情况下,失地农民在土地征收中的主体地位被悬搁起来了。

(三)失地农民工作权难以实现

政府能否强化对失地农民工作权的保障是一个问题,失地农民工作权能否实现则是另一个问题。当下中国失地农民的学历文化普遍较低,而要想找到一份较为满意的工作要么需要具备较高的学历,要么得具有一技之长。尽管有部分失地农民通过参加相应的技能培训,凭借一技之长进行了再就业,但是,失地农民就业层次普遍较低。他们主要从事繁重的体力劳动和工作条件较差的工作。另一方面,城镇化进程的加快在一定程度上扩大了征地规模,增加了失地农民的数量,经济体制改革也增加了整个社会劳动力的供给能力,而社会吸纳劳动力的变化却不大。这增加了失地农民的就业难度。[①]

[①] 刘蓉华:《破解失地农民基本生活保障问题》,《中国产经新闻报》2014年8月20日。

（四）失地农民诉权难以实现

在现代社会，诉讼是公民权利实现的一种重要方式。诉权是公民寻求诉讼正当性的基础。它在客观上有助于对国家公权力进行有限的监督和制约。因此，加强对失地农民诉权的保障也是失地农民权利保障的重要内容。然而，遗憾的是，中国农民所处的特殊的历史时期使农民的权利最为脆弱和最容易受到国家公权力的侵犯，并且，他们很难通过行使诉权来实现其权利的救济。究其原因，主要有以下几个方面。一是地方保护主义对司法的干预。近些年来，一些地方政府依靠出让土地使用权的收入来维持地方财政支出。《中国经济周刊》和中国经济研究院2014年4月联合发布的23个省（市）"土地财政依赖度"排名显示："23个省（市）最少的有1/5债务靠卖地偿还，浙江、天津2/3债务要靠土地出让收入偿还，分别达66.27%和64.56%。"[①] 有些地方政府以行政干预的方式要求法院对起诉到法院的土地争议不立案。这也使土地争议一开始就难以进入司法程序。二是失地农民所享有的权利往往是通过纲要、规章、通知、决议、意见等方式载明的，但是，从法律效力位阶上讲，它们的层级往往较低。法院在司法过程中主要适用的是《物权法》《农村土地承包法》《土地管理法》等，而这些法律所规定的权利要远远少于这些纲要、通知、决议、意见等规定的权利。因此，失地农民的这些权利往往难以在法庭上获得法官的支持。三是土地征收往往涉及的农民数量很多，主体也很多，而各个农民和主体对于具体的实体权利、诉权以及诉讼程序的认知有巨大差别，加之村民集体组织的不作为，他们在诉讼过程中往往力不从心，从而影响到他们自身权利的实现。

三 完善失地农民权利保障的建议

完善失地农民权利保障制度需要中国政府从人权的角度和高度来看待土

[①] 刘德炳：《哪个省更依赖土地财政？》，《中国经济周刊》2014年第14期。

地征收问题以及由此带来的失地农民的身份转化问题。2014年全国范围内开展的户籍制度改革有助于改变当下失地农民权利保障的结构性障碍。因此,中国在以后失地农民权利保障过程中应当进一步破除城乡二元结构体制的影响,走城镇一体化的发展道路。

(一)深化户籍制度改革

各级政府应当严格按照《国务院关于进一步推进户籍制度改革的意见》,深化户籍制度改革,将失地农民纳入城乡统一的居民户口登记体制中,并根据各地具体实际情况,为失地农民在城镇落户确定相应的条件。为了配合失地农民进城务工,各级政府应当进一步放宽居住证的申领条件,并且失地农民办理居住证满一定年限,按规定缴纳社会保险的,可以进行落户。应当改变过去按户籍分配公共服务和社会保障资源的做法,逐步实现公共服务和社会保障资源公平地向失地农民覆盖。另外,要实现农民工和其他劳动者一样同工同酬,彻底破除身份在薪酬分配中的作用。

(二)严格控制政府的土地征收权

政府享有土地征收权的正当性在于通过土地征收行为能够实现某种公共利益。针对当下某些地方政府故意扩大公共利益范围的问题,中国应当以肯定性和否定性相结合的方式来明确界定公共利益的范围。明确界定公共利益的范围是为了防止行政权力滥用给土地被征收者的权益造成损害。但是,社会生活的确太过于复杂,人的理性认知能力也有限。我们不可能完全清楚地界定公共利益的范围。因此,笔者建议既要借鉴国外有关因公共利益的需要而征用土地的规定,对公共利益范围进行列举,又要以明文的方式规定哪些利益不是公共利益,例如,修建商场、建高尔夫球场肯定不是公共利益需要。我们应当以法律形式将这些行为明文排除在公共利益范围之外。这种肯定性与否定性相结合的方式既能保证公共利益的相对确定性,又能保证公共利益范围的不断发展性,从而最大限度地约束行政权力的行使和保障农民附着在土地上的一系列权利。

（三）高度关注失地农民社会权利的实现

前已叙及，土地对于广大农民而言，具有较强的社会保障的功能。农民失去土地的一个直接的问题就是社会权利如何实现。因此，政府需要高度关注失地农民社会权利的实现。首先，政府应当高度关注失地农民的未来发展，积极创造条件，加强对失地农民的劳动技能培训，鼓励失地农民进行再就业或自主创业，提升他们工作的积极性。其次，进一步提升失地农民社会保障水平。尽管注重对失地农民社会权的保护是中国人权事业发展的一大亮点，但是，从整体上讲，失地农民的社会保障水平还不高。因此，政府应当多渠道地筹集社会保障基金，提升失地农民的社会保障水平。再次，确保进城务工的失地农民随迁子女与城市学生享有同等的受教育权。

（四）积极完善失地农民诉权实现机制

为了确保失地农民能够通过诉讼的方式来维护土地权益，防止政府滥用土地征收权，应当在坚持法院独立行使司法审判权的前提下，明确谁是土地纠纷诉讼中适格的诉讼主体，适用的司法程序是什么，举证责任应当如何分配，判决的执行程序以及协商、调解和仲裁具体程序设置等。与此同时，还应当进一步完善失地农民权利保障法律体系，避免各个法律规则之间的冲突和矛盾，从而为失地农民诉权的实现提供充分的法律依据。

B.3
社会救助权利保障：
发展与挑战

陆海娜*

摘　要： 社会救助权是一项基本人权，也是社会保障权的一个重要组成部分。改革开放以后，我国逐渐建立了现代意义上的社会救助制度。2014年更是社会救助体系取得较大进步的一年。我国出台的《社会救助暂行办法》成为目前立法位阶最高的社会救助基本法规，将社会救助纳入了法治的轨道。社会救助覆盖人群扩大，救助水平也有了显著提高。当然，由于各种客观原因，我国的社会救助体系还面临各种问题和挑战，包括救助水平较低、管理体制不健全、救助与户籍挂钩导致流动人口享受权利困难、对家庭和儿童的救助不够、缺乏权利救济制度，以及社会力量参与度较低等。要切实保障社会救助权的实现，我国还需投入较大的人力和物力资源，需要经过长期的持续的努力。

关键词： 社会救助权　消除贫困　弱势群体　权利救济

　　社会救助权是一项基本人权，也是社会保障权的一个重要组成部分。《世界人权宣言》《经济、社会及文化权利国际公约》《欧洲社会宪章》等国际或

---

* 陆海娜，中国人民大学人权研究中心秘书长，法学院副教授，比利时鲁汶大学法学博士。

地区主要人权法律文件都明确提出保护社会保障权。联合国经社文权利委员会在2007年的第19号一般性意见中指出：社会保障权旨在使人们失去自主实现其他人权的能力时维护其尊严，包括因为疾病、残疾、生育、工伤、失业、年老或家庭成员的死亡而失去就业带来的收入，以及无力负担的医疗服务，支持家庭尤其是对儿童的保护。社会救助有再分配的职能，在消除贫困、维护社会稳定方面有重要的作用。社会保障权，包括社会救助权的实现也有利于其他人权的实现，比如教育权、工作权、健康权和一些公民的政治权利等。

社会救助权也是我国公民的一项基本宪法权利。我国《宪法》第45条明确规定："中华人民共和国公民在年老、疾病、丧失劳动能力的情况下，有从国家和社会获得帮助的权利。国家发展为公民享受这些权利所需要的社会保险、社会救济和医疗卫生事业。"

改革开放以后，我国逐渐建立了现代意义上的社会救助制度。经过多年的发展，从最初的针对城市贫困者的最低生活保障制度，到后来的医疗救助、教育救助、住房救助等，再加上灾害救助、流浪乞讨人员救助和临时救助等，从城市逐步扩展到农村，最终形成了目前较为完整和规范的社会救助体系。应该说，考虑到我国的人口基数、改革前经济体制的影响等因素，我国的社会救助制度在过去的30年里，已经得到了很大的发展，取得了很大的成就。从政策理念上，实现了从救济到救助的理念转变，强化了政府责任，把救助从施舍变成了政府的责任；从制度设计上，实现了从碎片化到体系化的转变，将以前的随意救助转变为规范化的救助；从救助内容上，实现了从物质救助的单一救助方式转变为物质加服务的多样化的救助方式，注重能力建设，从源头解决救助对象的问题；从管理结构上，进行城乡二元到城乡统筹的转变，体现公平原则；从参与主体上，实现了政府组织单一主体到政府加社会力量参与、协同配合的多元化参与主体的转变。[①] 到2014年底，可以说我国社会救助制度覆盖面初具规模，政府社会救助支出总体上呈增长态势，反贫困作用明显。此外，我国的社会救助制度在总体上受到了各级政

---

① 窦玉沛：《健全中国特色社会救助制度的实践与思考》，《行政管理改革》2014年第10期。

府的重视和民众的支持。①

在法律规范建设方面，国务院 2014 年 2 月公布的《社会救助暂行办法》成为目前立法位阶最高的社会救助基本法规，加上各级政府的制度规章，初步形成了社会救助的法律体系。

然而，因为诸多因素，如包括老龄化在内的人口发展趋势、城乡二元结构等，我国的社会救助制度还存在许多问题。在未来新的经济与社会条件下，社会救助体制如何发展还面临着很多新的挑战。

一 我国社会救助权利保障的新进展

2013 年，我国成立了由民政部牵头，23 个部门和单位组成的社会救助联席会议制度，为社会救助体系的完善提供了组织保障。2014 年 2 月，在草案经过公开征求意见之后，国务院通过了《社会救助暂行办法》。《办法》属于行政法规，位阶不高，与之前颁布一部社会救助法的期待有距离。但它的积极意义在于这是我国第一部统筹各类社会救助制度的行政法规，首次将救急难、疾病应急救助、临时救助等方针政策纳入法制安排中，也就是把社会救助纳入了法治轨道，为社会救助体系设计了清晰的法律框架，也为以后进一步进行更高位阶的人大立法提供了基础。《办法》将社会救助确立为八大类型：最低生活保障、特困人员供养、受灾人员救助、医疗救助、教育救助、住房救助、就业救助和临时救助。2014 年 3 月 14 日，民政部部长李立国在全国民政系统贯彻落实《社会救助暂行办法》视频会议中指出，"《办法》对各项社会救助提出了十个方面新要求：一是构建社会救助制度体系；二是统筹城乡社会救助发展；三是明确全面建立临时救助制度；四是提供经济状况核对机制法定依据；五是提出救急难的方针性新要求；六是明晰规范申请办理途径；七是昭

---

① 参见关信平《朝向更加积极的社会救助制度——论新形势下我国社会救助制度的改革方向》，《中国行政管理》2014 年第 7 期。

示社会力量参与的支持条件;八是拓展社会救助工作方式;九是为基层能力建设提供保障条件;十是健全违法违纪责任追究机制。"① 当然,《办法》的实施效果还有待实践的检验,但是《办法》提供了一个未来发展的良好框架,使社会救助做到了"有法可依",是我国社会救助能够得到良性发展的一个良好开端。

在《社会救助暂行办法》的基础上,国务院于2014年10月发布了《关于全面建立临时救助制度的通知》,进一步明确了建立临时救助制度的重要意义,并从救助对象、救助申请程序、救助方式、救助标准等方面规定了较为具体的内容。

从表1可以看出,2014年的社会救助支出达到2009.6亿元,大约占我国2014年全国财政支出151662亿元的1.32%。从绝对比例来看,社会救助支出的占比不是很高,与2013年相比也略有下降,这可能与贫困人口的减少有关系。据统计,2014年农村贫困人口为7017万人,比2013年减少1232万人。②

表1 2014年社会服务业经费统计

单位:亿元

指 标	数 量
1~12月社会服务业经费累计支出	3955.9
其中:救灾支出	88.5
社会救助支出	2009.6
城镇最低生活保障支出	694.6
农村最低生活保障支出	844.0
农村五保集中供养支出	78.0
农村五保分散供养支出	110.3
直接医疗救助支出	188.6
抚恤事业费支出	601.5
社会福利费支出	188.8

数据来源:民政部网站,http://files2.mca.gov.cn/cws/201501/20150129172531166.htm。

① 民政部网站,http://www.mca.gov.cn/article/zwgk/201403/2014030062380.shtml。
② 国家统计局:《2014年国民经济和社会发展统计公报》。

社会救助权利保障：发展与挑战

在救助的具体实施上，2014年的社会救助覆盖率有较大提高，救助水平也有了较大提升。

从低保支出水平来看，2013年10月城市低保人均241.3元，而2014年10月涨到265.9元；2013年10月农村低保人均106.4元，而2014年10月涨到120.2元。但是，值得注意的是城乡差异却依然明显，并且从2013年10月的134.9元上升至2014年10月的145.7元（见图1）。从低保人数来看，城乡享受低保人数在2014年比2013年均有所降低，城市从2077.6万人降低至1906.3万人，少了171.3万人；而农村从5355.8万人降至5209.5万人，少了146.3万人（见图2）。这可能说明低保和其他形式的救助起到了一定的脱贫作用，而这种作用在城市更为明显。而表2则进一步显示出我国在救助水平方面较大的地区间差异，比如低保补助在最高的上海是每人每月517元，而在最低的宁夏只有每人每月172元。这当然也和城乡、地区间的经济发展水平密切相关，各地制定的标准并非不合理，但是如后面将要分析的，这种差异对流动人口按照其户籍享受较为充分的社会救助造成了较大的影响。

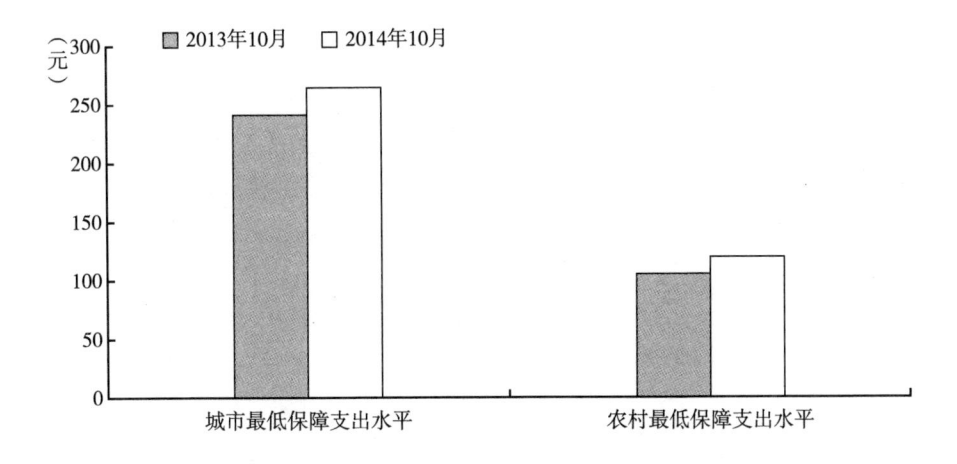

图1　2013年与2014年城乡最低保障支出水平比较

数据来源：民政部网站，http://files.mca.gov.cn/cws/201311/2013112011495817.htm。

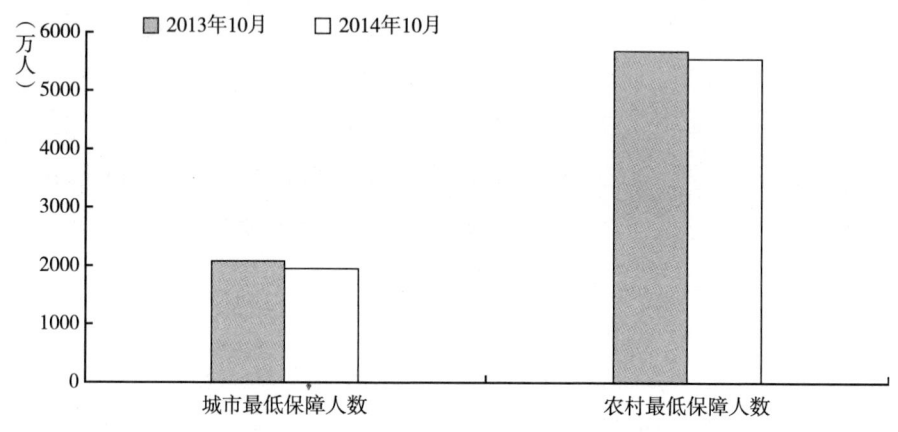

图2 2013年与2014年城乡最低保障人数比较

数据来源：民政部网站，http://files.mca.gov.cn/cws/201311/2013112011495817.htm。

表2 2014年2月城市低保基本情况数据表

单位：元/（人·月）

地区		低保标准	补助水平
东部省份	北京	580	510
	天津	600	463
	辽宁	412	280
	上海	640	517
	江苏	485	318
	浙江	515	369
	福建	363	253
	山东	418	283
	广东	380	282
	平均	488	364
中部省份	河北	379	233
	山西	351	232
	吉林	322	264
	黑龙江	388	291
	安徽	380	284
	江西	396	231
	河南	309	206
	湖北	375	226
	湖南	356	253
	海南	353	270
	平均	361	249

续表

地 区		低保标准	补助水平
西部省份	内蒙古	460	343
	广 西	335	218
	重 庆	347	271
	四 川	306	200
	贵 州	348	247
	云 南	324	222
	西 藏	432	329
	陕 西	375	247
	甘 肃	279	236
	青 海	331	243
	宁 夏	288	172
	新 疆	300	237
	平 均	344	247

数据来源：中国社会救助网，http：//106.120.238.38：815/sjtj/info-13132.shtml。

二 主要问题和挑战

（一） 社会救助总体保障水平仍然偏低

总的说来，我国的社会救助水平虽然在逐年提高，但从被救助者的需求角度考虑，我国的整体救助水平还处在偏低的阶段。

首先，低保标准仍然较低，救助金额仅能维持受救助者的基本生活，难以保证其体面生活。低保标准占人均可支配收入的比例可以证明这一观点。比如2014年前三季度人均可支配收入最高的上海是35769元，平均每月3974元，而低保标准则是640元，比例为16%左右，这与2012年的全国城市低保平均水平差不多，没有较大提高。而欧盟的贫困线补助标准为50%～60%，福利水平较低的美国也在33%左右，可见我国的低保水平之低。

此外，贫困人口最急需的医疗救助的标准也很低。从 2013 年全年统计数据来看，人均住院救助为 1673 元，而门诊救助为 142 元。[1] 而中国 2012 年人均住院费用为 6980.4 元，人均每次门诊费用就达到 192.5 元。[2] 可见医疗救助的水平还是很低的。目前，大部分地区医疗救助资金缺乏有效筹集机制，政府的财政投入不稳定。而且，大部分开展医疗救助的地区都设置了起付线和封顶线，且起付线较高、封顶线较低，许多居民只能获得非常有限的医疗救助，比如，大多数试点地区住院救助报销比例在 20% ~ 30%，即便在较为发达的沿海城市，医疗救助的标准也远远无法满足实际的需求。另外，临时救助的标准也很低，难以起到"救急救难"的作用。[3]

社会救助水平低的首要原因是我国的救助理念只是"保生存"而不是"保生活"。一字之差，前者只是关注人的物理存在，而后者关注到人的精神需求和尊严。以低保为例，各地在制定低保标准时，以"保基本生活"为标准，导致各地在确定基本需求支出清单时，过多强调食品类的支出，而不考虑或少考虑其他方面的支出需求，如交通、通信、教育等。此外，我国的救助标准的动态调整机制不健全，比如低保标准什么时候调整、怎样调整，目前多数地区都缺乏可操作的规定。[4]

（二）管理体制不健全

目前社会救助体制的管理体系还存在诸多问题，影响到了一些群体和个人对社会救助权的享有。从问题的性质和产生根源来看，主要可以归纳为以下几个方面的问题，而这些问题又都是相互交叉影响的，不能孤立地看待。

首先是社会救助管理的"碎片化"。参与社会救助的行政部门有人社、民政、卫生等多个部门，部门职责交叉不清，管理机制没有理顺。一些有交

---

[1] 《2013 年医疗救助基本情况》，民政部网站，http：//dbs.mca.gov.cn/article/csyljz/gzdt/201408/20140800677451.shtml。
[2] 《2013 年中国卫生统计提要》，国家卫生和计划生育委员会网站，http：//www.nhfpc.gov.cn/mohwsbwstjxxzx/s7967/201404/f3306223b40e4818a43cb68797942d2d.shtml。
[3] 谢增毅：《中国社会救助制度：问题、趋势与立法完善》，《社会科学》2014 年第 12 期。
[4] 谢增毅：《中国社会救助制度：问题、趋势与立法完善》，《社会科学》2014 年第 12 期。

叉性的社会救助，各部门都管又都不管，增加了社会救助的环节和运行成本。① 而有些救助类型相互重合，比如五保和农村低保、新农合等就有重合部分，导致被救助者可以挑选救助类型，影响救助效率，浪费救助资源。②

其次，错保、骗保比例较高，"人情保"等现象突出，也给权力寻租留下了空间。③ 这里面的原因很多。法律政策不健全是一个原因，例如没有规定以何种科学的方法来认定家庭收入，也有管理制度和技术上的原因，例如信息化程度不高、部门之间信息不共享，基层能力薄弱，工作经费短缺、工作条件落后、专业化和信息化程度不高等问题，督促检查机制不完善，难以及时发现并解决问题。

最后，还有一些深层次的结构性问题，如我国的财税制度。个人所得税等不考虑家庭情况，仅以个人为单位，而社会救助却是以家庭收入为标准的，使得一部分本来可以通过降低税率达到相当的生活水准的家庭现在却要通过社会救助获得足够的生存资源。而前者是一种更有尊严的生活方式，更符合人权保障的理念。如果以家庭为单位征收收入税的话，则要由更专业的税务部门来确定家庭收入，这样民政部门只需按税务部门认定的标准来决定社会救助的水平和内容。这也可节约行政资源，是一种更高效的政府管理方式。

（三）社会救助与户籍挂钩，导致流动人口的权利受损

《社会救助暂行办法》中要求低保户特困救助的申请人向户籍所在地申请救助，而其他救助，如教育、医疗、住房、就业救助都是面向低保和特困人员的，除了受灾救助和临时救助理论上有可能突破户籍限制外，整个社会救助制度都是以户籍为依托的。而《办法》的出台意味着至少在将来几年

---

① 王楠：《社会救助制度实践中的风险预警机制和监督检查机制创新研究》（摘要），民政部网站，http://dbs.mca.gov.cn/article/shqztx/llyj/201410/20141000721106.shtml。
② 吴连霞：《"五保"供养制度的退出路径及策略选择》，《经济纵横》2014年第8期。
③ 李倩、张开云：《低保制度运行中的福利欺诈与消解路径》，《贵州社会科学》2014年第10期。

内这种和户籍挂钩的安排是不会改变的。

流动人口，主要是农民工，和城市间流动人口相比，更有可能成为需要社会救助的人群，却因为户籍被居住地的社会救助体系排除在外。而户籍所在地的农村，虽然理论上可以提供社会救助，但往往远水解不了近渴，比如教育、医疗、住房救助等。前面提到，我国较大的城乡差异和地区差异导致农村和内陆省份的救助水平普遍比城市和沿海省份要低，而农民工的常住地往往是在沿海城市，所以即便农民工可以从户籍所在地获得救助，也无法承担其在城市生活中所需的各种费用。而解决城乡和地区差异是一个长期的过程，可能需要几十年的时间，而将户籍与社会救助脱钩则是可以在较短时间内实现的。

此外，农民工的社会救助权难以实现的问题也与其享受社会保险权利的困难密切相关。社会保险是一种更积极自助的社会保障手段。可是我国的社会保险体制虽然在解决农民工困难方面比社会救助要先进一些，但仍然受到户籍的影响。

农民工无法充分享有社会救助权利，也会导致其下一代的受教育权和其他权利受损，阻碍农民工及其子女的社会上升通道，造成社会阶层固化现象，长久来看对国家社会发展不利。

（四）未能体现对家庭与儿童的特别保护

我国现有的社会救助体系包含了八个领域的救助，但是没能对扶持家庭和儿童给予特别的关注。而加强对最弱势群体的保护也是社会救助权的要求。需要救助的家庭不仅仅是因为贫困，更由于其特殊的状况需要特别救助，比如单亲家庭。从儿童的最大利益这一原则出发，对困难家庭的儿童或处在特殊情形下的儿童进行救助就不光是保障其最低生活水准的问题了，更是要保障其能在有尊严的环境中成长。那么，仅仅给予最低生活保障或教育救助是不够的，需要额外的家庭津贴或儿童津贴以及其他形式的救助，比如社会工作的介入等形式的救助。这些也是我国所批准的《儿童权利公约》的要求。

（五）权利救济制度有待完善

从国际人权法的视角来看，一项权利的实现必然包括权利人能在权利受到侵害时获得有效的救济。这种救济可以包括各种方式，比如行政救济和司法救济，只要救济的效果是可以保障权利的实现或享有。但一般说来，司法救济渠道的存在都是必要的，否则，国家有很重的证明义务来说明没有司法救济也可以为权利侵害提供有效救济。

而我国的情况首先是，社会救助权作为一项实体权利在法律中尚未得到明确的保护。除了《宪法》的一般性规定，并没有一个法律文件明确社会救助权这项权利。从《社会救助暂行办法》第1条的措辞来看，社会救助是为了"保障公民的基本生活，促进社会公平，维护社会和谐稳定"，并没有使用"权利"一词。而第2条反映了我国社会救助制度的理念是"托底线、救急难、可持续"，也就是保障最低的生活水准，保障基本的生存权。这与很多国家的保障"体面的生活水平"，以及《经济、社会及文化权利国际公约》第11条的保障"相当的生活水准"的权利尚有差距。法律文件中社会救助权利救济的缺失也正是权利理念的缺失的自然后果。

其次，《办法》对于社会救助的相关救济做了规定，但从保障充分有效救济的角度看仍然有待完善。第65条规定："申请或者已获得社会救助的家庭或者人员，对社会救助管理部门作出的具体行政行为不服的，可以依法申请行政复议或者提起行政诉讼。"在"法律责任"这一章，则规定了行政处分、行政处罚和刑事责任。主要还是行政救济手段，而司法救济主要是针对行政部门的行政诉讼。行政救济手段有其优点，但目前我国的社会救助行政复议制度在公信力和专业性上还有待提高。[1] 而对司法救济的规定也过于简单，可能难于应对社会救助的复杂情形。[2]

---

[1] 席能：《社会救助行政救济手段探析》，《河南社会科学》2014年第9期。
[2] 蒋悟真、尹迪：《社会救助法与社会保险法的衔接与调适》，《法学》2014年第4期。

(六)社会力量参与不够

《办法》第十章以"社会力量参与"为标题,鼓励单位和个人等社会力量通过各种途径参与社会救助,并提供财政税收方面的优惠政策。这里指出了社会救助未来的发展方向。但从目前的政策和实践来看,在这方面还刚起步,任重道远。

社会救助的对象是社会最弱势群体,而这个群体面临的不仅仅是物质困境,还需要很多社会服务,如心理咨询和辅导等。[①] 但我国目前的社会救助体系主要由政府主导,而政府的力量也是有限的,很难涵盖不同人群的各种需求。这就需要社会力量的参与,包括政府购买社会服务的形式。但是目前我国的社会组织还处在发展阶段,与参与政府主导的公共服务还没有完全理顺关系。这也与我国社会组织的发展环境有关。一些扶持社会组织提供公共服务的政策还没落实到位。

三 未来的发展趋势和方向

2014年我国的社会救助制度取得了较大进步,尤其在社会救助法制建设方面。但是,由于各种原因,我国的社会救助制度还存在诸多问题和困难。在管理制度还未健全的情况下,我国社会未来还面临着老龄化、人口红利减少、城乡地区差异、经济运行风险等很多国家面临的常规难题,这对我国尚在发展中的社会救助制度的完善和社会救助权的实现构成了更严峻的挑战。

目前我国可以做的是完善社会救助制度本身。针对上文提出的问题,从权利的视角考虑,可以从以下几个方面着手解决。

一是在未来立法中明确社会救助权的概念和对权利的救济,与国际接

---

① 杨荣:《社会工作介入社会救助:策略与方法》,《苏州大学学报》(哲学社会科学版)2014年第4期。

轨。《社会救助暂行办法》从名称可知是一个过渡性质的行政法规。2013年曾有《社会救助法草案》公布，但因为立法时机尚未成熟而改为通过一个行政法规。这未必不是件好事，因为《办法》在实施一段时间后会暴露出一些问题，有利于将来更好地入大立法。

二是完善社会救助管理体制，包括建立有效的预警机制、家庭情况调查机制，防止社会救助方面的腐败和职权滥用，理顺与社会保险的衔接机制，使社会救助能更加高效。

三是遵循平等不歧视原则，解决农民工受户籍限制无法充分享受社会救助的问题。从可行性的角度来讲，将社会救助与户籍完全脱钩也许还不现实，因为很多社会救助的资金来自地方财政。但是对于农民工这样的特殊群体来说，其经济状况的不稳定很容易导致其在异乡的困境，因而需要在当地就能获得医疗等社会救助。因此，可以考虑采取社会保险的做法，使农民工可以在就业所在地享受社会救助，只要其满足一些基本条件，比如在当地参保、在当地就业或居住一定时间等等。

四是关注需要特殊帮助的家庭和未成年人的社会救助需求。当然这项救助不是仅靠财政投入就能完成的。政府在建立相关机制后，还需要进行长期的投入，发展和提高社区提供相关服务的能力和水平，比如培训社工、聘请心理咨询师、与学校建立沟通和联动机制等。

五是完善权利救济制度。建议在《社会救助暂行办法》实施一个阶段以后，根据对救济实践的调研，出台进一步细化的规则或司法解释，厘清法律责任，提供从行政手段救济到涵盖民事、行政、刑事司法救济的全方位的救济途径，体现"依法治国"的理念。

六是需要完善社会力量参与社会救助服务的机制，包括改善整个社会组织发展的政策环境，加强能力建设，使社会力量能够积极高效地参与社会救助，提供更高质量的社会救助服务。

B.4
生殖健康权利保障

刘鸿雁*

摘　要： 2013~2014年，中国在生殖健康权利保护方面取得了长足的进展。2013年，国家卫计委启动了单独二孩生育政策，保障了更多人的生育权；近两年完善相关法律，规范相关行为，为权利保护提供基础；通过开展系列的妇幼健康项目活动，提高了女性的健康意识和能力。但服务人员的权利保护意识尚须提高，青少年、流动人口等弱势人群的生殖健康问题突出，梅毒的患病率呈升高态势。因此，需要加强宣传倡导和培训，提高人们的权利保护意识，形成健康行为方式，促进单独生育政策的落实，为青少年、流动人口等特殊群体提供有效的生殖健康服务。

关键词： 生殖健康　生殖健康权利　计划生育

1994年开罗国际人口与发展大会（简称"开罗人发大会"）所形成的《行动纲领》在人口与发展领域起到了里程碑的作用，这个纲领明确提出了生殖健康与生殖健康权利的概念。

在开罗人发大会之前，国际社会强调改善统计数据，进行人口分析和降

---

* 刘鸿雁，博士，中国人口与发展研究中心研究员，"新世纪百千万人才工程"国家级人选，享受国务院政府特殊津贴，国家卫计委联合国人口基金第七周期专家组副组长，主要研究领域为生殖健康及其权利、人口与计划生育、社会性别等。

低生育率。而开罗人发大会则实现了一种观念转变，不再单纯地关注人口的增加或者减少，而是强调以人及其福利为中心，更广泛地关注性和生殖健康。

开罗人发大会认识到，生殖健康①不仅仅是一个健康问题，它关乎性别平等和社会公正。生殖健康是指"生殖系统及其功能和过程所涉一切事宜，包括身体、精神和社会等方面的健康状态，而不仅仅指没有疾病或不虚弱"。在此框架下，性和生殖健康的含义是指人们具有生殖能力；夫妇能有和谐的、满意而且安全的性生活，而不必担心意外的怀孕和感染到疾病；夫妇具有安全和有效调节自己生育的能力，可以自由决定是否和何时生育及生育多少；妇女能平安地度过妊娠并分娩成功，母婴都存活，而且儿童能健康地长大。

开罗人发大会之前，计划生育工作一直没有考虑到性方面的问题，在执行人口政策时也没有分析到性别的作用。在男性文化和观念的影响以及对性的禁忌下，"性"不被提及，避孕方法则被计划生育这个词所代替。生殖健康项目多集中在计划生育方面，人们习惯于针对妇女推行计划生育，忽视了男性在妇女生殖健康决策和行为方面所起的作用，忽略了青少年的性与生殖健康问题，忽略了人的自主选择的权利。

从本质上来说，生殖健康权利也是人权。在1994年开罗人发大会之后，国际计划生育联合会（简称国际计生联）通过对现有国际人权公约的梳理和归纳，总结出了性与生殖健康权利，即：（1）生命的权利；（2）自由与人身安全的权利；（3）平等及不受任何歧视的权利；（4）隐私权；（5）思想自由的权利；（6）获得信息和教育的权利；（7）结婚、建立家庭和计划生育自主的权利；（8）决定是否或何时生育的权利；（9）保健和健康保护的权利；（10）受益于科技进步的权利；（11）自由集会和参政的权利；

---

① 生殖健康一词来源于英文的 reproductive health，在学界一直有将 reproductive health 翻译成"生殖健康"还是"生育健康"的争论，生殖健康一词更强调生育的生理性，而生育健康同时还关注了生育过程的社会性，生育健康一词更能反映英文 reproductive health 的本意。但由于生殖健康一词更早地在中国被翻译和应用，因此在争论之后，学界也默认和沿袭了生殖健康一词。

(12)免受折磨和虐待的权利。同时提出了服务对象在获得生殖健康服务时应该具有的"十大权利",即知情权、获得权、选择权、安全权、隐私权、保密权、尊严权、舒适权、续用权、表达权。

目前越来越多的政府把生殖健康作为国家议事日程的重要组成部分,并越来越重视青少年和妇女的生殖健康和安全。为积极践行开罗人发大会精神,中国从1995年起,启动了计划生育优质服务试点项目,坚持以人为本的原则,满足群众的需求。反对采用强制的做法推行计划生育,强调人们可以知情、负责任和自由地做出关于性和生殖健康的选择。优质服务试点工作从1995年的6个县迅速扩展到全国,并包括西部的一些贫困县区,至2010年已扩展到全国800多个县。

一 中国生殖健康权利新进展

(一)实施单独生育二孩政策,保障更多人的生育权

1. 明确实施单独二孩的生育政策

2013年11月中共十八届三中全会审议通过了《中共中央关于全面深化改革若干重大问题的决定》,该《决定》提出坚持计划生育的基本国策,启动实施一方是独生子女的夫妇可生育两个孩子的政策,逐步调整完善生育政策,促进人口长期均衡发展。该《决定》正式拉开了全国单独二孩政策的序幕,单独二孩政策为更多人提供了实现自主生育权的机会。截至2014年11月,31个省(区、市)全部实施了单独二孩政策。

2. 增加媒体宣传度,保障群众的知情权,促进群众掌握相关信息

单独二孩政策启动后,该政策成为十八届三中全会的最大热门话题,甚至超过了经济问题的受关注度。各大新闻媒体、新媒体均详细报道了生育政策的演变过程、各地单独二孩政策的时间表、单独二孩政策的具体内容以及群众的反应,探讨了普遍二孩的可能性。国家卫计委基层指导司还专门在电视节目上组织专题访谈,介绍单独二孩政策的具体情况,这些报道为群众及

时了解相关政策提供了基础和保证。

3. 积极做好相关准备，应对可能发生的问题，将负面影响降至最低

各地在实施单独二孩政策前均制定了详细的实施方案和细则，对各地的出生情况进行了预测，做出了相关服务的准备（包括出生医疗机构的应对、高龄产妇可能发生的问题等），并对相关政策的衔接提出建议措施。

4. 单独二孩生育政策稳步实施，更多人的生育权得到实现

继2014年1月浙江省第一个实施单独二孩政策后，除港澳台外，其他30个省区市陆续修改了各自的人口与计划生育条例，开始放开单独二孩政策。截至2014年底，全国已经有110万单独育龄夫妇提出生育二孩的申请。

（二）完善相关法律法规，规范相关行为，为权利保护提供基础

1. 逐步取消生育间隔限制，将生育时间、间隔的决定权交还民众

生育权的一个重要内容是人们有权决定生育孩子的时间、间隔。但为了控制人口的快速增长，各地的计划生育条例均对生育间隔做出了相关规定，不同地区生育间隔的规定略有差异，一般在3~5年。适当的生育间隔有利于母子的身体健康，但硬性的生育间隔限制使得可以合法生育二孩，但未达生育间隔年限规定怀孕的妇女不得不采取人工流产的措施，这侵犯了育龄妇女自主决定生育时间、间隔的权利，对妇女的身体健康产生了严重的不良影响。为了在现有的生育政策的框架下最大限度地保障人们的生育权利，各地开始逐步取消了生育间隔的限制，倡导合理的生育间隔，人们可以根据自身的情况自行决定生育二孩的时间。截至2013年6月，已经有19个省份取消了生育间隔的限制，将生育二孩时间、间隔的决定权交还给了育龄夫妇[1]。

2. 正在制定公民生殖健康权益保护规范，规范基层计划生育行为

国家卫计委正在制定公民生殖健康权益保护规范，本规范从决策层面、

---

[1] 《中国19省取消生育间隔》，网易（财经），http://money.163.com/api/13/1231/08/9HDMJNBK00254U80.html。

管理层面、服务层面以及信息管理应用层面规范了基层计划生育/妇幼保健管理与服务机构的行为，以切实保障群众在获得计划生育/生殖健康服务时，能获得安全、舒适、保密、有尊严的服务。比如：规定了服务对象在获得服务时保证一个医生一个诊室，服务对象的档案文书应保存在无关人员无法接触的地方，防止服务对象个人信息外泄；服务场所的设置要充分考虑服务对象接受服务的安全性和舒适性，应使用屏风或拉帘隔断被检查对象与其他服务对象，既保护服务对象的隐私，同时也维护了服务对象的尊严；服务对象在接受服务的过程中有充分的表达权，并获得服务人员的充分尊重；服务人员在提供服务时应保持价值中立的原则，不能将自己的个人价值观强加给服务对象。

（三）开展妇幼健康项目活动，提高女性生殖健康的意识和能力

1. 开展"妇幼健康中国行"活动

"妇幼健康中国行"系列妇幼健康专题讲座、科普知识宣传和专家义诊、健康咨询等活动，旨在普及妇幼健康知识，增强妇女儿童自我保健的意识和能力，从而进一步提高妇女儿童的健康水平；在开展活动的过程中，注重妇幼健康工作的整体化、机制化、规范化。开展强化优质服务创建活动、加强妇幼健康服务机构规范化建设、开展妇幼健康服务技能竞赛活动、进一步规范爱婴服务、实施服务百姓健康行动等系列活动；作为深化医药卫生体制改革的重要举措之一，该项行动在16个省份分别开展健康大讲堂、专家义诊、健康咨询等活动；各级卫生计生部门与妇联等其他部门合作，结合各地的不同特点，将其纳入经常性工作，推动"妇幼健康中国行"活动持续健康开展。

2. 国家免费孕前优生服务项目实现农村全覆盖

从2010年开始，国家卫生计生委启动实施国家免费孕前优生健康检查项目，为计划怀孕的农村夫妇免费提供孕前优生健康教育、病史询问、体格检查、临床实验室检查、影像学检查、风险评估、咨询指导、早孕及妊娠结局追踪随访等19项孕前优生服务，旨在提升计划怀孕夫妇的优生科学知识

水平，增强孕前风险防范意识，指导他们改善健康状况，降低或消除导致出生缺陷的风险因素，预防出生缺陷发生，提高出生人口素质。项目以试点起步，由点到面，逐步推开，2010年试点单位100个，2012年扩大到1714个。2013年项目实施范围已扩大至全国所有县（市、区），目标人群覆盖全部农村计划怀孕夫妇。筛查出的风险人群全部获得针对性咨询指导和治疗转诊等服务，有效降低了出生缺陷的发生风险。各地利用妇幼/计划生育服务网络深入基层的优势，通过"村摸底、乡汇总、县审核"，准确掌握计划怀孕夫妇人数和信息。采用村居动员告知、乡镇健康教育、县站优生检查方式，主动提供孕前服务。县级服务机构还充分利用流动服务车，深入乡镇社区，为待孕夫妇提供便捷检查，增强服务的可及性；2010～2013年，中央财政共投入16.26亿元，累计为全国2242万名农村计划怀孕夫妇提供免费孕前优生服务，年度目标人群覆盖率平均达80%。筛查出的风险人群全部获得针对性咨询指导和治疗转诊等服务，有效降低了出生缺陷的发生风险。通过实施项目，群众优生意识显著增强，"怀孕要计划，孕前先检查"的优生理念逐步深入人心。开展免费孕前优生健康检查，推动了出生缺陷预防关口前移，实现了孕前预防和群体预防，对于提高人口素质提供了可靠的基础。

3. 开展青少年生殖健康综合试点项目

目前青少年的生殖健康问题越来越多地引起社会各界的关注。青少年生殖健康知识缺乏、安全避孕知识不足，其意外怀孕、人工流产的发生率较高，甚至很多人在不知道怀孕的情况下生育了孩子。为应对非意愿妊娠与人工流产居高不下的现状，国家卫生计生委推进安全避孕、促进青少年生殖健康、人工流产后关怀等综合性妇幼健康项目。项目的重点是加强对青少年、流动人口等重点人群的生殖健康知识普及，提升计划生育技术服务的可及性，规范医疗保健机构避孕节育技术服务，加强避孕节育的咨询与指导，关注人工流产后的避孕措施应用，降低重复性流产，探索妇幼保健和计划生育技术服务资源整合后的计划生育技术综合服务模式。该项目将青少年生殖健康教育与服务紧密结合，分析讨论成功案例和经验，为项目活动的开展提供借鉴。

4. 开展国际合作

与联合国人口基金、澳大利亚人权委员会等国际机构合作，将生殖健康权利保护的培训内容纳入生殖健康/计划生育工作之中。自2000年以来，人口基金项目、中澳人权项目多次举办妇幼保健/计划生育服务人员的权利保护培训班，旨在加强服务机构服务人员的权利意识，以提高服务人员在提供服务过程中的权利保护能力。在2014年的培训中，培训前被培训者最多能说出2个国际人权公约，平均能说出的国际人权公约数量为1.39个；培训后，所有人都能够说出至少1个国际人权公约，平均能说出的国际人权公约数量为3.18个。培训前，平均能说出服务对象在服务过程中"十大权利"的数量为4.1个；培训后，绝大多数人能够说出服务对象的"十大权利"。培训前，很多服务人员并没有意识到工作中的很多做法侵犯了服务对象的权利，通过培训，大多数妇幼保健/计划生育服务人员认为这个培训非常有用，他们知道了在服务的过程中如何能够更好地提供服务，以保护服务对象的各项生殖健康权利，他们希望能够通过改变服务态度、转变服务行为，切实保护服务对象的"十大权利"。

二 中国生殖健康权利面临的挑战

（一）生殖健康/计划生育工作人员的权利保护意识尚须提高

目前大多数生殖健康/计划生育服务人员缺乏了解服务对象权利的途径，缺少相应的培训，在提供服务的过程中权利保护意识不足，在提供服务时会在无意之中损害服务对象的权利。我们在重庆的参与式培训中了解到，在培训前服务人员对服务对象的"十大权利"并不太了解；培训后，绝大多数人已经了解了"十大权利"的内容以及具体的做法。在培训前，只有2人能正确回答权利所有者和权利责任承担者的关系，缺乏对于自己作为权利责任承担者角色的了解；培训后31名参与者回答了该问题，其中大多数了解二者之间的关系。在培训前,大多数服务人员不知道哪些做法侵犯了服务对象的尊严,不清楚隐私权与保密权之间的区别和联系;培训后,大多数服务人员能够意识到哪些做法侵犯了服务对象的尊严,并知道了隐私权与保密权的区别和联系。① 这说明加强对服务人员的培训,能够提高他们的权利保护意识和能力,有助于他们在服务的过程中更好地、自觉地维护服务对象的权益。

(二)落实单独二孩政策尚面临一定问题

1. 与相关政策的衔接

单独二孩政策实施后,一些相关的社会政策衔接问题需要重点予以解决。如与计划生育相关的奖励扶助、社会抚养费征收、生育服务证办理等政策,另外还有相关的社会政策需要与之衔接,如养老保障、医疗保障、社会帮扶等相关政策。如果不能及时衔接,将会影响到一部分人的生育决策以及生育过程,影响到这部分人生育权利的实现。

2. 后续生育问题

由于部分单独妇女的年龄较大,她们受孕的难度加大,可能需要辅助生育的帮助;由于年龄较大怀孕,其自然流产的风险增加;高龄产妇的生育风险加大,发生难产和母子死亡的概率增加。因此,应对这部分人加以重点关注;另外,相当一部分人在生育第一个孩子时选择了剖宫产,她们再次怀孕生育时将面临一系列的问题。

3. 不再生育者的失独风险

经过30多年的计划生育工作,人们的生育意愿已经发生了巨大的转变,从国家卫计委2013年的生育意愿调查了解到,接近82%的人的理想子女数为2个,理想子女数在3个及以上的比例不足5%。② 如果再考虑到生活条件的改变、生活成本上升的问题,实际生育的数量低于2个孩子。目前单独二孩政策实施后,相当一部分夫妇选择了不再生育,对于这部分人来说,成

---

① 数据来源于2014年11月中国联合国人口基金生殖健康项目与中澳人权保护项目联合在重庆举办的生殖健康/计划生育服务人员师资培训班(未公开发表)。
② 庄亚儿、姜玉等:《当前我国城乡居民的生育意愿》,《人口研究》2014年第3期。

为失独家庭的风险加大；另外，有一部分人已经过了生育年龄，即使符合单独生育的条件，也难以怀孕再生育，如果她们的子女死亡，将会对她们未来的养老、心理安慰均产生不利的影响。

（三）青少年的生殖健康问题堪忧

未婚性行为与人工流产已经成为社会关注的焦点问题。2009年中国15～24岁青少年生殖健康调查显示：22.4%的青少年有性经历。有性经历的流动女青少年妊娠比例为28.5%，多次妊娠比例为6.6%，均高于非流动女青少年的19.3%和4.6%[1]。部分专家根据从地方门诊调查的情况估计，未婚人流至少占人流总数的20%～30%[2]，重复人流约占所有人流的30%[3]。《中国卫生统计年鉴2012》公布，2011年全国人工流产共663.13万例，据此推测2011年未婚人流为132万～199万例，重复人流为40万～60万例，未婚青少年的人工流产问题非常严峻。

人工流产给女性的健康带来潜在威胁，并影响到未来的婚姻与生育，而对社会与家庭支持更为脆弱的青少年流动人口影响更甚。

（四）流动人口的生殖健康问题需加强关注

第一，性观念变得开放。流动人口在离开家乡之后，受到约束和制约的传统的社会规范消失，取而代之的是宽松的、现代的生活环境；另外，异地的工作、生活压力增加，他们需要释放和舒缓压力。在双重因素的作用下，流动人口未婚同居、多性伴现象较为普遍。一项针对流动人口的调查显示，一半以上的人认为流动人口中的同居现象很普遍，相当一部分人

---

[1] 北京大学人口研究所、国务院妇儿工委、联合国人口基金：《中国青少年生殖健康可及性调查报告——基础报告》，2010年5月，第37页。
[2] 吕岩红、李颖、郭欣等：《人工流产女青年性行为和避孕现状研究》，《中国妇幼保健》2007年第21期。
[3] 陆亦蕊、蔡美玲等：《未婚女性重复人工流产的影响因素分析》，《中国临床医学》2013年第1期。

认为如果处了朋友还不居住在一起是不正常的现象。42.6%的被调查对象认为，如果一个男人长期没有性生活而找非婚性伴侣的行为是应该的或是可以理解的。①

第二，艾滋病知识缺乏。绝大多数流动人口了解艾滋病的传播途径，认为性行为、输血、共用针具以及母婴之间能够传播艾滋病的比例在85%以上。但是，人们对非传播途径的认知较差，容易将艾滋病的传播途径扩大化。接近一半的人认为蚊虫叮咬可以传播艾滋病，超过1/4的人认为在公共浴室洗浴会传播艾滋病。能够完全答对艾滋病传播途径和非传播途径的比例不超过30%。②

第三，流动人口中商业性行为发生率较高。调查显示，没有配偶和配偶不在身边者，商业性行为发生率分别为10.2%和13.6%，配偶在身边者商业性行为发生率为6.3%。③流动人口比非流动人口进行临时或商业性行为的概率高，流动人口中有临时性关系和临时性伴的比例（13.8%）几乎是非流动人口（2.8%）的5倍，流动人口中有商业性行为的比例是非流动人口的6倍多。④

第四，安全套使用率低，性病防范意识差。杭州市进城民工中有25.3%的人不知道安全套可以预防艾滋病，有11.9%的人认为艾滋病不可以预防。⑤

（五）性病（主要为梅毒）的发病率呈持续升高态势

性病是威胁人类生殖健康的重要疾病，其可导致不孕不育，影响到下一代的繁衍，还能将疾病传播给下一代，影响到后代的生育。性病患病率是衡量生殖健康的一个重要指标。从1990～2012年的淋病、梅毒患病率可以看出，90年代初期，淋病的患病率始终明显高于梅毒，二者均呈上升趋势，

---

① 刘鸿雁、闫宏等：《流动人口的艾滋病知识状况》，《当代中国人口》2006年第6期。
② 刘鸿雁、闫宏等：《流动人口的艾滋病知识状况》，《当代中国人口》2006年第6期。
③ 郑灵巧：《流动人口艾滋病防治现状堪忧》，《健康报》2008年4月8日。
④ 夏国美、杨秀石：《社会性别、人口流动与艾滋病风险》，《中国社会科学》2006年第6期。
⑤ 叶旭军、施卫星等：《进城民工对性病/艾滋病的认知状况及影响因素》，《中华预防医学杂志》2004年第5期。

进入21世纪之后，二者的患病率发生了较大的变化，淋病的患病率开始呈现下降趋势，到2012年基本上降到了1990年的水平，但梅毒患病率仍呈持续上升的态势，2006年后，梅毒的患病率超过了淋病，呈直线上升的趋势，并且超过了淋病的历史最高水平（见图1）。梅毒患病率的居高不下已经成为影响中国人口生殖健康的重要因素。梅毒的患病率居高不下，一方面说明了人们对梅毒影响的认知程度较差，防范意识较弱；二是反映出部分人的生活方式发生了较大的变化，性伴侣增加，但防范措施不足，导致了梅毒的患病率升高。从梅毒患病率大幅上升可以看出，近20年来，人们的性权利意识上升，但生殖健康权利意识淡漠。

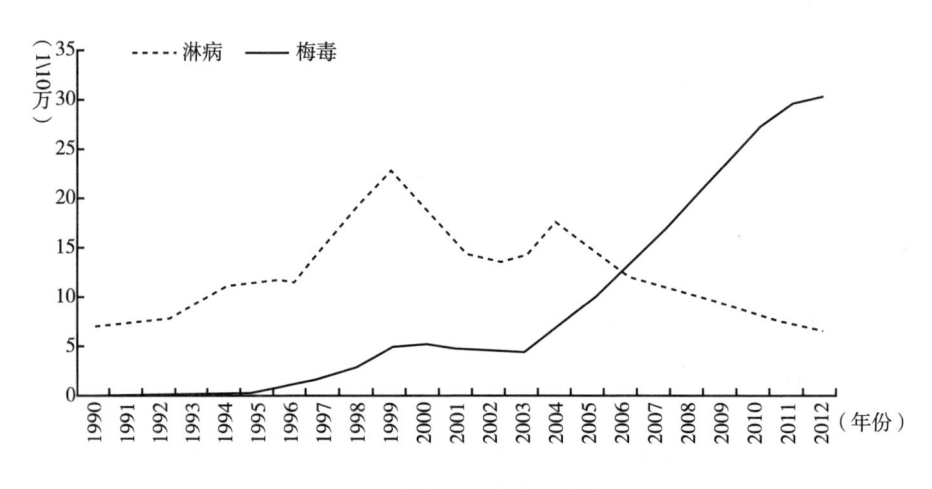

图1 1990~2012年淋病、梅毒患病率（1/10万）

资料来源：国家卫生和计划生育委员会编《2013中国卫生和计划生育统计年鉴》，中国协和医科大学出版社，2013。

三 思考与建议

（一）加强培训，提高生殖健康/计划生育工作人员的权利保护意识

培训是增强服务人员权利保护意识的重要手段，可以规范服务人员的服

务行为。

因此，首先应该加强对生殖健康/计划生育工作人员的权利保护师资培训，进而对生殖健康/计划生育工作人员进行培训。从目前的实际情况看，绝大多数生殖健康/计划生育工作人员缺乏对服务对象权利的保护意识，加强师资培训有利于权利保护意识的继续传播。

其次，应该在生殖健康/计划生育工作人员的上岗培训、职业教育中加入权利保护的内容，保证他们能在入职前、职业生涯中不断接受权利保护的理念。权利保护培训的内容应该包括国际人权保护公约中的相关理念和主要内容、国际和中国人权保护的进展、服务过程中保护服务对象的十大权利、侵犯服务对象权益的主要做法和原因、保护服务对象权益的最佳实践案例等。

再次，培训以参与式培训和教学式培训相结合为宜。通过教学式培训传授基本的人权保护知识，通过讨论、角色扮演、头脑风暴等参与式方法，促进服务人员的积极参与，促进他们由被动变主动，更深刻地领会人权保护知识，最终促进行为的改变。

（二）强化宣传教育活动，提倡健康行为方式

加强宣传教育，提高群众的健康意识和权利保护意识和行为能力。

首先，通过提高健康意识，可以促进群众规避风险行为，提高采取健康行为的意识和能力。如提高梅毒风险人群自我保护的意识，尽量避免危险性行为的发生。及时了解自己的身体健康状况，发现异常，应该及时就医；就医时应到正规医院，不可因为害羞、担心花费等到非正规的私立医院就诊。

群众的权利意识提高后，能够辨别出哪种行为属于侵权行为，并且知道可以通过什么途径投诉、获得帮助，通过哪些途径和方式可以得到解决。

其次，针对群众的宣传应该采取群众喜闻乐见的、适合不同人群需求的、容易接受的方式进行。比如通过表演、竞赛等形式促进群众参与；通过

微信、QQ、微博等新媒体手段及时将健康知识、权利保护知识送达青少年人群，促进相对年轻的人群积极参与；传统媒体的作用也不可忽视，广播、电视、报纸、杂志也是人们获取知识的重要途径。

（三）落实单独二孩政策，鼓励按政策生育

针对目前生育意愿不高、生育积极性不强的现状，需要加大宣传工作，鼓励符合政策的人们按政策生育。

首先，促进符合政策条件的人了解目前的生育政策，以便于他们心中有数，做好生育的准备。

其次，提供良好的医疗卫生条件、服务设施设备，为准备生育的群众提供良好的条件。对于难以怀孕的夫妇提供辅助生育帮助，对于高龄产妇、剖宫产经产妇做好应急准备。

再次，做好政策衔接工作，修改不利于再生育的条款，做好社会保障、医疗保障、社会帮扶等相关政策与单独二孩生育政策的衔接。

（四）关注流动人口，提供可及的生殖健康服务

第一，应保障流动人口在流入地获得基本卫生服务与保健的权利，在政策层面出台相关文件保障流动人口获得与当地人同等的卫生保健服务。

第二，应该加强针对流动人口的医疗卫生保障制度的建设，建立流动人口合作医疗制度或基本医疗保障制度，使得流动人口在城市地区同样可以获得相应的医疗保健服务，特别是妇幼保健服务。

第三，加强针对卫生工作者的宣传教育，帮助他们树立价值中立、不评判的服务理念，使他们能平等对待每一个流动人口。

第四，在流动人口中加强艾滋病免费检测、免费治疗以及安全套使用的宣传，告知他们免费的检测点和治疗点、获得安全套的途径，促进流动人口获得卫生保健服务的公平性和可及性。

第五，减少针对流动人口的社会歧视。流动人口始终处于社会的边缘，容易成为歧视、排外、暴力及侵扰的对象，他们难以享受到足够的健康关

怀。由于歧视和偏见，流动人口难以获得生殖健康服务，增加了性病的易感性。

（五）加强对青少年的生殖健康服务

第一，开展有针对性的宣传倡导活动。（1）开展生活技能培训，提高青少年的自我判断与决策能力，尤其是沟通与拒绝的技巧，避免发生性行为。（2）通过宣传倡导，使未婚流动青少年了解人工流产的危害，提高风险意识。（3）宣传紧急避孕的意义与正确使用避孕药具的方法，使无保护性行为或避孕失败发生后，青少年能采取补救措施。（4）由权威医生进行讲解，配合电视、网络等媒体的宣传，结合案例分析和同伴教育，在男性和女性未婚流动青少年中同时开展宣传。

第二，完善相关政策。完善相关服务政策与法规，将对未婚流动青少年的避孕信息提供与服务纳入公共卫生计生基本服务。

第三，加强服务。（1）倡导企业和社区对未婚流动青少年承担更多的责任和义务，为他们提供生活指导，构筑健康生活氛围与环境。（2）对社区、药店、医疗机构的工作人员进行培训，提供与未婚流动青少年沟通交流的技巧，并强调对避孕药具正确使用的讲解，而非仅为青少年提供避孕药具。（3）规范人工流产后的关爱与服务，减少重复性人工流产的发生。

第四，开展定期监测，了解未婚流动青少年的需求，促进宣传与服务工作的完善。

B.5
基本公共卫生服务均等化与健康权利保障

满洪杰*

摘　要： 基本公共卫生服务均等化是健康权的基本要求。中国政府一向重视基本公共卫生服务体系建设，极大地提高了人民健康水平。2009年开始新一轮医改以来，基本公共卫生服务均等化成为医改的首要目标之一。2014年，基本公共卫生服务的经费保障得到加强，服务内容更加全面，流动人口平等获得基本公共卫生服务的权利得到保障，基本公共卫生服务极大地促进了妇女儿童健康，居民健康素养有了明显提高。今后，应当进一步缩小基本公共卫生服务的地区差别、城乡差别，加快推动公共卫生服务的法制化，进一步扩展基本公共卫生服务的内容。

关键词： 基本公共卫生服务　均等化　健康权利

一　基本公共卫生服务均等化是保障健康权利的要求

基本公共卫生服务均等化是指每个公民都能平等地获得基本公共卫生服务。基本公共卫生服务范围包括：计划免疫，妇幼保健，院前急救，采供血，以及传染病、慢性病、地方病的预防控制。我国现阶段的基本公共卫生

---

* 满洪杰，法学博士，山东大学法学院副教授，主要研究方向为民商法学、人权法学。

服务均等化，主要由国家确定若干服务项目，免费向城乡居民提供。① 在我国当前经济社会条件下，实现基本公共卫生服务均等化，就是要打破由城乡差别、地区差别、收入差别等原因造成的公民在享受基本公共卫生服务中的不均等现象，提高基本公共卫生服务的可及性和有效性，使公民无论其性别、年龄、居住地、民族、职业和收入水平，都能平等地获得优质基本公共卫生服务，保障人民群众健康水平不断提高。

人人平等地获得基本公共卫生服务，是作为基本人权的健康权的要求，也为有关国际人权公约所规定。《世界人权宣言》规定："人人有权享受为维持他本人和家属的健康和福利所需的生活水准，包括食物、衣着、住房、医疗和必要的社会服务；在遭到失业、疾病、残废、守寡、衰老或在其他不能控制的情况下丧失谋生能力时，有权享受保障。"② 联合国《经济、社会及文化权利国际公约》规定："本公约缔约各国承认人人有权享有能达到的最高的体质和心理健康的标准。"③ 2000年联合国经济、社会及文化权利委员会通过的《享有能达到的最高健康标准的第14号一般性意见》指出，作为人权的健康权，包含消极的自由和积极的权利，其中积极的权利体现为公民有权要求建立适当健康保护体系，以保障人人平等地享有获得最高标准健康水平的机会。该一般性意见，明确规定了国家有保障人人平等地享有健康服务的义务，以及公民对此所享有的权利。

世界卫生组织在1978年于阿拉木图召开的全球初级卫生保健会议上，就提出了《阿拉木图宣言》，即实现人人享有卫生保健的宏伟目标。2008年，世界卫生组织发布了《初级卫生保健：过去重要，现在更重要》的年度卫生报告，重申了这一目标，并提出建立初级卫生保健体系过程中所应遵循的四大政策原则，即全民保健、以人为本的服务、有益的公共政策和领导力。④

---

① 《什么是基本公共卫生服务均等化》，国家卫生和计划生育委员会网站，http://www.nhfpc.gov.cn/tigs/s9664/200904/e9101fea898f4f10afb7215a0cca43b5.shtml。
② 《世界人权宣言》第25条第1款。
③ 《经济、社会及文化权利国际公约》第12条。
④ 《初级卫生保健：过去重要，现在更重要》，世界卫生组织网站，http://www.who.int/whr/2008/zh/。

新中国成立以来，我国的基本公共卫生服务从无到有，在很短的时间内，建立起了符合我国实际的城乡基本公共卫生服务体系，极大地提高了人民健康水平，多项人民健康和发展指标已经达到和超过中等发达国家水平。但是，基本公共卫生服务仍然存在城乡和地区差异较大、整体服务水平不高、政府投入不足、覆盖范围较窄等问题。特别是在1985年开始的医疗卫生市场化改革中，公共医疗服务受到过度市场化的冲击，导致了基本公共卫生服务无法充分满足人民群众的健康需求。提高基本公共卫生服务水平，为广大人民群众提供均等化的服务，成为医药卫生体制改革的重要内容。

2006年10月，中共十六届六中全会通过了《中共中央关于构建社会主义和谐社会若干重大问题的决定》，第一次明确提出了"建设覆盖城乡居民的基本卫生保健制度"的目标。2009年3月17日，中共中央、国务院发布了《关于深化医药卫生体制改革的意见》，拉开了新一轮医改的序幕。根据《意见》的要求，完善医药卫生四大体系是新一轮医改的首要任务，而公共卫生服务体系则是该四大体系之首。《意见》提出，要建立健全疾病预防控制、健康教育、妇幼保健、精神卫生、应急救治、采供血、卫生监督和计划生育等专业公共卫生服务网络，完善以基层医疗卫生服务网络为基础的医疗服务体系的公共卫生服务功能，建立分工明确、信息互通、资源共享、协调互动的公共卫生服务体系，提高公共卫生服务和突发公共卫生事件应急处置能力，促进城乡居民逐步享有均等化的基本公共卫生服务。要明确国家基本公共卫生服务项目，逐步增加服务内容。[①]

2009年3月18日由国务院发布的《医药卫生体制改革近期重点实施方案（2009-2011年）》，也将促进基本公共卫生服务覆盖城乡居民和均等化作为该阶段改革的重点目标之一。从2009年开始，逐步在全国统一建立居民健康档案，并实施规范管理。定期为65岁以上老年人做健康检查、为3

---

① 《中共中央关于构建社会主义和谐社会若干重大问题的决定》，中国网，http://www.china.com.cn/policy/txt/2006-10/18/content_ 7252336_ 4. htm。

岁以下婴幼儿做生长发育检查、为孕产妇做产前检查和产后访视，为患高血压、糖尿病、精神疾病、艾滋病、结核病等人群提供防治指导服务。[①] 如图1所示，自2000年以来，我国3岁以下儿童系统管理率和7岁以下儿童保健管理率有了显著提高。

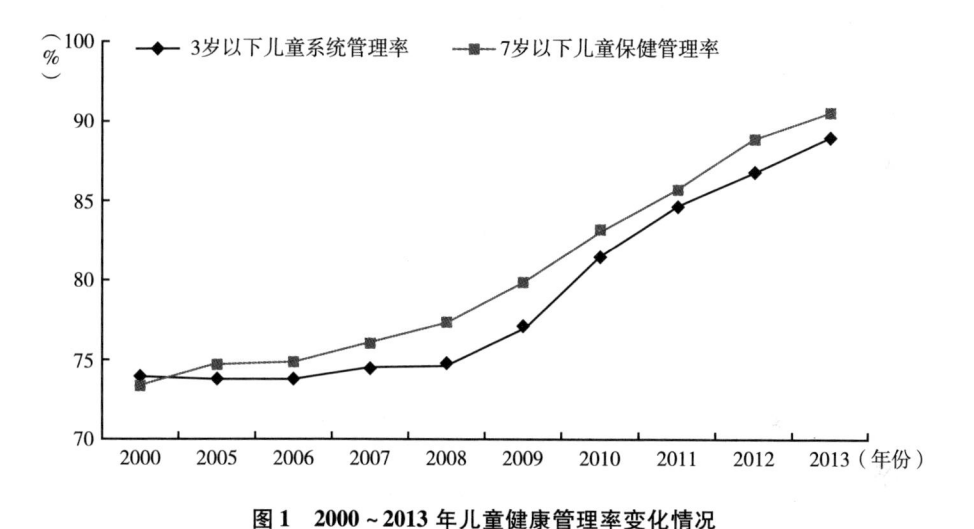

图1　2000~2013年儿童健康管理率变化情况

数据来源：国家卫生和计划生育委员会编《2014中国卫生和计划生育统计年鉴》，中国协和医科大学出版社，2014，第216页。

此外，国家还继续实施了结核病、艾滋病等重大疾病防控和国家免疫规划、农村妇女住院分娩等重大公共卫生项目。从2009年开始开展为15岁以下人群补种乙肝疫苗、农村妇女孕前和孕早期补服叶酸等基本公共卫生服务项目。保障公共卫生服务所需经费，按项目为城乡居民免费提供基本公共卫生服务。[②]

这些目标和措施的提出与落实，拉开了新一轮医改中实现基本公共卫生服务均等化的序幕，为实现医疗服务的可及性、便利性、有效性、均等

---

① 《医药卫生体制改革近期重点实施方案（2009-2011年）》，人民网，http：//politics.people.com.cn/GB/1026/9087923.html。
② 《医药卫生体制改革近期重点实施方案（2009-2011年）》，人民网，http：//politics.people.com.cn/GB/1026/9087923.html。

性，保障人民群众充分、平等地获得基本公共卫生服务，保护公民的健康权利做出了卓有成效的努力。2013年11月，中共十八届三中全会通过了《中共中央关于全面深化改革若干重大问题的决定》，将"深化基层医疗卫生机构综合改革，健全网络化城乡基层医疗卫生服务运行机制"作为全面深化改革的内容。① 2014年3月，李克强总理在第十二届全国人民代表大会第二次会议上所做的政府工作报告中，将"全面实施国家基本公共卫生服务项目，农村免费孕前检查使600万个家庭受益"作为医药体制改革的突出成就之一。②

二 2014年实现基本公共卫生服务均等化的进展和成就

2014年，中国政府在医药体制改革中不断推动基本公共卫生服务均等化的实现。2014年5月，国务院发布了《深化医药卫生体制改革2014年重点工作任务的通知》（国办发〔2014〕24号），要求进一步完善公共卫生服务均等化制度，继续实施国家基本公共卫生服务项目。2014年10月，国家卫计委发布了《关于做好2014年国家基本公共卫生服务项目工作的通知》（国卫基层函〔2014〕321号），具体对《深化医药卫生体制改革2014年重点工作任务的通知》的内容进行了安排。

（一）基本公共卫生服务经费保障进一步加强

基本公共卫生服务均等化必须建立在公共卫生服务经费的有力保障之上。国务院《医药卫生体制改革近期重点实施方案（2009－2011年）》首次规定，2009年人均基本公共卫生服务经费标准不低于15元，2011年不低

---

① 《中共中央关于全面深化改革若干重大问题的决定》，新华网，http://www.sc.xinhuanet.com/content/2013－11/15/c_118164288.htm。
② 《李克强总理在第十二届全国人民代表大会第二次会议上所作的政府工作报告》，中国政府网，http://www.gov.cn/zhuanti/2014－03/05/content_2634367.htm。

于20元。中央财政通过转移支付对困难地区给予补助。2013年，该项标准提高到30元。① 2014年5月，国务院《深化医药卫生体制改革2014年重点工作任务的通知》，将人均基本公共卫生服务经费标准提高到35元。国家卫计委《关于做好2014年国家基本公共卫生服务项目工作的通知》明确要求，在提高经费标准问题上，新增人均5元经费全部由政府财政承担，中央财政通过专项转移支付对地方予以补助，其中对西部地区补助80%，对中部地区补助60%，对东部地区补助10%~50%不等，中央已预拨2014年基本公共卫生服务项目补助资金177.8亿元。② 在中央规定的标准之上，各地根据自身实际，进一步提高基本公共卫生服务的经费标准。如天津市在2014年，将人均基本公共卫生服务补助标准提高到40元。③ 而2015年新年伊始，山西、黑龙江等多个省市也将该标准提升为40元。④ 同时，国家加大了对基层机构的支持力度，《关于做好2014年国家基本公共卫生服务项目工作的通知》规定农村地区新增人均5元经费全部用于村卫生室，城市地区新增经费统筹用于社区卫生服务中心和服务站。

（二）公共卫生服务内容得到细化优化

在服务内容方面，《深化医药卫生体制改革2014年重点工作任务的通知》要求，要细化、优化服务项目和服务内容。推进国家免费孕前优生健康检查项目，进一步强化出生缺陷综合防治。落实国家重大公共卫生服务项

---

① 《2013年人均基本公共卫生服务经费标准提高到30元》，中国网，http://news.china.com.cn/2013lianghui/2013-03/05/content_28132456.htm。
② 《〈关于做好2014年国家基本公共卫生服务项目工作的通知〉有关政策解读》，国家卫生和计划生育委员会网站，http://www.nhfpc.gov.cn/jws/s3578/201409/58a27c83b0d844688c3cd14eb1699a67.shtml。
③ 《我市基本公共卫生服务经费补助标准达到人均40元》，财政部网站，http://www.mof.gov.cn/xinwenlianbo/tianjingcaizhengxinxilianbo/201412/t20141210_1165248.html。
④ 《黑龙江人均公共卫生服务费提至40元》，和讯网，http://news.hexun.com/2015-01-19/172506125.html；《山西省提升人均基本公共卫生服务经费 独生子女伤残、死亡家庭特别扶助金标准》，《中国日报》中文网，http://www.chinadaily.com.cn/dfpd/sx/2015-01/16/content_19334361.htm。

目,适龄儿童国家免疫规划疫苗接种率保持在90%以上,高血压、糖尿病患者规范化管理人数分别达到8000万人和2500万人以上,严重精神障碍患者管理率达到65%以上。①《关于做好2014年国家基本公共卫生服务项目工作的通知》要求,按照"倾斜基层、优化结构、突出重点、提高质量"的原则,国家基本公共卫生服务项目不增加新的服务类别,重点巩固现有服务项目,进一步扩大服务覆盖面,提高服务规范程度,提高居民感受度。②2014年,国家实施了7大类重大公共卫生服务项目,对贫困白内障患者、艾滋病病毒感染孕产妇、老年人等重点人群的重大疾病进行免费医疗或给予补助。

对于少数民族群众和少数民族地区的公共卫生服务,中国政府给予了特别的关注。西藏已建立以拉萨为中心,遍布全区城乡的藏医、西医、中医相结合的公共医疗卫生服务体系,以免费医疗为基础的农牧区医疗制度覆盖全区农牧民。西藏出生缺陷一级干预试点县扩大到24个,孕产妇住院分娩率达85%。③ 2014年,新疆农牧区妇女特殊疾病筛查、儿童先天性心脏病救治、22类54种重大疾病医疗保障试点工作全面推开。④

在经费和服务内容的提升与保障上,基本公共卫生服务在保障人民群众健康中的作用不断显现。根据联合国开发计划署2014年发布的《2014年人类发展报告》,中国人类发展指数列全球第91位,进入高等人类发展指数国家行列。而在许多国民健康指标上,特别是在基本公共卫生服务的健康指标上,我国的发展程度已经达到极高人类发展指数标准,高于我国整体发展

---

① 《深化医药卫生体制改革 2014 年重点工作任务的通知》,中国政府网,http://www.gov.cn/zhengce/content/2014 – 05/28/content_ 8832.htm。
② 《关于做好2014 年国家基本公共卫生服务项目工作的通知》,国家卫生和计划生育委员会网站,http://www.nhfpc.gov.cn/jws/s3577/201409/acaeab089ac44d7a87d38393ccec4a78.shtml。
③ 《西藏自治区政府工作报告——2015 年 1 月 18 日在西藏自治区第十届人民代表大会第三次会议上》,中国西藏网,http://www.tibet.cn/news/index/xinwenfbh/201503/t20150307_2381207.htm。
④ 《2015 年政府工作报告——2015 年 1 月 20 日在新疆维吾尔自治区第十二届人民代表大会第三次会议上》,新疆维吾尔自治区人民政府网站,http://www.xinjiang.cn/xxgk/gzbg/zfgzbg/2015/245877.htm。

水平。例如，我国未接种百白破和麻疹疫苗的婴儿比例为1%，低于极高人类发展指数国家水平，在婴儿死亡率、5岁以下儿童死亡率等方面，也明显优于高等人类发展指数国家水平（详见表1）。

表1 主要健康指标对比

	未接种百白破疫苗儿童比例(%)	未接种麻疹疫苗儿童比例(%)	婴儿死亡率(‰)	5岁以下儿童死亡率(‰)	产前检查覆盖率(%)
中国	1	1	12	14	94.1
高等人类发展指数国家	2	3	15	15	94.9
极高人类发展指数国家	2	6	5	6	N/A

数据来源：联合国开发计划署《2014年人类发展报告》，第197、199页。

（三）流动人口均等享受基本公共卫生服务的权利得到保障

伴随着我国经济社会发展和城镇化的进程，我国流动人口的数量不断增加，根据国家卫生计生委流动人口司编发的《中国流动人口发展报告2014》，2013年末全国流动人口达2.45亿，占全国人口总量的18%，其中80%从农村流入城镇。这些流动人口，特别是从农村流动到城市居住的农村人口所获得的基本公共卫生服务，与城镇户籍人口相比还有明显的差距。如何保障流动人口充分、平等地享受基本公共卫生服务成为保障公民健康权利的重大问题。2013年12月国家卫生计生委在全国40个城市启动了流动人口卫生计生基本公共服务均等化试点工作。一年来，各地的试点工作取得了显著成效。

——健全和完善服务项目。除了将建立健康档案、开展健康教育、预防接种、传染病防控、妇幼保健以及计划生育服务列为试点工作的基本项目，一些城市还在流动人口中拓展慢性病、老年保健、中医药等服务项目。

——创新管理手段和服务模式。如武汉市构建"15分钟社区卫生服务圈",形成了由117个社区卫生服务中心为主体、297个社区卫生服务站为延伸的社区卫生服务体系,提高了服务的可及性。各地不断提升基层卫生机构服务档次,从保障业务用房、改善就医环境、配齐医疗设备、实现信息化服务、创新体制机制和提升报务水平等六个方面提档升级。①

——形成信息引导支撑机制。试点城市在现有卫生计生信息管理平台基础上,改进和完善流动人口服务信息统计制度,努力实现有关业务信息共享和应用,为推进流动人口基本公共卫生计生服务均等化提供数据支撑。②

——构建经费保障体系。试点城市参照户籍人口标准将常住流动人口基本公共卫生计生服务经费纳入当地财政预算,探索建立符合本地经济社会发展状况的均等化服务经费保障机制。如武汉市按照人均45元的标准,落实流动人口卫生计生基本公共服务项目经费,流动人口基本公共卫生服务项目总经费达8640万元,占全市该经费总额(4.6亿元)的18.8%。③

试点工作带动了整体工作水平的提高。2014年流动人口动态监测结果显示,全国及试点城市的流动人口居民健康档案建档、产前建册、产后访视和健康检查、儿保手册建册等指标都比2013年明显提高。④

2014年3月以来,《国家新型城镇化规划(2014 – 2020年)》、《关于进一步推进户籍制度改革的意见》和《关于进一步做好为农民工服务工作的意见》先后印发,对推进流动人口基本公共服务均等化提出了新的更高的要求。根据这些要求,2014年11月,国家卫生计生委等部门共同发布了《关于做好流动人口基本公共卫生计生服务的指导意见》(国卫流管发〔2014〕82号),明确指出将流动人口纳入社区卫生计生服务对象,建立与

---

① 《武汉市统筹推进流动人口基本公共卫生计生服务均等化情况》,国家卫生和计划生育委员会网站,http://www.nhfpc.gov.cn/xcs/s3574/201411/d0d40297183e40dd94e382d61c643360.shtml。
② 《武汉市统筹推进流动人口基本公共卫生计生服务均等化情况》,国家卫生和计划生育委员会网站,http://www.nhfpc.gov.cn/xcs/s3574/201411/d0d40297183e40dd94e382d61c643360.shtml。
③ 《武汉市统筹推进流动人口基本公共卫生计生服务均等化情况》,国家卫生和计划生育委员会网站,http://www.nhfpc.gov.cn/xcs/s3574/201411/d0d40297183e40dd94e382d61c643360.shtml。
④ 《流动人口基本公共卫生计生服务均等化及〈中国流动人口发展报告2014〉情况》,国家卫生和计划生育委员会网站,http://www.nhfpc.gov.cn/xcs/s3574/201411/460ba5fcdd294bac93af09e87e6a89d6.shtml。

统一城乡户口登记制度相适应的卫生计生机制，在流动人口中全面落实 11 类基本公共卫生服务项目，建立健全流动人口信息共享机制，有序推进政府购买卫生计生服务，尽快促进高效配置卫生计生公共服务资源的服务体系和供给体系的基本形成。①

（四）基本公共卫生服务有力保障了妇女儿童健康

均等化、高水平的基本公共卫生服务，对保护妇女儿童的身心健康发挥了突出作用。2014 年 1 月，中共中央政治局委员、国务院副总理刘延东在北京市考察儿童医疗保健工作时指出，要把保障儿童健康作为医疗卫生事业优先发展的领域。②

在党中央国务院的高度重视下，中国政府实施了多项妇幼重大公共卫生服务项目，目前主要覆盖农村、集中连片特殊困难地区和中西部地区，重点在保障母婴安全、妇女儿童重大疾病防治、出生缺陷防治等方面加大力度。③

——农村孕产妇住院分娩补助项目。为保障母婴安全，降低孕产妇死亡率和婴儿死亡率，自 2009 年以来国家累计投入资金 140 亿元，用于"农村孕产妇住院分娩补助项目"，补助 4728 万名农村孕产妇。在该项目的推动下，中国农村住院分娩率已从 1985 年的 36.4%，提高到 2013 年的 99.2%，基本实现了与城市住院分娩率相当（详见图 2）。

——农村妇女两癌检查项目。2009 年以来，国家对试点地区 3715 万名农村适龄妇女进行了宫颈癌和乳腺癌检查，先后投入资金 10.9 亿元，累计帮助患病妇女 4.6 万人。

---

① 国家卫生计生委、中央综治办、国务院农民工办、民政部、财政部《关于做好流动人口基本公共卫生计生服务的指导意见》，国家卫生和计划生育委员会网站，http://www.nhfpc.gov.cn/ldrks/s3577/201411/053b067aa3c84bbd9b87bf51da0c1199.shtml。
② 《刘延东：高度重视儿童医疗保健 让每一个孩子快乐健康成长》，国家卫生和计划生育委员会网站，http://www.nhfpc.gov.cn/zhuzhan/mtbd/201501/e4db35a151a64838a6745d2af93ef0e0.shtml。
③ 《妇幼重大公共卫生服务项目进展顺利》，国家卫生和计划生育委员会网站，http://www.nhfpc.gov.cn/fys/s7901/201404/e8724cdf2e864e2abe6caa306ed990c3.shtml。

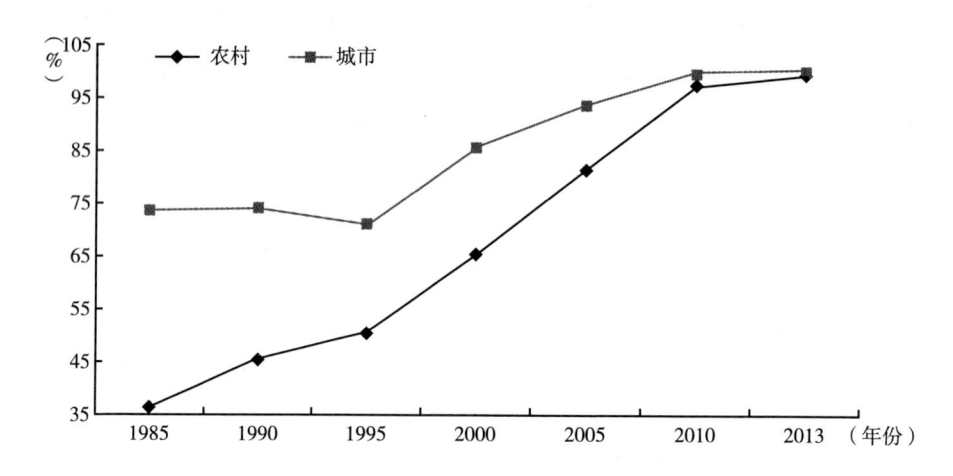

图2 1985~2013年城市和农村产妇住院分娩率变化趋势

数据来源：国家卫生和计划生育委员会编《2014中国卫生和计划生育统计年鉴》，中国协和医科大学出版社，2014，第216页。

——艾滋病、梅毒和乙肝母婴传播阻断项目。2003年以来，国家实施了预防艾滋病、梅毒和乙肝母婴阻断项目，对患有艾滋病、梅毒、乙肝的孕产妇进行检测，并进行免费的药物阻断治疗，减少其所生婴儿感染风险。项目累计投入资金37亿元，检查4698万名孕产妇。

——增补叶酸预防神经管缺陷项目。自2009年以来，累计投入资金6.32亿元，为4577万名农村地区育龄妇女在怀孕前3个月和怀孕初3个月免费增补叶酸。通过该项目，神经管缺陷的发生率已经从我国围产儿出生缺陷发生顺位的第三位（2000年，发生率为11.95/万）降到了第九位（2013年，发生率为3.37/万）。

——贫困地区儿童营养改善项目。2014年，国家投入经费5亿元在21个省（区、市）14个国家集中连片特殊贫困地区341个县实施儿童营养改善项目，为项目地区137万6~24月龄婴幼儿免费提供营养包。[①]

[①]《2014年贫困地区儿童营养改善项目方案》，中国疾病预防控制中心网站，http://etyygs.chinawch.org.cn/uploads/soft/150107/2-15010G41026.pdf。

——贫困地区新生儿疾病筛查项目。2014年，在21个省（区、市）14个国家集中连片特殊贫困地区364个县投入资金159万元实施新生儿疾病筛查项目，为132.5万新生儿开展两种遗传代谢病（PKU和CH）筛查和新生儿听力筛查。①

均等有效地提供公共卫生服务极大地提高了我国妇女儿童的健康水平。全国妇幼卫生监测显示，2014年全国孕产妇死亡率下降至21.7/10万，较1990年的88.8/10万下降了75.6%，提前1年实现了联合国千年发展目标。全国婴儿死亡率下降至8.9‰，5岁以下儿童死亡率下降至11.7‰，已于2007年实现了联合国千年发展目标。中国政府的各项努力，为促进全球实现千年发展目标做出了重要贡献，履行了对国际社会的庄严承诺，被世界卫生组织评为妇幼健康高绩效国家。②2014年2月24日，世界卫生组织西太区主任申英秀向中国政府颁奖，以表彰我国在防控儿童乙肝方面所取得的突出成就。申英秀表示，中国的乙肝免疫项目显著降低了儿童中的乙肝感染率，是中国公共卫生领域取得的最重要成就之一。自1992年至今，通过及时接种乙肝疫苗，中国超过8000万儿童免于乙肝感染。2012年5月，中国5岁以下儿童慢性乙肝病毒感染率已降至1%以下。中国的成功鼓舞了本地区和世界其他国家采取相应措施降低儿童乙肝感染率。③

（五）居民健康素养不断提高

健康素养，是个人获取和理解基本健康信息和服务，并运用这些信息和服务做出正确决策，以维护和促进自身健康的能力。健康素养是衡量国家基本公共卫生水平和人民群众健康水平的重要指标，已被纳入《国家基本公共

---

① 《2014年贫困地区新生儿疾病筛查项目方案》，国家卫生和计划生育委员会网站，http：//www.nhfpc.gov.cn/fys/s3585/201412/4a9a8047bb2449c4b4da811e5a0960aa.shtml。
② 《我国孕产妇死亡率提前一年实现联合国千年发展目标》，国家卫生和计划生育委员会网站，http：//www.nhfpc.gov.cn/fys/s7901/201503/ce86faa05e7e4d6f86bb0cc8451afac3.shtml。
③ 《世界卫生组织表彰我国儿童乙肝防控成就》，国家卫生和计划生育委员会网站，http：//www.nhfpc.gov.cn/gjhzs/s3578/201402/0f6349b5c3c243f89238e8d84c17bed0.shtml。

卫生服务体系建设"十二五"规划》和《卫生事业发展"十二五"规划》。①

2013年8~12月国家卫生计生委开展的第三次全国城乡居民健康素养监测结果显示，2013年我国居民健康素养水平为9.48%，比2012年的8.80%提高0.68个百分点，比2008年的6.48%提高3个百分点。整体而言，我国居民健康素养水平稳步提升②。

2014年5月，国家卫生计生委印发了《全民健康素养促进行动规划（2014-2020年）》（国卫宣传发〔2014〕15号），该《规划》提出，到2015年全国居民健康素养水平提高到10%，其中东、中、西部地区居民健康素养水平分别提高到12%、10%和8%；全国具备科学健康观的人口比例达到40%，居民基本医疗素养、慢性病防治素养、传染病防治素养水平分别提高到11%、15%和20%；在全国建设健康促进县（区）180个，健康促进医院、健康促进学校、健康促进机关、健康促进企业、健康社区各400个，健康家庭18000个。到2020年：全国居民健康素养水平提高到20%，其中东、中、西部地区居民健康素养水平分别提高到24%、20%和16%；全国具备科学健康观的人口比例达到50%，居民基本医疗素养、慢性病防治素养、传染病防治素养水平分别提高到15%、20%和25%；在全国建设健康促进县（区）600个，健康促进医院、健康促进学校、健康促进机关、健康促进企业、健康社区各1400个，健康家庭60000个③。

三 发展与展望

新一轮医改以来，中国政府积极推动基本公共卫生服务的均等化，不断

---

① 《2013年我国居民健康素养水平提高至9.48%》，国家卫生和计划生育委员会网站，http://www.nhfpc.gov.cn/xcs/s3582/201412/971753f8b9504caba6e081cb88cf6a58.shtml。
② 《2013年我国居民健康素养水平提高至9.48%》，国家卫生和计划生育委员会网站，http://www.nhfpc.gov.cn/xcs/s3582/201412/971753f8b9504caba6e081cb88cf6a58.shtml。
③ 《国家卫生计生委关于印发〈全民健康素养促进行动规划（2014-2020年）〉的通知》，国家卫生和计划生育委员会网站，http://www.nhfpc.gov.cn/xcs/s3581/201405/218e14e7aee6493bbca74acfd9bad20d.shtml。

提高人民群众获得卫生服务的可及性、便利性和平等性，在保障人民健康权利上取得了非凡的成就。当然，我们也看到，由于中国地域广阔，人口众多，城乡差别、地域差别巨大，基本公共卫生服务保障水平与发达国家相比仍有差距，服务的均等性仍有提高的余地。

（一）积极缩小基本公共卫生服务的地区差异

我国各地区之间在经济社会等各方面发展存在的不平衡，直接体现在各地政府向本地居民和流动人口提供基本公共卫生服务的能力和内容上。整体而言，我国经济发展较快的地区，公共卫生服务能力较强，反之亦然。例如，西部地区孕产妇死亡率是东部的 2.6 倍，5 岁以下儿童死亡率是东部的 3.1 倍。[①]

在基本公共卫生服务上，集中体现在资金、医疗卫生机构的数量和能力以及卫生技术人员的数量方面存在差异。当前，我国的医疗资源主要分布在经济比较发达的东部地区，如图 3 所示，2013 年各地每千人执业医师和注册护士数量方面，东部地区，特别是北京、上海等中心城市，每千人所拥有的执业医师和注册护士数量是中西部省份的 2~3 倍。

这种医疗资源分布上的差距，势必影响医疗机构为人民群众提供基本公共卫生服务的能力，影响到不同地域的人们无法均等地获得医疗服务。

医疗资源和公共卫生服务能力上的地区差别，一方面是基于长期以来我国在医疗资源地域配置上的不合理，另一方面是因为各地区经济发展水平上的差异。经济发达地区，由于资金、技术等多方面的优势，必然可以吸引更多、更好的医疗资源，从而引发资源分配上的市场失灵。对此，应当坚持中央政府对于医疗资源特别是公共卫生资源的统一配置，明确中央和地方政府在提供公共卫生服务中的职责与事权划分，通过中央政府和地方政府的一般性转移支付和专项转移支付，从根本上克服资源分配上的不均衡。同时，应

---

① 《我国孕产妇死亡率提前一年实现联合国千年发展目标》，国家卫生和计划生育委员会网站，http：//www.nhfpc.gov.cn/fys/s7901/201503/ce86faa05e7e4d6f86bb0cc8451afac3.shtml。

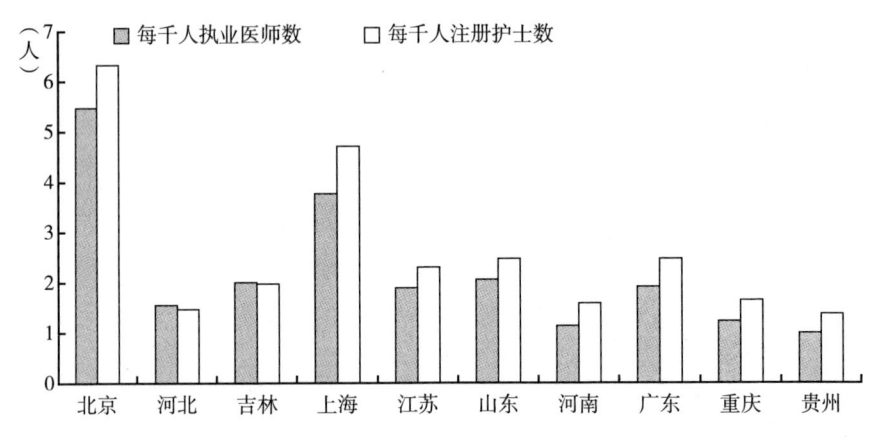

图 3　2013 年各地每千人执业医师和注册护士数量

数据来源：国家卫生和计划生育委员会编《2014 中国卫生和计划生育统计年鉴》，中国协和医科大学出版社，2014，第 37 页。

当规范转移支付体制，推动转移支付的法制化，防止转移支付中的随意化和权力寻租。

（二）进一步缩小城乡基本公共卫生服务的差距

城乡差别是我国面临的重大发展问题。由于农村在公共卫生服务上的投入欠缺和基础薄弱，仍有很多农民难以享受到应有的公共卫生服务，农民的健康风险增大，农村传染病、流行病、地方病的发病率明显高于城市，因不良生活习惯和缺乏健康教育及疾病预防而致病的情况也多于城市。从图 4 可以看出，新中国成立后我国城市与农村人口医师拥有量的差距急剧扩大，到 1980 年城市每千人拥有的医师数量是农村的 4 倍。随着新一轮医改的展开和推进，这种差别在日益缩小，到 2013 年已经降到 2.29 倍。

今后，要继续加大对农村地区公共卫生服务的投入，以城镇化建设为契机，大力推动城乡一体化，特别是公共服务的城乡一体化，在基本公共卫生服务的保障和供给中，不再走城乡二元化的路子。要充分保障流动人口，特别是从农村向城市流动的人口充分、平等地享受基本公共卫生服务的机会和

基本公共卫生服务均等化与健康权利保障

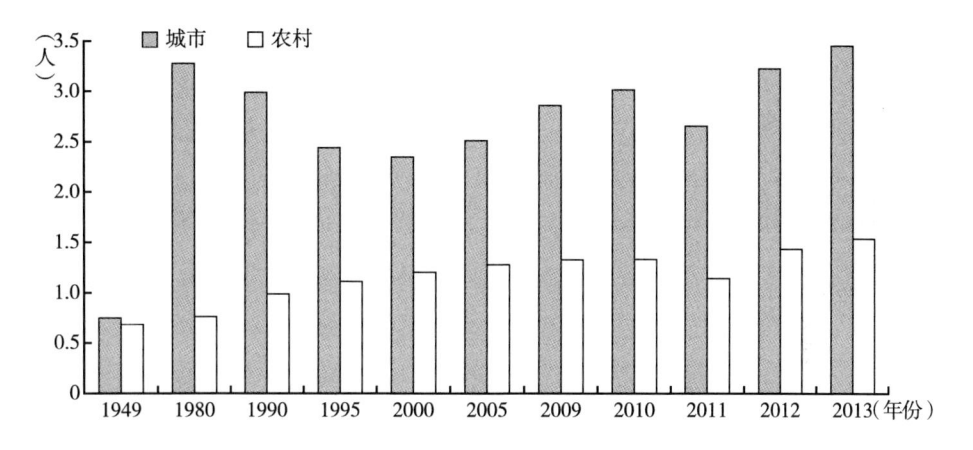

图4 1949~2013年城乡每千人执业（助理）医师数量变化趋势

数据来源：国家卫生和计划生育委员会编《2014中国卫生和计划生育统计年鉴》，中国协和医科大学出版社，2014，第36页。

能力，实现公共卫生服务的属地化，不以城乡身份作为分配公共卫生资源的依据，真正实现公共卫生资源公平、公正地分配。

（三）积极推进基本公共卫生服务的法制化

当前我国对于基本公共服务均等化的推动，主要是依照政策、文件展开。在公共卫生领域，虽然制定了《传染病防治法》《母婴保健法》《食品安全法》《精神卫生法》等专门法，但缺乏一部全面涵盖基本公共卫生服务的法律，特别是缺乏将获得基本公共卫生服务作为公民应享有的基本权利，并明确规定政府相应义务的立法。为此，应当尽快推进基本公共卫生服务的法制化进程，明确基本公共卫生服务的权利属性。应当明确规定基本公共卫生服务的内容、范围、权利主体，并将基本公共卫生服务中的资源分配和服务供给纳入法制化轨道。例如，应当以立法形式明确规定政府基本公共卫生服务的费用标准。该标准应当符合我国现阶段经济发展水平，并随着社会发展而及时进行调整。

平等性是权利的基本属性，将享有基本公共卫生服务作为公民所享有的基本权利，就会自然而然地启动权利的平等性需求。实现基本公共卫生服务的均等化，就是不仅要实现公民健康权利形式意义上的平等，而且要实现公民健康权利实质意义上的平等。

"有权利必有救济"，缺乏救济途径的权利，不是真正的权利。应当赋予公民基本公共卫生服务权利以司法救济途径，通过行政诉讼对政府公共卫生服务课以司法审查，督促各级政府更好地履行其提供服务职能。[①]

（四）进一步丰富公共卫生服务内容

基本公共卫生服务涉及范围广泛，包含了母婴保健、传染病防治、精神卫生管理、慢性病管理、健康素养提升、食品饮用水安全等多个方面。近年来，我国不断扩大国家基本公共卫生服务项目和重大公共卫生项目的范围，各地也根据自身实际，进一步增加公共卫生服务的内容。但仍有一些公共卫生服务内容没有被纳入服务范围中。如根据联合国开发计划署《2014年人类发展报告》，我国对于艾滋病感染孕妇进行母婴传播治疗的开展仍然不高，每百名艾滋病感染孕妇中，仍有33.9人未接受治疗，甚至高于中等人类发展指数国家的平均数值（8.3）而接近低等人类发展指数国家平均值（46.1）。今后，应该根据我国人口健康需求的发展，不断丰富公共卫生服务内容，以充分保护人民的健康权利。

[①] 陈云良：《基本医疗服务法制化研究》，《法律科学》（西北政法大学学报）2014年第2期。

B.6
2014年教育改革与受教育权利保障

刘 一*

摘　要： 受教育权不仅是一项人权，而且可以促进其他权利的实现。2014年，中国加大了教育改革力度，受教育权利保障取得新进展：三类群体受教育权利明显改善，义务教育资源分布更为均衡，优质高中招生更加公平，受高等教育机会的城乡差距进一步缩小，中央财政教育支出规模持续增加，优质高等教育资源信息化持续推进。但是中国受教育权利保障还面临着受高等教育机会的区域差距缩小有限，中小学教师绩效工资制度有待完善和教育形式创新不足等诸多挑战。

关键词： 受教育权利　教育改革　义务教育资源　随迁子女

受教育权是指公民所享有的并由国家保障实现的接受教育的权利，其内容包括受教育机会权、受教育条件权和公正评价权三个方面。[①]《经济、社会及文化权利国际公约》规定："人人有受教育的权利。"《宪法》和《教育法》都规定，中华人民共和国公民享有受教育的权利。[②] 受教育权不仅是一项举世公认的人权，而且是公民实现经济权利、享受社会权利、实践文化

---

* 刘一，南开大学周恩来政府管理学院博士研究生，研究方向为人权理论与制度。
① 李希光、郭晓科主编《人权报道读本》，清华大学出版社，2007，第297页。
② 《经济、社会及文化权利国际公约》第13条第1款，《宪法》第46条第1款，《教育法》第9条第1款。

权利和行使政治权利的重要基础，故而受教育权利的有力保障还可以促进其他权利的实现。

一 2014年教育改革和受教育权利保障的新进展

加快教育改革发展是"十二五"规划的重要内容之一，2014年是实现"十二五"规划中教育改革目标的重要一年。中国政府围绕"深化教育领域综合改革""改革人才培养方式""大力促进教育公平""促进各级各类教育协调发展""加强和改进作风建设"[①]推出了一系列教育改革措施，进一步保障了公民的受教育权利，促进了教育公平。

（一）2014年教育改革的重要举措

1. 启动特殊教育提升计划

2014年教育部、国家发展改革委、民政部、财政部、人力资源社会保障部、国家卫生计生委、中国残联联合发布了《特殊教育提升计划（2014－2016年）》，提出"全面推进全纳教育"的总目标，要求进一步提升特殊教育普及水平、经费保障能力和教育教学质量，要求到2016年基本普及残疾儿童少年义务教育，生均预算内公用经费达到每年6000元（义务教育阶段）。

2. 开展"小学升入初中免试就近入学"工作

2014年1月，教育部印发《关于进一步做好小学升入初中免试就近入学工作的实施意见》，要求"合理划定招生范围"、"有序确定入学对象"、"逐步减少特长招生"和"做好随迁子女入学"，确定了单校划片、多校划片、优质初中多校划片和报名人数多于招生人数优质初中随机派位等各项改革措施。为了推动"小学升入初中免试就近入学"工作，教育部办公厅随后印发了《关于进一步做好重点大城市义务教育免试就近入学工作的通知》，要求重点大城市2014年制定完善义务教育免试就近入学的方案，到

[①] 《教育部2014年工作要点》，教育部网站，http://www.moe.gov.cn/publicfiles/business/htmlfiles/moe/s5987/201401/163169.html。

2015年，小学全部划片入学，初中90%以上划片入学，划片入学初中90%以上学生由就近入学方式确定。

3. 全面改善贫困地区义务教育薄弱学校基本办学条件

2014年4月教育部办公厅、国家发展改革委办公厅、财政部办公厅印发了《关于制定全面改善贫困地区义务教育薄弱学校基本办学条件实施方案的通知》，提出到2018年所有县、市实现"全面改薄"的目标，要求各地以县或项目分类为单位制定2014~2018年"全面改薄"工作计划和资金需求表，各地层层分解工作责任，落实"全面改薄"实施方案。为了敦促"全面改薄"工作的落实，2014年7月，教育部办公厅、国家发改委办公厅和财政部办公厅印发了《全面改善贫困地区义务教育薄弱学校基本办学条件底线要求》，规定了学校校舍建设、学生桌椅配备等共计20个项目的最低建设标准，并将其作为"全面改薄"工作中必须优先保障的内容，为"全面改薄"工作的中期评估和最终完成奠定了基础。

4. 加快发展现代职业教育

2014年5月，国务院印发《关于加快发展现代职业教育的决定》，明确了加快发展现代职业教育的指导思想、基本原则、目标任务和政策措施，要求牢固确立职业教育在国家人才培养体系中的重要位置。2014年6月，在第三次全国职业教育工作会议上，习近平也高度强调了职业教育是国民教育体系和人力资源开发的重要组成部分。在此基础上，《现代职业教育体系建设规划（2014－2020年）》、《关于建立完善以改革和绩效为导向的生均拨款制度加快发展现代高等职业教育的意见》、《关于深化职业教育教学改革全面提高人才培养质量的若干意见（征求意见稿）》和《中等职业学校德育大纲（2014年修订）》等相关规定相继出台，明确了优化职业教育服务产业布局、提高各地高职院校年生均财政拨款水平、促进职业教育教学改革等各方面任务的措施。此外，为了服务促进西藏教育发展的目标，2014年8月教育部、国家发改委、财政部印发了《关于加快西藏和四省藏区中等职业教育发展的指导意见》，9月，教育部印发了《关于东中部职教集团、民办本科学校对口支援西藏和四省藏区中等职业教育的通知》，致力于推动西藏

和四省藏区中等职业教育发展。

5. 考试招生制度改革全面启动

国务院正式印发《关于深化考试招生制度改革的实施意见》，以"促进公平，科学选才"为总体定位，要求改进招生计划分配方式、改革考试形式和内容、改革招生录取机制、改革监督管理机制和启动高考综合改革试点。其中，"提高中西部地区和人口大省高考录取率"，"增加农村学生上重点高校人数"，至2017年高考录取率最高和最低省份差值控制在4%以内，形成保障农村学生上重点高校的长效机制，成为改进招生计划分配方式要实现的重要目标。

（二）2014年教育改革对受教育权利的促进

1. 三类群体受教育权利明显改善

2014年教育改革以"大力促进教育公平"为重要目标之一，采取了多项措施，不仅涉及范围较广，改革幅度也非常大。从受教育主体的角度来看，2014年教育改革促进了三类群体受教育权利明显改善。

（1）残疾人受教育权利得到大幅改善

受教育机会的配置直接关系到各个地区、各类公民受教育权利的实现，公民受教育机会的多寡是评价公民受教育权利保障程度的重要标准之一。从受教育机会来看，2014年，随着特殊教育提升计划的启动，残疾人受教育权利得到进一步保障。《特殊教育提升计划（2014－2016年）》针对义务教育阶段残疾儿童入学的举措主要是自2014年起重点解决8万名未入学适龄残疾儿童少年入学问题。到2014年底，全国共计27个省份已经发布了以省为单位的特殊教育提升计划，陕西省建立了200所特殊儿童随班就读康复资源中心，全国8万名未入学适龄残疾儿童少年受教育机会将受到有力保障。2013年，8万名未入学适龄残疾儿童少年中，东部地区15748人、中部地区占29576人、西部地区32850人，中、西部地区未入学适龄残疾儿童少年多，占比重较大（见表1）。2014年起对8万名未入学适龄残疾儿童少年义务教育的保障不仅将扩大特殊群体受教育机会，还将缩小特殊群体受教育机会的地域分布差距。

表1 2013年全国未入学适龄残疾儿童少年分布

单位：人

地区	总计	残疾类别 视力	听力	言语	肢体	智力	精神	多重	残疾程度较重	未入学原因 家庭经济困难	无特教学校	交通不便	其他
合计	78174	3684	4239	4313	25402	25299	2982	12255	50778	13006	3666	1551	9173
北京	273	3	1	1	68	116	18	66	230	9	11	5	18
天津	411	9	16	9	135	215	1	26	385	1	0	6	19
河北	1120	47	75	63	431	356	23	125	796	184	0	14	126
广东	4099	147	148	176	1092	1433	337	766	2457	621	373	82	566
辽宁	2359	73	115	66	879	896	133	197	1630	307	77	30	315
海南	668	27	17	31	208	236	35	114	337	116	35	5	175
福建	1461	36	75	24	371	725	80	150	1227	81	23	8	122
上海	23	3	1	0	9	6	1	3	23	0	0	0	0
江苏	1400	50	129	16	473	618	32	82	1204	46	8	10	132
浙江	534	11	35	7	173	215	20	73	304	25	8	30	167
山东	3400	99	136	71	1219	1306	168	401	2785	449	57	11	98
东部小计	15748	505	748	464	5058	6122	848	2003	11378	1839	592	201	1738
山西	2481	122	181	163	761	887	62	305	1547	566	155	54	159
吉林	2855	77	128	147	897	1120	199	287	2039	437	121	58	200
黑龙江	1023	39	56	33	293	397	82	123	736	185	26	21	55
安徽	5012	153	262	216	1423	1756	281	921	3357	550	131	72	902
江西	2813	135	204	100	737	981	96	560	1641	579	152	36	405

续表

地区	总计	残疾类别							残疾程度较重	未入学原因		
^	^	视力	听力	言语	肢体	智力	精神	多重	^	家庭经济困难	无特教学校	交通不便	其他
河南	7524	368	601	565	2875	2434	82	599	3632	2212	187	68	1425
湖北	2113	111	89	98	733	649	74	359	1376	370	49	56	262
湖南	5755	275	223	318	2087	1561	168	1123	3673	1227	220	150	485
中部小计	29576	1280	1744	1640	9806	9785	1044	4277	18001	6126	1041	515	3893
广西	5480	242	257	438	1656	1444	146	1297	3862	640	437	102	439
内蒙古	1564	56	59	82	477	515	67	308	1323	74	74	28	65
重庆	1159	71	51	70	364	481	40	82	925	32	3	3	196
四川	4632	356	293	338	1602	1415	128	500	2534	913	233	164	788
贵州	2327	172	107	179	740	581	70	478	1565	285	204	58	215
云南	4678	298	302	369	1525	1154	91	939	2740	971	171	102	694
西藏	186	20	12	22	68	13	13	38	96	29	22	13	26
陕西	3257	160	197	170	1122	866	116	626	1881	640	299	111	326
甘肃	3565	189	192	161	1250	941	140	692	1956	756	226	121	506
青海	927	61	61	51	308	296	15	135	610	226	29	32	30
宁夏	872	53	36	48	235	321	37	142	683	49	32	8	100
新疆	3998	215	174	268	1124	1280	217	720	3042	426	294	92	144
新疆兵团	42	4	1	2	14	10	4	7	40	0	1	0	1
黑龙江垦区	163	2	5	11	53	75	6	11	142	0	8	1	12
西部小计	32850	1899	1747	2209	10538	9392	1090	5975	21399	5041	2033	835	3542

资料来源：《关于2013年全国未入学适龄残疾儿童少年情况通报》（残联厅发〔2014〕39号），中国残疾人联合会，http://www.cdpf.org.cn/ggtz/201407/t20140716_410966.shtml。

受教育条件的好坏关系到每个公民受教育权利的实质保障程度,公民受教育条件的优劣也是评价公民受教育权利保障程度的重要标准之一。从受教育条件来看,2014年残疾人受教育条件有了大幅改善。在一系列教育改革的推动下,2014年特教学校预算内生均公用经费相比2013年提高了大约1倍(从2000元提高到4000元以上),中央财政用于改善特殊教育学校办学条件和学校建设的资金达到12.1亿元。其中财政部、教育部下发的2014年特殊教育补助经费为4.1亿元,是2013年0.55亿元的7.5倍,增长率达到645%。此外,山西省将特教教师岗位津贴提高到基本工资的50%,广东省推动实施了残疾学生15年免费教育,教育部还于2014年在部分省市启动了"送教上门""随班就读"试行工作。残疾人入学后,义务教育阶段生活费补助较高,高中阶段和高等教育阶段均有配套的补助政策,残疾人受教育条件得到较大的改善。

(2)随迁子女受教育权利得到更好落实

2014年教育改革中,保障随迁子女受教育权利成为重要内容之一。随着招生考试制度改革和小学升入初中免试就近入学工作的启动实施,随迁子女受教育权利得到更好的落实。首先,2014年全国各地已经全面取消借读费,随迁子女异地就学的经济成本降低,极大保障了中、低收入水平家庭随迁子女的受教育权利。其次,《关于进一步做好小学升入初中免试就近入学工作的实施意见》要求"做好随迁子女就学工作",提出积极接收随迁子女就学,加大对接收随迁子女学校的支持力度等任务措施,并明确应当由省级教育行政部门确定外来务工人员随迁子女就近入学的总体原则,由县级教育行政部门具体实施,确立了随迁子女异地接受教育的法律依据。最后,根据教育部的统计数据,2014年有28个省份开始解决随迁子女在当地参加高考问题,共有5.6万名符合条件的随迁子女在居住地参加高考,异地参加高考的人数是2013年的12.6倍,为保障随迁子女接受高等教育的权利奠定了基础。

(3)中低收入家庭和教育落后地区初高中毕业生受职业教育机会拓宽

学位型高等教育要求相对较高的教育投入和应试能力。在人口庞大的中国，接受学位型高等教育的竞争非常激烈。职业教育作为一种实用型教育，对教育投入和应试能力的要求相对较低，且同样具有学位教育改变家庭经济状况和社会地位的功能，成为满足中低收入家庭和教育落后地区初高中毕业生受教育需求的一个重要渠道，是在整个社会层面实现教育公平的重要渠道。自2014年起，对职业教育的经费投入提高，接受职业教育的经济成本降低，职业教育的就业前景转好，为中低收入家庭和教育落后地区初高中毕业生拓宽了接受实用型教育的渠道。首先，职业学校的建设加快，招生规模将持续扩大。《关于加快发展现代职业教育的决定》提出"引导普通本科高等学校转型发展"。2014年教育部采取加大财政投入、扩大地方高校自主权等各项措施促进地方高校转型发展，如《关于加快发展现代职业教育的决定》要求地方教育附加费用于职业教育的比例不低于30%；教育部于2014年12月公布了《关于深化职业教育教学改革全面提高人才培养质量的若干意见（征求意见稿）》，为建立高等教育分类体系创造了条件。另外，国务院发文推动一批本科学院的转型，鼓励2000年以后新设的高等院校转型为应用型技术学校。2013年，37所院校和部分省份已经启动了转型试点。2014年，本科学校转型发展试点工作继续推进，湖北、河南等省份已经开始了第二批本科学校转型试点工作。职业学校的增多是扩大招生规模的重要基础，以2014年的职业教育学校建设为基础，自2014年起职业教育招生规模将持续扩大。《现代职业教育体系建设规划（2014－2020年）》要求，到2015年中等职业教育在校生数和专科层次职业教育在校生数分别达到2250万人和1390万人。其次，对职业教育学生的财政拨款力度加大，学生接受职业教育的经济成本降低。中央财政从2014年起，建立"以奖代补"机制，激励和引导各地建立和完善高职院校生均拨款制度，提高生均拨款水平。[①]《关于建立完善以改革和绩效为导向的生均拨款制度加快发展现代高等职业教育的意见》还要求到2017年各地高职院校年生均财政拨款水平

[①] 《2014年教育大事记》，教育部网站，http://www.moe.edu.cn/publicfiles/business/htmlfiles/moe/s5987/201502/184279.html。

应当不低于12000元。最后，职业教育课程和专业设置的改革、企业参与职业教育等各项措施将有力提升职业教育的就业前景，提升了职业教育促进社会阶层流动的功能。如《关于加快发展现代职业教育的决定》要求建立"双师型"教师队伍，"规模以上企业要有机构或人员组织实施职工教育培训、对接职业院校，设立学生实习和教师实践岗位"，并对"企业因接受实习生所实际发生的与取得收入有关的、合理的支出，按现行税收法律规定在计算应纳税所得额时扣除"，以加强职业教育课程与行业发展状况的衔接；《现代职业教育体系建设规划（2014－2020年）》还要求到2015年职业院校职业教育集团参与率达到85%。职业教育就业前景的提升，将提升职业教育改变家庭经济状况和社会地位的功能，在整个社会的层面促进教育公平。

2. 义务教育资源的分布更为均衡

2014年中国教育部将"改革资源配置方式，大力促进教育公平"纳入工作重点，围绕这个目标中国各级政府及各类学校进行了一系列调整，随着"小学升入初中免试就近入学"工作和"全面改薄"计划的启动，义务教育资源的分布结构更为优化，义务教育资源的分布更为均衡。

首先，从统计数据来看，2014年更多的县（市、区）通过了国家义务教育均衡发展督导评估认定。2013年全国共有293个县（市、区）通过了国家义务教育均衡发展督导评估认定。而在2014年，全国共有464个县（市、区）通过评估认定[1]，其中上海市所辖县（区）已经全部通过国家评估认定[2]。其次，义务教育薄弱地区经费投入加大。2014年财政部、教育部共下发了310亿元薄改计划中央专项资金，资金额度比2013年提高

---

[1] 《关于对2014年全国义务教育发展基本均衡县（市、区）名单进行公示的公告》，教育部网站，http://www.moe.edu.cn/publicfiles/business/htmlfiles/moe/s8469/201503/185032.html。

[2] 《落实政府职责 创新体制机制——教育部基础教育一司负责人就义务教育均衡发展备忘录进展情况答记者问》，教育部网站，http://www.moe.edu.cn/publicfiles/business/htmlfiles/moe/s271/201407/172040.html。

50.77%①。薄改资金根据基础因素、投入因素、绩效因素和管理因素进行公平公正的分配,极大地促进了义务教育薄弱地区的发展。2014年农村义务教育公用经费基准定额提高40元,中西部地区小学年生均达到600元,初中达到800元;东部小学年生均达到650元,初中达到850元。自2014年起,还在提高基准定额的基础上,进一步提高农村寄宿制学校公用经费。② 再次,各个地方地府采取了各种不同的策略促进义务教育的均衡发展。部分省份将义务教育区域均衡发展视为公务员绩效考评的一票否决项目,如天津、黑龙江;部分省份将义务教育均衡发展的智慧和经验上升为条例或规章,如江西、湖南;部分省份将提升贫困地区教师的待遇作为提升义务教育教学质量的主要方式,如湖北、广东、吉林每月提供山区、边远贫困地区教师500元及以上的津贴;河北、山西、辽宁等省还通过增加重点或优质高中招生指标促进办学积极性。复次,2014年教育部制定了《推动义务教育学校依法办学科学管理》,并在全国范围内选取了7个实验区,共约1600所义务教育学校于2014年8月至2016年3月进行试点③,以期为全国范围内义务教育办学和管理质量提升奠定基础。最后,从义务教育阶段中初中教育来看,优质初中资源配置更为均衡。2014年1月教育部印发了《关于进一步做好小学升入初中免试就近入学工作的实施意见》,将"合理确定招生范围""有序确定入学对象"视为小升初改革的基本原则。2014年2月教育部下发了《教育部办公厅关于进一步做好重点大城市义务教育免试就近入学工作的通知》,督促各个城市完善新的小初升方案,并要求"到2015年,重点大城市所有县(市、区)实行划片就近入学政策,90%以上的初中实现划片入学;每所划片入学的初中90%以上生源由就近

---

① 《310亿元薄改资金应该怎么用?——教育部财务司负责人答记者问》,教育部网站,http://www.moe.edu.cn/publicfiles/business/htmlfiles/moe/s271/201408/172881.html。
② 《2014年教育大事记》,教育部网站,http://www.moe.edu.cn/publicfiles/business/htmlfiles/moe/s5987/201502/184279.html。
③ 参见《推动义务教育学校依法办学科学管理——教育部基础教育一司负责人就〈义务教育学校管理标准(试行)〉答记者问》,教育部网站,http://www.moe.edu.cn/publicfiles/business/htmlfiles/moe/s271/201408/172813.html。

入学方式确定"①。2014年4月至5月全国有19个省份相继公布小初升就近、免试入学的方案，小初升将会"相对就近""免试入学""随机派位"。优质初中也交替地纳入"多校划片"的范围，"多校划片"范围内采取随机派位的方式确定录取学生。2014年底，全国19个大城市公办小学就近入学比例达97.9%，公办初中就近入学比例达94.5%。②

3. 优质高中招生更为公平

2014年5月教育部下发了《教育部办公厅关于做好2014年高中阶段学校招生工作的通知》，通知不仅提出要加快普及高中阶段教育的步伐，还提出要强化招生统筹，促进高中阶段教育公平③。教育部还提出优质普通高中对区域内初中的招生比例要逐渐达到50%的目标。2014年，各个城市相继开展高中阶段学校招生工作改革，其中优质高中招生工作更注重信息公开，"跨区域"招生、"挂读生"和"借读生"比例相继缩小。北京市自2014年全面取消高中择校生，83所优质高中参与名额分配计划，压缩择校生招生名额，扩大正常录取学生的比例。上海市也实行了新的招生方案，通过"名额分配"扩大优质高中对区、县的招生比例，上海市还将"推优生"招生计划中一半的名额用于对外区、县招生。浙江省教育厅已经发文禁止跨地区招生，要求自2015年起停招自费生。河南、河北、辽宁、宁夏等省、自治区教育厅已经明确发文要求扩大优质高中正常录取学生的比例，或开始逐渐缩减择校生比例，山东、福建、黑龙江等下属各市、县已经各自进行市、县级别的中考改革，其改革的重要内容也是促进优质高中招生名额的更均衡分布。江苏省已经出台新的改革方案（征求意见稿），旨在促进优质高中招生名额的更均衡配置。2014年，优质高中招生更为公平。

---

① 《教育部办公厅关于进一步做好重点大城市义务教育免试就近入学工作的通知》，教育部网站，http：//www.moe.edu.cn/publicfiles/business/htmlfiles/moe/s3321/201402/xxgk_164088.html。
② 《2014年教育大事记》，教育部网站，http：//www.moe.edu.cn/publicfiles/business/htmlfiles/moe/s5987/201502/184279.html。
③ 《教育部办公厅关于做好2014年高中阶段学校招生工作的通知》，教育部网站，http：//www.moe.edu.cn/publicfiles/business/htmlfiles/moe/s7055/201406/169823.html。

4. 受高等教育机会的城乡差距进一步缩小

2014年随着考试招生制度改革的启动，高等教育招生计划分配方式也发生了变化，中国教育部编制全国招生计划时着重提高了对人口大省和中、西部省份的招生数量，并大力控制属地招生比例。另外，教育部还更严格地敦促各高校执行招生计划，不得以各种方式变相调整招生计划。上述措施促使2014年中国高等教育受教育机会的城乡差距继续缩小。从数据上看，2014年国家农村贫困地区定向招生专项计划总人数继续增加，由2013年的3万人增加到2014年的5万人[①]；农村学生上重点高校总人数也继续增加，2013年全国农村学生上重点高校人数增加8.6%，而2014年总人数增加幅度更为明显，相比2013年增加11.4%[②]。

（三）受教育权利保障的其他进展

2014年，各项教育改革措施的实施有力推动了受教育权利的保障，教育领域此前启动实施的其他类措施在2014年也持续推进，取得了常规性的进展，共同推进了我国公民受教育权利更高程度的保障。

1. 中央财政教育支出规模持续增加

教育投入是发展教育事业的重要物质基础，也是保障公民受教育权利的基本前提。由于教育是具有非排他性和不充分竞争性的公共物品，中国教育投入往往是由公共财政来负担的。

从中央财政教育支出预算总额来看，2014年中央财政教育支出持续增加。根据《国务院关于2014年中央决算的报告》，2014年教育支出额为4101.59亿元，相比2013年决算额3883.92亿元增长了5.6%，而2013年中央财政教育支出决算额较2012年决算额仅增长了2.7%（见表2）。

---

① 《2014年教育大事记》，教育部网站，http://www.moe.edu.cn/publicfiles/business/htmlfiles/moe/s5987/201502/184279.html。

② 《2014年教育大事记》，教育部网站，http://www.moe.edu.cn/publicfiles/business/htmlfiles/moe/s5987/201502/184279.html。

表2 中央财政教育支出情况

单位：亿元，%

指标	2008年	2009年	2010年	2011年	2012年	2013年	2014年
中央财政教育支出决算数	1603.71	1981.39	2547.34	3268.59	3781.55	3883.92	4101.59（预算额）
决算数占上年决算数的百分比	149.0	123.6	128.6	128.3	115.7	102.7	105.6

注：表格中所指中央财政教育支出包括中央本级支出及对地方税收返还和转移支付支出。决算数占上年决算数的百分比中2008~2013年数据为财政部公布数据，2014年数据系根据《国务院关于2014年中央决算的报告》中公布的教育支出额除以2013年决算数计算得出。

资料来源：《2008年中央财政支出决算表》，财政部预算司网站，http://yss.mof.gov.cn/zhengwuxinxi/caizhengshuju/200907/t20090707_176723.html；《2009年中央财政支出决算表》，财政部预算司网站，http://yss.mof.gov.cn/2009nianquanguojuesuan/201007/t20100709_327127.html；《2010年中央财政支出决算表》，财政部预算司网站，http://yss.mof.gov.cn/2010juesuan/201107/t20110720_578437.html；《2011年中央公共财政支出决算表》，财政部预算司网站，http://yss.mof.gov.cn/2011qgczjs/201207/t20120710_665279.html；《2012年中央公共财政支出决算表》，财政部预算司网站，http://yss.mof.gov.cn/2012qhczjs/201307/t20130715_966187.html；《2013年中央公共财政支出决算表》，财政部预算司网站，http://yss.mof.gov.cn/2013qgczjs/201407/t20140711_1111871.html；《国务院关于2014年中央决算的报告》，中国政府网，http://www.gov.cn/xinwen/2015-06/29/content_2886175.htm。

2. 优质高等教育资源的信息化共享持续推进

优质高等教育资源是有限的，能够享受优质高等教育资源的群体也受到限制。因此，共享优质高等教育资源也是促进教育公平的重要手段之一。2014年优质高等教育资源信息化工作持续进行，扩大了优质高等教育资源的共享范围。2014年，在教育部印发的《2014年教育信息化工作要点》中，"扩大优质教育资源覆盖面"成为2014年教育信息化工作的要点之一。截至2014年10月底，来自"985工程"和"211工程"高校的第五和第六批精品视频公共课，共计258门课程和6门课程续拍部分，相继通过"爱课程"网、中国网络电视台和网易3个主要的网站以"中国大学视频公开课"形式免费向社会开放。2014年信息化优质资源覆盖面继续扩大。

二 加强公民受教育权利保障面临的挑战

2014年中国公民受教育权利保障取得了较大进展，成效显著，但持续加强公民受教育权利保障仍然面临诸多挑战。

（一）受高等教育机会的区域差距缩小有限

2014年，受高等教育机会的城乡差距明显缩小，但是区域差距的缩小却非常有限，幅度较小。这主要表现为：第一，2014年，中国高考一本录取率最高省份为24.81%，最低省份为5.46%，二者相差19.35个百分点，相比于2013年的19.74个百分点（最高省份为24.52%，最低省份为4.78%），缩小幅度非常有限；第二，2014年中国东、中、西部平均一本录取率，东部最高，为14.01%，中部最低，为9.24%，二者相差4.77个百分点，相比于2013年的5.29个百分点，差距缩小幅度也非常有限（见表3）。

表3 2013年、2014年中国各个省份高考一本录取率

地区	省份	2013年高考一本录取率	2014年高考一本录取率
东部地区	天津	24.52%	24.25%
	北京	24.33%	24.81%
	辽宁	5.74%	6.30%
	河北	9.03%	10.23%
	广东	5.93%	8.07%
	海南	11.42%	9.49%
	福建	14.19%	14.10%
	江苏	10.00%	9.38%
	上海	22.64%	21.92%
	浙江	13.38%	13.61%
	山东	18.37%	12.05%
	平均值	14.50%	14.01%

续表

地区	省份	2013年高考一本录取率	2014年高考一本录取率
中部地区	山西	5.89%	6.17%
	吉林	14.47%	10.33%
	黑龙江	9.58%	9.17%
	安徽	10.12%	11.38%
	江西	9.07%	8.92%
	河南	6.79%	6.93%
	湖北	8.20%	10.66%
	湖南	9.59%	10.37%
	平均值	9.21%	9.24%
西部地区	青海	18.61%	17.97%
	宁夏	17.05%	18.74%
	贵州	13.87%	7.45%
	陕西	13.21%	13.33%
	新疆	12.92%	12.80%
	云南	12.79%	11.79%
	内蒙古	11.21%	16.38%
	甘肃	10.46%	6.30%
	重庆	9.34%	8.74%
	广西	7.72%	7.19%
	四川	5.28%	5.46%
	西藏	4.78%	6.45%
	平均值	11.44%	11.05%

注：表中一本录取率是指一本计划招生数占报考总人数的比例。
资料来源：《2013年各地一本计划录取人数及录取率一览》，网易教育频道，http://edu.163.com/14/0429/09/9R072SM300294MBA.html；《2014年各省市高考一本（重点大学）录取率统计》，高考网，http://www.gaokao.com。

（二）中小学教师绩效工资制度有待完善

教师队伍的均衡发展是保障教育公平的重要条件之一，尤其贫困地区中小学教师待遇的提高是保障全国义务教育均衡发展、实现"全面改薄"计划的重要基础。当下我国义务教育阶段教师工资实行绩效工资制度，即教师工资包括基本工资和绩效工资，且不得低于当地公务员薪资水平。但由于中国各地公务员工资水平参差不齐，因此经济发达地区和不发达地区教师工资水平相差较大，经济落后地区教师往往工作量大、工作条件艰苦，但工资水平和待遇却远远低于经济发达地区教师。另外，由于教育工作本身的复杂性和绩效工资评定规则和制度不完善，教师绩效工资评定往往无法保证客观公正。现实状况是绩效工资分配方案往往轻视一线教师，管理层和领导层工资和待遇水平改善幅度明显，而一线教师工资和待遇水平停滞不前，少数地区还有所下降，偏离了绩效工资的制度目标。因此，中小学教师绩效工资制度的现行规定不利于落后和贫困地区中小学教师队伍和经济发达地区中小学教师队伍的均衡发展。为了促进义务教育的均衡发展，提高义务教育薄弱地区的教育质量，需要对现行的中小学教师工资制度中的绩效工资评定程序进行有效的完善，才能最终达到在义务教育阶段实行绩效工资制度的原初目标，进而推动教育公平发展。

（三）教育形式创新有待加强

更注重人格培养的教育往往不仅能够增加个人的创新能力，进而实现个人的各项权利能力，还能够提升人对自身尊严和价值的认识，促进人权理念的进步。中国现有的教育形式固然有其存在的合理性，但是往往更注重知识的传授，在部分地区形成了"应试教育"的模式，忽略了时代对个人创新能力的要求，也不利于教育的良性发展。因此，公民受教育权利的深层保障要求教育形式的改革和创新。我国教育形式的创新工作还较为缓慢，尽管2014年我国中考、高考制度都进行了较大的改革，但是学科设置及考核的变化还是远远不够的。教育形式的创新还需要相应地变革教学授课形式、成绩评价机制和入学考核标准等一系列的教育环节。可以说，我国教育形式的创新才刚刚起步，其最终实现还需要更大幅度和更长时间的努力。

三 政策建议

（一）教育改革需要后续推进

正如前文所述，教育改革往往规划较长的改革周期，且教育工作本身也具有复杂性，因此，受教育权利的保障需要长期的努力。特殊教育提升计划、"全面改薄"计划和建设现代职业教育体系等都规划了较长的改革周期，公民受教育权利的保障有赖于教育改革的后续推进。因此，持续推进教育改革是中国受教育权利保障得到落实的关键因素。另外，2014年教育改革中，部分省份只是发布了改革草案或征求意见稿，改革尚处于酝酿的阶段，具体实效和持续深入还需要后续措施的长期推进。

（二）注重改革速度与体制稳定的平衡

中国受教育权利保障面临一系列的挑战，有其存在的客观原因。人口就是一个不可忽略的因素。庞大的人口基数要求巨额的教育投入，才能使人均教育投入达到较高水平，中国人均教育投入的增长和优质教育资源覆盖率的提高也势必会是缓慢的。历史的包袱是另一重要的因素。传统中国"学而优则仕"的思想影响深远，这往往使受教育群体以功利的心态对待教育，并且非常注重成绩的区分和排序，这就使"应试教育"蔚为壮观，同时使教育形式的创新也必须是循序渐进的。

因此，中国受教育权利保障在不断推进的同时，要注重保持教育体制自身的稳定性和连续性。教育体制改革不能原地踏步，必须吸纳已有制度的合理性，防止在教育制度改革的变动时期造成制度断裂。

B.7 职业教育权利的保障

周伟 钟慧*

摘　要： 2014年，我国确立了职业教育的新位置，提出创新职业教育模式、提升人才培养质量、支持社会力量办教育、完善政策支持体系等措施。但是，我国职业教育权利保障仍然面临挑战，需要从加快调整职业教育结构、加强社会力量参与、健全职业教育基本制度、完善职业教育立法体系四个方面改进现有保障体系。

关键词： 职业教育权利　职业教育体系　法律保障

我国《宪法》、《职业教育法》和《教育法》均明确规定，公民享有受教育的权利、依法接受职业教育的权利，国家实行职业教育制度。[①] 加强公民职业权利保障，不仅能促进公民个人发展，也能为国家经济发展提供强有力的人力资源支撑。

2002年，中共十六大报告提出，要"加强职业教育和培训，发展继续教育，构建终身教育体系"。这注意到了职业教育对公民实现受教育权、就业权、发展权的重要性。但是，这个时期高校扩招的实际做法是，更多地放在扩大普通高等教育招生上，使公民选择接受普通高等教育和职业教

---

* 周伟，法学博士，四川大学法学院、中国西部边疆安全与发展协同创新中心教授，主要研究方向为宪法、人权法、民族法；钟慧，西北民族大学讲师，四川大学法学院宪法学博士研究生，主要研究方向为宪法、人权法。
① 《宪法》第46条第1款，《职业教育法》第5条，《教育法》第19条第1款。

育的机会失衡。以 2013 年为例：普通高中在校生 2435.88 万人，中等职业学校在校生 1922.97 万人；本科学校在校生平均规模 14261 人，高职（专科）学校在校生平均规模 5876 人。① 对职业教育和普通教育的政策性倾斜，既不利于职业教育和普通教育平等发展，也不利于公民职业教育权利的充分实现。

2012 年，中共十八大报告提出"加快发展现代职业教育"的目标。2013 年，《中共中央关于全面深化改革若干重大问题的决定》提出："加快现代职业教育体系建设，深化产教融合、校企合作，培养高素质劳动者和技能型人才"。2014 年，国务院常务会议在部署加快发展现代职业教育的决定中提出"牢固确立职业教育在国家人才培养体系中的重要位置""创新职业教育模式""提升人才培养质量""引导支持社会力量兴办职业教育""强化政策支持和监管保障"等五项任务措施，各级政府围绕五项任务措施开展工作，逐步形成我国发展现代职业教育与发展普通高等教育并重，为公民自由选择接受职业教育与普通高等教育提供保障的新格局。

一 2014 年职业教育权利保障的新进展

（一）完善职业教育的制度措施

2005 年，《国务院关于大力发展职业教育的决定》（国发〔2005〕35 号）明确提出各级政府要加大对职业教育的支持力度，2010 年发布《国家中长期教育改革和发展规划纲要（2010－2020 年）》，进一步明确了各级政府提供包括职业教育在内的公共教育服务的职责。2014 年 2 月 26 日，国务院召开常委会部署加快发展现代职业教育。

---

① 《2013 年全国教育事业发展统计公报》，教育部网站，http://www.moe.gov.cn/publicfiles/business/htmlfiles/moe/moe_633/201407/171144.html。

1. 加强促进职业教育的宏观指导。国务院发布行政措施明确职业教育新地位

2014年6月23~24日召开"2014全国职业教育工作会议"并发布《国务院关于加快发展现代职业教育的决定》（以下简称《决定》），明确了今后一个时期加快发展现代职业教育的指导思想、基本原则、目标任务和政策措施，指出要"加快构建现代职业教育体系、激发职业教育办学活力、提高人才培养质量、提升发展保障水平、加强组织领导"。[①]

2. 制定现代职业教育体系建设规划

2014年，教育部等六部委联合发布《现代职业教育体系建设规划（2014－2020年）》（以下简称《规划》），为建设现代职业教育体系做出重大战略决策。第一，明确阶段性目标，即到2015年初步形成现代职业教育体系框架，到2020年基本建成中国特色现代职业教育体系。第二，提出具体任务，到2015年和2020年，中等职业教育在校生数将分别达到2250万人和2350万人，专科层次职业教育在校生数将分别达到1390万人和1480万人，继续教育参与人次将分别达到2.9亿人次和3.5亿人次。第三，制定相应措施，重点任务是以现代教育理念为先导，加强现代职业教育体系建设的12个方面。[②] 2014年，部分省（区、市）政府也发布了关于发展现代职业教育的配套性文件（见表1）。

表1 2014年部分省份关于发展现代职业教育的配套性文件

省份	发布时间	文件	省份	发布时间	文件
青海	12月30日	《青海省人民政府贯彻落实国务院关于加快发展现代职业教育决定的实施意见》（青政〔2014〕75号）	甘肃	8月29日	《甘肃省人民政府关于贯彻落实国务院加快发展现代职业教育决定的实施意见》（甘政发〔2014〕84号）

[①] 《国务院印发〈关于加快发展现代职业教育的决定〉》，《中国教育报》2014年6月23日，第1版。

[②] 《六部门印发〈现代职业教育体系建设规划（2014－2020年）〉》，《中国教育报》2014年6月24日，第1版。

续表

省份	发布时间	文件	省份	发布时间	文件
湖北	11月26日	《省人民政府关于加快发展现代职业教育的决定》（鄂政发〔2014〕51号）	湖南	8月26日	《关于加快发展现代职业教育的决定》（湘发〔2014〕18号）
吉林	11月24日	《关于加快发展吉林特色现代职业教育的实施意见》（吉发〔2014〕22号）	四川	8月14日	《四川省人民政府关于加快发展现代职业教育的实施意见》（川府发〔2014〕48号）
安徽	11月21日	《安徽省人民政府关于加快发展现代职业教育的实施意见》（皖政〔2014〕81号）	河北	7月17日	《河北省人民政府关于加快发展现代职业教育的实施意见》（冀政〔2014〕77号）
江苏	10月16日	《关于加快推进现代职业教育体系建设的实施意见》（苏政发〔2014〕109号）	广西	7月2日	《广西壮族自治区人民政府关于贯彻〈国务院关于加快发展现代职业教育的决定〉的实施意见》（桂政发〔2014〕3号）
河南	9月24日	《河南省人民政府关于加快发展现代职业教育的意见》（豫政〔2014〕75号）	上海	2月24日	《上海市教育委员会关于印发〈2014年上海市职业教育工作要点〉的通知》（沪教委职〔2014〕1号）
江西	9月16日	《关于加快发展现代职业教育的实施意见》（赣府发〔2014〕30号）	宁夏	1月10日	《自治区党委、人民政府关于加快发展现代职业教育的意见》（宁党发〔2014〕6号）

资料来源：部分省份政府网站。

（二）创新职业教育发展模式

1. 优化职业教育结构、调整发展职业教育规模

《决定》提出在招生规模上要使中等职业学校和普通高中大体相当，高等职业学校要占高等教育的一半以上，从而发挥中等职业教育的基础性作用，优化高等教育结构，使总体教育结构更加合理。到2020年，中等职业教育在校生达到2350万人，比2013年的1922.97万人增加427.03万人；

专科层次职业教育在校生达到1480万人，比2013年的776万人①增加704万人。与此同时，部分省份也制定了教育规模目标（见表2）。

表2　2014年部分省份制定的2020年职业教育规模目标

单位：万人

省份	中等职业学校（含技校）在校生	专科层次职业教育在校生	本科层次职业教育在校生	从业人员接受继续教育人数
河南	160	130		2500
甘肃	41	20	7	600
湖南	与普通高中招生规模大体相当	规模占高等教育的一半以上		
江苏	与普通高中招生规模大体相当	规模占高等教育的一半以上		
江西	80	45	达到一定规模	1200
四川	与普通高中招生规模大体相当	规模占高等教育的一半以上	达到一定规模	
河北	121.5	73	达到一定规模	1880
广西	90	42	占本科教育50%以上	1300
安徽	100	47	占本科教育40%以上	1500
青海	9	升入本科院校比例达到20%以上	规模占高等教育的一半	

资料来源：部分省份政府网站。

2. 扩大教育机构发展职业教育办学自主权

第一，扩大用人自主权。《决定》指出，要扩大职业院校在人事管理、教师评聘方面的自主权。福建省规定从行业企业招聘紧缺急需且具有丰富实践经验的高级专业技术人才担任教师，不受学历、身份等限制。②陕西咸阳规定职业学校有20%的教师编制自主权，首次将职业教育纳入县级人民政

---

① 据《2013年全国教育事业发展统计公报》数据，高职（专科）院校1321所，在校生平均规模5876人，计算出高职（专科）院校在校生人数约为776万人，教育部网站，http：//www.moe.gov.cn/publicfiles/business/htmlfiles/moe/moe_633/201407/171144.html。
② 《福建中职学校打破壁垒 招聘能工巧匠不再受限》，《人民日报》2014年1月23日，第12版。

府考核。① 第二，扩大招生自主权。2014年8月25日发布的《教育部关于开展现代学徒制试点工作的意见》（教职成〔2014〕9号）中指出各地和各级教育行政部门扩大试点院校的招生自主权。② 部分省份积极开展试点工作（见表3）。

表3 2014年部分省份扩大职业教育招生自主权措施

省份	具体措施
陕西	扩大高等职业院校自主招生试点、规模和范围[a]
河北	实行中职与普通本科"3+4"分段培养[b]
青海	试点高职院校单独招生[c]
宁夏	发布《宁夏回族自治区职业教育考试招生改革实施方案（试行）》
湖北	扩大高职院校单独招收中职毕业生范围[d]
海南	发布《海南省职业教育人才培养及招生试点项目方案》
重庆	发布《关于印发〈重庆市2014年高等职业教育单独招生试点实施办法〉》（渝教招考〔2014〕2号）

注：a.《陕西积极推进高等职业教育考试招生制度改革》，国务院新闻办公室网，http://www.scio.gov.cn/ztk/xwfb/2014/31482/dfdt31493/Document/1379890/1379890.htm。
b. 杨占苍：《中职生可升本读大学》，《中国教育报》2014年8月11日，第1版。
c.《青海7所高职院校已通过单考单招录取学生1683人》，中国教育新闻网，http://www.jyb.cn/zyjy/zyjyxw/201406/t20140611_585725.html。
d.《湖北推进技能考试为主文化考试为辅的"技能高考"》，中国政府网，http://www.gov.cn/xinwen/2014-03/04/content_2627819.htm。
资料来源：部分省份政府网站。

3. 引导普通本科高校向应用技术型高校转型

2014年130余所高校提出了试点转型的申请③，与此同时，部分省（区、市）教育部门出台配套性政策推动转型（见表4）。

---

① 《咸阳将职教纳入政府考核》，《中国教育报》2014年7月30日，第4版。
② 《现代学徒制试点开展》，《中国教育报》2014年9月30日，第1版。
③ 《教育部：130余所本科高校提出转型申请》，人民网，http://bj.people.com.cn/BIG5/n/2014/0626/c82841-21519572.html。

表4　2014年部分省（区、市）引导普通本科高校向应用技术型高校转型

地区	转型措施
广西	对1999年后升本的地方性高校开展转型发展试点[a]
陕西	发布《关于成立陕西省普通本科院校向应用技术类型院校转型发展试点工作领导小组的通知》（陕教发〔2014〕37号）
河北	10所本科高校试点转型应用技术大学[b]
湖北	部分省属本科院校试点向应用技术大学转型[c]
江苏	应用技术型高校试点大学分三类转型[d]
浙江	发布《浙江省教育厅办公室关于积极开展创建特色应用技术本科院校试点工作的通知》（浙教电传〔2014〕335号）
河南	共2批15所院校试点转型发展[e]
上海	已有19所民办高校转型民办应用技术大学[f]

注：a.《广西19所高校或转为应用型大学》，中国新闻网，http://www.chinanews.com/edu/2014/06-06/6250504.shtml。
　　b.《河北：10所本科高校将转型应用技术大学》，人民网，http://he.people.com.cn/n/2014/1106/c192235-22825260.html。
　　c.《湖北部分省属本科院校将向应用技术大学转型》，人民网，http://hb.people.com.cn/n/2014/0506/c192237-21142826.html。
　　d.谈洁：《江苏高校今年试点分类 转型面临挑战》，《南京日报》2014年4月7日，第A4版。
　　e.《河南改革热点解读：引导本科高校转型培养应用人才》，人民网，http://henan.people.com.cn/n/2014/1111/c363904-22868180.html。
　　f.《上海将扶持建设高水平民办应用技术大学》，人民网，http://scitech.people.com.cn/n/2014/1109/c1057-25998970.html。
资料来源：各省（区）教育厅、市教委网站。

4. 建立学分积累和转换制度

第一，建立学分积累制度。深圳市采用试点方式，建立"中职教育学分银行"，通过学科考试和取得技能等级证书即可获得学分。[①] 第二，建立学分转换制度。2014年4月28日，青岛市通过了《青岛市普通高中与中等职业学校教育融合贯通试点方案》（青教通字〔2014〕48号），探索实施普通高中与中等职业学校学分互认、学籍互转制度。[②]

[①]《将建"中职教育学分银行"个人只需负担一成学费》，《南方日报》2014年4月30日，第SC4版。
[②]《关于印发〈青岛市普通高中与中等职业学校教育融合贯通试点方案〉的通知》，青岛市教育局官网，http://www.qdedu.gov.cn/qdedu/9/52/54/140428033328371062.html。

（三）提高职业教育培养质量

《决定》指出要以就业为导向，使专业设置更加适应经济社会需求。第一，以市场为导向调整专业。2014年3月贵州发布《贵州省中等职业学校专业设置管理办法实施细则（试行）》，规定：连续2年招生不满50人的专业以及不能适应市场需求、就业率低下的专业要及时停办。① 第二，搭建职业教育人才培养"立交桥"。海南试点中职、高职、应用型本科贯通的多种办学模式，加强各层次职业教育在专业设置、课程、教育教学等方面的有效对接。② 第三，开展现代学徒制试点。2014年8月25日教育部颁发了《教育部关于开展现代学徒制试点工作的意见》（教职成〔2014〕9号），与此同时，各地也开展多种试点（见表5）。第四，开展"双师制"试点。试点主要分为两种模式：一是加大对在校教师的职业技能培训，湖南发布《关于促进高等职业教育改革和发展的意见》，规定投入共计约1400万元，用于支持高等职业教育师资培训等工作；③ 二是吸收行业、企业技术人员来校任教，安徽蚌埠发布《蚌埠市职业学校兼职教师管理办法》，规定职业院校可拿出不低于20%的编制用于聘用兼职教师，并且可以根据需要聘请具有特殊技能的能工巧匠、非物质文化遗产国家和省级传承人担任教师。④

表5　2014年各省市开展现代学徒制试点情况

推行部门/试点学校	现代学徒制试点情况
浙江省湖州市教育局	发布《中职学校现代学徒制试点工作实施方案》《深入开展现代学徒制"334"模式实践与研究方案》《关于深入推进现代学徒制试点工作的若干意见》，开展四种形式的试点
天津现代职业技术学院	与海鸥手表公司开展现代学徒制合作，校企联合制订多项标准、办法

---

① 《省教育厅关于印发〈贵州省中等职业学校专业设置管理办法实施细则（试行）〉的通知》，贵州省教育厅政务网，http：//www.gzsjyt.gov.cn/Item/33430.aspx。
② 《海南搭建职教人才培养"立交桥"》，《中国教育报》2014年2月24日，第1版。
③ 《长沙将建三大职教园区》，《中国教育报》2014年11月3日，第3版。
④ 《安徽蚌埠能工巧匠可到中职学校任教》，《中国教育报》2014年9月15日，第8版。

续表

推行部门/试点学校	现代学徒制试点情况
无锡商业职业技术学院	开展"职业教育现代学徒制的实践探索——高职连锁经营管理专业"项目,制订校企联合多项办法
余新市部分职业院校	设立"校企联合教研室"
浙江机电职业技术学院	面向企业招收在职员工,开展成人高等职业教育改革,实践新型职业教育模式
长春职业技术学院	实施股份制办学、校企共建办学、职教集团化办学、订单合作办学和店校一体办学等多种形式,实现校企"双主体"育人
黑龙江民族职业学院	与黑龙江大三源乳品机械有限公司签约"四大基地"建设
青岛开发区职业中专	创建"1+1+N"模式
河北唐山第一职业中专	推行"实习三段法"
陕西省电子工业学校	形成"校厂一体"人才培养模式,实行三段式育人机制

资料来源:各省市政府网站、《中国教育报》。

(四)鼓励社会参与职业教育

第一,创新民办职业教育办学模式。全国已有超过半数的省级政府以及计划单列市设立了民办教育发展专项资金。[①] 一方面现有民办职业院校尝试新的办学模式,山东试行民办职业院校非营利性认定管理。[②] 另一方面鼓励更多的企业参与职业教育办学,《决定》首次提出企业应发挥"重要办学主体作用",要"健全企业参与制度"。广东省清远职业技术学院实现了校企联合招生、联合培养,发挥了企业在办学中的主体作用。[③] 第二,公办和民办院校相互委托管理、购买服务。黑龙江省齐齐哈尔市的甘南县职教中心打破公私体制界限,和齐齐哈尔工程学院签订委托协议,由齐齐哈尔工程学院成功托管甘南县职教中心,开展了"混合所有制"下公办和民办院校委托管理的有益尝试。[④] 这种委托管理突破原有的体制、机制障碍,创建一种公

---

① 《民办职教发展也需财政有效扶持》,《中国教育报》2014年9月15日,第6版。
② 《山东试行民办职业院校非营利性认定管理》,《中国教育报》2014年1月16日,第1版。
③ 《如何调动企业参与职业教育积极性》,《中国教育报》2014年10月13日,第7版。
④ 《县级职教中心"转基因"试水》,《中国教育报》2014年7月8日,第1版。

办和社会力量共同举办职业院校的新机制,激发了职业教育发展活力。第三,发展职业教育集团化办学。从1992年第一个职业教育集团成立到2013年的78个,我国的职业教育集团数量稳步增进,在2009年达到最大数172家,现已覆盖了90%的高职院校。[1] 职业教育集团化办学实现了职业院校和行业企业之间的优势互补、资源共享、合作发展,为加快职业教育办学体制改革做出有益探索。

(五)健全法律政策支持体系

2014年政府召开全国职业教育工作会议,并制定《规划》《决定》为建设现代职业教育体系提供政策支持。自2008年就列入日程的《职业教育法》修订工作也于2014年内取得实质性进展。[2] 同时,还不断加大对职业教育办学经费的政策支持。据初步统计,2005~2013年,职业教育国家财政性经费达1.23万亿元,从职业教育财政性经费占总投入看,2013年达到74%,比2005年提高29个百分点。[3]《决定》提出要"完善经费稳定投入机制",同时,中央财政于2014年11月下拨现代职业教育质量提升计划专项资金40亿元,比2013年增长23.5%,用于支持地方改善中职学校基本办学条件,提升中等职业教育基础能力。[4] 我国职业教育经费投入总体呈逐年上升态势(见表6)。

表6 2012~2013年全国中等职业教育生均经费增长情况对比统计

单位:元,%

项目	2012年	2013年	增长率
生均公共财政预算教育事业费增长情况	7563.95	8784.64	16.14
生均公共财政预算公用经费增长情况	2977.45	3578.25	20.18

资料来源:《2013年全国教育经费执行情况统计表》。

---

[1]《职业教育集团化办学之数据报告》,中国职业技术教育网,http://www.zjchina.org/mms/shtml/247/index.shtml。
[2]《〈职业教育法〉修订工作重启》,《中国教育报》2014年9月13日,第2版。
[3]《1.23万亿助推职教发展》,《中国教育报》2014年7月1日,第3版。
[4]《中央财政40亿元支持改善中职办学条件》,《人民日报》2014年11月17日,第3版。

二 职业教育权利保障面临的挑战

（一）法律保障措施亟待完善

第一，职业教育法律措施亟待完善。《职业教育法》自1996年颁布实施以来，2008年启动修订工作直到2014年列入第十二届全国人大常委会立法规划，立法修订工作缓慢，明显落后于职业教育发展步伐。现行《职业教育法》存在诸多不足，例如：立法技术不成熟、结构不协调、程序不规范、表述不准确、执法主体不明、责任划分不清，以及缺乏对经费制度、校企合作等重要制度进行规范。第二，职业教育法律体系不完整。职业教育立法是一项系统工程，不仅需要国家立法，还需要相应的配套制度，如管办评分离制度、招生考试制度、校企合作制度、经费制度、促进职业教育公平制度、区域合作制度、服务社区制度等，以及完善立法体系，并满足现代职业教育体系建设对法治的需求。第三，促进职业教育发展制度有待落实。《职业教育法》明确规定各省（区、市）应制定本地区的职校生均经费标准，但是，该法实施了18年，只有15个省份出台了中等职业教育生均拨款标准，20个省份出台了高等职业教育生均拨款标准，部分地区的职业教育经费投入还未建立制度保障体系。①第四，公众参与职业教育立法过程较少，在制定职业教育规范性文件时未能及时、充分地向社会各界征求意见，导致法律措施的针对性、可操作性等存在一些问题。

（二）规模结构脱离市场需求

第一，教育规模不平衡。以2013年中等职业教育为例，其院校数量和学生规模都不及普通高中（见表7）。第二，区域发展不协调。东部沿海城市的职业院校数量明显多于中西部地区，例如：2014年，广东省高职院校

---

① 《1.23万亿助推职教发展》，《中国教育报》2014年7月1日，第3版。

有79所，而西藏自治区只有1所，差距很大。据《区域职业教育均衡发展》一书分析，在我国区域差距仍是影响区域职业教育均衡发展的主要原因。[①] 第三，产业布局不合理。重第二产业、第三产业，轻第一产业职业教育发展，不符合现阶段产业结构调整需求。以职业教育集团发展为例，第一产业职业教育集团有56个，第二产业职业教育集团有286个，第三产业职业教育集团有320个，职业教育集团主要以第二和第三产业为主。[②] 其中，农业职业教育的占比与国家粮食安全保障体系建设对新型职业农民的实际需求相差甚远。

表7 2013年高中阶段教育统计表

单位：万所，万人

分类	学校数	招生人数	在校生数
普通高中	1.34	822.70	2435.88
中等职业院校	1.23	674.76	1922.97
差额	0.11	147.94	512.91

资料来源：《2013年全国教育事业发展统计公报》。

（三）教师培养制度尚不成熟

主要体现在"双师型"教师培养培训制度不成熟。第一，未构建起"双师型"教师的基本配套制度体系。存在资格认定模糊、人事配套制度滞后、职称评审制度缺失、配套经费短缺等问题。第二，"双师型"教师存在全国性短缺问题。例如：广西壮族自治区职业院校的"双师型"教师占其他专任教师总数的27%，新疆喀什地区占20%。[③] 第三，教师培训未实现常态化。由于"双师型"教师培养培训制度尚未全面落实，培养培训基地

---

① 《中职教育更需要均衡发展》，《中国教育报》2012年3月23日，第8版。
② 数据来源于中国职业教育技术网，http://www.zjchina.org/upload_dir/mms/247/news/201410/48502d829f198b849cd8d73a2f944425.jpg。
③ 《职业教育如何与经济转型"对表"》，《中国教育报》2014年6月19日，第5版。

的建设没有发挥应有作用，企业、行业缺乏有效参与教师培训机制建设的途径，以致"双师型"教师培养培训目前没有形成长效机制。

（四）教学实践制度措施不力

第一，"双证书"制度不完善。学历证书和职业资格证书"双证书"制度是提升学生就业竞争力和企业市场竞争力的重要措施。现行的职业资格证书认证制度存在两大问题。一是职业资格证书类型单一，主要针对实际操作型的资格认证；职业资格证书的权威性无法保障，教育部、人力资源和社会保障部等相关部门的协调机制尚未全面建构，"证出多门"的情况时有发生。二是职业资格证书在企业招聘中未得到充分认可，使得职业资格证书的价值未得以充分体现。第二，现代学徒制不规范。一是对学徒培训的教学标准尚未实现全国统一，严重影响了学徒的培养质量；二是尚未建立起对学徒制的全程监管制度和对学徒制教学结果的评估制度，不利于学徒制的常态化发展。

（五）社会力量参与渠道不畅

职业教育发展以政府力量为主导，仍采取传统的行政指导方式；社会力量参与度不高，市场机制运行不畅，缺乏行业和企业参与办学的成熟、长效机制。具体来看，存在以下几个方面的问题。第一，民办职业教育没有获得与公办职业教育同等的地位。主要表现在相关的经费制度、财税、土地、金融等政策支持力度上。第二，民办职业教育投资形式单一。民间多以资金投入为主，而以知识、技术、管理等其他要素参与办学尚缺乏办学实践和具体政策支持。第三，企业缺乏校企合作积极性。一方面，企业用工主动性不高。职业教育的专业和课程设置与企业需求脱节，学生实际操作能力和企业用工需求相去甚远，加之学生在企业实习期间的薪酬、保险等都缺乏制度保障，导致企业用工主动性不高。另一方面，缺乏激励机制。校企合作政策多倾向于公益性质，无法给企业带来直接利润，没有形成激励机制，就不能充分调动企业的积极性。

三 促进职业教育权利保障的建议

（一）完善职业教育立法体系

第一，加快《职业教育法》的修订工作，根据职业教育发展新要求，建立动态修法机制、健全立法体系。在修订《职业教育法》时要提高立法技术，加强立法的科学性、实效性和可操作性。同时，在建立动态修法机制时，充分发挥单行立法的作用，健全职业教育法治体系。第二，地方应当进一步加强《职业教育法》的配套立法工作，尽快制定和完善相应的地方性法规和地方政府规章。第三，加强执法监督，进一步加强执法力度，形成立体、有效的监督网络，确保职业教育健康、有序地发展。

（二）合理调整专业结构需求

第一，均衡普通教育和职业教育发展，合理推进各层次职业教育建设，建立新形势下的职业教育体系，使总体教育结构更趋合理。第二，调整职业院校区域结构，加大对中西部、规模较小城市的职业院校的资金投入和政策支持力度，促使发展较慢省份尽快扩大职业教育规模，促进职业教育区域分布更加合理。第三，健全专业随产业发展的动态调整机制，推进农民继续教育工程，发展制造业、现代服务业、战略性新兴产业等领域的职业教育，以适应现阶段产业结构调整的新需求。第四，逐步健全全民终生学习制度，面向不同群体广泛开展职业教育和培训，推动成人教育改革，完善职业教育结构。

（三）完善职教教师培养制度

第一，规范"双师型"教师资格准入制度，明确任职资格；制定符合实际需求的准入标准，吸引优秀人才加入职业教育建设中。第二，规范教师职称评审制度、考核制度、激励机制，制订科学合理的考评标准，构建一支专业过硬的师资队伍。第三，健全教师动态培训机制，建立师资培训基地，发挥行业、企业在教师培训中的积极作用，帮助教师根据实际发展需求，及时更新知识结构、强化技术能力。第四，完善教师培训经费保障机制，加大经费落实力度，确保教师培训经费专款专用。

（四）健全职教教学实践制度

第一，进一步完善和落实教学实践制度。总结各地试点的成功经验，完善"双证书"制度、现代学徒制等教学实践制度；同时加强执行监督，把各项制度落到实处。第二，加强各部门的沟通、协调，重点发挥教育、人力资源社会保障等部门的牵头作用；同时，调动各相关部门的力量推动职业教育工作，形成职业教育发展合力。第三，积极发挥政府的引导作用，加强政府的宏观调控、规范管理和监督指导，推动职业教育各项教学实践制度逐步完善。

（五）鼓励社会力量参与教育

鼓励社会力量广泛参与，为职业教育发展注入新活力。第一，确立民办职业教育和公办职业教育平等的法律地位，从制度和政策上加大支持力度，鼓励多元主体以资本、知识、技术、管理等要素参与办学，积极探索多种形式的民办职业教育。第二，完善校企合作机制。一方面职业教育要以市场为导向，调整教学目标、课程设置，争取实现专业与需求、课程与职业标准、教学与生产"三对接"，为经济发展提供合格的职业技术人才；另一方面，探索建立激励措施，不断引导企业积极参与职业教育发展，实现校企双赢。

B.8 大气污染治理与健康权利保障

张明涛[*]

摘　要： 2014年，我国从修订法律、开展执法检查、制定《大气污染防治行动计划》配套文件、加强信息公开和公众参与、区域协作、转变发展方式和建立环境资源审判庭等七方面开展工作，形成立法、行政和司法三部门合力推进大气污染治理，改善空气质量，多方面促进公众健康权益保障的工作格局。但是，我国大气污染治理工作开展与人民群众改善空气质量的要求还有一定的差距，需要从强化大气污染治理社会责任，理顺环境管理体制，进一步加强环境信息公开、推动公众参与，完善大气污染防治区域协作机制和加强大气污染风险管理及损害救济等五方面改进现有治理体系，促进对公众健康权益的保护。

关键词： 大气污染治理　健康权利　法律保障

近年来，随着雾霾天气大范围、长时间地出现，我国大气污染的严重性及危害性逐渐为人们所重视。大气污染特别是日益严重的雾霾天气与肺癌之间的正向关联性，目前已得到国内外诸多专家和权威组织的证实。[①]《2013

---

[*] 张明涛，四川大学法学院博士研究生，商丘师范学院法学院讲师，研究方向为人权法、环境保护法。

[①] 张乐、黄筱：《我国或成世界第一肺癌大国》，《经济参考报》2014年12月12日，第A7版。

年中国肿瘤登记年报》显示，肺癌已经成为我国发病率与死亡率最高的疾病。世界卫生组织已于2013年将"室外空气污染"列为一类致癌物，并将它视为迄今"最广泛传播的致癌物"，因此当前以PM2.5为主的空气污染已成为肺癌高发的最重要诱因。①

因此，《国家人权行动计划（2012－2015年）》把加强大气污染治理作为全面推进我国人权事业发展的重要措施，明确提出：加强环境保护，着力解决大气污染等关系民生的突出环境问题，更有效地保障全体社会成员的健康权利、环境权利，使发展成果更好地惠及全体人民。

一 治理大气污染保障公民健康权利的新进展

2013年，国务院发布《大气污染防治行动计划》（以下简称"大气十条"），提出了五年奋斗目标："经过五年努力，全国空气质量总体改善，重污染天气较大幅度减少。"2014年，我国政府以改善空气质量为目标，以保障人民群众身体健康为出发点，实施了一系列行之有效的措施，较好地治理了大气污染，从不同方面促进了公民健康权利保障工作的开展。

（一）完善环境保护法律，建立健全环境保护法律制度

2014年4月24日，新《环境保护法》颁布，其重要意义在于建立健全了相关法律制度，从制度层面及可操作性方面保障了"防治污染和其他公害，保障公众健康"立法目的的实现。第一，明确"环境保护坚持保护优先、预防为主、综合治理、公众参与、损害担责的原则"。第二，完善政府环境保护责任。② 第三，建立跨行政区域环境污染和生态破坏联合防治协调机制。第四，加强环境信息公开和公众参与，特别是建立环境公益诉讼制

---

① 《〈2013年中国肿瘤登记年报〉主要内容解读》，上海市12320卫生热线服务网，http://www.hs.sh.cn/12320/b/79130.shtml。
② 2014年新《环境保护法》将原法律中关于政府责任的数条规定扩展增加为"第二章 监督管理"，共计15条，进一步强化和完善了政府的环境保护职责。

度。第五，增加环境保护执法权，加大环境执法处罚力度。与此同时，为解决《大气污染防治法》不能满足新形势下大气污染治理工作需要的现状，全国人大常委会将其修改列入2014年立法计划。2014年12月30日，全国人大常委会就《大气污染防治法（修订草案）》开始公开征求意见。

此外，为满足人民群众改善空气质量的新期待，部分地区颁布更为严格的大气污染治理地方性法规或发布法规（修订）草案，如：2014年1月22日，北京市人大颁布《北京市大气污染防治条例》；2014年4月30日，江苏省人民政府公布《江苏省大气污染防治条例（草案）（征求意见稿）》。

（二）开展执法检查，加强大气污染防治法律实施监督

2014年5～9月，全国人大常委会执法检查组对10个省（市）进行了《大气污染防治法》实施情况检查，并于10月29日发布《全国人民代表大会常务委员会执法检查组关于检查〈中华人民共和国大气污染防治法〉实施情况的报告》。检查组检查了京津冀及周边、长三角、珠三角等大气污染防治重点区域，同时还委托其他省（区、市）人大常委会对本行政区域的大气污染防治情况进行检查。这次检查的重点是，各地各部门在落实大气污染防治主要法律制度、依法加强大气污染防治监管、推动大气污染综合治理、改善大气环境质量等方面采取的措施和存在的主要问题，以及对修改完善《大气污染防治法》的意见和建议。[①] 与此同时，部分省（自治区、直辖市）、市人大及其常委会执法检查组也积极开展本区域内的大气污染防治法律法规实施情况检查。

（三）积极制定配套政策性文件，有效落实"大气十条"

2014年以来，国务院、相关部委和各级政府积极制定配套规范性文件，

---

① 《全国人民代表大会常务委员会执法检查组关于检查〈中华人民共和国大气污染防治法〉实施情况的报告》。

有效落实"大气十条",保障大气污染治理目标的顺利实现。

2014年4月30日,国务院发布《大气污染防治行动计划实施情况考核办法(试行)》(以下简称《考核办法》),严格落实大气污染防治工作责任,加大问责力度;5月19日,发布《2014-2015年节能减排低碳发展行动方案》(以下简称《节能减排方案》),提出2014~2015年主要污染物排放总量减少目标及具体措施。7月18日,环境保护部等六部委、局发布《大气污染防治行动计划实施情况考核办法(试行)实施细则》(以下简称《考核细则》),明晰和量化"大气十条"考核要求,落实考核工作。

为认真落实"大气十条",截至2014年5月,全国除港澳台以外的31个省级行政单位都结合本行政区域经济社会发展状况和大气污染的具体情况,制定了"大气十条"实施方案或细则,有力地推动了"大气十条"的具体实施。与此同时,部分市级政府也制定了相应的方案或实施细则。

(四)转变发展方式,贯彻环境保护优先原则

各级政府积极转变发展方式,打破GDP至上观念,摆正经济发展与环境保护的关系,更加准确地把握发展内涵,在经济发展中认真贯彻环境保护优先原则。

首先,淘汰落后产能,优化经济结构。2014年以来,地方各级政府认真落实"大气十条",针对钢铁、水泥、电解铝、平板玻璃等21个重点行业,多举措遏制企业盲目扩张,引导其行业退出、产业升级。例如,河北省制定"6643工程",2014年1~10月,共压减炼铁产能1202万吨、炼钢产能977万吨、水泥产能2863万吨、平板玻璃产能2286万标准重量箱。① 此外,2014年11月16日,环境保护部发布《长三角地区重点行业大气污染限期治理方案》,推进重点区域重点行业大气污染治理工作。

其次,调整能源结构,发展清洁能源。2014年3月24日,国家发展和

---

① 《河北重拳治霾压产能》,《人民日报》2014年11月5日,第4版。其中"6643工程"指,河北省计划2017年前,压减产能钢铁6000万吨、水泥6000万吨、煤炭4000万吨、平板玻璃3000万标准重量箱。

改革委员会、国家能源局和环境保护部联合发布《能源行业加强大气污染防治工作方案》，提出：到2017年，实现非化石能源消费比重提高到13%、天然气消费比重提高到9%以上、煤炭消费比重降至65%以下的目标，要求各级政府及有关能源企业加快重点污染源治理，着力保障清洁能源供应，显著降低能源生产和使用对大气环境的负面影响。

最后，完善制度标准，加大治理力度。环境保护部制定并会同国家质检总局发布《锅炉大气污染物排放标准》、《生活垃圾焚烧污染控制标准》、《锡、锑、汞工业污染物排放标准》和《非道路移动机械用柴油机排气污染物排放限值及测量方法（中国第三、四阶段）》4项大气污染物排放新国家标准，"倒逼"企业产业转型升级，促进环境空气质量改善；环境保护部等三部委联合发布《关于调整排污费征收标准等有关问题的通知》，提高排污费征收标准，建立约束激励机制；财政部、国家税务总局联合发布《关于提高成品油消费税的通知》，减少污染物排放，加快推进能源生产和消费方式变革。

（五）加强环境信息公开，推进公众参与

除修改《环境保护法》完善环境信息公开和公众参与制度外，2014年，我国还加大大气污染信息公开力度。第一，实时发布161个地级以上城市884个国控监测站点6项污染物监测数据和空气质量指数（AQI）值。① 第二，全文公开建设项目环境影响报告书、环境影响评价批复文件和竣工环境保护验收批复文件，公开建设单位或地方政府做出的环境保护措施承诺文件，在全国环保部门实行环评受理、审批和验收全过程公开。② 第三，发布《2013年中国环境状况公报》和《2013年度全国主要污染物总量减排考核公告》。为配合环境保护部工作，地方各级环境保护部门也逐步加强环境信息公开。

2014年5月22日，环境保护部发布《关于推进环境保护公众参与的指

---

① 《环境保护部政府信息公开工作2013年度报告》。
② 《建设项目环境影响评价政府信息公开指南（试行）》。

导意见》。该《意见》指出,大力推进环境法规和政策制定、环境决策、环境监督、环境影响评价和环境宣传教育中的公众参与,并从加强组织领导、开展业务培训和完善相关制度三方面加强保障措施。

(六)开展区域联动协调,协同防治大气污染

京津冀及周边地区、长三角和珠三角地区以区域联动协调为大气污染防治新突破口,协力进行大气污染治理。

首先,开展区域大气污染协同防治立法。2014年7月25日,上海市人大常委会发布《上海市大气污染防治条例》,确立大气污染防治区域联动原则,专章"第六章 长三角区域大气污染防治协作"规定,上海与长三角区域相关省建立大气污染防治协调合作机制,并对协调机制具体内容做出相关规定。

其次,发布规范性文件,指导大气污染协同防治。京津冀及周边地区和长三角地区发布《京津冀及周边地区大气污染联防联控2014年重点工作》、《长三角区域落实大气污染防治行动计划实施细则》和《长三角区域大气污染防治协作2014年工作重点》,加强大气污染防治工作指导。①

再次,积极建设大气污染协同防治机制。京津冀及周边地区搭建空气质量预报预警平台,建立区域空气重污染预警会商机制、区域重污染预警信息发布与应急响应机制。② 珠三角地区建设大气重污染监测预警系统、空气质量预报预警系统和空气质量监测与预报预警业务平台。③

最后,开展区域联动执法。京津冀及周边区域对区域空气质量影响明显的秸秆露天焚烧、燃煤电厂与重点工业企业等,优先开展区域联动执法、同步执法行动,对违法行为形成区域性的高压打击态势。④

---

① 因珠三角地区行政区划上隶属广东省,故该区域并未发布专门的大气污染协同防治方面的文件,而是在《广东省大气污染防治行动方案(2014-2017年)》中对珠三角地区的大气污染防治工作进行具体规定。
② 《京津冀理出联防联控头绪》,《中国环境报》2014年4月16日,第3版。
③ 《大胆探索雾霾治理"广东经验"》,《南方日报》2014年3月5日,第A4版。
④ 《京津冀理出联防联控头绪》,《中国环境报》2014年4月16日,第3版。

（七）最高人民法院建立环境资源审判庭，完善环境司法保障制度

2014年7月3日，最高人民法院设立环境资源审判法庭，改变了以往最高人民法院审理、审查或指导涉及大气污染的民事侵权案件由民事审判庭负责的状况，增强了大气污染侵权纠纷案件审理的专业性，并对地方各级人民法院设立环境资源审判法庭起到了良好的引导作用。同时，发布《最高人民法院关于全面加强环境资源审判工作为推进生态文明建设提供有力司法保障的意见》（以下简称《环境审判意见》）。《环境审判意见》有力地回应了人民群众对环境司法的新期待，对全国范围内大气污染案件的审判起到了极大的推动和指导作用，切实维护了人民群众的健康权益。

二 治理大气污染保障公民健康权利所面临的主要问题

（一）大气污染治理社会责任缺失

当前我国经济发展与环境资源之间的矛盾日趋严重。企业作为最重要的市场经济主体，必须承担相应的环境保护社会责任。然而，环境污染事件的频发，折射了我国企业社会责任的缺失。

首先，企业环境社会责任意识淡薄。企业经营仍以追求利润最大化为目标，对社会责任认识不足，忽视环保投入，环境污染治理水平偏低。例如，在2011年哈药总厂污染物排放事件中，哈药股份2010年广告费用达到5.4亿元，而环保投入仅1960万元，是广告投入的1/27，迟迟解决不了困扰周围居民多年的污染问题。根据《首届中国上市公司环境责任信息披露评价报告（2012）》，在沪深交易所上市的公司共2000多家，其中617家发布了社会责任报告，仅18家公布环境责任报告。[1] 承担环境责任还未纳入绝大

---

[1] 《我国仅1/10上市公司发布环境责任报告》，《科技日报》2013年12月1日，第3版。

部分企业治理范围，特别是，部分国有垄断企业没有承担与其经济能力和地位相匹配的环境社会责任，体现其全民所有制经济属性，更好地服务于社会，而是消极放任环境污染。

其次，企业环境社会责任法律规范不健全。尽管对社会责任的认识越来越深入，但是企业逃避社会责任的现象仍然极为普遍，这其中极为重要的原因是，缺乏法律规范约束。除《公司法》第5条明确规定公司承担社会责任外，1989年《环境保护法》和新修订的《环境保护法》及《大气污染防治法》均未有具体条款涉及。我国企业环境社会责任履行处于无法可依状态，其履行仍然处于道德、自觉层面，不能满足新时期环境治理的需要。

最后，政府监管不到位。政府是社会公共利益的代表者，应当承担监督企业社会责任履行的职责。而实践中，地方政府往往以牺牲环境为代价换取经济发展，坚持"先污染后治理"、"边污染边治理"的错误思想，默许企业污染环境，环境保护监管流于形式。地方政府对环境污染放任的态度助长了企业污染行为，对企业环境社会责任履行起到了"负激励"作用。

与此同时，作为一切生产的最终消费者的社会公众在环境社会责任的承担中也发挥着重要的作用。虽然经历了环保意识的觉醒，但是，总体而言我国公民的环境社会责任感有待加强。现阶段，社会公众既是很多大气污染问题的受害者，但同时也是其制造者。社会公众在日常社会生活中还未深入贯彻环保理念，认识到自身在大气污染问题中所扮演的多重角色，形成"同呼吸，共奋斗"的氛围，把环境保护内化为一种生活方式。

（二）环境管理体制不畅，治理责任落实不到位

我国在大气污染治理方面开展了大量工作，但是整体形势未见明显好转，这其中的重要原因在于环境管理体制不畅，治理责任难以得到有效落实。

首先，地方保护主义严重，地方环保部门屡受质疑。根据我国法律规定，地方环保部门属于本级政府的一个组成部门，其厅（局）长由本级政府任命并对其负责，经费开支列入本级政府财政预算。由于我国处于社会主

义初级阶段的特殊国情等原因，地方政府唯 GDP 至上，把发展经济和环境保护对立起来。基层环保部门执法能力薄弱，执法行为受制于地方各级政府，致使法律法规难以得到真正实施，严重削弱了环保监管力度。地方政府沦为环境污染的"保护伞"，基层环保部门甚至充当了地方保护主义的"开路先锋"，其公信力屡受质疑。

其次，大气污染监督管理体制不能满足治理需要。我国大气污染防治实施的是统一监督管理与分级、分部门监督管理相结合的体制。统管部门（环保部门）与分管部门（承担相应环保责任的其他部门）之间分工尚不具体，存在职责交叉等问题，不能满足新时期大气污染治理的需要。据有关部门统计，《大气污染防治法》规定的 52 项管理职能中，有 20 项没有明确管理部门。有的管理职能存在交叉情况，比如，机动车管理职能涉及环保、公安、工业、交通、质检等 13 个部门，部门间未能有效协调联动。①

最后，地方政府对大气质量负责制缺少追责机制。《大气污染防治法》规定地方各级人民政府对本辖区的大气环境质量负责，但在法律中对政府多授权，而责任性的规定较少且简单、原则，缺少对政府的问责机制，罕见政府或环保部门负责人因大气污染而被问责。《考核办法》更多将考核结果与经济发展挂钩，对地方各级政府负责人的约束仅限于"约谈"。新修订《环境保护法》虽然规定，国家实行环境保护目标责任制和考核评价制度，把环境保护目标完成情况列入考核并作为考核评价的重要内容，但是规定过于原则，且缺乏法律责任规定。②

（三）环境信息公开困难重重，公众参与有待进一步推进

首先，政府环境信息公开范围十分有限。我国政府环境信息公开以限定

---

① 《全国人民代表大会常务委员会执法检查组关于检查〈中华人民共和国大气污染防治法〉实施情况的报告》。
② 新修订的《环境保护法》完善了政府的环境保护职责，但其法律责任的规定仍过于简单及有限，仅第68条规定，地方各级人民政府、县级以上人民政府环境保护主管部门和其他负有环境保护监督管理职责的部门有该条列举的9种行为之一的，对直接负责的主管人员和其他直接责任人员进行行政处分。

性公开为原则，主动公开与申请公开相结合。《环境信息公开办法（试行）》第11条列举了17项环保部门应当主动公开的环境信息，但规定公开范围有限且过于简单、原则。同时，对政府信息公开行为及范围进行了严格限制："不得公开涉及国家秘密、商业秘密、个人隐私的政府环境信息"①，"环保部门公开政府环境信息，不得危及国家安全、公共安全、经济安全和社会稳定"②。受制于《保守国家秘密法》对保密范围的规定过于宽泛、缺乏对商业秘密范围的法律界定及维护安全和稳定的需要，我国本来十分有限的政府环境信息公开范围受到行政权自由裁量的严重影响。对于政府环境信息申请公开，不仅要受限于上述限制，还必须是基于申请者"自身生产、生活、科研等特殊需要"③。

其次，企业环境信息公开以自愿为主，缺乏强制性规定。《环境信息公开办法（试行）》对企业环境信息公开采取"鼓励企业自愿公开"原则，只要求超标排放或超控制总量排放的严重污染企业向社会公开4类环境信息。新修订的《环境保护法》也仅要求重点排污单位向社会公开5类环境信息。④

再次，环境信息公开阻力重重。我国长期以来的传统行政方式，造成政府官员"不想公开""不愿公开"环境信息；考虑发展经济的需要，"不愿公开"；部分地区，由于环境监测水平较低、数据掌握不准确，"不敢公开"；有些官员担心信息公开后会暴露一些问题，"不会公开"。⑤ 企业方面往往顾忌社会、市场负面影响及潜在的法律责任风险，"不愿公开"。

最后，司法救济难以有效保障公众的信息知情权。我国相关法律对政府环境信息公开范围及内容的界定过于笼统、简单，虽然《政府信息公开条例》和《最高人民法院关于审理政府信息公开行政案件若干问题的规定》

---

① 《环境信息公开办法（试行）》第12条第3款。
② 《环境信息公开办法（试行）》第10条。
③ 《政府信息公开条例》第13条。
④ 《环境保护法》第55条。
⑤ 杜悦英：《环境信息公开蹒跚前行》，《财经国家周刊》2012年第8期。

规定，公民、法人或者其他组织认为政府信息公开工作中的具体行政行为侵犯其合法权益，可以依法提起行政诉讼，但实践效果并不乐观。根据《环境保护部年度政府信息公开工作报告》统计，2009～2013年因政府环境信息公开分别提起行政诉讼0件、0件、14件、3件和1件。

与此同时，我国环境保护公众参与也有待进一步推进。《宪法》和《环境保护法》赋予了公众参与环境保护事务的权利。但长期以来，我国环境保护事业一直以政府行政力量主导为主，公众参与的重要性未被充分重视。迄今为止，具有明确法律内容和程序的主要是环境影响评价中的公众参与制度，其他的关于公众参与的规定缺乏参与程序及保障等内容，操作性不强，公众参与权及监督权等难以得到真正落实。

（四）大气污染防治协作机制有待完善

以行政区划为单位的传统立法已经不能有效解决区域大气污染防治问题。"大气十条"发布以来，京津冀及周边地区、长三角和珠三角地区陆续开始探索建立适合本区域的大气污染防治协作机制。但由于受地方利益等诸多因素影响，大气污染防治协作机制建立面临诸多困难。

首先，大气污染防治协作法律规范尚未破题。现行《环境保护法》规定，跨行政区域的环境污染防治工作，由有关地方人民政府协商或上级人民政府协调解决。《大气污染防治法》只规定了大气污染物总量控制制度，对大气污染防治协作机制并未做规定。新修订的《环境保护法》提出，建立跨行政区域的重点区域、流域环境污染和生态破坏联合防治协调机制。在跨行政区域横向联合治理方面还是空白，区域大气污染联防联控法律规范尚未破题。①

其次，大气污染防治协作工作重任务分解，轻制度建设。三大区域已发布大气污染防治协作规范性文件，但主要内容侧重治理任务分解落实，协作

---

① 席锋宇：《建立大气污染严重区域治理联防联控机制成共识》，《法制日报》2014年5月20日，第3版。

制度构建方面规定得比较原则、简单，难以有效满足工作开展需要。已开展的制度建设工作，也主要集中在协调机构建设及信息发布、共享平台等方面，而协同工作所必需的法规对接、标准统一等内容还未触及实质。

最后，利益协调机制缺位。大气污染防治协作涉及不同地区及诸多行业。各地经济发展水平和环境容量不同、经济产业结构各异，其所处污染接收与输出的地位不一样，如果没有相对公平有效的利益协调机制，各主体自然就没有合作的意愿和动因。[①]"大气十条"发布以来，我国进行的大气污染防治协作机制探索更多是基于大气污染的严重性、关联性和行政命令而展开的，缺乏相应的利益协调和权责分配的机制。

（五）大气污染风险预防及损害救济不足

有别于传统损害，大气污染属于间接损害，其损害后果具有潜伏性、广泛性。大气污染治理具有长期性，治理污染源，改善空气质量，可以改善生活环境和生态环境，促进公众健康权利的保障；但是，对现存大气污染损害风险的预防及已经发生损害的救济同样也是保障公众健康权利的重要措施。

当前，我国大气污染治理工作主要以可吸入颗粒物（PM10）、细颗粒物（PM2.5）为治理突破口，实现空气质量改善，并围绕这一目标展开制度设计，而对大气污染风险预防及损害救济则重视不够。大气污染风险预防手段过于单一，仅限于重污染天气启动应急措施[②]；大气污染损害缺乏必要救济途径，我国现阶段的损害救济以传统侵权损害为主，对于大气污染这种新型公害损害救济则缺乏相应法律规定。对于大气污染与公众健康损害之间的关联性，还缺乏深入研究和科学认识，这为我们在制度上保障公众健康权利带来了诸多困难。

[①] 万薇、张世秋、邹文博：《中国区域环境管理机制探讨》，《北京大学学报》（自然科学版）2010年第3期。

[②] 《大气污染防治法》第六章和《环境保护法》第47条。

三　加强大气污染治理保障公民健康权利的对策建议

针对我国大气污染治理现状及存在问题，应当从以下五方面加强大气污染治理，改善空气质量，促进社会公众健康权保障。

（一）完善配套制度，强化大气污染治理社会责任

一方面，强化企业环境社会责任。强化企业环境社会责任，应主要从以下三方面着手。第一，增强企业环境社会责任意识。企业经营者应充分认识到，环境保护是企业社会责任的重要内容，社会责任承担既是企业的义务，也是企业与社会的"双赢"，企业的健康持续发展有赖于社会责任的承担。国有企业应承担与其经济实力及地位相适应的环境社会责任，努力成为全社会企业的榜样。第二，健全企业环境社会责任法律法规。加强企业环境社会责任立法是治理环境污染的重要措施，立法要结合目前经济发展状况和环境污染现状，既要保障社会公共利益，又要兼顾企业利益，既要有强制性规定，明确企业义务，又要通过各种激励措施鼓励企业主动、积极承担社会责任。第三，加强企业社会责任履行监督机制。地方各级政府应认真履行公共利益代表人职责，加强对企业履行环境社会职责的监管；鼓励社会公众通过各种途径开展监督，提高监督效率，弥补政府监督盲区。

另一方面，社会公众应树立低碳理念，转变生活方式。社会公众应提高环保意识，养成绿色、低碳消费习惯，不使用污染重、能耗大、过度包装产品；厉行节约，节俭消费，循环利用物品；选择公共交通等绿色出行方式；积极参加绿色公益活动等。社会公众应从身边点滴小事做起，努力养成环保的生活方式，承担与自身能力相适应的环境社会责任。

（二）理顺管理体制，有效落实政府监管责任

首先，逐步建立环保部门垂直管理机制。树立环保执法公信力，避免环境保护中的地方保护主义比较有效的方式是建立环保部门的中央垂直管理机

制，实现地方环保机构在人财物方面"去地方化"。环保部门垂直化管理探索可以从以下两方面着手：一方面，推行环保部门省（自治区、直辖市）内垂直化管理；另一方面，加强环保区域派出机构能力建设。① 通过两方面的实践探索，逐步实现环保部门的中央垂直管理。进行垂直化管理探索的同时，短期内，严格执法，加强执法能力建设。加强大气污染重点行业、企业监管，依法严惩超标排污、偷排偷放、监测数据弄虚作假等违法行为②，加大企业违法成本。

其次，完善大气污染防治监督管理体制。遵循大气污染防治规律，以完善政府治理结构为出发点，科学、有效划分政府各部门大气污染防治职能，改"条块分割"为"协同执法"，实现大气污染防治执法的"无缝对接"，避免权责脱节。

最后，完善考核评价机制，推行环保问责。修改《大气污染防治法》，将大气污染防治工作完成情况纳入对本级人民政府负有环境保护监督管理职责的部门及其负责人和下级人民政府及其负责人的考核内容，作为对其考核评价的重要依据。将考核结果作为领导干部政绩、评定年度考核等级以及干部选拔任用和奖惩等方面的重要依据，把环保与工作业绩和个人升迁奖惩挂钩，切实实行"环保一票否决制"。③

（三）加强环境信息公开，推动公众参与

一方面，加强环境信息公开。第一，确立"公开为主，不公开为例外"的政府信息公开原则，扩大信息公开范围。第二，严格限制行政权对政府环境信息公开的不合理干涉。准确界定国家秘密和商业秘密范围，合理把握安全与稳定标准，避免政府自由裁量信息公开范围。第三，加强公众环境知情

---

① 《地方环保屡遭质疑中央管理呼声再起 专家呼吁加强执法力度》，中国广播网，http://china.cnr.cn/yaowen/201302/t20130220_511990856_1.shtml。
② 《全国人民代表大会常务委员会执法检查组关于检查〈中华人民共和国大气污染防治法〉实施情况的报告》。
③ 刘晓星：《政府环境责任如何化虚为实？》，《中国环境报》2013年8月22日，第3版。

权司法保障。第四，扩大强制公开环境信息企业范围及信息种类。

另一方面，推动公众参与。第一，拓宽公众参与范围。改变公众参与层次较低、范围有限的现状，重点加强法律法规制定、环境决策、环境监督、环境影响评价等方面的公众参与。第二，扶持环保社会组织。简化环保社会组织管理，支持环保组织开展公益活动，鼓励其为环保工作建言献策。第三，完善公众参与法律保障。修改、制定法律，明确公众参与的范围、内容、方式和程序，加强公众参与的司法保障。

（四）完善大气污染防治协作机制，统筹区域环境治理

一方面，加强区域大气污染防治立法。为克服全国性和地方性大气污染防治立法的不足，修改《大气污染防治法》，增加区域大气污染防治协作机制内容：加强大气污染防治协作机制组织机构建设；实现区域内地方性法规和规章对接；统一空气质量标准，统一污染物排放标准，统一产业准入标准，统一大气污染防治规划，统一防治措施；建立应急预警联动、信息共享、环评会商等方面的合作机制。[1] 另一方面，明确责任，协调利益。大气生态价值具有外溢性，但经济利益具有一定的地域性，为提高区域内各行政区域参与大气污染防治的积极性，根据其对大气污染产生责任的大小区别承担责任，同时对其为完成空气质量目标所承担的减排任务予以一定补偿，以体现大气质量改善所带来的外溢性价值。

（五）加强大气污染风险管理，实现大气污染损害救济社会化

首先，建立健全环境与健康监测制度。改变现阶段环境监测与疾病监测分离的状况，整合环境监测与疾病监测力量，完善监测内容，统一监测方法和技术规范，实现环境与健康动态监管，为环境健康管理提供数据支持。其次，积极开展环境质量对公众健康影响的研究，改变当前我国对大气污染与

---

[1] 席锋宇：《建立大气污染严重区域治理联防联控机制成共识》，《法制日报》2014年5月20日，第3版。

公众健康的关联性缺乏科学认识的现状，为预防和控制与大气污染有关的疾病及法律保障公众健康权利提供科学支持。最后，建立环境健康损害赔偿制度，切实保障公众健康。大气污染是现代工业发展过程中不可避免的结果，其影响范围广、时间长，为实现对受害人及时、合理的救济，应建立环境健康损害赔偿制度，实现救济责任的多元化、社会化，合理分担救济责任，构建企业、政府与社会共同负责的机制。

B.9
环境权司法保障的进展与展望

唐颖侠*

摘　要： 近年来日益严重的环境污染和生态破坏影响了公民环境权的实现，成为关乎每一个社会成员的生命健康和财产利益的社会热点问题。公民环境权益保障是中国两期《国家人权行动计划》中明确提及的人权保护领域，也是2014年新修订的《环境保护法》中增加的重要内容。在2014年我国环境法治所取得的巨大成就中，以完善环境公益诉讼为核心的环境司法保障的加强毋庸置疑是其中最引人瞩目的焦点之一。《环境保护法》经历四审获得通过，最终写入环境公益诉讼制度。最高人民法院设立环境资源审判庭，各地环保法庭大量涌现，环境审判更加专业化。最高人民法院发布司法解释和典型案例，指引地方环境审判，提高环境权司法保障的水平。

关键词： 环境权　司法保障　环境公益诉讼　环保法庭

一　司法救济是公民环境权实现的程序保障

随着我国经济高速发展过程中日益严重的环境污染和生态破坏，各地频

---

* 唐颖侠，法学博士，南开大学法学院副教授，南开大学人权研究中心（国家人权教育与培训基地）副主任，主要研究方向为国际法、人权法、能源与气候变化法。

发的环境事件逐渐成为公众普遍关注的社会焦点。从学理上说，对何为"良好的、健康的"环境权下一个准确的定义并非易事，不同学科背景下环境权的内涵与外延通常各有侧重。尽管实体性环境权至今仍是一个众说纷纭、边界模糊的概念，但至少从程序的角度保障公民环境权益日益得到国际社会和多数国家的法律和规范性文件的认可。[①] 程序性环境权包括公民依法享有获取和知悉环境信息的权利、参与环境管理和决策过程并对环境损害享有请求司法救济的权利。这几项程序性权利之间是有前后相依的逻辑关系的，其中环境信息知情权是行使其他各项环境权利的基础和前提，环境决策参与权是环境民主原则的体现，能有效弥补市场调节和国家干预的不足。当环境污染所造成的侵权事实和损害后果已经发生时，司法救济将成为保障环境权实现的最后一道防线。因此，环境权的司法保障具有事后救助性、终局性、权威性的特点。

保障公民环境权益是我国两期《国家人权行动计划》中明确规定的内容，也是作为国家重要发展战略的生态文明建设的出发点与归宿。然而，长期以来，相对于日益增多的环境污染事件数量而言，进入司法程序得到救济的案例却很少，可谓屈指可数。究其原因，落后的环境司法制度难辞其咎。就曾被寄予厚望的地方法院创新之举——环保法庭来说，多数处于长期无人问津的冷清境遇，多地甚至出现了"零公益诉讼"的尴尬局面。[②] 长久以来，困扰公民寻求环境司法救济的原因主要是缺乏明确的法律规定和制度保障，环境污染诉讼原告主体资格受限、环保法庭的管辖范围难以确定等。2014年万众瞩目的《环境保护法》修订后对环境公益诉讼做出了较为明确的规定，随后最高人民法院颁发一系列司法解释和文件，强化环境审判规则和效率，尤其是在最高人民法院内设环境资源审判庭、发布典型环境资源审判案例等举措，开启了我国环境权司法保障的元年。

[①] 不同的学术争议详见唐颖侠《国际法视野下的环境与人权》，载中国人权研究会编《科技、环境与人权》，五洲传播出版社，2013。

[②] 唐颖侠：《生态文明建设中公民环境权益保护的进展》，载李君如主编《中国人权事业发展报告 No.4（2014）》，社会科学文献出版社，2014。

二 2014年环境权司法保障的主要进展

(一)新修订的《环境保护法》对环境公益诉讼的具体化

我国的环境公益诉讼制度的建立和发展具有政策先行,通过实践积累经验并逐步形成具有可操作性的法律制度的特点。早在2005年由国务院发布的《国务院关于落实科学发展观加强环境保护的决定》中就有"研究建立环境民事和行政公诉制度"的规定,并提出"发挥社会组织的作用,鼓励检举和揭发各种环境违法行为,推动环境公益诉讼"。[①] 2013年1月1日开始实施的《民事诉讼法》中新增"公益诉讼"的规定:"对污染环境、侵害众多消费者合法权益等损害社会公共利益的行为,法律规定的机关和有关组织可以向人民法院提出诉讼。"新《民事诉讼法》突破了旧法中关于原告必须是"直接利害关系人"的主体资格限制,使得公益诉讼具有了法理上的可能性。然而,新《民事诉讼法》中对原告诉讼主体资格的规定并不明确,以致实践中环保组织提起环境公益诉讼频频遭遇立案难题。据统计,全国环境公益诉讼案件在2000~2013年的14年间仅有约50件,且绝大部分原告是行政机关和检察机关,由环保组织提起的公益诉讼案件极其少见。目前资料显示只有4家组织(中华环保联合会、自然之友、贵阳公众环境教育中心和重庆市绿色志愿者联合会)以原告的身份提起过公益诉讼,在全国7000多家环保组织中仅占万分之五的份额。[②]

因此,如何界定环境公益诉讼的主体资格是《环境保护法》修订过程中被公众关注和热议的问题。《环境保护法》修正案草案经历了自2012年8月至2014年4月的4次重大审议。每一次审议过程中关于环境公益诉讼的

[①] 《国务院关于落实科学发展观加强环境保护的决定》,中国政府网,http://www.gov.cn/zwgk/2005-12/13/content_125736.htm。

[②] 参见刘毅《环境公益诉讼,破冰之后迎来春天?》,《人民日报》2015年1月17日。

规定都引发热议，同时也是变化最大的。原本草案一审稿中并未规定的环境公益诉讼制度在社会各界的普遍关注和广泛批评下被纳入议题范围，随后的二审稿中规定：对污染环境、破坏生态、损害社会公共利益的行为，中华环保联合会以及在省、自治区、直辖市设立的环保联合会可以向人民法院提起诉讼。此时，环境公益诉讼的主体资格规定得较窄，仅被限制为由环境保护部主管的中华环保联合会和各地的环保联合会。在公开征询过程中，媒体、专家和公众再次高度关注和质疑诉讼主体范围过窄的问题，继而在草案三审稿中对环境公益诉讼主体的规定做出了相应的修改："对污染环境、破坏生态、损害社会公共利益的行为，依法在国务院民政部门登记，专门从事环境保护公益活动连续5年以上且信誉良好的全国性社会组织可以向人民法院提起诉讼"。[①] 不过，能够满足此条件的社会组织数量仍然不多。最后，在修正案四审过程中全国人大常委会充分吸收了社会各界的意见，进一步扩大了环境公益诉讼的主体范围，在《环境保护法》第58条中明确规定了提起环境公益诉讼的社会组织需要符合两个条件[②]。环境公益诉讼被纳入环境司法保护的全过程完整地诠释了程序性环境权利的实现路径，即通过环境立法信息公开和充分广泛的公众参与，最终为环境污染损害的司法救济明确了法律依据。

新《环境保护法》对于环境公益诉讼的原告主体资格界定得更加具体清晰，提高了司法实践中的可操作性。此外，第58条还首次将"破坏生态"的行为也纳入环境公益诉讼的范围。本次修订从环境公益诉讼的制度层面而言，有两个重要的发展。其一是使提起环境公益诉讼的主体进一步明确化，其二是拓宽了环境公益诉讼的范围。新《环境保护法》的总括式规定奠定了我国环境公益诉讼制度的基础，将对环境公益诉讼司法实践产生积

---

① 刘毅：《环境公益诉讼，破冰之后迎来春天?》，《人民日报》2015年1月17日。
② 2014年新修订的《环境保护法》第58条规定：对污染环境、破坏生态，损害社会公共利益的行为，符合下列条件的社会组织可以向人民法院提起诉讼：（一）依法在设区的市级以上人民政府民政部门登记；（二）专门从事环境保护公益活动连续五年以上且无违法记录。符合前款规定的社会组织向人民法院提起诉讼，人民法院应当依法受理。提起诉讼的社会组织不得通过诉讼牟取经济利益。

极深远的影响。在实践中，环境纠纷通常是由错综复杂的综合性环境问题引发的，既有民事纠纷也可能涉及行政争议。环境民事公益诉讼目前已通过《民事诉讼法》的规定纳入了民事诉讼体系，而环境行政公益诉讼的上位概念——行政公益诉讼因还未被《行政诉讼法》所规定，环境公益诉讼能否纳入行政诉讼范畴尚存有争议。

（二）最高人民法院发布《关于全面加强环境资源审判工作为推进生态文明建设提供有力司法保障的意见》

2014年6月，最高人民法院发布了《关于全面加强环境资源审判工作为推进生态文明建设提供有力司法保障的意见》[①]（以下简称《意见》）。《意见》提出了"充分发挥环境资源审判职能作用、大力推进环境民事公益诉讼、有序推进环境资源司法体制改革、建立健全环境资源司法工作机制、加大环境资源司法公开和宣传力度和大力加强环境资源审判队伍建设"等重要举措，以期达到"环境资源纠纷司法救济渠道畅通；环境资源源头保护、损害赔偿、责任追究制度得到落实；环境公益诉讼、环境资源案件管辖等制度不断完善；环境资源刑事、民事、行政、执行等司法保护体系更加健全；环境资源法官队伍专业化水平和司法能力显著提高；环境资源审判工作全面加强，职能作用充分发挥"。[②] 除了针对环境资源刑事审判、民事审判和行政审判以及执行程序四个方面，分别提出了"严惩、便民、保障和落实"的要求，《意见》还特别阐述了环境民事公益诉讼中的管辖法院、审判程序、责任方式和赔偿范围等具体问题。《意见》中不乏具有创新性的司法体制改革举措，如"合理设立环境资源专门审判机构、积极探索环境资源刑事、民事、行政案件归口审理以及探索建立与行政区划适当分离的环境资

---

① 《关于全面加强环境资源审判工作为推进生态文明建设提供有力司法保障的意见》，中国法院网，http://www.chinacourt.org/law/detail/2014/06/id/147914.shtml。

② 《关于全面加强环境资源审判工作为推进生态文明建设提供有力司法保障的意见》，中国法院网，http://www.chinacourt.org/law/detail/2014/06/id/147914.shtml。

源案件管辖制度"① 等。

《意见》作为由我国最高司法机关发布的重要司法政策性文件，对于加强生态文明建设的司法保障具有积极深远的意义。环境资源审判制度的强化，既是推进我国生态文明建设司法保障的必然要求，也及时地回应了人民群众对环境资源审判的热切期待，维护了人民群众的环境资源权益，同时有利于统一全国裁判尺度、保障环境资源法律的正确实施。

（三）最高人民法院通过《关于审理环境民事公益诉讼案件适用法律若干问题的解释》

为了应对日益严重的环境污染和生态退化，克服普通民事诉讼救济的不足，解决实践中环境民事公益诉讼存在的问题，最高人民法院在2014年10月1日发布《关于审理环境民事公益诉讼案件适用法律若干问题的解释（征求意见稿）》，向社会公开征求意见。同时，最高人民法院确定了江苏、福建、云南、海南、贵州五省作为开展环境民事公益诉讼的试点。经过广泛的征询和实践调研，《关于审理环境民事公益诉讼案件适用法律若干问题的解释》应运而生，全文共35条，"主要对社会组织可提起环境民事公益诉讼、环境民事公益诉讼案件可跨行政区划管辖、同一污染环境行为的私益诉讼可搭公益诉讼'便车'、减轻原告诉讼费用负担等四方面内容作出了规定"，② 澄清了《环境保护法》《民事诉讼法》中由于概念过于原则化所引发的歧义，并基本回应了目前环境民事公益诉讼审判实践中的问题与需求。

（四）环境资源审判机构的专业化

1. 最高法院首设环保法庭

2014年7月最高人民法院宣布成立专门的环境资源审判庭，法庭是在

---

① 《关于全面加强环境资源审判工作为推进生态文明建设提供有力司法保障的意见》，中国法院网，http://www.chinacourt.org/law/detail/2014/06/id/147914.shtml。
② 《最高法发布审理环境民事公益诉讼案件司法解释》，中国法院网，http://www.chinacourt.org/article/detail/2015/01/id/1529165.shtml。

原立案二庭基础上成立的,由5个合议庭31人组成。新成立的环境资源审判庭承担的主要职责包括:"审判第一、二审涉及大气、水、土壤等自然环境污染侵权纠纷民事案件,涉及地质矿产资源保护、开发有关权属争议纠纷民事案件,涉及森林、草原、内河、湖泊、滩涂、湿地等自然资源环境保护、开发、利用等环境资源民事纠纷案件;对不服下级人民法院生效裁判的涉及环境资源民事案件进行审查,依法提审或裁定指令下级法院再审;对下级人民法院环境资源民事案件审判工作进行指导;研究起草有关司法解释等"。① 随后,各地方法院也相应设立环境资源专门审判机构,构建全国性的环境专业审判机构。

在最高人民法院设立环保法庭意义重大,"对于促进和保障环境资源法律的全面正确施行,统一司法裁判尺度,切实维护人民群众环境权益,在全社会培育和树立尊重自然、顺应自然、保护自然的生态文明新理念,遏制环境形势的进一步恶化,提升我国在环境保护方面的国际形象等,必将产生积极而深远的影响"。②

2. 地方法院环保法庭激增

2007年11月贵州省清镇市人民法院环保法庭的成立揭开了全国各地如雨后春笋般陆续设立环保法庭的序幕。据中国应用法学研究所的不完全统计,截至2014年7月15日,全国共有20个省(自治区、直辖市)设立了环境资源审判庭、合议庭、巡回法庭,合计150个。其中,基层法院设立的环境资源审判机构多达105个,占总数的70%,中级法院有35个,占23.3%,高级法院有9个,占6%。统计数字表明,从整体看我国东南部地区对环保法庭的设置比较重视,其中,福建省的机构建设走在全国前列,共计51个,包括基层法院43个,中级法院7个,高级法院1个。③ 据《中国环境报》统计,截至

---

① 《最高人民法院设立环境资源审判庭》,中国法院网,http://www.chinacourt.org/article/detail/2014/07/id/1333746.shtml。
② 《最高人民法院设立环境资源审判庭》,中国法院网,http://www.chinacourt.org/article/detail/2014/07/id/1333746.shtml。
③ 孙佑海:《对当前环境资源审判若干问题的分析和对策建议》,《人民法院报》2014年9月17日。

2014年12月9日，全国约有20个省（自治区、直辖市）人民法院设立了环境资源审判庭、合议庭、巡回法庭，合计369个。其中，共有4个省（海南、福建、贵州、江苏）的高级法院设有专门的环保法庭，广西、河南高级法院也即将开设环保法庭，其他高级法院也多数先由专门的部门负责环境资源审判。12月19日，重庆市发布消息称全市三级法院均设立环境资源审判组织。①从前后两组数据的比较可见，最高人民法院成立专门的环保法庭并发布推进生态文明建设司法保障意见后，全国新增了219家环保法庭。各级专业性环境资源审判机构呈现快速设立和蓬勃发展的态势，这将为公民环境权司法保障提供更加便利有效的救济途径。

（五）典型环境审判案例公布

最高人民法院在2014年7月3日召开的全面加强环境资源审判工作新闻发布会上，公布了9起环境资源审判典型案例②，供各级法院在审判环境纠纷类案件时参考。这些案例中有的涉及了跨行政区域管辖制度的探索，如中华环保联合会、贵阳公众环境教育中心与贵阳市乌当区定扒造纸厂水污染责任纠纷案；有的是关于刑事审判、民事审判和行政审判"三审合一"的创新，如上海市松江区叶榭镇人民政府与蒋荣祥等水污染责任纠纷案。

典型环境审判案例的集中发布体现了最高人民法院对环境权司法保障的高度重视，表明了以司法手段保障公民环境权的决心和态度。同时，最高人民法院选择在《环境保护法》修订的同年公布，恰逢其时。既为今后各地

---

① 李思成：《环境法治进入变革时代》，《中国环境报》2014年12月31日。
② 中华环保联合会、贵阳公众环境教育中心与贵阳市乌当区定扒造纸厂水污染责任纠纷案；聂胜等149户辛庄村村民与平顶山天安煤业股份有限公司五矿等水污染责任纠纷案；上海市松江区叶榭镇人民政府与蒋荣祥等水污染责任纠纷案；重庆市长寿区龙河镇盐井村1组与蒙城县利超运输有限公司等环境污染责任纠纷案；朱正茂、中华环保联合会与江阴港集装箱公司环境污染责任纠纷案；张长健等1721人与福建省（屏南）榕屏化工有限公司环境污染责任纠纷案；姜建波与荆军噪声污染责任纠纷案；中华环保联合会与无锡市蠡湖惠山景区管理委员会生态环境损害赔偿纠纷案；王仕龙与刘俊波采矿权转让合同纠纷案。具体案情可见《最高法院公布九起环境资源审判典型案例》，中国法院网，http://www.chinacourt.org/article/detail/2014/07/id/1329697.shtml。

方法院审理环境案件提供了重要的参考资料和指引，有助于全国法律适用的统一，同时也给了环境污染的责任方以有力的震慑。

（六）检察机关环境公益诉讼制度的探索

关于检察机关能否提起公益诉讼在学界已经有较长时间的讨论，十八届四中全会《决定》对此也有所提及。目前，还未有全国性法律的顶层设计，但地方层面已经有了一些探索与实践。2014年10月，因征收噪声排污费不力，贵州省金沙环保局被县人民检察院诉至贵州仁怀市人民法院生态环境保护审判庭。[1] 行政机关因履职不充分或怠于履职，被检察机关跨区域提起行政公益诉讼送上被告席，不仅是在贵州省，在全国都是首次。该案发生在贵州，并非偶然因素。贵州不仅设立了全国第一个环保法庭，而且在地方性环境保护法规的制定方面也是先行者。2014年贵州省高级人民法院发布的《关于创新环境保护审判机制推动我省生态文明先行区建设的意见》[2] 中有"人民检察院是公益诉讼的主体"的表述，明确赋予了检察机关公益诉讼主体资格。

无独有偶，2014年12月25日，广东首例由检察机关作为支持起诉人出庭的环保公益诉讼案在广州市白云区法院开审宣判。中华环保联合会与检察机关联手推动公益诉讼，探索环保组织起诉、检察机关支持起诉的模式，对全国环境公益诉讼案件具有示范意义。[3]

---

[1] 案情涉及开发商佳乐公司在金沙县城中心鼓韵广场修建大厦，2013年施工过程造成噪声等污染。金沙县环保局核定其应缴纳12万余元排污费，但企业拖欠一年多才缴齐。金沙县检察院认为，虽然企业最终缴齐了排污费，但多次建议后，环保局没有依法对该企业的拖欠排污费行为做出任何行政处罚，因此将其告上法庭，要求其履行处罚职责。具体案情可见金煜《贵州金沙县环保局执法不力被当地检察院起诉》，《新京报》2015年1月6日。

[2] 《探索生态环境保护执法司法改革为生态文明建设撑起"保护伞"》，中国贵州网，http://www.chinaguizhou.gov.cn/system/2014/08/05/013713674.shtml。

[3] 案件涉及白云区钟落潭镇白土村老人方云双承包的两口鱼塘的污泥倾倒，经群众举报、电视台报道后，环保部门监测分析发现，污泥中铜和锌含量超标。白云区环保局在调查的同时，根据其与白云区检察院签订的《关于共同开展环境公益诉讼的协议》，将案件信息同步通知了白云区检察院。检察院通过协助调查取证、提供法律咨询等方式，支持中华环保联合会向法院提起公益诉讼。具体案情可见刘冠南等《检察机关首次出庭支持公益诉讼》，《南方日报》2014年12月26日。

三 司法实践之困

（一）环保法庭案源数量持续偏低

目前我国正处于环境污染严重、环境问题高发期，群体性环境事件频发，然而与信访等纠纷解决机制相比，真正进入诉讼途径解决环保问题的案件极为有限。统计数据显示，全国2013年环境审判案件共结案4093件。结案数量较多的省份是福建、海南、重庆和贵州四省市。其中，福建省三级环境资源审判机构审结2368件，占结案总数的57.9%；海南省三级环境资源审判机构审结660件，占16.1%；重庆市环境资源审判机构审结335件，占8.2%；贵州省环境资源审判机构审结132件，占3.2%（见图1）。此外，一些地方的环保法庭在2013年度结案量为零，如北京、上海、天津、广西、河南、山西、陕西、广东、内蒙古、湖南、新疆、宁夏、西藏、湖北等。还有一些法院"等米下锅"现象明显，如：河北11个环境资源审判机构有24名法官，一年环境案件结案总量为24件，平均每人一年结案1件；江苏省5个环境资源审判机构一年共结案5件；浙江2个环境资源审判机构一年共结案3件。① 从这些数据可以看出环保法庭的案源数量极为有限，环保法庭在实践中的运作陷入窘境。

在全国最早设立环保法庭的贵州，2013年全省共审结涉生态环境保护民事、刑事、行政案件1547件，同比上升4.25%。在已经受理的环境案件中，多数是刑事、行政案件，环境民事类案件仅占到4%，而全部环境案件仅占同期全省案件总数的0.4%，个别地区甚至环境民事案件或环境行政案件为零。可见相对于大量的环境纠纷而言，真正进入诉讼程序的案件极其稀少。据统计，环境行政执法机关受理的环境纠纷是同期进入诉讼程序案件的

---

① 孙佑海：《对当前环境资源审判若干问题的分析和对策建议》，《人民法院报》2014年9月17日。

15倍。① 由此可见，与严峻的环境污染不相协调的是环境司法保障的作用没有得到充分发挥。

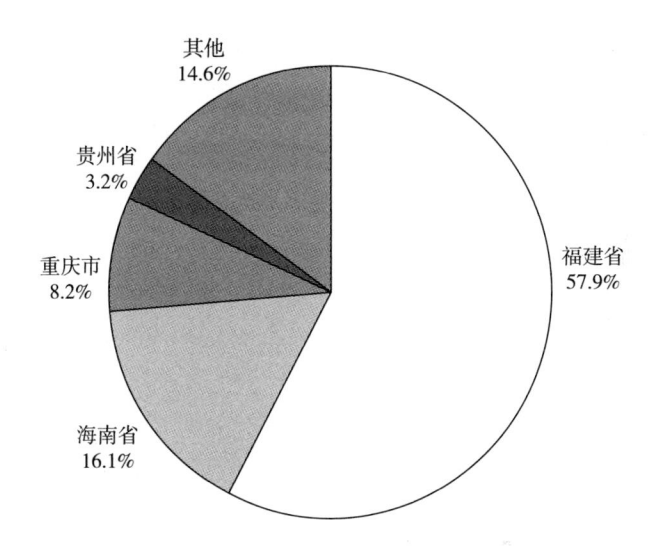

图1 2013年各省（区、市）环境审判案件结案所占比例

（二）环境公益诉讼在实践中的缺位

2000~2013年，全国仅发生了不足60起环境公益诉讼案件，其中绝大多数案件的诉讼主体是地方检察院或行政机关等公权力机关，环保非政府组织作为原告的案件极为少见。② 导致环境公益诉讼在实践中缺位的原因很多，首先是原告诉讼主体资格的限制，尽管新修订的《民事诉讼法》打开了公益诉讼之门，但主体规定得过于笼统，在实践中很难操作。即使是新修订的《环境保护法》经过四易其稿，诉讼主体的范围仍比较狭窄，且不明确。其次，环境纠纷多数具有案情复杂、环境损害潜伏时间长，且跨境、跨流域等特点，从取证到举证都面临难题，极易受到地方保护主义和部门利益

---

① 数据来源于王丽等《中国多地试点环保法庭 大部分陷"无案可审"窘境》，《瞭望》2014年9月15日。

② 贺震：《环境公益诉讼会出现滥诉现象吗》，《中国环境报》2015年2月4日。

的干扰。最后环境污染损害鉴定的成本较高，对于公益诉讼的原告而言需要付出大量的资金和时间成本，因而诉讼难度较大。

（三）环境审判的专业性与法官能力的局限

由于环境污染问题本身具有长期性、复杂性和潜伏性等特点，环境审判也相应要求比较强的专业性。首先，从审判理念上看，法官往往习惯于一般民事侵权案件适用的过错责任原则，对于企业合法排放造成的污染所应承担的无过错责任追究认知不够深刻，容易在举证责任、因果关系等问题上失误。其次，环境污染案件中通常交织着很多技术性问题，法科出身的法官一般缺乏环境科学类的知识，只能依据环境污染损害鉴定结论裁判，然而过度依赖技术结论可能导致环境正义的缺失，从而造成不公的社会后果。

（四）环境非政府组织能力不足

目前，我国环境社会组织的发展极不平衡，据不完全统计，我国约有2000家环保非政府组织，其中符合新《环境保护法》诉讼主体资格条件的仅300余家。而在这300余家环保非政府组织中，真正具备知识和技术条件能够提起环境公益诉讼的还不到半数，如果再加上参与环境公益诉讼意愿的因素进行考量，那么符合条件的数量少之又少。究其原因，我国环保非政府组织经费来源受限是主要的制约因素，目前大多数的环保非政府组织经费来自社会捐助或国家帮助，渠道有限导致资金不充足，所以很难全面、持续地开展环境公益诉讼活动。① 环境非政府组织无论是意愿还是能力都存在不足，缺乏应对复杂的环境诉讼的知识与经验也是制约因素之一。

四 路径展望

2014年环境司法改革的成绩为公民环境权益保护奠定了坚实的基础，

---

① 常纪文：《环境公益诉讼需解决的八个问题》，《经济参考报》2014年9月3日。

专业化的环保法庭设立和环境公益诉讼启动以及司法保障能力的提升，都拓宽了公民环境权益救济的途径，因此说2014年是生态文明建设法治保障的重要开启元年也不为过。同时，如何将已经设立的机构和制定的法律高效地利用和细化，仍然需要多方努力。

第一，针对环保法庭受理案件数量偏低的难题，建议继续颁布与环境案件审判有关的司法解释，尤其是关于《民事诉讼法》中公益诉讼和《环境保护法》中的环境公益诉讼的司法解释，将原则性的法律法规进一步细化，统一环境司法实践的适用依据，为环境司法审判提供更多的支持。目前，最高人民法院颁布了3400多条司法解释，令人遗憾的是其中与环境审判有关的司法解释不足20条，约占总数的千分之五，而这些仅有的司法解释多数是针对环境刑事案件，关于环境民事案件和环境行政案件的司法解释数量更加稀少。① 对于新颁布的各项环境法规和司法解释也需加强宣传，使得污染环境将受到司法审判的观念深入人心。

第二，应对环境污染鉴定困局，建议建立环境司法鉴定制度。在环境诉讼中，举证难和鉴定难是令当事人望而却步的关键问题。鉴定费用高昂，且缺乏权威性，应建立由社会第三方出具鉴定报告的等级制。建立环境司法鉴定制度首先需要一批能够保持公正和中立的鉴定人员，同时也需要克服在取证和鉴定过程中可能出现的地方保护主义和行政干扰。

第三，提升环境审判专业化水平。这需要对审判环境案件的法官进行环境科学相关知识的长期培训，短期内可以考虑吸纳具有环境科学知识和司法审判经验的复合型人才进入各地设立的环保法庭，同时，对跨流域、跨行政区划的复杂环境案件，可以收归最高人民法院专设的环境资源审判庭统一行使审判权，长远来看，未来也可以探索通过最高人民法院设立环境巡回法庭的形式解决这个问题。针对同一环境案件同时涉及民事、刑事和行政审判的情况，可以探索由专门的合议庭统一审理。由于我国三大诉讼之间有明显的

---

① 数据来源于《环境纠纷频发环保法庭却无案可审 诉讼难亟待改变》，人民网，http://gx.people.com.cn/n/2014/1008/c347804-22532285-3.html。

界限，如何打破壁垒、"三审合一"仍需要科学严谨的论证。

第四，培育民间环保组织，设立环境公益诉讼专项资金，组织环境公益诉讼专题培训。社会力量参与不足，也是制约环境公益诉讼发展的瓶颈。环境非政府组织目前既缺乏行业规范和引导，自身能力建设也不足。从其自身来说，在纳新时可以吸纳具有环境科学知识和法学背景的热心公益人员，加强环保组织的专业性。另一方面，政府部门也应积极为其提供更多的知识培训和政策倾斜。

·公民权利和政治权利·

B.10
限制死刑与保障生命权

张晓玲　刘沛恩[*]

摘　要：　死刑是剥夺人生命的极刑。如今，限制和废除死刑已成为国际上公认的趋势。自从联合国大会在1989年通过了《公民权利和政治权利国际公约旨在废除死刑的任择议定书》以来，国际上在限制死刑和废除死刑方面取得了重大进展，目前世界上有160个国家废除了死刑或不实际执行死刑。在我国，目前不具备废除死刑的物质条件和文化条件。我国宪法和法律高度重视公民生命权的保障，对死刑的基本政策是"保留死刑，严格控制死刑适用，防止错误的死刑判决"。近年来，我国政府采取一系列措施限制适用死刑，加强对生命权的保障。

关键词：　限制死刑　生命权　人权保障

死刑是人类历史上最古老、最严苛的一个刑种。在很长的历史时期内，死刑作为主刑的地位无可取代。1764年，意大利法学家贝卡利亚在《论犯罪与刑罚》一书中，第一次明确地对死刑的合理性提出质疑。目前，世界上大多数国家在对死刑存废的不断争论过程中，废除了死刑。

---

[*] 张晓玲，中共中央党校政法教研部副主任，中共中央党校人权研究中心主任；刘沛恩，中共中央党校研究生院法硕研究生。

一 2014年中国限制死刑、保障生命权的新进展

我国对死刑的基本政策是"保留死刑,严格控制死刑适用,防止错误的死刑判决"。我国《刑法》第49条规定"犯罪的时候不满十八周岁的人和审判的时候怀孕的妇女,不适用死刑"。我国的死刑缓期执行制度,在很大程度上避免了死刑的诸多弊害,使死刑发挥了教育、改造犯罪分子的功能。另外,2007年,最高人民法院统一了死刑复核权,这是我国进一步限制死刑、保障生命权的重大举措。近年来,我国在限制死刑方面取得新的进步。

2014年我国限制死刑、保障生命权的新进展主要体现在以下几个方面:

(一)最高人民法院严把死刑核准关,限制死刑

1. 唐慧女儿被强迫卖淫案

2014年6月最高人民法院没有核准唐慧女儿被强迫卖淫案中两名被告的死刑,以量刑过重,又出现新证据为由发回重审,这体现了我国在死刑核准上愈加严格。

唐慧的女儿被强迫卖淫案案情:2006年,周军辉在溜冰场结识了唐慧的女儿张某某(时年11岁),当晚,周军辉将张某某带至出租屋内看碟、留宿并发生了性行为。后来,周军辉将张某某带至"柳情缘",交由秦星,采取暴力、胁迫手段迫使张某某卖淫,接客100余次。

在女儿失踪三个月后,唐慧一家终于找到了女儿。2007年1月5日,永州零陵区警方正式立案。湖南省公安厅获悉此案后相当重视,并做了"请高度重视,依法惩处"的批示。2月17日,永州市公安局领导做出了"必予高度重视,只有11岁幼女,务必严惩彻查,并追究民警办案不力的责任"的批示。在省市两级公安机关的直接干预下,唐慧女儿被强迫卖淫案件很快进入了正常的渠道,永州市公安局立即成立了专案组彻查此案。很快,涉及此案的6名主要犯罪嫌疑人周军辉、秦星、陈刚、刘润、蒋军军、

兰小强被立案侦查。

2008年6月6日，永州市中级人民法院对此案做出一审判决，6名被告均受到了法律惩处，其中秦星被判处死刑、陈刚被判处无期徒刑。周军辉暴力胁迫不满11岁幼女卖淫，致使其染上性病和出现精神障碍，其行为构成强奸罪、强迫卖淫罪，罪名成立，被判处死刑。刘润、蒋军军、兰小强等人强奸罪名成立，分别被判处无期徒刑、有期徒刑16年、有期徒刑15年。同时3名涉案警察也分别受到了相应的处分。

唐慧以对周、秦两人判处死刑适用法律错误和对蒋军军、兰小强两人量刑畸轻等为由向永州市人民检察院申请抗诉，永州市人民检察院采纳了建议。

2009年2月11日法院重审后，再次做出判决：维持原判。判决后，此案因为证据不足被高院发回重审。2010年12月23日此案再次开庭。唐慧请求法院判令7被告赔偿各项损失共计人民币184万元，并请求判处7被告死刑。184万元索赔，包括唐慧女儿的医疗费、继续治疗费、精神抚慰金及经济损失。

几经波折，2012年6月5日，湖南省高级人民法院做出终审裁定，秦星、周军辉被判死刑，陈刚、刘润、蒋军军、兰小强被判无期徒刑，秦斌被判有期徒刑15年。但唐慧对判决结果不满，奔走各处上访，要求判决全部7名被告人死刑。

2014年6月，最高人民法院没有核准该案中的两名被告人秦星、周军辉的死刑，并将案件发回省高院重审。

最高人民法院为什么不核准两被告死刑？最高人民法院负责人曾解读："最高人民法院复核死刑案件，始终坚持以事实为根据、以法律为准绳的原则，严格执行宽严相济刑事政策和严格控制、慎重适用死刑政策，贯彻特殊、优先保护未成年人合法权益原则，依法惩治性侵害未成年人犯罪。

"根据刑法第三百五十八条规定，强迫他人卖淫只有情节特别严重的，如大规模强迫卖淫犯罪集团的首要分子，强迫多名幼女卖淫的，多次在公共场所劫持他人拘禁后强迫卖淫的，或者强迫卖淫手段特别残忍、造成被害人严重残疾或者死亡等情形，才可考虑判处死刑。对于情节特别严重的认定，应结合行为人强迫卖淫的人次规模、作案对象、犯罪手段、强制程度、犯罪后果、社会影响等因素综合加以判断，确保罪责刑相适应。

"本案中，被告人周军辉、秦星强迫不满14周岁的幼女多次卖淫，控制卖淫所得，其间被害人又被他人轮奸，致被害人患有生殖器疱疹及创伤后应激障碍，严重侵害了幼女的身心健康，犯罪性质恶劣，犯罪情节、犯罪后果严重，二被告人在强迫卖淫的共同犯罪中均起主要作用，系主犯，均应依法惩处。但根据被害人陈述及证人李某某、蔡某某、陈某某等的证言，证实被害人可与其他证人结伴外出、经常到附近网吧上网，未被完全限制人身自由，除有一次因不服从卖淫安排，被打脸部外，未发现被害人受到二被告人的其他暴力侵害。鉴于周军辉、秦星强迫卖淫的暴力、胁迫程度，犯罪情节的恶劣程度尚未达到情节特别严重，第一审判决、第二审裁定对二被告人以强迫卖淫罪判处死刑立即执行量刑不当。此外，本案复核期间又出现新的证据，可能影响对秦星是否构成立功的认定，依法应予查明。据此，我院依法裁定不核准二被告人死刑，将案件发回湖南省高级人民法院重新审判。"[1]

死刑复核之前，唐慧对《南方周末》记者称，对于该案她现在仍然"放不下"，如果死刑不核准，她"更加放不下"。唐慧女儿被强迫卖淫案审理历时多年，几乎在每一个案件节点，都有唐慧激烈上访的记录。唐慧曾自述"通过以死相逼和不断上访，迫使案件走向正轨"。该案通过网络和媒体的传播报道，影响极大。

但是，在媒体和舆论几乎"一边倒"的情况下，最高人民法院依法坚决不核准两个被告死刑，明确表明了我国限制死刑和严格适用死刑的司法态度。这对今后地方法院审理死刑案件具有很大的指导意义，也对社会的传统死刑观念转变起到引导作用。

---

[1] 《最高法负责人解读为何不核准强迫唐慧女儿卖淫案两主犯死刑》，人民网，http://legal.people.com.cn/n/2014/0612/c42510-25139797.html。

2014年9月5日,湖南省高级人民法院对周军辉、秦星强迫卖淫、强奸、组织卖淫二审重审案进行公开宣判:上诉人周军辉犯强迫卖淫罪、强奸罪,决定执行无期徒刑,剥夺政治权利终身,并处没收个人财产人民币一万元。上诉人秦星犯强迫卖淫罪、组织卖淫罪,决定执行无期徒刑,剥夺政治权利终身,并处没收个人财产人民币一万元,罚金人民币五千元。

2. 念斌投毒案

2006年7月,福建省平潭县两户居民家中多人出现中毒症状,其中两名儿童经抢救无效死亡。警方经过侦查,很快确定是人为投入氟乙酸盐鼠药所致,认为其邻居念斌有重大作案嫌疑,遂逮捕念斌,提起公诉。2010年10月最高人民法院以"事实不清、证据不足"做出不核准死刑的裁定书,并撤销原判发回福建省高院重审。[1]

2014年8月22日,福建高级人民法院经审理认为,虽然上诉人念斌对投毒过程做多次供述,但原判认定被害人死于氟乙酸盐鼠药中毒的依据不足,投毒方式依据不确实,毒物来源依据不充分,与上诉人的有罪供述不能相互印证,相互证据矛盾和疑点无法合理解释、排除,全案证据达不到确实、充分的证明标准,不能得出系上诉人念斌作案的唯一结论。因此,原判认定上诉人念斌犯投放危险物质罪的事实不清,证据不足,原公诉机关指控上诉人念斌所犯罪名不能成立。原审判决上诉人念斌赔偿附带民事诉讼原告人丁云虾、俞涵的经济损失无事实依据。按照《刑事诉讼法》《民事诉讼法》相关规定,做出终审判决:(1)撤销福州市中级人民法院(2011)榕刑初字第104号刑事附带民事判决;(2)上诉人念斌无罪;(3)上诉人念斌不承担民事赔偿责任。[2]

2015年2月15日,福州市中级人民法院依法对赔偿请求人念斌二审宣告无罪赔偿案做出国家赔偿决定,决定先支付赔偿请求人念斌人身自由损害

---

[1] 《福建平潭投毒案8年后再宣判 念斌终获无罪判决》,腾讯网,http://news.qq.com/a/20140822/021901.htm。

[2] 《福建高院终审判决"念斌投毒案"上诉人被宣告无罪》,新华网,http://news.xinhuanet.com/legal/2014-08/22/c_1112185631.htm。

171

赔偿金58.9万元，支付赔偿请求人念斌精神损害抚慰金55万元，在侵权行为影响的范围内为赔偿请求人念斌消除影响、恢复名誉、赔礼道歉。

本案最高人民法院以"事实不清、证据不足"不予核准死刑，发回福建省高级人民法院重审，表明了我国坚持无罪推定和疑罪从无的法律原则。

关于死刑案件，我国已经建立起了"案件事实清楚，证据确实充分，排除合理怀疑"的证明标准。联合国《关于保护面临死刑的人的权利的保障措施》第4条规定："只有在根据明确而令人信服的证据证明被告人有罪，对事实没有其他解释余地的情况下，才能判处死刑"。[①] 念斌投毒案历经8次审理10次开庭，被告人念斌先后4次被法院判处死刑立即执行，3次被撤销判决，最高人民法院6次批准案件延期审理，这些都表现出最高人民法院处理死刑案件愈加谨慎，对死刑案件的认识在提升，对生命权的保护在加强。念斌案的平反为保障公民生命权注入一股正能量。这起新刑诉法实施以来广受关注的悬案之一，成为依法治国的一件新标本。

3. 吴英集资诈骗案

吴英是浙江东阳人、浙江本色控股有限公司法人代表，她曾经以浙江亿万富姐的头衔闻名遐迩，2005年5月至2007年2月间，吴英以高额利息为诱饵，以支付高额中间费为手段，以投资、借款、资金周转等名义，先后从林某、杨某等11人处非法集资77339.5万元，用于偿还集资款本金、支付高额利息、购买汽车及个人挥霍等，至案发尚有38426.5万元无法归还。

2007年，时年26岁的吴英涉嫌非法吸收公众存款被浙江东阳警方刑事拘留。2009年，浙江省金华市中级人民法院认定她在2005~2007年间向社会公众非法集资7亿多元人民币，构成严重的集资诈骗罪，因此判处死刑，剥夺政治权利终身，并处没收其个人全部财产。[②]

吴英不服，提出上诉。2011年4月7日，浙江省高级人民法院二审开

---

① 《"排除合理怀疑"在死刑案件中的理解》，凤凰网，http：//news.ifeng.com/opinion/special/wuyingan/detail_ 2012_ 02/08/12362089_ 0. shtml。

② 《吴英减刑至无期徒刑 其父称会继续申诉要求改判无罪》，网易新闻，http：//news.163.com/14/0712/08/A0ULMPBP00014JB5.html。

庭认为，吴英以非法占有为目的，隐瞒其巨额负债和大量虚假注册公司、成立后大都未实际经营等真相，虚构资金用途，以高息或高额投资回报为诱饵，向社会公众做各种虚假宣传，非法集资人民币7.7亿余元，实际骗取3.8亿余元，尽管认定的集资直接对象仅10余人，但下线人员众多、涉及面广，既严重侵害不特定群众财产利益，又严重破坏国家金融管理秩序，数额特别巨大，并将巨额赃款随意处置和肆意挥霍等，给国家和人民利益造成特别重大损失，罪行极其严重。审理中，吴英首次承认自己犯有非法吸收公众存款罪，但否认犯有集资诈骗罪。尽管吴英在押期间曾检举多名政府官员受贿以求立功减刑，浙江高院仍然在2012年1月18日二审裁定一审判决定罪准确，量刑适当，审判程序合法，因此维持对她的死刑判决，依法报请最高人民法院复核。①

2012年4月20日，最高人民法院依法裁定不核准吴英死刑，将案件发回浙江省高级人民法院重新审判。最高人民法院认为，被告人吴英集资诈骗数额特别巨大，给受害人造成重大损失，同时严重破坏了国家金融管理秩序，危害特别严重，应依法惩处。吴英归案后，如实供述所犯罪行，并供述了其贿赂多名公务人员的事实，综合全案考虑，对吴英判处死刑，可不立即执行。根据《中华人民共和国刑事诉讼法》第199条和《最高人民法院关于复核死刑案件若干问题的规定》第4条的规定，裁定不核准被告人吴英死刑，发回浙江省高级人民法院重新审判。②

2012年5月21日下午，浙江省高级人民法院经重新审理，对吴英集资诈骗案做出终审判决，以集资诈骗罪判处被告人吴英死刑，缓期二年执行，剥夺政治权利终身，并处没收其个人全部财产。③

---

① 《吴英减刑至无期徒刑 其父称会继续申诉要求改判无罪》，网易新闻，http://news.163.com/14/0712/08/A0ULMPBP00014JB5.html。
② 《吴英减刑至无期徒刑 其父称会继续申诉要求改判无罪》，网易新闻，http://news.163.com/14/0712/08/A0ULMPBP00014JB5.html。
③ 《浙江高院：吴英集资诈骗案重审改判死缓刑》，腾讯网，http://news.qq.com/a/20120521/000945.htm。

（二）最高人民法院在指导案例中限制死刑适用

2012年最高人民法院已经在指导案例中限制死刑适用。在李飞故意杀人案中，情节虽然严重，但经综合量刑，最高人民法院仍然没有核准其死刑，这也是我国通过司法途径引导限制死刑的新变化，通过指导案例能够更好地促进社会对于死刑的深入思考和重新认识。

李飞故意杀人案案情：2006年4月14日，李飞因犯盗窃罪被判处有期徒刑二年，2008年1月2日刑满释放。之后，李飞与被害人徐某某确定恋爱关系，但二人因经常吵架而分手。8月24日，当地公安机关到李飞的工作单位给李飞建立重点人员档案时，其单位得知李飞曾因犯罪被判刑一事，并以此为由停止了李飞的工作。李飞认为其被停止工作与徐某某有关。[①]

李飞先与徐某某在电话中发生吵骂。后李飞进入徐某某的卧室，用铁锤杀死徐某某，并伤了其表妹，之后潜逃。8月23日，李飞到其姑母家中，委托其姑母转告其母亲梁某某送钱。其母得知此情后，及时报告公安机关，并协助公安机关将李飞抓获。李飞的母亲梁某某代为赔偿被害人亲属4万元。[②]

黑龙江省哈尔滨市中级人民法院认定被告人李飞犯故意杀人罪，判处死刑，剥夺政治权利终身。最高人民法院根据复核确认的事实和被告人母亲协助抓捕被告人的情况，不核准被告人李飞死刑。

黑龙江省高级人民法院经重新审理认为：被告人李飞的行为已构成故意杀人罪，罪行极其严重，论罪应当判处死刑。但本案系因民间矛盾引发的犯罪；案发后李飞的母亲梁某某在得知李飞杀人后的行踪时，主动、及时到公安机关反映情况，并积极配合公安机关将李飞抓获归案；李飞在公安机关对

[①] 《最高人民法院指导案例12号：李飞故意杀人案》，中国法院网，http://www.chinacourt.org/article/detail/2014/01/id/1209486.shtml。

[②] 《最高人民法院指导案例12号：李飞故意杀人案》，中国法院网，http://www.chinacourt.org/article/detail/2014/01/id/1209486.shtml。

其进行抓捕时，顺从归案，没有反抗行为，并在归案后始终如实供述自己的犯罪事实，认罪态度好；在本案审理期间，李飞的母亲代为赔偿被害方经济损失；李飞虽系累犯，但此前所犯盗窃罪的情节较轻。综合考虑上述情节，可以对李飞酌情从宽处罚，对其可不判处死刑立即执行。同时，鉴于其故意杀人手段残忍，又系累犯，且被害人亲属不予谅解，故依法判处被告人李飞死刑，缓期二年执行，同时决定对其限制减刑。①

在这一指导案中，被告人李飞故意杀人，手段残忍，又系累犯，罪行极其严重，论罪本应判处死刑立即执行。但最高人民法院认为此案是因民间矛盾引发的犯罪，事出有因，在社会危害性上不同于其他严重危害社会治安和人民群众安全的犯罪。可见，我国对于故意杀人的案子，依然倡导严格限制死刑适用。这是我国严格限制死刑适用的一个新的变化。

（三）中国共产党十八届三中全会和四中全会提出新要求

2013年11月，党的十八届三中全会审议通过了《中共中央关于全面深化改革若干重大问题的决定》，《决定》明确提出"完善人权司法保障制度。国家尊重和保障人权……逐步减少适用死刑罪名"等具体要求。

2011年5月1日通过的《刑法修正案（八）》取消了13个经济性非暴力犯罪的死刑：走私文物罪，走私贵重金属罪，走私珍贵动物、珍贵动物制品罪，走私普通货物、物品罪，票据诈骗罪，金融凭证诈骗罪，信用证诈骗罪，虚开增值税专用发票、用于骗取出口退税和抵扣税款发票罪，伪造、出售伪造的增值税专用发票罪，盗窃罪，传授犯罪方法罪，盗窃古文化遗址、古墓葬罪，盗掘古人类化石、古脊椎动物化石罪。这些犯罪都属于经济类、财产类等不涉及侵犯人的生命的犯罪，不属于所谓的"最严重的罪行"，不需要判处死刑。同时，《刑法修正案（八）》也从对象上进一步限制了死刑的适用范围，对审判的时候已满七十五周岁的人不适用死刑（以特别残忍

---

① 《最高人民法院指导案例12号：李飞故意杀人案》，中国法院网，http://www.chinacourt.org/article/detail/2014/01/id/1209486.shtml。

手段致人死亡的除外），这既体现了刑法的人道主义精神，也是对中国传统法文化的矜老优良传统的继承。与较大幅度减少死刑罪名相配套，《刑法修正案（八）》适当延长了生刑的刑期，数罪并罚的刑期提高到最长25年，对严重暴力犯罪的判处死缓的犯罪人，可以决定限制减刑，实际执行刑期大大延长。

2014年，中国共产党十八届四中全会举世瞩目，会议主题是全面推进依法治国，这是中国共产党第一次以法治为主题的中央全会。会议通过的《中共中央关于全面推进依法治国若干重大问题的决定》首次提出"加强人权司法保障"的要求，对于推进司法改革、提高司法公信力、完善人权司法保障制度，具有重大现实意义和深远历史意义。《决定》明确提出"增强全社会尊重和保障人权意识"的新要求。十八届四中全会之后，全国人大常委会开始审议刑法修正案（九）草案，拟再取消9个死刑罪名。

二 国际上废除死刑的趋势是我国进一步限制死刑的时代背景

在21世纪的今天，世界上多数国家废除了死刑，更重要的是，事实上世界上大部分国家已经停止执行死刑。截至2012年，执行死刑的国家只有21个。长期以来，就是否有必要保留死刑作为一种惩戒手段的辩论一直在进行之中。随着人权观念的发展，废除死刑似乎已成为一种发展趋势，这体现在相关国际法和联大决议中。

联合国大会曾经在1994年与1999年讨论过死刑的废除问题，但都因为成员国的意见存在分歧，不了了之。

在2007年联合国大会上，有104国支持暂缓死刑、54国反对、29国弃权。美国、中国、伊朗、缅甸、朝鲜、苏丹、津巴布韦等国家投了反对票。此次大会上通过的议案要求各国尊重国际对死刑的标准并暂缓死刑。

2012年11月21日，新的"暂停执行死刑"的决议被联合国大会第三委员会一致通过，呼吁目前仍存在死刑制度的国家为彻底废除死刑而采取积极行动。此决议以 110 票赞成、39 票反对和 36 票弃权的表决结果再次通过暂停适用死刑的决议。新的决议呼请所有国家暂停执行死刑处决，目标是废除死刑。这反映出自联大于 2007 年首次通过"暂停执行死刑"决议以来，一个反对极刑处罚的全球趋势正在不断跨越地域、法律传统和文化而发展得更为强大。[1]

在 2014 年 10 月 9～10 日的第 12 个"世界反对死刑日"上，潘基文秘书长指出，21 世纪没有死刑的一席之地。潘基文敦促目前仍然保留死刑的国家暂停执行死刑，并呼吁尚未批准《公民权利和政治权利国际公约》第二任择议定书的国家批准该议定书。

联合国主管政治事务的助理秘书长西蒙诺维奇也在纪念活动上发言指出，尽管自 1948 年《世界人权宣言》通过以来，国际社会在废除死刑方面取得了重大进展，废除死刑的国家从当时的 14 个增加到目前的 160 多个[2]，然而，在废除死刑的道路上仍有许多工作有待完成。

世界反对死刑联盟从 2003 年起创建"世界反对死刑日"，这一举措随即在世界各地得到具体响应。2007 年，欧洲委员会和欧盟正式将 10 月 10 日设立为"欧洲反对死刑日"。

2014 年 9 月 25 日，在联大举行一般性辩论的同时，一个有关废除死刑的高级别活动在纽约总部举行。常务副秘书长埃里亚松、人权高专侯赛因以及来自贝宁、蒙古国、突尼斯和意大利的国家元首和政府首脑共同呼吁各国展现领导力，摒弃死刑。

2014 年 10 月 29 日是《公民权利和政治权利国际公约》第二任择议定书通过 25 周年。负责监督公约执行情况的联合国人权事务委员会借此契机敦促各国不要仅停留在暂停执行死刑的层面上，而应通过批准第二任择议定书，积极致力于废除侵犯人类尊严和生命权的死刑。

---

[1] 《潘基文秘书长欢迎联大第三委员会通过"暂停执行死刑"决议》，联合国网站，http：//www. un. org/chinese/News/story. asp？NewsID = 18809。
[2] 《联合国纪念"世界反对死刑日"潘基文称 21 世纪没有死刑的一席之地》，联合国网站，http：//www. un. org/chinese/News/story. asp？newsID = 22725。

人权高专办曾在《摒弃死刑——论点、趋势和前景》中指出，目前世界上每五个国家当中就有一个要么废除了死刑，要么不再执行。在全球范围内有一个强有力的废除死刑的趋势。有着不同的法律体系、传统、文化和宗教背景的国家都支持废除死刑。废除死刑的态度在一些曾经反对废除死刑的国家近年来也在不断发展，还有的国家暂停适用死刑。法国学者让-克劳德·谢斯奈认为，对于一度在一些欧洲国家盛行的决斗习性，在20世纪末就已经绝迹。随着社会经济、文化的发展，人类社会包括死刑的所有暴力行为都将趋于绝迹。①

我国自2007年最高人民法院统一行使死刑复核权以来，在对"罪行极其严重"的死刑标准把握上，在对"可杀可不杀"的政策权衡上，在对"证据确实充分"的证明判断上，以及诉讼程序的正当合法上，要求更加严格，标准更加统一，审判质量更有保障。

最高人民法院受理的每一起死刑复核案件，都实行合议庭、审判长、副庭长、庭长乃至主管副院长层层把关。合议庭要在人人阅卷，写出书面审查报告和阅卷报告基础上，对于事实证据、适用法律、定罪量刑和审判程序，认真讨论提出处理意见，对于核准死刑的原则上要提讯被告人，必要时还要到案发地调查核实。对于疑难、复杂的案件，在上报主管副院长审核后，还要提交审判委员会审理决定。不少案件需要下级法院甚至公诉、侦查机关补充相关材料，要求公安机关查证被告人检举、揭发他人犯罪的情况也比较普遍。这些措施的目的，就是要防止出现错案，做到"疑者不杀，杀者不疑"，经得起历史的检验。② 虽然最高人民法院并未开始公布死刑审核相关数据，但近年在死刑复核方面，依据宽严相济刑事政策和法律规定的要求不核准死刑的，始终占有一定的比例。③

---

① 胡云腾：《死刑通论》，中国政法大学出版社，1995，第4页。
② 《最高法院不核准死刑比例较大》，新浪网，http://news.sina.com.cn/c/2007-09-07/114013839980.shtml。
③ 《死刑核准权收归最高法院统一行使后死刑数量明显下降》，中国法院网，http://old.chinacourt.org/html/article/200709/06/263362.shtml。

三 关于限制死刑、加强生命权保障的建议

一百多年前恩格斯指出：现代社会的死刑，不过是原始社会血的复仇的文明形式，而且还带有文明的一切好处与弊害。

目前，废除死刑已经成为人类文明进取的大趋势。废除死刑的国家在世界上有发达国家，也有发展中国家，保留死刑的国家有发达国家，也有发展中国家。在一些保留死刑的国家和地区，对死刑适用采取了极其严格的要求和标准，使死刑由过去的一种常规性刑罚变成一种例外性的刑罚。比如：韩国已连续16年没有执行过一例死刑；日本自2010年以来，总共执行死刑的人数为9人；印度作为世界上第二大人口大国，保留着死刑，但是死刑判决执行率非常低，据统计，印度平均每年做出130起死刑判决，但过去17年仅有3名案犯被执行死刑。[①]

我国的死刑政策与我国的社会、经济发展阶段相适应，是现阶段客观情势的体现。我国目前不具备废除死刑的物质文化条件。保留死刑但严格限制死刑的适用是合理的政策选择。

关于限制死刑、加强生命权保障的建议有以下几点。

（一）在社会上提倡保障和尊重生命权的理念

社会对于生命权的漠视是滥用刑罚的源头。加强生命权保障务必在社会中提倡宽容的、尊重生命的理念。生命权是最基础也是最重要的人权。没有了生命权，其他的人权无从谈起。第二次世界大战之后，人们越来越重视对生命权的保护。

我们的文化当中本就有宽容的理念。我国古代就有着强烈的尊重生命的传统。孔子的名言"己所不欲，勿施于人"，如今已得到世界各国的认同，

---

① 《印度判处4轮奸案犯死刑》，新华网，http://news.xinhuanet.com/word/2013-09/15/c_125388758.htm。

成为众多国家关于人权的共识。《老子》中也有这样的认识,"夫兵者,不祥之器……夫乐杀人者,则不可得志于天下矣"。历史上记载,唐朝曾有废除死刑的事情,是在唐玄宗时期,当然最后没有实行。为了慎重处刑,唐朝还建立了如今日死刑复核制度的"复奏"①。这说明我们的文化中是倡导尊重和保护人的生命权的。

提高保障和尊重生命权的认识必须加强人权教育。加强人权教育是提高对生命权认识的一个重要途径。《国家人权行动计划(2012 - 2015年)》重点提出:"广泛开展各种形式的人权教育和培训,在全社会传播人权理念,普及人权知识。"客观正确地认识死刑的作用和犯罪产生的复杂原因,提高对人的生命价值的重视程度,培养将心比心和宽容的人权文化。

提高对生命价值的认识要求杜绝以公审大会、公判大会的形式来执行死刑。因为将死刑执行"戏剧化"而公众却不会被"残忍化",这几乎不可能。② 联合国人权事务委员会对公开执行死刑持批评态度,认为它"与人类的尊严格格不入"。

(二)进一步废除非暴力犯罪的死刑

我国在适用死刑的限制方面取得了很大的进步,但是死刑罪名依然过多。

《公民权利和政治权利国际公约》要求"判处死刑只能是作为对最严重的罪行的惩罚",而对"最严重的罪行"的含义,联合国人权事务委员会在其对国家报告的评论中指出,"在任何情况下,财产犯罪、经济犯罪、政治犯罪以及其他不涉及使用暴力的犯罪"都不是"最严重的罪行"。

中国1997年刑法一共规定了68种犯罪可以适用死刑,其中危害国家安全的犯罪有7种,危害国家军事利益和国防利益的犯罪有14种,破坏经济秩序的犯罪有16种,危害公共安全的犯罪有14种,妨害社会管理秩序的犯罪有8种,侵犯公民人身权利和民主权利的犯罪有5种,贪污贿赂和侵犯财

---

① 胡云腾:《死刑通论》,中国政法大学出版社,1995,第38页。
② 刘仁文:《死刑的"温度"》,《新京报》2013年7月20日,第4~5版。

产的犯罪各有 2 种。2011 年，《刑法修正案（八）》又取消了 13 个经济性非暴力犯罪的死刑。2014 年 10 月 27 日，第十二届全国人大常委会第十一次会议初次审议《刑法修正案（九）（草案）》。草案拟再减少 9 个适用死刑的罪名：走私武器、弹药罪，走私核材料罪，走私假币罪，伪造货币罪，集资诈骗罪，组织卖淫罪，强迫卖淫罪，阻碍执行军事职务罪，战时造谣惑众罪。若本草案审议通过，我国死刑罪名将由现有的 55 个降至 46 个。然而，即使这一数字也足以使中国成为当今世界保留死刑罪名最多的国家之一。

因此，我国应当进一步取消非暴力犯罪的死刑适用。经济犯罪、财产犯罪的危害性较故意杀人、绑架、抢劫、强奸等直接侵犯公民人身权利的暴力犯罪的危害性明显较轻，不属于刑法规定的"危害极其严重的犯罪"之列。经济犯罪主要侵犯财产权益，或者破坏社会经济秩序，它造成的损失是经济型、财产性损失，这些损失可以通过追赃、无偿劳动等方式得到弥补。它不具有外显性、残酷性等暴力犯罪特征，造成的危害主要通过财产数量体现。而且这类犯罪受害人一般不是个人，经常是集体性质，其当事人比较理智，往往追求对经济犯罪主体适用自由刑、财产刑、资格刑，着眼于对罪犯的控制。在经济犯罪上为避免发生误判造成不可挽救的结果，不适用死刑，是可取的。①

另外，联合国经济及社会理事会在 1989 年第 64 号决议中促请成员国每年公布许可处以死刑的罪行种类及采用死刑的情况，包括"判处死刑的人数、实际处决人数、被判处死刑但尚未执行人数、经上诉后被撤销死刑或减刑的人数以及给予宽大处理的人数"。死刑人数的公开也是民众知情权和监督权的要求。从国际和国内形势发展的趋势看，公布死刑数量是一个趋势。为了提升我国在国际上的形象，也需要进一步限制死刑。

（三）完善刑罚制度，增设终身监禁制度

在许多废除死刑的国家里，都有终身监禁的严厉刑罚制度。对杀人犯只要判处了终身监禁，就起到了安抚被害人亲属的作用，社会就认为实现了正

---

① 胡云腾：《死刑通论》，中国政法大学出版社，1995。

义。这些国家的实践表明，人类是可以在一个没有死刑的社会里实现正义的。"人类通过制度创新可以不再依赖死刑来有效地维护社会治安。没有任何证据证明，那些废除死刑的国家和地区社会治安要比那些保留死刑的国家和地区更差，也没有任何证据证明，在同一个国家和地区，废除死刑后的社会治安要比废除死刑之前更差。"①

我国在限制死刑的同时，应当完善有期徒刑，提高生刑期限，增设终身监禁。我国刑法中对有期徒刑最高刑期规定为 15 年，特殊情况不超过 20 年，有些偏低，导致与无期徒刑相隔太远，差距太大，无法对那些处 20 年徒刑较轻，而处无期徒刑又太重的犯罪恰当量刑。我国刑法在无期徒刑与死刑之间缺乏过度刑，两个刑种之间的"落差"太大。在实践中以至于出现要么适用无期徒刑，要么适用死刑的局面。现行刑法中有很多个罪，极有可能出现如果判处无期徒刑则畸轻、判处死刑则畸重的尴尬。适用终身监禁，则可能避免这种情况，使罪责刑相适应原则得到实现。建议先把严重暴力性犯罪除外的其他个罪中的死刑改为终身监禁，诸如走私罪、盗窃罪等。同时，在严重暴力性犯罪的刑罚保留死刑的同时增加终身监禁。②

（四）应赋予死刑犯申请赦免的权利

死刑犯申请特赦已经成为一项国际公认的权利。联合国《公民权利和政治权利国际公约》规定："任何被判处死刑的人应有权要求赦免或减刑。对一切判处死刑的案件，均得给予大赦、特赦或减刑的机会。""虽然我国的死刑案件已经有了一套普通刑事案件所没有的复核程序，但死刑复核并不能代行赦免的功能，如对独生子女犯死罪的，在死刑复核环节必须坚持法律面前人人平等，但从国家施仁政的角度来看，也许在赦免死刑上就可以找到

---

① 刘仁文：《死刑的"温度"》，《新京报》2013 年 7 月 20 日，第 B4~5 版。
② 王汉塘：《试论我国刑法增设终身监禁之必要——由赖昌星案所想到的》，《法制与社会》2007 年第 11 期。

理由。"①

尊重和保障人权是我国宪法的基本原则。2012年3月通过的新《刑事诉讼法》将"尊重和保障人权"写进法条。2014年，中国共产党十八届四中全会以法治为主题，对全面推进依法治国做出了战略部署。进一步加强对生命权的保障，逐步限制死刑以至废除死刑，是我国人权保障的一个发展方向。

---

① 刘仁文：《死刑的"温度"》，《新京报》2013年7月20日，第4~5版。

B.11
2014年中国反恐怖斗争与人权保障[*]

古丽阿扎提·吐尔逊[**]

摘　要： 2014年我国新疆又发生了多起严重暴力恐怖事件，给国家、社会和公民的权益造成了严重损失，侵犯了公民的生命权、健康权、财产权、免于恐惧权和发展权。为了严厉打击暴恐分子，使之受到法律惩罚，在国家反恐怖工作领导小组的部署要求下，新疆维吾尔自治区从2014年5月23日起至2015年6月，以新疆为主战场启动严打暴力恐怖活动专项行动，严厉打击暴恐分子的嚣张气焰。与此同时，通过制定《中华人民共和国反恐怖主义法（草案）》和《中华人民共和国刑法修正案（九）（草案）》和有关的司法解释，构建了反恐法制体系。加强反恐国际合作和加强反恐对外宣传，表现了反恐斗争中保护人权的决心。

关键词： 反恐　人权　中国

2014年发生的一系列恐怖袭击事件不仅对中国的社会稳定和发展产生

---

[*] 本文是2014年度国家社科基金特别委托项目"习近平总书记新疆反恐战略研究"（14@ZH053）、2014年度国家社科基金项目一般项目"基于统计分析的新疆恐怖主义问题研究"（14BZZ030）和中国博士后科学基金第七批特别资助项目课题"'东突'势力对我网络渗透问题研究"（2014T70952）的阶段性成果。

[**] 古丽阿扎提·吐尔逊，法学博士，新疆大学法学院教授、四川大学客座研究员、中国西部边疆安全与发展协同创新中心研究员，主要研究方向为刑法学、人权法学。

了广泛而深刻的影响,而且也严重危害了广大人民群众的生命和财产安全,侵犯了公民的基本人权。这一年,我国公检法部门根据有关法律法规,严厉打击暴恐犯罪活动,按法律程序公开开庭审理了暴恐分子,使他们受到了法律的严惩。但是一些恐怖分子却并没有从惩罚中吸取教训,反而在犯罪的道路上越走越远,继续与政府和人民对抗,攻击无辜群众,造成了大量的伤亡,严重侵犯了各民族人民的生命权、财产权和安全权。2014年,暴恐分子几乎每个月发动一次或几次恐怖袭击,严重破坏了社会安宁和秩序,侵犯了基本的人权,践踏了公民的生命权、财产权和免于恐惧权。为了有效打击暴恐分子,我国一方面严厉打击恐怖分子,另一方面积极制定和出台专门针对暴恐分子和极端分子的法律法规,依法惩罚恐怖分子。与此同时,我国还积极参加联合国主导的一系列反恐会议和反恐机制,加强反恐领域的国际合作,从而为消除恐怖分子的土壤打下基础。

一 暴力恐怖犯罪严重践踏了基本人权

2014年我国发生的暴力恐怖活动呈现增长趋势。在2014年发生的恐怖袭击活动中,"3·01"恐怖袭击事件、"4·30"恐怖袭击事件、"5·22"恐怖袭击事件和"7·28"恐怖袭击事件的性质特别严重。在这些事件中,犯罪分子疯狂攻击政府机关和无辜群众,造成了100多人死亡,300多人受伤。2014年3月1日发生在昆明火车站的一幕,至今令人不寒而栗。蒙面暴徒手持长刀在临时候车室和临时售票区疯狂杀戮,短短十几分钟就夺走了29个无辜生命,砍伤149人。2014年4月30日,恐怖分子在乌鲁木齐火车南站出站口接人处施暴,造成1名无辜群众死亡,79人受伤。此后不到一个月,在2014年5月22日,暴恐分子驾驶两辆无牌汽车在新疆乌鲁木齐市沙依巴克区公园北街一早市冲撞群众,此后两辆车发生爆炸起火。这次暴力恐怖事件造成31人死亡、94人受伤。2014年7月28日凌晨,新疆莎车县发生一起严重暴力恐怖袭击案件。一伙暴徒持刀斧袭击艾力西湖镇政府、派出所,并有部分暴徒窜至荒地镇,打砸焚烧过往车辆,砍杀无辜群众,造成无辜群众 37 人死亡、13 人受伤，31 辆车被打砸，其中 6 辆被烧。处置过程中，击毙暴徒 59 人，抓捕涉案人员 215 人。2014 年 7 月 30 日，即穆斯林群众的肉孜节（开斋节）期间恐怖分子残忍地杀害了艾提尕尔清真寺哈提甫居玛·塔伊尔大毛拉。① 2014 年 9 月 21 日新疆轮台县又发生多起爆炸，造成 6 名群众死亡，54 名群众受伤。公安机关果断处置，40 名暴徒自爆身亡或被击毙，2 名被抓获，2 名公安民警和 2 名协警牺牲。可见，恐怖分子在 2014 年这一年制造的暴力恐怖犯罪手段残忍，性质严重，不仅在社会上传播恐怖气氛，威胁普通公民的免于恐惧权，而且也侵犯了无数无辜公民的生命权和财产权。

表 1 2014 年我国发生的恐怖袭击事件及其损失

单位：人

序号	发生时间	地区	袭击目标	死亡	受伤	抓获人数
1	1 月 24 日	新疆新和县	美容店和菜市场	1	2	5
2	2 月 14 日	新疆乌什县	公安巡逻车辆	—	4	1
3	3 月 1 日	昆明火车站	火车站	29	149	4
4	4 月 30 日	乌鲁木齐火车南站	火车站的群众	1	79	—
5	5 月 8 日	阿克苏	警察	—	—	1
6	5 月 22 日	乌鲁木齐	早市	31	94	1
7	6 月 21 日	叶城	公安局	—	3	—
8	7 月 28 日	莎车	镇政府和派出所	37	13	215
9	7 月 30 日	喀什	清真寺伊玛目	1	—	1
10	8 月 1 日	墨玉	—	—	—	1
11	9 月 21 日	轮台	农贸市场和派出所	6	54	2
12	11 月 29 日	莎车	美食街	4	14	—

数据来源：笔者根据各种公开报道整理。

从表 1 可以看出，2014 年的暴力恐怖活动与 2013 年有一定的差别。首先从案件发生的时间段上来看，2014 年发生的恐怖袭击事件大部分发生在

---

① 古丽阿扎提·吐尔逊：《论中国的反恐斗争与人权保障》，《人权》2014 年第 5 期。

重要的时间节点。以 2014 年 4 月 30 日发生的恐怖袭击事件为例，2014 年 4 月 27～30 日习近平总书记到新疆考察工作。在新疆期间，习近平考察了喀什公安派出所、驻疆部队、武警部队、新疆建设兵团的民兵应急处等单位，多次强调："对暴力恐怖活动，必须保持严打高压态势，先发制敌，露头就打，打早、打小、打苗头，以迅雷不及掩耳之势、用铁的手腕予以毁灭性打击，坚决把暴力恐怖分子的嚣张气焰打下去，以震慑敌人、鼓舞人民。要通过维护稳定营造良好发展环境，促进新疆更好更快发展。"[1] 习近平总书记刚离开新疆，恐怖分子便迫不及待地在乌鲁木齐火车南站袭击了无辜群众，造成多名无辜群众伤亡。2014 年 5 月 21 日，习近平总书记在亚信会议演讲时提出"对恐怖主义、分裂主义、极端主义这'三股势力'，必须采取零容忍态度"。当天，新疆维吾尔自治区高级人民法院召开新闻发布会，公布了此前新疆各地法院对 16 起涉嫌组织、领导、参加恐怖组织罪、煽动民族仇恨民族歧视罪、非法制造枪支罪等罪名的案件进行公开宣判的情况，涉案的 39 名被告均被依法判处有期徒刑。5 月 22 日，恐怖分子就驾驶无牌汽车在乌鲁木齐市沙依巴克区公园北街冲撞去早市买菜的群众，制造了又一次恐怖袭击事件。2014 年 7 月 29 日是穆斯林群众的神圣节日——肉孜节（开斋节）。7 月 28 日，新疆的虔诚穆斯林群众经过 30 天封斋后准备第二天的开斋。疯狂的恐怖分子藐视神圣的开斋节，手持刀斧袭击莎车县艾力西湖镇政府、派出所，造成血腥事件。肉孜节第二天，即 2014 年 7 月 30 日，恐怖分子残忍地杀害了艾提尕尔清真寺伊玛目爱国宗教人士居玛·塔伊尔大毛拉。恐怖分子选择重要时间段实施恐怖袭击活动的目的就是制造恐怖气氛，威胁群众的生存环境和生活追求。

其次，从暴恐分子对袭击目标的选择上看，2014 年的恐怖袭击活动表现出两个特点：一是恐怖袭击目标趋向重要的交通枢纽；二是恐怖袭击矛头

---

[1] 李斌、霍小光：《把祖国的新疆建设得越来越好——习近平总书记新疆考察纪实》，《人民日报》2014 年 5 月 4 日，第 1 版。

主要指向政府机关和警察。2014年之前有过企图通过劫持飞机等交通工具来进行袭击的案例。但是，我国公安部门提前发现从而及时挫败了暴恐分子的阴谋，最终使他们没有能够达到造成大规模血腥事件的目的。在2014年发生的昆明"3·01"和乌鲁木齐"4·30"两起案件中，恐怖分子公然跑到作为重要交通枢纽的火车站，手持刀斧和自制爆炸物攻击无辜群众，造成了200多名无辜群众伤亡。暴恐分子之所以选择交通枢纽作为实施犯罪地点，一方面是因为这样做能够达到伤害更多无辜群众，从而向国家和政府示威的目的；另一方面是要通过在火车站等交通要点实施犯罪，传播社会恐惧，给普通公民造成心理压力，进而扰乱社会秩序，达到制造民族隔阂的卑鄙目的。值得注意的另一点是，2014年暴恐分子频繁攻击了国家机关。在2014年1月至9月发生的11起案件中，就有5起案件以派出所、公安民警为袭击对象。公安机关和警察是维护社会秩序的主要力量，攻击公安机关、阻碍警察执法将严重影响社会秩序的有效维持。暴恐分子正因为认识了到这一点，才攻击公安巡逻车辆、民警和镇政府、派出所，进而破坏社会秩序。

第三，从犯罪地点和犯罪结果上看，2014年发生的恐怖袭击事件以新疆南部（以下简称"南疆"）几个县为重点，逐渐辐射到乌鲁木齐甚至内地大城市。在以上的12起案件中有9起案件发生在南疆，2起发生在乌鲁木齐，1起发生在昆明，表现出恐怖分子袭击地点的扩散化。从犯罪结果来看，由于上述12起案件大部分发生在重要的时间节点和主要的交通枢纽，其所造成的后果特别严重。以"3·01"事件、"4·30"事件、"5·22"事件和"7·28"事件这4起案件为例，死亡人数近100名，受伤人数超过330名。① 暴力恐怖分子的恐怖行为是为了"让一个民族被暴恐所绑架"，"给这个民族带来了无尽的痛苦和沉重的灾难"！②

---

① 由于不同媒体上报道的"7·28"事件的伤亡人数不一致，因此笔者的计算会存在一定的偏差。
② 《维吾尔族大学生抨击暴恐袭击：我们，不会再沉默》，中国新闻网，http://www.chinanews.com/gn/2014/05-01/6125337.shtml。

二 打击暴力恐怖犯罪活动，保障公民的基本人权

恐怖分子的犯罪行为严重侵犯了基本人权。当前，依法严厉惩罚恐怖分子，保护公民的生命权和财产权已成为迫不及待的工作。针对日益猖獗的暴力恐怖犯罪，中央和地方政府采取多项措施严厉打击暴恐分子的嚣张气焰。

第一，通过专项打击行动，抓捕暴恐分子，将其绳之以法，保护无辜群众的生命权和财产权。按照国家反恐怖工作领导小组的部署要求，新疆维吾尔自治区党委决定从2014年5月23日至2015年6月，以新疆为主战场启动严打暴力恐怖活动专项行动。① 在专项行动开展后1个月的时间里，新疆全区公安机关共打掉暴力恐怖团伙32个，抓获暴恐团伙犯罪嫌疑人380余名，抓获涉暴涉恐逃犯65人，查缴爆炸装置264枚、制爆原料3.15吨、各类管制器具357把。同时，查处教经习武点21处，收缴存储、传播暴恐和宗教极端思想等内容的电脑101台，移动存储介质（光盘）387张，书籍1701本和一批暴恐训练器材。② 据天山网2014年11月25日报道，截至11月22日新疆全区各级公安机关破获危安暴恐团伙115个，侦办44起网上传播制爆技术案件、294起网上传播暴恐音视频案件，并曝光了多起典型谣言案件；共取缔171处非法教经点，抓获238名非法教经及提供场所人员，解救教育757名学经人员；查处宗教干预婚姻违法案件219起519人。在查禁非法宗教宣传品过程中，查缴2.3万余件非法宣传品，其中非法宗教书籍1.8万余本、光碟2649张、移动存储介质777个。③ 通过这次专项行动，深挖潜在

---

① 戴岚、韩立群：《新疆启动严打暴恐活动专项行动 维护各族人民群众生命财产安全》，人民网，http://xj.people.com.cn/n/2014/0523/c188514-21274898.html。
② 《新疆打击暴力恐怖犯罪专项行动进展情况发布会实录》，新华网，http://news.xinhuanet.com/politics/2014-06/23/c_126659785.htm。曹志恒、白志强：《新疆一个月打掉32个暴力恐怖团伙 公开宣判315人》，新华网，http://news.xinhuanet.com/legal/2014-06/23/c_1111273033.htm。
③ 《依法严打 树立反恐法治信念——新疆严打暴恐活动专项行动纪实》，天山网，http://news.ts.cn/content/2014-11/24/content_10750070.htm。

的暴恐分子，严防暴恐袭击，有效地保护了人民群众的生命权和财产权。

第二，启动全民参与反恐斗争，形成全民反恐机制，消除暴恐行为所带来的恐惧和不安，保护公民免受恐惧的权利。2014年5月24日，新疆维吾尔自治区高级人民法院、自治区人民检察院、自治区公安厅联合发布的《关于依法严厉打击暴力恐怖活动的通告》中指出："鼓励、保护各族人民群众积极举报上述违法犯罪活动、提供违法犯罪活动线索，动员、规劝在逃违法犯罪人员投案自首。凡举报有功的，按有关规定给予奖励，并对检举揭发人员予以保护和保密。"2014年8月，新疆维吾尔自治区政府还拿出3亿多元奖励所有参与围捕专项行动的群众及相关人员。《通告》发出之后，获得了广大各族人民群众的广泛支持。新疆各族人民积极检举揭发犯罪活动和嫌疑人，协助警方抓捕暴恐分子，与暴恐分子勇敢进行斗争。在专项行动期间，新疆各级公安机关接到来自群众举报的案件线索400余条。2014年5月26日，根据和田地区群众的举报，和田地区公安机关破获了一个暴恐团伙，缴获18箱制爆物品。之后，又通过缜密侦查抓获5名团伙成员。2014年5月29日，一名可疑人员在阿克苏市购买火柴时被要求实名登记后，立即驾车逃离。当地群众及时拨打"110"举报。阿克苏市公安机关迅速出警，将该可疑人员抓获。经审讯深挖，破获一个制造爆炸装置，预谋发动恐怖袭击的暴恐团伙。2014年6月10日，阿克苏地区公安机关根据一名宗教人士的举报，破获一个暴恐团伙，抓获3名犯罪嫌疑人，查获大量涉爆涉恐物品。[1] 2014年8月1日，和田地区公安机关与墨玉县3万余名群众合力围捕，摧毁一个暴恐团伙，案件侦办处置中，陆续有70多名群众提供线索，公安民警和群众无一伤亡。8月3日下午，有关部门在墨玉县人民广场举行万人大会，对首批在这次围捕专项行动中涌现出的先进集体和个人进行表彰奖励，奖励金额423万元。[2] 启动专项行动之后，根据群众举报破获暴恐团

---

[1] 赵婷：《新疆严打暴恐首月：群众提供举报线索400多条》，人民网，http://xj.people.com.cn/n/2014/0623/c188514-21490714.html。

[2] 曹志恒、白志强：《新疆3亿元重奖参与围捕暴恐分子的人员》，《新华每日电讯》2014年8月4日，第1版。

伙11个，抓获涉案人员80余人，收缴爆炸装置160余个，查获制爆原料40余公斤，收缴一批制爆工具、多媒体卡等宗教极端内容宣传物品，打掉2个暴恐音视频刻录点。① 在各族人民的共同努力之下，暴恐分子被迫收敛自己的犯罪活动，主动向有关部门投案自首。和田地区公安机关通过与在逃人员家属交心谈心，成功规劝一名重大在逃人员自首。在强大的法律震慑下，新疆已有52名犯罪嫌疑人和在逃人员主动投案自首，最大限度地消除了隐患。②

为了消除公民的恐惧，提高他们在面对暴恐分子时的自救能力，2014年7月22日国家反恐办编制了《公民防范恐怖袭击手册》，分别在北京、上海、广东、河南、乌鲁木齐等地免费向市民发放。《公民防范恐怖袭击手册》从42个方面详细介绍了公民反恐、防恐的基本常识③，最大限度地培养和提高了人民群众的防恐和反恐意识。有效地军警民群联合反恐防线和政府的积极防恐措施，对民众生活环境进行了全方位的保护，使民众得以安宁地生活。此外，全国各省（区、市）还根据实际情况建立了反恐工作体系，开展反恐应急演练，提升应急处理能力。2014年4月至6月，陕西省11个市的公安、武警、消防、卫生、市政抢险等多个应急职能部门6000余人近2000辆车辆参加了反恐演练。④ 山东省则建立反恐工作综合体系，包括反恐维稳指挥体系、现场处置体系、网络防恐体系、宣传培训体系、区域部门协作体系和考核评估工作体系等10个组成部分，⑤ 进而加强各部门的反恐能力。

第三，通过法律程序，依法办理暴恐案件，在保护被害人权利的同时，也最大限度地保障了犯罪嫌疑人的权利。暴恐分子通过自己残忍的犯罪行为，

---

① 《新疆专项行动打掉32个暴恐团伙，抓获380余人》，新华网，http://www.js.xinhuanet.com/2014-06/23/c_1111270572.htm。
② 《新疆破获危安暴恐团伙115个52名嫌疑人投案自首》，法制网，http://www.chinanews.com/fz/2014/11-26/6817315.shtml。
③ 袁国礼：《北京新疆等地发放"反恐手册"》，人民网，http://politics.people.com.cn/n/2014/0723/c70731-25322230.html。
④ 《提升应急处突能力 推动反恐维稳工作》，《人民公安报》2014年7月4日，第3版。
⑤ 匡学：《山东十大体系推动反恐能力升级》，《人民公安报》2014年6月25日，第1版。

剥夺了无数无辜群众的生命。他们用打砸抢烧等暴力手段破坏公私财产。依法对他们的犯罪行为进行侦查、起诉和审判，不仅是保护国家、社会和个人的合法利益，而且也能体现法律的尊严。2014年发生的暴恐案件中，各地的公检法机关及时启动侦查、起诉和审判职能，对暴恐嫌疑人进行侦查、起诉和审判。据统计，自专项打击行动开展以来，新疆各级法院共审结暴力恐怖、宗教极端、制枪制爆、传播涉暴恐音视频、组织偷越国（边）境等犯罪案件120件315人。[①] 2014年5月27日，自治区高级人民法院伊犁州分院对6件故意杀人，分裂国家，组织、领导、参与恐怖组织案的55名被告人进行了公开宣判。6月5日，喀什、和田、阿克苏、巴州、克州、伊犁州等6地州的法院对组织、领导、参加恐怖组织，故意杀人，放火，非法制造爆炸物，抢夺枪支，故意伤害，煽动民族仇恨、民族歧视，传授犯罪方法等23案81名被告人集中进行了公开宣判。6月16日，乌鲁木齐市中级人民法院对北京"10·28"暴恐案进行了一审公开宣判。同日，经最高人民法院核准，阿克苏、吐鲁番、和田3地州中级人民法院对犯组织、领导、参加恐怖组织罪，故意杀人罪，放火罪，非法制造、储存、运输爆炸物罪等7案13名罪犯执行死刑。2014年9月12日，云南省昆明市中级人民法院对"3·01"昆明火车站严重暴力恐怖案件一审公开开庭审理完毕并当庭宣判，以组织、领导恐怖组织罪、故意杀人罪数罪并罚，判处被告人依斯坎达尔·艾海提、吐尔洪·托合尼亚孜、玉山·买买提死刑，剥夺政治权利终身；以参加恐怖组织罪、故意杀人罪数罪并罚，判处被告人帕提古丽·托合提无期徒刑，剥夺政治权利终身。

犯罪嫌疑人的基本权利保护是反恐斗争中的重要问题。为了避免无辜者受到惩罚，新疆政法机关针对基层在严打过程中反映出的法律适用问题，专门发布文件对相关问题进行解答，同时对各级政法干部进行专项培训，专门抽调了业务骨干组成法律服务小组，深入基层开展工作，为依法办案提供业

[①] 程勇：《新疆严打暴恐首月打掉32团伙 已宣判120件315人》，中国新闻网，http://www.chinanews.com/fz/2014/06-23/6309765.shtml。

务指导。检察机关就提请批捕案件严格依照批捕标准审查，对受理审查起诉案件严格按照起诉标准审查起诉，并严格履行法律监督职能，就侦查活动、审判活动是否规范依法进行监督，确保严打活动依法进行。2014年6月16日，在乌鲁木齐市中级人民法院一审公开宣判的北京"10·28"暴力恐怖袭击案件，在审查起诉期间，检察机关曾就案件事实、证据存在的问题，坚持退回公安机关补充侦查。2014年9月12日，云南省昆明市中级人民法院对"3·01"严重暴恐案件进行审判时确认被告人帕提古丽·托合提实施杀人行为，犯罪情节特别恶劣，罪行极其严重。但是由于其在羁押时已怀孕，属于依法不适用死刑的情形，法院依法对其不适用死刑，判处她无期徒刑，剥夺政治权利终身。新疆各级法院在严打行动中，坚持在依法保障被告人各项诉讼权利的前提下快审快判，对暴恐犯罪的首要分子、罪行重大者坚决依法严惩，对具有自首、立功等法定从轻、减轻处罚情节的，从宽处罚。2014年10月13日，喀什地区中级人民法院对莎车县"7·28"严重暴恐袭击案部分被告人做出一审判决，判处其中12名被告人死刑、剥夺政治权利终身。法院在审理案件时，充分贯彻了宽严相济的刑事政策，被告人艾力·图尔荪参与杀害无辜群众，在案发后自动投案，有自首情节，被从轻判处无期徒刑。① 在这些案件的审理过程中，各地法院都能够做到依法公开审判，邀请社会各界代表、各族群众旁听庭审，依法保障被告人的辩护权、使用本民族语言文字诉讼权，依法保障辩护人、其他诉讼参与人的诉讼权利。特别是暴恐分子大部分不懂国家通用语言文字这一情况在各个案件的庭审过程中得到了充分的考虑。为了保障犯罪嫌疑人在审判阶段能保护自己的法律权利，在案件审理中，各级法院均依法为被告人指定了辩护人，法庭使用被告人本民族语言文字进行诉讼，被告人的各项诉讼权利得到充分保障。②

---

① 潘从武、隋云雁：《新疆严打危安暴恐犯罪52名涉暴恐犯罪嫌疑人投案自首》，《法制日报》2014年11月29日，第8版。
② 其中也有个别例外的情况。如2014年9月由乌鲁木齐市中级人民法院公开开庭审理的原中央民族大学教师伊力哈木·土赫提涉嫌分裂国家罪一案之中，根据被告人的申请，庭审活动使用汉语进行。

三 打击恐怖主义保护人权的对策建议

健全反恐法律体系，构建反恐维稳机制，进而消除恐怖主义生存的土壤是保护人权的制度保障。展开国际反恐合作，争取国际社会对反恐的支持是我国反恐斗争获得最终胜利的外部条件。加强反恐宣传工作，揭露暴恐分子的真面目是回击西方国家反恐双重标准的主要途径。因此，我们在打击恐怖主义，保护我国人民的基本权利时必须从以上三个方面入手，消除恐怖主义产生的内外条件。

1. 完善反恐法律，构建反恐的法律基础

随着暴恐威胁的增加，法律在打击恐怖主义、保护人权方面的作用日益提升，反恐专门法律的制定工作也被列入我国的立法日程。2014年可以说是中国暴恐事件频繁发生的一年。为了及时有效地打击恐怖分子，解决惩罚恐怖分子、保护人民合法权益过程中面临的困难，2014年9月9日，最高人民法院、最高人民检察院、公安部联合发布了《关于办理暴力恐怖和宗教极端刑事案件适用法律若干问题的意见》。该《意见》结合新疆的民族、宗教特色，坚持惩罚暴恐分子和保障人权的基本原则，提出了办理恐怖案件坚持以事实为依据，在整个法律程序中以法律为准绳，全面审查犯罪嫌疑人、被告人的犯罪动机、主观目的、客观行为和危害后果。该《意见》在及时打击极端恐怖分子，保护各族人民的基本权利方面起到了很大的作用。但是由于《意见》没有提出宗教极端活动和合法宗教活动的区分标准，在执行该《意见》的过程中一些执法人员难以避免对两种行为界限的错判。为避免执行中对《意见》的误解，公检法部门或民族宗教部门应该提出具体的指导性意见，指导执法人员在严打极端势力过程中严格区分宗教极端违法犯罪与正常宗教活动的区别，严格执行党和国家的宗教、民族政策，保护正常宗教活动，维护民族团结，严禁歧视信教群众和少数民族群众。

我国反恐法律构建中还有一个里程碑是《反恐怖主义法（草案）》。2014年4月，在国家反恐怖工作领导小组的牵头下，公安部会同全国人大常委会法制工作委员会、国家安全部、工业和信息化部、人民银行、国务院法制办、武警总部等部门成立《反恐怖主义法》起草小组，着手起草了《反恐怖主义法（草案）》。该草案由10章106条构成。它主要规定了反恐怖主义工作的基本机制和原则，反恐怖主义必要的手段和措施，反恐怖主义领导机构和有关部门的职责任务，反恐工作中可以和应当采用的各种防范措施，国家反恐怖主义情报中心和跨部门情报信息运行机制、应对处置机制和恢复社会秩序的方法，恐怖活动组织及恐怖活动人员名单的认定条件、认定机构、认定程序、公告效力及救济程序，反恐怖主义国际情报信息交流、执法合作、国际资金监管合作、刑事司法协助等内容。该草案不仅全面体现了依法打击恐怖分子和保障人权的基本原则，而且也贯彻了国际法和国内法的反恐和人权保障的主要原则和工作机制。如果该草案付诸实施，将对打击恐怖分子、保障人权有很大的帮助。可是，该草案在界定恐怖主义概念、反恐领导机构的职责范围、恐怖主义组织和恐怖分子的认定主体方面有一些不足，对恐怖主义的定义失之过宽，对可能涉及的敏感群体缺乏权利保障的平衡机制，对于反恐领导部门的协调规定语焉不详，因此，该草案还有很大的改进空间。笔者认为《反恐怖主义法（草案）》的恐怖主义定义在国际法规定的恐怖主义概念之内界定不仅对我国开展国际反恐合作有帮助，而且也能为正确打击暴恐分子提供明确基础。

2014年在《中华人民共和国刑法修正案（九）（草案）》（以下简称"草案"）中增加恐怖主义罪名和刑罚是反恐法制建设的另一个里程碑。草案充分考虑到近几年来暴力恐怖犯罪的新特点和新态势，总结了同这类犯罪做斗争的经验，拟在刑法有关规定的基础上，对组织、领导、参加恐怖组织罪增加财产刑。最近几年在我国新疆和内地一些大城市发生的恐怖袭击事件都或多或少地呈现出了犯罪分子将互联网作为串联、宣传手段的特征。越来越多的暴恐分子通过网络学习恐怖技术，传播恐怖制造手段。根据当前暴力恐怖犯罪的特点，草案中增加规定以制作资料、散发资料、发布信息、当面讲授等方式或者通过音频视频、信息网络等宣扬恐怖主义、极端主义，或者煽动实施暴力恐怖活动的犯罪。鉴于新疆等地极端分子越来越多地暴力干涉他人婚

姻,阻止一些人领取国家婚姻登记部门发的结婚证,煽动他们不服从国家的有关法律的情形,草案增加规定利用极端主义煽动、胁迫群众破坏国家法律确立的婚姻、司法、教育、社会管理等制度实施的犯罪。草案对目前恐怖主义犯罪的网络特征给予充分考虑,从犯罪构成要件到刑罚设置具体描述了网络时代的恐怖活动如何治理。但是笔者认为本次刑法修正案似乎专门为新疆的暴力恐怖活动而制定,这背离了法律的普遍性和预见性原则。笔者认为该草案必须考虑恐怖主义活动的全国性性质,从全国角度设置恐怖主义犯罪的构成要件和惩罚机制,体现刑法的预见性和普遍性功能。

2. 加强反恐国际合作,减少恐怖主义的外部危险

我国的恐怖主义犯罪活动背后有着深刻的国际背景。因此,在打击恐怖活动中我国特别重视与国际社会合作。2014年我国积极参与和推进双多边领域的合作活动,努力推动上海合作组织加强地区反恐合作,积极参与"全球反恐论坛"以及金砖国家、亚太经合组织、东盟地区论坛等机制下的反恐合作,支持这些地区国家的反恐努力,向周边发展中国家提供了反恐物资援助、紧急人道援助和培训等。我国还积极参与联合国的反恐讨论,在国际舞台上提出自己的反恐和人权保护原则和立场。2014年10月8日,我国常驻联合国副代表王民在第69届联大关于"消除国际恐怖主义的措施"会议上发言时强调,以"东伊运"为代表的"东突"恐怖势力对中国构成直接现实恐怖威胁,对国际社会构成恐怖主义威胁,表示支持将联合国《全球反恐战略》作为指导国际反恐合作的指针。

为了提高反恐职能,我国与周边国家进行联合反恐演练。2014年11月18日,中印双方在印度浦那进行了为期10天的"携手—2014"城镇反恐联合实兵演练。双方官兵在联训中采取体验教学、示范观摩、混编同训等方式,组织基础体能、战术手语、入室清剿和简易爆炸物搜索与排除等课目训练,最终进行城镇反恐联合实兵演练。① 通过这次反恐演练,中印双方一方

---

① 《"携手—2014"中印陆军反恐联合训练进行实兵演练》,新华网,http://news.xinhuanet.com/photo/2014-11/26/c_127250979.htm。

面进一步加深了对恐怖活动对人权侵害的理解,另一方面加强了自己的反恐技能,进而提高了在反恐中保护人权的能力。在反恐国际合作方面,我国还与美国等主要国家进行了对话。2014年12月3日至5日,中美战略与经济对话第五次反洗钱与反恐融资研讨会在杭州召开时,双方代表就刑事司法合作、打击恐怖融资、新金融交易及支付方式和虚拟货币管理等问题进行了交流和讨论。① 从我国的反恐国际合作的层面和内容来看,我国与中南亚国家的反恐合作逐年加强,内容也多元化了。但是,我国与西方国家的反恐合作只停留在对话和交流层面。由于中南亚国家积极配合我国,禁止"东突"势力在本国的活动,一部分"东突"势力开始转移到欧洲和美洲。我国要消除恐怖主义的危害,必须与西方国家发展反恐合作,争取与西方国家在反恐信息、技术和舆论方面合作。只有这样,我国才能获得反恐斗争的最后胜利。

3. 加强对外宣传,争取国际社会对我国反恐斗争的支持和认可

由于我国和西方在政治理念、价值观方面的不同,在"东突"问题上的认知和报道上有一些差异。国内媒体在报道恐怖事件时常常采用"先定性,后举例"和"结论先于事实"的逻辑演绎式的报道结构和思维方式。这与西方媒体从具体事例入手,通过叙述相关事实,让受众自己得出结论的传播模式不同。因此,我国对"东突"问题的宣传模式在国外效果不是很好。现在不少"东突"分裂分子把自己包装成"自由斗士""民主斗士",中国对他们的反对在西方人眼里就成了反对自由、反对民主。因此,我国政府和媒体要学会使用西方人能够理解的方式来进行宣传。媒体涉暴恐报道要进一步加强针对性,要仔细研究分析西方普通读者对我国暴恐问题的了解程度和普遍看法。只有这样才能有的放矢,在日常的宣传报道中选择能满足他们需要的信息、新闻,通过对暴恐频发地区的历史、社会发展、文化进步的介绍,在潜移默化中影响他们的观念,让他们放弃以往由于信息缺失而形成

---

① 《中美战略与经济对话第五次反洗钱与反恐融资研讨会召开》,中国新闻网,http://www.chinanews.com/gn/2014/12-05/6849032.shtml。

的固有偏见。为了赢得舆论主导权，我国的宣传工作尤其是对外宣传报道应遵循西方受众的思维习惯，用他们能够顺理成章地接受的方式进行信息传播，以便说服更多的受众，取得更好的传播效果。[①]

总之，2014年我国经历了多起严重暴恐事件，国家、社会和个人利益遭到严重的侵害。面对恐怖威胁，我国启动全民反恐机制，依法打击暴恐分子，抑制了暴恐分子的嚣张气焰。与此同时，完善反恐法制，构建反恐机制，加强反恐国际合作，保障了反恐斗争中的人权保护。

[①] 叶兵、蒋兆雷：《从新疆"7·5"事件谈国内传媒对外传播策略》，《西南交通大学学报》（社会科学版）2010年第3期。

B.12
户籍制度改革与居民身份平等

李云龙*

摘　要： 中国实行多年的户籍制度已经不适合当今经济社会发展现实。户籍制度改革的最终目标是实现居民身份平等。大幅放宽城镇户籍限制将有力推动中国的城镇化进程。到2020年，将有1亿农业转移人口在城镇落户。普遍实施居住证制度将明显改善外来人口的处境。

关键词： 户籍制度　身份平等　权利保障

随着《国务院关于进一步推进户籍制度改革的意见》的发布，新一轮户籍制度改革正式启动。户籍制度改革是中国城镇化的一个重要环节。放开城镇户籍限制将大大促进居民身份平等。

一　户籍制度改革的实质是实现居民身份平等

改革开放以来，中国户籍制度不断改革，总的趋势是朝着便利人口流动、推进非户籍居民享有更多权利的方向演进。针对流动人口增加的实际情况，1985年，公安部颁布《关于城镇暂住人口管理的暂行规定》，对流动人口颁发暂住证和寄住证；同年，全国人大常委会通过《中华人民共和国居民身份证条例》，规定对全国公民提供统一的身份证明。暂住证和身份证制

---

* 李云龙，博士，中共中央党校国际战略研究所教授，主要从事人权和国际关系方面的研究。

度为流动人口提供了合法的居住身份和从事各项社会活动的便利，有利于流动人口的权利保障。2010年，国务院正式提出实行居住证制度，用居住证取代暂住证，以便为流动人口提供更多的社会服务和生活便利。

与此同时，中国政府不断放宽城镇落户限制，农村户籍居民落户城镇途径增多，城镇人口数量持续增加。1984年，国务院推出"自理口粮户口"，使大量进入集镇务工经商的农村居民除了无法获得商品粮供应之外，在其他方面可以享受与集镇居民相同的待遇。1992年，公安部推出"当地有效户口"制度（俗称"蓝印户口"），使大量农村居民通过投资、购房等方式取得城镇户口。2001年，国务院批转公安部《关于推进小城镇户籍制度管理制度改革意见的通知》，全面开放小城镇户籍，只要有合法固定的住所、稳定的职业或生活来源，就可以办理城镇户口。① 2011年，国务院办公厅发出《关于积极稳妥推进户籍管理制度改革的通知》，提出在户籍改革中分类推进城镇化的原则，规定：县以下小城镇，只要有合法稳定职业和住所（含租赁），就可以落户；中等城市，只要有合法稳定住所（含租赁），且有合法稳定职业满三年、参加社会保险达到一定年限，就能落户。② 这个《通知》发布以后，许多省份和城市制定了促进农业户籍人口，尤其是农民工落户城镇的政策，加快了农业户籍人口转变为城镇户籍人口的速度。从实际效果看，1982年，全国城镇户籍人口约为2亿人，占全国总人口的20.6%，到2012年，城镇户籍人口增加到近4.8亿人，占全国总人口的35%。③ 30年间，全国城镇人口增加了2.8亿人，其中除少数城镇自然增加的人口外，绝大多数是由农村迁入的农业户籍人口。

---

① 李云龙：《人口流动中公民迁徙权利的实现》，载李君如主编《中国人权事业发展报告 No.2 (2012)》，社会科学文献出版社，2012，第211~224页。
② 《国务院办公厅关于积极稳妥推进户籍管理制度改革的通知》，中国政府网，http://www.gov.cn/zwgk/2012-02/23/content_2075082.htm。
③ 国家统计局：《第三次全国人口普查公报》，国家统计局网站，http://www.stats.gov.cn/tjsj/tjgb/rkpcgb/qgrkpcgb/200204/t20020404_30318.html；《2012年中国户籍人口城镇化率仅为35%》，中国广播网，http://finance.cnr.cn/gundong/201310/t20131022_513902536.shtml。

30多年来，尽管中国实现了人口自由流动，转为城镇户口的人数在不断增加，但全国65%以上的人口仍然属于农业户籍，无法享受城镇户籍人口享有的各种权利和待遇。在市场经济条件下，虽然户籍制度限制人口流动的功能消失了，但分配社会福利的功能依然存在，甚至在有些方面进一步强化了。城镇户口上面附着了大量公共服务和社会保障方面的利益，主要包括教育、医疗、文化、就业、社会救助、最低生活保障等60多种福利。[①] 城镇居民和农村居民在享受公共服务、社会保障和社会福利方面存在巨大差距。农业户口只能享受极少的公共服务和极低的社会保障，城镇户籍人口则享有较多的公共服务和较好的社会保障。这就造成了居民身份的不平等。同时，由于户籍附着的福利是地区性的，城市之间，尤其是大城市和中小城市之间也存在着很大的福利差别，因而也存在居民身份不平等问题。这种户籍制度不仅降低了人口流动的效率，增加了人力资源配置的成本，抑制了城镇化进程，而且阻碍了居民身份平等的实现。中国户籍制度改革的目标是推动人口在全国范围内流动，减少城镇落户限制，增加对非户籍人口的公共服务，逐步实现居民身份平等。

二　2014年户籍制度改革的重大举措

党的十八大提出了"加快改革户籍制度，有序推进农业转移人口市民化，努力实现城镇基本公共服务常住人口全覆盖"的要求。[②] 十八届三中全会进一步确定了户籍制度改革的基本原则是"全面放开建制镇和小城市落户限制，有序放开中等城市落户限制，合理确定大城市落户条件，严格控制特大城市人口规模"，并要求逐步实现城镇基本公共服务对常住人口的全覆

---

① 《户籍制度导致城乡间存60多种不平等福利》，凤凰网，http：//finance.ifeng.com/a/20140915/13115484_0.shtm。
② 胡锦涛：《坚定不移沿着中国特色社会主义道路前进，为全面建成小康社会而奋斗》，载《中国共产党第十八届全国代表大会文件汇编》，人民出版社，2012，第21页。

盖。① 为了贯彻落实中央加快户籍制度改革的要求，2014年，中国启动了新一轮户籍制度改革。

1. 实行不同规模城市差别化落户政策，有序推进农业转移人口的市民化

2014年，中共中央和国务院出台了一系列政策文件，加大了户籍制度改革的力度。1月，中共中央、国务院印发《关于全面深化农村改革加快推进农业现代化的若干意见》，提出建立城乡统一的户口登记制度，让有能力在城镇合法稳定就业和生活的常住人口转变为城镇市民。② 3月5日，国务院总理李克强在《政府工作报告》中提出要有序推进农业转移人口市民化，实行不同规模城市差别化落户政策，逐步把长期在城镇务工经商的农民工及其家属转为城镇居民。这份《政府工作报告》还明确提出了今后一个时期促进约1亿农业转移人口落户城镇的数字指标。③

3月16日，中共中央、国务院印发《国家新型城镇化规划（2014－2020年）》，除了重申推进符合条件的农业转移人口落户城镇外，还明确指出，不但要放开小城镇落户限制，而且要放宽大中城市落户条件。实施差别化落户政策，在拥有合法稳定就业和合法稳定住所（含租赁）的前提下，对建制镇和小城市全面放开落户限制，对城区人口50万~100万的城市有序放开落户限制，对城区人口100万~300万的大城市合理放开落户限制，对城区人口300万~500万的大城市合理确定落户条件。大中城市设置的参加城镇社会保险年限要求，最高年限不得超过5年。特大城市可采取积分制等方式设置阶梯式落户通道。户籍人口城镇化率要从2012年的35%提高到2020年的45%。④ 这意味着中国城镇户籍人口要从2012年的4.8亿增加到2020年的6亿以上，增加1.2亿人，其中1亿人是落户城

---

① 《中共中央关于全面深化改革若干重大问题的决定》，人民出版社，2013，第25页。
② 《关于全面深化农村改革加快推进农业现代化的若干意见》，中国政府网，http：//www.gov.cn/gongbao/content/2014/content_2574736.htm。
③ 李克强：《政府工作报告——2014年3月5日在第十二届全国人民代表大会第二次会议上》，中国政府网，http：//www.gov.cn/guowuyuan/2014-03/14/content_2638989.htm。
④ 《国家新型城镇化规划（2014－2020年）》，中国政府网，http：//www.gov.cn/zhengce/2014-03/16/content_2640075.htm。

镇的农业转移人口。就是说，全国每年要有1250万农业户籍人口转为城镇户籍人口。国家发展和改革委员会在《关于2013年国民经济和社会发展计划执行情况与2014年国民经济和社会发展计划草案的报告》中透露，2014年户籍人口城镇化率预期达到37.1%。[①]

2014年7月发布的《国务院关于进一步推进户籍制度改革的意见》（国发〔2014〕25号）按照十八大和十八届三中全会加快户籍制度改革的要求，系统总结了户籍制度改革的历史经验，提出了适合中国国情的分类改革方案。《意见》的中心思想是合理引导农业人口有序向城镇转移，有序推进农业转移人口市民化，通过实施差别化的落户政策，到2020年实现1亿左右农业转移人口和其他常住人口在城镇落户。差别化的落户政策是指各类不同规模城市根据自身承载能力和发展需要制定不同的落户政策。《意见》提出，建制镇和小城市应全面放开落户限制，只要有合法稳定住所（含租赁），就可以在当地申请登记常住户口；城区人口50万~100万的中等城市应有序放开落户限制，可以对申请落户人员的就业范围和年限、住所（含租赁）范围和条件以及参加社会保险年限等做出具体规定；大城市应合理确定落户条件，城区人口100万~300万的城市，申请者满足就业年限、住所和社保年限的规定就可以落户，城区人口300万~500万的城市，要适度控制落户规模和节奏，可以对就业、住所、社保年限等条件做出较严格的规定；城区人口500万人以上的特大城市要严格控制人口规模，实行合理的积分落户政策。[②]

2. 取消农业户口与非农业户口的区别，建立城乡统一的户口登记制度

《国务院关于进一步推进户籍制度改革的意见》明确规定，取消农业户口与非农业户口性质上的区分，取消蓝印户口等户口类型，全国所有城乡居民的户口统一登记为居民户口。户籍不再体现居民的不同身份和不同权利，

---

① 国家发展和改革委员会：《关于2013年国民经济和社会发展计划执行情况与2014年国民经济和社会发展计划草案的报告》，中国政府网，http://www.gov.cn/xinwen/2014-03/15/content_2639422.htm。

② 《国务院关于进一步推进户籍制度改革的意见》，中国政府网，http://www.gov.cn/zhengce/content/2014-07/30/content_8944.htm。

不再承载不同的福利待遇。户籍的功能回归到人口登记管理。① 这是中国户籍制度改革历史上值得大书特书的一页，将有力促进人口流动和户籍迁徙。今后，农村人口迁移到城镇，不需要先办理"农转非"，只要满足城镇落户条件，直接办理户口迁移手续就可以了。

3. 建立流动人口居住证制度，向流动人口提供基本公共服务

户籍改革需要一个过程，农业转移人口落户大中城市还有一定限制。因此，在相当长时间内，我国都将存在大量流动人口。保障流动人口的基本权利是实现居民身份平等的重要内容。建立流动人口居住证制度，给城市非户籍人口提供基本公共服务，可以大大促进居民身份平等。2014年1月，中共中央、国务院在印发的《关于全面深化农村改革加快推进农业现代化的若干意见》中，明确提出要实行流动人口居住证制度，逐步使居住证持有人享有与居住地居民相同的基本公共服务。② 3月5日，国务院总理李克强在《政府工作报告》中提出，对未落户的农业转移人口，要建立居住证制度，稳步推进城镇基本公共服务常住人口全覆盖，使农业转移人口享受更多的公共服务和社会保障。③ 7月，国务院发布《关于进一步推进户籍制度改革的意见》，正式提出建立居住证制度。公民在非户籍地居住，可以申领居住证。居住证持有人在劳动就业、基本公共教育、基本医疗卫生服务、计划生育服务、公共文化服务、证照办理服务等方面享有与当地户籍人口同等的权利。达到一定的居住年限和社保缴存年限后，居住证持有人在中等职业教育资助、就业扶持、住房保障、养老服务、社会福利、社会救助等方面享有与当地户籍人口同等的权利。④

---

① 《国务院关于进一步推进户籍制度改革的意见》，中国政府网，http://www.gov.cn/zhengce/content/2014-07/30/content_8944.htm。
② 《关于全面深化农村改革加快推进农业现代化的若干意见》，中国政府网，http://www.gov.cn/gongbao/content/2014/content_2574736.htm。
③ 李克强：《政府工作报告——2014年3月5日在第十二届全国人民代表大会第二次会议上》，中国政府网，http://www.gov.cn/guowuyuan/2014-03/14/content_2638989.htm。
④ 《国务院关于进一步推进户籍制度改革的意见》，中国政府网，http://www.gov.cn/zhengce/content/2014-07/30/content_8944.htm。

国务院法制办公室2014年12月公布的《居住证管理办法（征求意见稿）》进一步明确了居住证持有人应享有的权利。《征求意见稿》规定，公民到其他中等以上城市居住半年，符合有稳定就业、稳定住所、连续就业条件之一的，就可以办理居住证，享受与当地户籍人口同等的基本公共服务，包括免费义务教育、平等就业、就业服务、参加社会保险、缴存和使用住房公积金、基本公共卫生服务、计划生育服务和奖励优待、公共文化体育服务、法律援助和其他法律服务等。居住证持有人可以在居住地办理出入境证件、进行机动车登记、申领机动车驾驶证、报名参加职业资格考试、申请授予职业资格、办理生育服务证等。政府应积极创造条件，努力使居住证持有人在中等职业教育资助、就业扶持、住房保障、养老服务、社会福利、社会救助、居民委员会选举、人民调解员选聘、随迁子女在当地参加中考和高考的资格等方面享有与当地户籍人口同等的权利，在换领、补领居民身份证、办理婚姻登记等方面享有与当地户籍人口同等的便利。[①]

由此而言，居住证具有准户口的功能，是在无法让所有申请者在城市落户的情况下实行的过渡措施。居住证持有人可以享受户籍人口的某些权利，获得一些原来只提供给户籍人口的公共服务。因此，居住证制度可以有力促进城镇基本公共服务的均等化，使包括非户籍人口在内的所有城镇常住人口享受同等基本公共服务。《国家新型城镇化规划（2014－2020年）》提出了推进城镇基本公共服务全覆盖工作的量化指标：城镇常住人口基本养老保险覆盖率要从2012年的66.9%提高到2020年的90%以上，城镇常住人口医疗保险覆盖率要从2012年的95%提高到2020年的98%，城镇常住人口保障性住房覆盖率要从2012年的12.5%提高到2020年的23%，农民工随迁子女接受义务教育比例到2020年要提高到99%以上，城镇失业人员、农民工、新成长劳动力免费接受基本职业技能培训覆盖率到2020年要提高到95%以上。[②]

[①] 《居住证管理办法（征求意见稿）》，新华网，http://news.xinhuanet.com/politics/2014-12/04/c_1113524372.htm。

[②] 《国家新型城镇化规划（2014－2020年）》，中国政府网，http://www.gov.cn/zhengce/2014-03/16/content_2640075.htm。

三 2014年户籍制度改革的进展

在多年推进户籍制度改革的基础上,根据中央户籍制度改革精神和有关文件,2014年各地户籍制度改革取得了重要进展。

1. 贯彻落实《国务院关于进一步推进户籍制度改革的意见》

该《意见》于2014年7月30日发布后,各地认真研究,有些地区年内就制定了实施方案。四川省政府印发了《四川省进一步推进户籍制度改革实施方案的通知》,大幅调整户口迁移政策,全面放开大中小城市和建制镇落户限制。除成都外,只要有合法稳定住所(含租赁)就可落户。成都属于严格控制人口规模的城市,建立居住证积分入户制度。[1] 山东省提出了《山东省人民政府关于贯彻国发〔2014〕25号文件进一步推进户籍制度改革的意见》,规定在县以下市镇,以合法稳定住所(含租赁)或合法稳定就业为落户条件;在设区市,以在市区有合法稳定住所(含租赁)、合法稳定就业及参加1年社保为落户条件;合法稳定住所(含租赁)不得设置面积、金额限制。济南、青岛探索实施积分落户制度。[2] 河北省发布《河北省人民政府关于深化户籍制度改革的实施意见》,全面放开100万人以下中小城市和建制镇落户限制,以合法稳定住所为落户的唯一条件;100万人口以上城市,以拥有房产或者有合法稳定职业并有合法稳定住所为落户条件;首都周边城镇以合法稳定职业和合法稳定住所为落户条件;石家庄可以做出更加严格的规定。[3] 黑龙江省发出《黑龙江省人民政府关于进一步推进户籍制度改革工作的通知》,全面放开人口100万以下的牡丹江等9城市的落户限制,只要合法稳定就业(签订半年以上劳动合同)、有合法稳定住所(含租赁、

---

[1] 《四川省进一步推进户籍制度改革实施方案的通知》,四川政府网,http://www.sc.gov.cn/10462/10883/11066/2014/11/26/10319585.shtml。

[2] 《山东省人民政府关于贯彻国发〔2014〕25号文件进一步推进户籍制度改革的意见》,山东政府网,http://www.sdfgw.gov.cn/art/2014/12/2/art_239_116185.html。

[3] 《河北省人民政府关于深化户籍制度改革的实施意见》,河北政府网,http://info.hebei.gov.cn/eportal/ui?pageId=1962757&articleKey=6355453&columnId=329982。

在同一地址租住半年以上）并参加城镇社会保险满1年，就可以落户；100万人口以上的大庆和齐齐哈尔的落户条件是合法稳定就业（签订1年以上劳动合同）、有合法稳定住所（含租赁，在同一地址租住2年以上）并参加城镇社会保险满2年；哈尔滨建立积分落户制度。① 新疆发布《关于进一步推进我区户籍管理制度改革的实施意见》，规定县以下市镇，租房即可落户；鼓励到南疆城镇和乡村落户；其他城市租房满一年可落户；适度控制乌鲁木齐和克拉玛依的人口规模。② 贵州省公布《贵州省人民政府关于进一步推进户籍制度改革的实施意见（征求意见稿）》，向全社会征求意见。其中规定全省户籍放开，除贵阳几个中心城区外，全省均以合法稳定住所（含租赁）为落户条件。③ 江西省公布了《关于进一步推进户籍制度改革的实施意见（征求意见稿）》，规定积极放开城市户籍，设区市以稳定住所（含租赁）和合法职业为落户条件，没有居住及社保年限要求；南昌办居住证2年并参加社保，就可落户。④ 2015年1月，这个《意见》正式出台。⑤

2. 农业转移人口市民化速度加快，城镇户籍人口快速增加

随着中国工业化进程的发展，大量人口涌入城市。尽管存在严格的城镇落户限制，城镇户籍人口仍然不断膨胀。从20世纪末到21世纪初，各地不断探索进行户籍制度改革，尤其是2011年国务院办公厅发出《关于积极稳妥推进户籍管理制度改革的通知》以后，许多省份加快了户籍制度改革步伐，短时间内把大量农业户籍人口转化为城市户籍人口。2010年底，全国

---

① 《黑龙江省人民政府关于进一步推进户籍制度改革工作的通知》，黑龙江政府网，http://www.hlj.gov.cn/wjfg/system/2014/11/03/010691825.shtml。
② 《关于进一步推进我区户籍管理制度改革的实施意见》，新疆政府网，http://www.xinjiang.cn/xxgk/zwdt/2014/242201.htm。
③ 《贵州省人民政府关于进一步推进户籍制度改革的实施意见（征求意见稿）》，贵州政府网，http://www.gzgov.gov.cn/hdjl/zjdc/zzdc/716964.shtml。
④ 《关于进一步推进户籍制度改革的实施意见（征求意见稿）》，江西政府网，http://www.jiangxi.gov.cn/xzx/tzgg/201411/t20141113_1095472.html。
⑤ 《江西户籍制度改革实施意见出台》，江西政府网，http://www.jiangxi.gov.cn/xzx/jxyw/zwxx/201501/t20150112_1111280.html。

城镇户籍人口为4.4亿人，占全国人口的33%。① 到2014年，全国城镇户籍人口超过5亿。② 4年增加6000万人，年均增加1500万人。这个速度是前所未见的。重庆市从2010年启动户籍制度改革以来，到2014年9月，已经把400万农民工转为城市户籍人口。③ 云南省于2011年底做出了加快农业转移人口转变为城镇居民的战略决策，截至2014年10月，全省转户人数达554万人，城镇化率从2011年的36.8%上升到40.48%，提高了3.68个百分点。④

广东自2010年实行"积分入户制"以来，截至2013年3月，已有120多万外来务工人员在省内城镇落户。⑤ 作为国家户籍制度改革试点县，浙江省德清县于2013年9月30日正式取消农业户口和非农业户口的区别，统一登记为居民户口，同时清理出33项城乡居民有待遇差别的政策，对其中时机成熟、有条件解决的26项进行了调整，使城乡居民享受同等待遇。⑥ 2015年1月，浙江在全省11个地市进行户籍改革试点，打破城乡人口身份差异，实现省内城乡人口身份平等，推进相关行政制度配套改革，逐步实现居民社会管理城乡一体化、公共服务均等化。⑦ 浙江户籍制度改革不是简单地更改一下户口名称了事，而是更加追求城乡居民实质的同等待遇，因而具有突破意义。

---

① 李兵弟：《中国城镇户籍人口占总人口的比约33%》，《中国青年报》2011年12月4日。
② 国家发展和改革委员会：《关于2013年国民经济和社会发展计划执行情况与2014年国民经济和社会发展计划草案的报告》，中国政府网，http：//www.gov.cn/xinwen/2014－03/15/content_2639422.htm。
③ 《聚焦重庆户籍制度改革：400万农民工进城生活》，人民网，http：//fj.people.com.cn/n/2014/0920/c350394－22378143.html。
④ 《云南力推乡户籍制度改革 昆明107万农业人口转户进城》，云南网，http：//yn.yunnan.cn/html/2014－10/25/content_3421189.htm。
⑤ 《"人的城镇化"开始在广东破题》，《南方日报》2013年4月10日。
⑥ 《浙江：户籍制度改革让农民享受同等待遇》，人民网，http：//cpc.people.com.cn/BIG5/n/2014/0727/c64387－25350018.html。
⑦ 《浙江大力推进户籍改革 11地市试点取消城乡户籍差别》，新华网浙江频道，http：//www.zj.xinhuanet.com/newscenter/sociology/2015－01/13/c_1113978178.htm。

3. 许多省份提出了大幅提升户籍人口城镇化率的目标

《国家新型城镇化规划（2014－2020年）》发布以后，各地分别制定了本地的新型城镇化规划，其中包含了放宽城镇户籍限制、增加城镇户籍人口的具体指标。根据《云南省新型城镇化规划（2014－2020年）》，云南2015年转户120万人，2016～2020年每年转户80万人以上。到2020年，城镇户籍人口占全省总人口的比重上升到38%左右，城镇化率达50%左右。① 湖南省积极推进农业转移人口落户城镇，所有城镇原则上全面放开落户限制。在省内城镇落户的农业转移人口，全面纳入城镇社会保障体系、住房保障体系和公共服务体系，享受城镇户籍人口政策待遇。按照《湖南省推进新型城镇化实施纲要（2014－2020年）》确定的目标，到2020年，全省常住人口城镇化率达到58%左右，户籍人口城镇化率达到35%左右，新增城镇户籍人口850万左右。② 2014年6月举行的广东省城镇化会议提出，到2020年，广东常住人口城镇化率要提高到73%，户籍人口城镇化率达到56%，至少实现600万本省和700万外省农业转移人口及其他常住人口落户城镇（见表1）③。

表1 部分省份增加农业转移人口落户城镇的规划（2020年）

省份	2013年常住人口（万人）	2013年城镇化率(%)	2020年城镇化率(%)	2013年城镇户籍人口（万人）	2013年户籍人口城镇化率(%)	2020年新增城镇户籍人口（万人）	2020年户籍人口城镇化率(%)
江苏	7939	64.1	72	4500	57.1	800	67
吉林	2751	52.4	60	935	34	200	54
广东	10644	67.7	73	4013	39.3	1300	56
福建	3774	60.8	67	1328	35.2	480	48
山东	9733	53.75	62	4182	42.97	700	52

---

① 《云南省新型城镇化规划（2014－2020年）》，云南网，http://yn.yunnan.cn/html/2014-04/19/content_3179728_6.htm。

② 《湖南省推进新型城镇化实施纲要（2014－2020年）》，湖南政府网，http://www.hunan.gov.cn/zwgk/jzjzf/hnzb/2014/201307_53126/szfwj_40043/201411/t20141106_1167255.html。

③ 《广东户籍改革进行时》，21世纪网，http://jingji.21cbh.com/2014/6-28/0MMDA2NTFfMTIxNDY0Mg.html。

续表

省份	2013年常住人口（万人）	2013年城镇化率(%)	2020年城镇化率(%)	2013年城镇户籍人口（万人）	2013年户籍人口城镇化率(%)	2020年新增城镇户籍人口（万人）	2020年户籍人口城镇化率(%)
河北	7332	48.12	56	2299	31.36	1000	45
河南	9413	43.8	56	2503	26.6	1100	40
湖南	6690	47.96	58	1491	22.29	850	35
江西	4522	48.87	60	1225	27.1	630	40
重庆	2970	58.34	65	1344	45.25	1485	50
云南	4686	40.48	50	1254	27.24	500	38
广西	4719	44.81	54	1052	22.3	600	34.5
陕西	3763	51.31	62	1430	38.01	1000	52
甘肃	2582	40.13	50	631	24.44	350	38

资料来源：各省区市新型城镇化规划（2014~2020年）、各省区市2013年国民经济和社会发展统计公报以及其他相关资料。

四 户籍制度改革面临的挑战

推进户籍制度改革，建立一个与福利待遇脱钩、完全以居民人口登记为目的的户籍制度，使公民在全国范围内享有平等的权利，是所有人期盼的美好理想。但是，这样的改革之路并不平坦，还有许多需要解决的问题。

第一，农业人口城镇化的财政成本问题。不同户籍背后巨大的权利和福利差异是户籍制度改革的直接动因。消除这种差异，既是社会公平的需要，也是社会和谐发展的需要。但是，消除城乡户籍福利待遇上的差距，不能拉低城市居民福利水平，只能通过提升农业户籍人口的福利待遇来实现。这就面临一个财政成本问题。

农业人口城镇化到底需要多大的财政成本，根据不同的计算口径，会有不同的认识。根据2014年3月中国社会科学院发布的《中国农业转移人口市民化进程报告》的测算，中国农业转移人口市民化的人均公共成本约为13万元，东、中、西部地区人口转移的公共成本分别为17.6万元、10.4万元和10.6万元。安徽省合肥市的市民化成本人均约15.49万元。①国务院参事马力提供了另一组测算数据。根据这组数据，在就业服务、义务教育、医疗保障、养老保障、公共设施共享等基本公共服务方面，农村和城市每人每年相差约3000元，在基本福利保障投入方面，城乡人均相差32.7万元。②有人根据广东未来7年推动1300万人落户城镇的规划，测算出需要支付农业转移人口市民化的一次性成本1.7万亿元，同时每年还要新增公共服务成本122亿元。③

无论采用哪一种计算口径，农业转移人口的市民化成本都是高昂的。即使按照最低的人均10万元标准计算，如果在2020年以前全国转移1亿农业人口，就需要至少10万多亿元的财政经费。何况，这种成本并非各地均摊，外来人口多的城市将面临巨大的财政压力。这也是中国户籍人口城镇化水平长期落后于工业化发展水平的根本原因。如果无法找到一种合理分摊农业转移人口市民化成本的机制，户籍城镇化进程肯定会受影响。

第二，大城市和特大城市的户籍问题变得突出。根据2014年国务院关于户籍改革的文件，300万人口以下的城市都将逐步放开户籍限制。随着户籍制度改革的全面实施，全国中小城市以及部分大城市的户籍问题将不复存在，在居住地登记户籍将成为常态。但是，500万人口以上的城市，尤其是1000万人口以上的城市，将严格控制户籍，限制城市规模扩张。在这些城市工作的外来人口很难落户。北京、上海、广州、深圳等一线城市以及省会城市、东部发达地区大城市的落户门槛很难降低。截至2013年底，上海有常住人口3415.15万，外来常住人口990.01万。④可是，上海每年只给极少

---

① 《广东、武汉都推出户籍制度改革"新政"》，中研网，http://www.chinairn.com/news/20140708/11180858.shtml。
② 《全面实施居住证制度，郑州探索让农民带"土"转移》，人民网，http://finance.people.com.cn/n/2014/1222/c364101-26253906-2.html。
③ 《广东户籍改革进行时》，21世纪网，http://jingji.21cbh.com/2014/6-28/0MMDA2NTFfMTIxNDY0Mg.html。
④ 《谁能成为上海人？户籍改革门槛高，白领亦难入户》，中国经济网，http://www.ce.cn/cysc/newmain/yc/jsxw/201408/14/t20140814_3350868.shtml。

数外来人口落户。自从2009年试行居住证转户籍政策以来，到2010年底，总共只有2000多人在上海落户。2011年，上海共办理居住证转户口2711人，随迁1064人，共计3775人。2012年，共办理居住证转户口3843人，随迁1851人，共计5694人。① 截至2013年底，北京市常住人口为2114.8万人，其中常住外来人口为802.7万人。② 然而，北京尚无外来务工人员落户政策。2013年底，广州市常住人口1292万人，户籍人口832万人，非户籍人口460万人。③ 另外，广州还有680多万流动人口。对于如此庞大的外来人口规模，广州积分入户提供的通道太狭窄了。2011年，1000名农民工通过积分入户获得广州户籍，到2013年共有9000人成功入户。④ 2014年，有2998名入户人员和3700多名随迁人员通过"积分入户制"落户广州。⑤ 深圳的户籍问题更加突出。2013年底，深圳市有常住人口1063万人，其中户籍人口310.47万人，占常住人口比重为29.2%；非户籍人口752.42万人，占70.8%。⑥ 全市2/3以上的人口没有本市户籍。根据另一种统计口径，2012年底，深圳市有流动人口1532万人，是深圳户籍人口的5倍。⑦

随着今后全国实施居住证制度，北京、上海、广州、深圳等一线城市以及省会城市、东部发达地区大城市的户籍管理很难出现实质性的松动。居住证具有准户口的功能，居住证持有人可以享有户籍人口的部分权利。

---

① 《户籍改革"双城记"：上海白领与北京大妈的户籍故事》，《中国经济周刊》2014年8月20日，映象网，http://news.hnr.cn/sd/201408/t20140820_1476556.html。
② 叶檀：《户籍改革为什么不放开大城市》，上海热线网，http://rich.online.sh.cn/rich/gb/content/2014-08/13/content_7037088.htm。
③ 《广州市2013年国民经济和社会发展统计公报》，国务院发展研究中心信息网，http://www.drcnet.com.cn/eDRCnet.common.web/DocSummary.aspx?docid=3786158&leafid=13&Chnid=1007。
④ 《广东已铺开积分入户 各地陆续放宽落户限制》，网易新闻，http://news.163.com/14/0731/12/A2FTLNF800014AED.html。
⑤ 《穗2014积分入户：35岁以下成入户"主力军"》，南方网，http://news.southcn.com/gd/content/2015-01/16/content_116406665.htm。
⑥ 《深圳市2013年国民经济和社会发展统计公报》，深圳统计网，http://www.sz.gov.cn/tjj/tjsj/xxgk/tjgb/201404/t20140408_2337341.htm。
⑦ 《深圳流动人口超1500万，为本市户籍人口的5倍》，深圳新闻网，http://www.sznews.com/news/content/2013-10/29/content_8677262.htm。

实行居住证制度固然是一大进步，对于推动居民身份平等有积极意义。但是，如果不把居住证作为临时过渡措施，而把它作为户口的替代物，让城市常住人口长期甚至终身使用居住证，那就仍然没有解决居民身份不平等的问题。

第三，使农业转移人口真正实现"市民化"的问题。户籍制度改革的目的不是简单地改变户籍登记名称，而是让千百万农业人口变成城市市民，享受市民的权利和福利。如果不能让农业转移人口平等地享有城镇户籍人口的各种权利，就很难说户籍改革成功了。因此，户籍改革需要庞大的财政投入。前些年有些省份也进行了户籍制度改革，取消了农业户口和非农业户口的区别，统一登记为居民户口，但由于缺乏足够的财政投入，实际上没有吸引大量农业人口向城镇转移。《国务院关于进一步推进户籍制度改革的意见》下发以后，各地迅速兴起了户籍改革的浪潮，并纷纷制定了当地户籍人口城镇化的指标。从各地发表的省级户籍改革实施意见来看，并没有做出配套资金安排。户籍改革的具体实施者是城市。农业转移人口的各项市民权利和福利是要由城市拿出真金白银来一一兑现的。如果没有细致的财政安排，户籍改革的目标是无法实现的，最终只是让农业人口名义上成为市民，但享受不到城市户籍人口的权利和福利。就此而论，浙江德清县的改革试点特别有意义。

第四，跨省农民工落户问题是户籍制度改革的最大难题。从近年来户籍改革的实践看，各地一般优先转移本省农业人口。本轮户籍改革完成后，各地有意愿的农业人口基本都可以转为城镇户籍。但是，那些对当地户籍需求最迫切的跨省农民工在落户方面却面临巨大障碍。根据国家统计局调查结果，2013年全国农民工总量超过2.6亿人，其中有7739万人为跨省农民工。跨省农民工流向东部地区6602万人，占85.3%；流向中西部地区1068万人，占13.8%。在东部地区，跨省农民工主要流入大中城市。[①] 跨省农民

---

① 《2013年全国农民工监测调查报告》，国家统计局网站，http://www.stats.gov.cn/tjsj/zxfb/201405/t20140512_551585.html。

工落户很不容易。在跨省农民工集中的东部大城市，由于严格控制城市规模，外来人口落户名额很少。即使实行了积分入户制度，农民工由于学历低、没有专业职称，也很难达到入户分数。这样，东部地区城市，尤其是大城市，将长期存在数千万无法融入当地社会的跨省农民工。由于实行居住证制度，这些人可以得到比以前好得多的基本公共服务，但无法享受户籍人口的许多其他权利。广东有3000多万流动人口，有1600多万外来农民工，但广东规划从2014年到2020年仅让700万外来人口落户。这显然会把大多数外来农民工挡在户籍之外。

五 政策建议

户籍制度改革涉及千家万户的切身利益，牵动社会敏感神经，影响经济社会发展，所以要特别慎重。

第一，建立合理的农业转移人口"市民化"的筹资机制。户籍制度改革成本巨大，单靠城市政府无法承担。应建立国家、省、市和个人共同负担的筹资机制，根据各个城市农业转移人口的多少，安排相应的资金。国家和省、市的投入主要用于公共服务和社会福利，个人投入主要用于负担部分住房成本。

第二，提早研究大城市户籍问题的解决方案。大城市的人口膨胀问题，只有在地区差距缩小和地区平衡发展实现以后，才能最终解决。在此之前，人口向大城市单向流动的趋势不会改变。居住证制度在一定程度上缓和了户籍矛盾，也为解决大城市户籍问题提供了时间。大城市户籍问题应循以下两个方向解决：一是逐渐增加居住证持有人的权利和待遇，缩小与户籍人口的差距；二是逐渐扩大积分入户的规模，使更多长期在大城市居住的外来人口看到落户希望。

第三，各城市根据自身财力，接纳适当数量的农业转移人口落户。城市的投入要同城市人口同步增长。地方政府要掌握和控制户籍改革的节奏，不要盲目追求增加城市户籍人口的百分比，而要首先注重农业转移人口市民化的质量，使每个转为城市户籍的农业转移人口真正享受到城市居民享有的权利和待遇。

第四，中央和地方共同解决跨省农民工的户籍问题。户籍制度改革首先要解决农民工的户籍问题。跨省农民工户籍是户籍改革的难点，应由中央和地方共同解决。中央应从财政转移支付资金中划出一定额度，帮助有关城市解决跨省农民工的户籍问题。

B.13
建立权力清单制度，推进公民监督权与自由权保障

刘 明*

摘　要： 政务信息公开是确保政府各部门依法行政的重要举措，也是保障我国公民监督权和自由权的基本前提。十八届四中全会通过的《关于全面推进依法治国若干重大问题的决定》，明确要求地方各级政府及其工作部门推行权力清单制度，依法公开权力运行流程。2014年初以来，各级政府逐步建立起权力清单制度，确保行政审批事项一律向社会公开，推动我国公民监督权和自由权的实现。不过，权力清单制度要切实、有效地发挥其功能，仍存在需要进一步完善的地方。

关键词： 权力清单制度　监督权　自由权

2013年中共中央、国务院《关于地方政府职能转变和机构改革的意见》指出，"梳理各级政府部门的行政职权，公布权责清单，规范行政裁量权，明确责任主体和权力运行流程"。党的十八届三中全会首次提出地方各级政府及其工作部门推行权力清单制度，使权力在"阳光"下运行。这些重要举措旨在推动我国各级政府的政务公开和依法行政，并有利于推进我国公民监督权和自由权的保障。

---

* 刘明，博士，南开大学人权研究中心专职研究员，主要研究方向为人权理论、人权政策。

建立权力清单制度，推进公民监督权与自由权保障

一 权力清单制度的确立过程与人权保障

所谓"权力清单"，通俗地说，"就是要把各级政府和各个政府部门所掌握的各项公共权力进行全面统计，并将权力的列表清单公之于众，主动接受社会监督。十八届三中全会做出推行权力清单制度的决定，就是为了给行政权力打造一个制度的笼子，使之科学有效运行。这个笼子以法律法规为材质，置于阳光下接受监督"。① 建立权力清单制度，旨在防止公权滥用，使公权力接受社会和公民的监督。

自2013年开始，中共中央、国务院相继公布相关文件，逐步推行权力清单制度建设。2013年中共中央、国务院《关于地方政府职能转变和机构改革的意见》指出："梳理各级政府部门的行政职权，公布权责清单，规范行政裁量权，明确责任主体和权力运行流程。"

2013年11月召开的十八届三中全会审议通过的《中共中央关于全面深化改革若干重大问题的决定》提出，推行地方各级政府及其工作部门权力清单制度，依法公开权力运行流程。权力清单制度由此进入公众视野。《决定》提出，要强化权力运行制约和监督体系，坚持用制度管权管事管人，让人民监督权力，让权力在阳光下运行，是把权力关进制度笼子的根本之策。必须构建决策科学、执行坚决、监督有力的权力运行体系，健全惩治和预防腐败体系，建设廉洁政治，努力实现干部清正、政府清廉、政治清明。《决定》提出，推行地方各级政府及其工作部门权力清单制度，依法公开权力运行流程。完善党务、政务和各领域办事公开制度，推进决策公开、管理公开、服务公开、结果公开。②

2014年10月20~23日召开的中国共产党第十八届中央委员会第四次

---

① 沈小平：《新华网评："权力清单"将权力关入透明的制度之笼》，新华网，http://news.xinhuanet.com/comments/2014-02/21/c_119429691.htm。
② 《三中全会决定：推行地方政府及部门权力清单制度》，中国新闻网，http://www.chinanews.com/gn/2013/11-15/5509710.shtml。

217

全体会议，审议通过了《中共中央关于全面推进依法治国若干重大问题的决定》。《决定》要求推进机构、职能、权限、程序、责任法定化。行政机关要坚持法定职责必须为、法无授权不可为。行政机关不得法外设定权力，没有法律法规依据不得做出减损公民、法人和其他组织合法权益或者增加其义务的决定。推行政府权力清单制度，坚决消除权力设租寻租空间。《决定》要求全面推进政务公开。坚持以公开为常态、不公开为例外原则，推进决策公开、执行公开、管理公开、服务公开、结果公开。各级政府及其工作部门依据权力清单，向社会全面公开政府职能、法律依据、实施主体、职责权限、管理流程、监督方式等事项。重点推进财政预算、公共资源配置、重大建设项目批准和实施、社会公益事业建设等领域的政府信息公开。[1]

权力清单制度的建立有利于推动我国公民自由权的实现。权力和权利在一定意义上是此消彼长的关系，对公民来说，法无禁止即自由，如果政府的权力被明确规定，政府就不能对清单之外的公民自由权通过权力加以限制。所以，权力清单首先是对政府权力加以明确的限制，政府权力只能在法律规定下运行，法无授权不可为，这同时也意味着对公民的自由予以明确的保障。

权力清单制度的建立，不仅有利于推动公民诸项自由权的实现，而且有利于保障我国公民知情权、监督权、参与权的实现。党的十七大报告提出："保障人民的知情权、参与权、表达权、监督权"，"从各个层次、各个领域扩大公民有序政治参与"。权力清单制度的建立，是我国政府实施政务公开的重大举措，有利于保障公民政治权利和自由权的实现。

首先，权利清单制度有利于推动公民知情权的实现。知情权是指公众从官方或非官方渠道知悉、获取相关信息的自由与权利。比如公众依法知悉国家事务、政府行为以及国家机关工作人员的活动，了解国家政策、法律法规等。长期以来，我国各级政府的运行中，存在信息不对称的现象，存在公共信息向公民披露得不够的问题，也存在主动公布信息不够，"公民不问、政

---

[1] 《中共中央关于全面推进依法治国若干重大问题的决定》，人民网，http://cpc.people.com.cn/n/2014/1029/c64387-25927606.html。

府不说"等问题。权力清单制度的建立,使得各级政府不同部门的权力和运作向社会公开,推动了公民知情权的实现。

其次,权力清单制度的建立和实施有利于保障我国公民的监督权。监督权是指公民监督国家机关及其工作人员的公务活动的权利。公民监督权的实现,以政府的政务信息公开为前提。十八大报告提出的完善"党务公开、政务公开、司法公开和各领域办事公开"制度,加强"党内监督、民主监督、法律监督、舆论监督"制度,就是努力把"让权力在阳光下运行"进一步落到实处,并强化了依法治权力度,让各级政府的不同部门接受社会和公民的监督。

此外,权力清单制度有利于扩大公民的有序政治参与,保障公民参与权的实现。《中华人民共和国宪法》第2条规定了公民的政治参与权利:"中华人民共和国的一切权力属于人民……人民依照法律规定,通过各种途径和形式,管理国家事务,管理经济和文化事业,管理社会事务。"权力清单制度建立之后,各级政府不同部门的权限和行政审批事项都在网上公布,公民可以更为直观地了解每项审批事项的进展情况,并提出意见和质疑。

最后,权力清单制度的建立有利于防止腐败,在客观上保障公民各项人权。"腐败是用公共权力来谋取私人利益。公共权力本来是用来保障公民权利特别是公民各项人权的,而腐败官员用它来谋取私利,使公民权利受到严重侵犯。(他举例说)警察腐败可能造成非法拘禁、刑讯逼供,侵犯公民人身权利;检察官腐败可能导致滥权枉法、任意拘捕,非法剥夺人身自由;法官腐败可能造成审判不公和冤假错案,侵犯公民得到公正审判的权利。因此,所有反腐败行动都具有捍卫人权的意义。"[①]

二 各级政府相继公布权力清单,推进公民监督权和自由权保障

继十八届三中全会提出地方各级政府及其工作部门推行权力清单制度以

---

① 《中外人权专家:反腐就是保障人权》,新华网,http://news.xinhuanet.com/politics/2014-09/18/c_1112535034.htm?fantoutiao.com。

来，国务院以及地方各级政府相继建立各地的权力清单，使行政权力在"阳光"下运作，接受公民和社会各界的监督，保障公民知情权、监督权、参与权和自由权的实现，并有利于预防和治理腐败，从客观上保障公民的各项人权。

1. 国务院60个部门集体"晒"权力清单

2014 年 3 月 17 日，中编办在其官网公布了"国务院各部门行政审批项目汇总清单"，涉及国务院 60 个部门正在实施的行政审批事项共 1235 项。按照国务院要求，各部门将不得在清单之外实施行政审批。[①] 截至 2015 年 2 月 1 日，国务院各部门在线公布 819 项行政许可事项（不含子项）和 325 项非行政许可事项（不含子项）（见表 1）。除此之外，国务院各部门还在政府网站公布了各自部门的办公电话，接受公民和社会各界的提问和质询。

表1　国务院各部门行政审批项目汇总清单（截至 2015 年 2 月 1 日）

分部门	行政许可	非行政许可	分部门	行政许可	非行政许可
发改委	13	13	统计局	2	1
教育部	11	11	林业局	35	36
科技部	2	14	知识产权局	2	8
工业和信息化部	33	4	旅游局	2	1
国家民委	0	3	宗教局	10	4
公安部	29	1	国管局	3	3
安全部	1	0	侨办	1	0
民政部	7	4	港澳办	1	0
司法部	6	1	台办	0	1
财政部	9	8	新闻办	3	0
人力资源和社会保障部	6	15	地震局	3	0
国土资源部	12	32	气象局	12	1
环境保护部	29	1	银监会	9	0
住房和城乡建设部	13	7	证监会	49	5
交通运输部	45	1	保监会	32	0
水利部	25	8	粮食局	3	2

---

① 中国政府网，http://www.gov.cn/xinwen/2014-03/20/content_2642578.htm。

续表

分部门	行政许可	非行政许可	分部门	行政许可	非行政许可
农业部	39	6	能源局	8	3
商务部	19	1	国防科工局	12	5
文化部	4	0	烟草局	13	0
卫生计生委	16	2	外专局	2	5
人民银行	18	0	海洋局	19	9
国资委	0	1	测绘地信局	9	1
海关总署	10	8	铁路局	8	3
税务总局	7	71	民航局	50	3
工商总局	3	4	邮政局	8	0
质检总局	27	0	文物局	19	1
新闻出版广电总局	46	4	外汇局	17	0
体育总局	5	4	档案局	4	2
安全监管总局	8	2	保密局	3	0
食品药品监管总局	26	2	密码局	11	3
合计	469	228	合计	350	97

注：根据中国机构编制网公布数据制作。

2013年12月11日，国务院下发《国务院关于取消和下放一批行政审批项目的决定》（国发〔2013〕44号），取消和下放68项行政审批项目（其中有2项属于保密项目，按规定另行通知）。另建议取消和下放7项依据有关法律设立的行政审批项目，国务院将依照法定程序提请全国人民代表大会常务委员会修订相关法律规定。[①] 2014年2月，国务院再次下发《国务院关于取消和下放一批行政审批项目的决定（国发〔2014〕5号）》，再取消和下放64项行政审批项目和18个子项。[②] 11月发布《国务院关于取消和调整一批行政审批项目等事项的决定（国发〔2014〕50号）》，取消和下放58项行政审批项目，取消67项职业资格许可和认定事项，取消19项评比达标表彰项目，将82项工商登记前置审批事项调整或明确为后置审

[①] 中国机构编制网，http://www.scopsr.gov.cn/xzspzd/zxdt/201312/t20131211_248057.html。
[②] 中国机构编制网，http://www.scopsr.gov.cn/xzspzd/tt/201402/t20140215_252475.html。

批。① 国务院将这些项目公布在政府网站上，接受公民和社会的监督。

国务院 60 个部门公布权力清单，有利于防止腐败，保障公民的知情权和参与权。当前，行政审批已成为权力寻租等各种腐败行为的重要源头，特别是土地、建设工程、产权交易等行政审批环节多的领域，有些已成为腐败重灾区。中央政府推行权力清单制度，就是把行政权力关进制度的"笼子"里，使公民和社会知情，并接受监督。公布权力清单是一项推动政府职能转变、推进简政放权的重大举措，同时权力在阳光之下运行，给人民实行监督权提供了重要的前提和条件。

2. 各省级行政单位相继公布权力清单

国务院新闻办公室 2014 年 9 月 10 日举行发布会指出，2014 年初以来，地方 1/3 以上省级行政单位（省、自治区、直辖市）都已公布了政府部门的权力清单。② 而截至 2014 年底、2015 年初，全国 31 个省级行政单位中，已有半数以上全面或部分公布了省级权力清单，有的在市、县级单位公布了权力清单（见表 2）。

表 2　地方各级政府权力清单公布时间及基本情况汇总

省级行政单位	2014 年权力清单公布基本情况	省级行政单位	2014 年权力清单公布基本情况
上海	上海市发展和改革委员会于 2014 年 6 月 29 日正式对外公布了 2014 年版行政审批和政府定价事项清单。这是上海市政府工作部门公布的首份权力清单，纳入清单的共有 41 项权力事项。2014 年 11 月 27 日，杨浦区公布了 2014 年版《杨浦区行政权力目录》，成为沪上首个"晒"出权力清单的区一级政府	山西	2014 年 12 月中旬，太原市全面梳理行政审批事项，共梳理出市级权力清单 4021 项，涉及市直 49 个政府部门及单位。省政府部门权力清单编制预计在 2015 年 6 月底前完成，市、县政府在 2015 年 12 月底公布本级政府部门的权力清单

---

① 中国机构编制网，http://www.scopsr.gov.cn/xzspzd/zcfb/201411/t20141126_268412.html。
② 《中国逾三分之一省份均已公布政府部门权力清单》，中国新闻网，http://www.chinanews.com/gn/2014/09-10/6577273.shtml。

续表

省级行政单位	2014年权力清单公布基本情况	省级行政单位	2014年权力清单公布基本情况
重庆	据央广网重庆8月28日消息,重庆两江新区率先在当地清理规范行政权力,将列出权力清单。两江新区政务中心已集中18个部门完整履行283项市级和60项区级行政审批事项	云南	2015年1月初,昆明市市级部门共梳理出除行政审批类以外的各类行政权力5933项。2015年2月初,云南省公布省政府信息公开网站,预计2015年6月底前,要全面清理现有资质资格许可和认定、评比达标表彰项目;12月底前,建立省人民政府部门权力清单制度
广东	2014年5月21日,省政府首次晒出各部门权力清单。其中,省政府46个部门共保留行政审批事项694项(行政许可364项、非行政许可审批事项330项);全省保留工商登记前置审批13项,前置改为后置审批108项,前置审批事项压减率达89%以上。2013年11月21日,广州市行政权力清单发布,这是党的十八届三中全会提出权力清单制度后,全国首个"晒出"行政权力清单的城市	湖南	2014年11月12日,湖南省长沙市向全社会公布经过精简"瘦身"后的权力清单和流程清单,包含行政审批项目219项、行政职权3393项,其中市本级行政审批项精简率约58.2%,部门行政职权精简率约61.7%。2015年2月1日,湖南省依法确定并公布涉及省政府工作部门的行政权力3700多项、主要职责600多项,共取消、下放30多项省政府核准的投资审批事项
新疆	2014年5月7日,自治区人民政府公布《自治区本级部门实施的行政审批事项目录(一)》,这是自治区公布的第一批本级实施行政审批行为的权力清单,包括自治区本级21个部门(单位)实施的145项行政审批事项。2014年全年,新疆累计晒出3批自治区本级权力清单,发布367项行政审批事项	安徽	2014年10月31日,安徽省级政府权力清单和责任清单目录正式公开发布,75家省级单位清理出5405项行政权力,最终只保留了1712项,经审核减少了3693项,精简68.3%。安徽由此成为全国省级政府行政权力事项最精简的省份之一
天津	2014年4月17日,天津市政府第30次常务会审议通过全市行政许可事项目录(2014年版),并向社会公布这份权力清单。目录包括:市级行政许可事项295项,市级暂不列入行政许可事项106项;滨海新区行政许可事项243项、市区行政许可事项143项、农业区县行政许可事项208项	河南	2015年初,经过多轮"瘦身",省政府公布了一份最新最完整版权力清单,包括承接国务院下放行政审批项目在内,省级保留的行政审批项目仅394项,共有44个厅局委有行政审批权

223

续表

省级行政单位	2014年权力清单公布基本情况	省级行政单位	2014年权力清单公布基本情况
江苏	2014年11月11日,江苏省政府门户网站正式公布。作为江苏建立5张清单、搭建1个平台、配套推进7项改革的政府职能转变整体架构的第二张清单,省政府各部门保留行政权力事项5647项（不含保密事项）,其中,省属权力1375项,属地管理权力4272项	河北	2015年1月,省政府部门公开权力清单。目前保留实施的行政权力共计3995项,其中,行政许可429项,非行政许可审批161项,行政处罚1857项,行政强制136项,行政征收43项,行政给付15项,行政裁决23项,行政确认181项,行政奖励67项,行政监督461项,其他类622项
浙江	浙江省是全国首个对权力清单进行全面公示的省份。据《人民日报》6月25日报道,日前,经过清权、制权、减权等环节的梳理工作,浙江省将57个省级部门的1.23万项行政权力"砍"到4236项,减权超六成	江西	据2014年4月8日《江西日报》报道,江西省委、省政府已先后通过多次行政审批制度改革,分7批取消和下放了审批事项1330项,占原有审批事项的71%。省本级共有行政审批项目647项,目前已取消下放105项
北京	2014年6月30日,北京市公布了投资项目审批事项清单,共涉及15个政府部门的110项审批事项。2015年1月25日《北京晚报》报道,北京市市长王安顺表示,北京将力争到2017年将政府权力清单全部向社会公开	广西	据《人民日报》（2015年1月14日11版）报道,自治区政府部门的权力清单和责任清单要在2015年9月底前公布,并逐步将清单内权力纳入政府权力运行平台统一管理。市县两级政府部门的权力清单和责任清单要在2016年7月底前公布。试点市县政府部门的清单公布时间应适当提前
山东	2014年12月19日,省级行政权力清单"出炉",58个省直部门（单位）的行政权力事项由7371项精简到4227项,压减42.65%	四川	自2013年6月起,四川省对2011年公布保留的省级部门478项行政审批项目进行优化,分四批取消、调整共计205项,截至2014年9月份,省本级保留行政许可事项273项,一年时间"瘦身"近50%

续表

省级行政单位	2014年权力清单公布基本情况	省级行政单位	2014年权力清单公布基本情况
内蒙古	2014年12月底，经过近半年的梳理，自治区政府法制办公室确定了4274项自治区本级行政权力清单，涉及自治区36个部门和单位，其中政府组成部门21个、直属机构12个、自治区直属事业单位3个。内蒙古将在2015年建起各级政府权力清单制度	甘肃	据甘肃网2015年1月13日讯，省政府办公厅近日印发《建立省政府部门行政权力清单和责任清单工作方案》、《建立省级财政专项资金管理清单工作方案》和《建设甘肃政务服务网工作方案》。以政务服务网站群为载体，以省市县各级政务大厅网上行政审批系统为依托，推出省市县三级一体化的"行政权力清单"、"部门责任清单"、"财政专项资金管理清单"三张清单，7月至年底前公布实施省级权责清单
福建	2014年11月6日，省发改委门户网站公布了省发改委行政权力目录清单。经省政府研究同意，省发改委保留行政权力45项，其中：行政审批7项（含子项34项）、行政确认4项、行政处罚23项、行政监督检查4项、行政奖励1项、其他行政权力6项（含子项2项）	陕西	2014年3月19日，陕西省国税局发布《陕西省国家税务局行政审批事项目录》，公布17项税务行政审批事项，其中行政许可3项，行政审批14项。2014年6月底，陕西公布了发改委、工信、科技等52个部门约700个行政审批清单
黑龙江	2014年6月，大庆市权力清单出炉，保留市级行政审批事项327项（含部分保留事项85项），下放和调整市级行政审批事项277项，占清理总数的53.5%，2014年10月中旬，黑龙江佳木斯市初步完成了全市179家单位的行政职权目录审核工作，全市（含中省直单位）行政职权共计1467项，保留793项，减少674项，精简率为45.9%	海南	2014年9月份的首批权力清单，根据《海南省行政审批目录管理办法》制定，共涉及有审批权力的43个省直单位，包括599个行政审批大项、984个子事项和246个行政管理服务大项、255个子事项
吉林	2014年8月20日，吉林省政府网站发布了《关于公布省政府部门行政权力清单的公告》，省直47个部门的9大类行政审批事项集中"晒家底"。继2013年6月减少126项后，审批事项再"砍"110多项，两次共取消下放210项，减少了60.5%	贵州	2014年7月，贵州省政府法制办发布公告，公布省直机关实施的行政许可事项和非行政许可审批事项权力清单共计344项，其中行政许可314项，非行政许可30项。凡是未纳入本清单的行政许可事项和非行政许可审批事项，省直机关一律不得实施

225

续表

省级行政单位	2014年权力清单公布基本情况	省级行政单位	2014年权力清单公布基本情况
辽宁	2014年11月下旬,辽宁省政府首次正式对外公布省政府直属各部门行政审批事项清单:630项行政审批事项目录。同时,省政府再次取消下放325项行政职权	西藏	西藏自治区人民政府2015年《政府工作报告》指出,大力简政放权,继续开展行政审批项目清理工作,逐步建立标准明确、程序严密、运作透明、制约有效、权责分明的行政审批体制。建立权力清单、责任清单和负面清单制度
湖北	2013年12月,一份全新的《湖北省级行政权力和政务服务事项目录》出炉,涉及58个部门和机构,从最初的8021项权力事项,减少至4313项。2014年5月,湖北机构编制网首次集中晒出省级权力清单。此次公开的行政审批部门有38个,公开行政审批事项286项	青海	2014年12月底,青海省人民政府办公厅公布了《关于全面开展政府职权清理推行权力清单、责任清单制度的通知》,预计在2015年3月底前,将审核、评估后的权力清单、责任清单,通过省政务服务中心、省政府门户网站予以公开
宁夏	2014年12月24日召开的宁夏回族自治区政府第37次常务会议决定,自治区本级建立政府部门权力清单工作将正式启动,此项工作分动员部署、清理职权、研究论证、审定公布"四步走",通过"清权、减权、制权、晒权"等步骤,实现政府权力"阳光化"		

注:根据国内各大权威网站和报纸公布的信息和数据制作。

31个省级行政单位在2014年公布权力清单,在公布时间、公布范围、公布程度等方面各有不同。有的已经较为全面地公布了省级各部门的权力清单,比如浙江、广东、山东等省份。而有的仅仅是在几个省直部门和市(区)、县级政府试行权力清单,全面的权力清单公布要在2015年甚至更久实施,比如广西、北京、山西、甘肃等。

各个省级行政单位已经或在未来几年陆续公布地方各级权力清单。已经全面公布权力清单的一些省份,做到了行政权力在各级政府和各个部门之间的明确划分,方便社会和公民监督。以浙江省为例,浙江省是国内首个在网上完整晒出省级部门和市、县级"权力清单"的省份,浙江省"晒出"的权力清单将省级和市、县级之间以及各部门之间的权力进行了较为明确的划分,有利于公民和社会较为清晰地了解行政权力的权限和归属,实现社会监督。据《人民日报》6月25日报道,经过半年多时间的清权、减权、制权全面梳理,57个省级部门的1.23万项行政权力被"砍"到4236项,精简幅度在六成以上。[①] 浙江省将"省级保留"行政权力和"市、县属地管理"行政权力进行了详细区分,公布在"浙江政务服务网"上,使公民对各级政府的行政权限一目了然(见表3)。

表3 浙江省各类行政权力清单(截至2015年2月1日)

行政权力清单类别	省级保留	市、县(市、区)属地管理	共性权力
行政许可	383	暂无记录	暂无记录
行政处罚	479	2206	2
行政征收	38	1	暂无记录
行政裁决	10	1	暂无记录
行政奖励	80	暂无记录	1
非行政许可审批	48	2	暂无记录
行政强制	36	113	3
行政给付	13	1	暂无记录
行政确认	157	11	暂无记录
其他行政权力	524	58	2
合计(项)	1768	2393	8

注:根据浙江政务服务网公布数据制作表格。

此外,"浙江政务服务网"还按照"省级保留""市、县属地管理""共性权力""审核转报"四个权限条款公布了42个省级部门的权力清单,

---

① 《浙江晒出省级部门权力清单 行政权力砍去六成以上》,《人民日报》2014年6月25日,http://www.chinanews.com/gn/2014/06-25/6316366.shtml。

使公民能够清晰地了解每项权力的权限和归属，有利于推动公民监督权的实现（见表4）。

表4　浙江省各部门行政权力清单（截至2015年2月1日）

按部门	省级保留	市、县(市、区)属地管理	共性权力	审核转报
省发改委	56	6	8	21
省教育厅	46	1	8	2
省民宗委	23	15	8	6
省安全厅	10	暂无记录	8	暂无记录
省司法厅	32	4	8	2
省人力社保厅	96	6	8	7
省环保厅	66	57	8	1
省交通运输厅	72	266	8	暂无记录
省农业厅	68	118	8	5
省商务厅	75	46	8	8
省审计厅	14	暂无记录	8	暂无记录
省卫生计生委	45	42	8	暂无记录
省工商局	45	364	8	1
省体育局	19	19	8	暂无记录
省食品药品监管局	63	166	8	14
省海洋与渔业局	65	136	8	11
省粮食局	5	7	8	3
省人防办	30	4	8	1
省物价局	23	4	8	2
省测绘局	48	11	8	2
省台办	2	1	8	暂无记录
省经信委	70	46	8	30
省科技厅	36	8	8	41
省公安厅	42	1	8	3
省民政厅	38	暂无记录	8	2
省财政厅	54	1	8	暂无记录
省国土资源厅	55	93	8	2
省建设厅	90	240	8	24
省水利厅	63	146	8	2
省林业厅	66	25	8	暂无记录

续表

按部门	省级保留	市、县(市、区)属地管理	共性权力	审核转报
省文化厅	18	32	8	8
省外办	2	暂无记录	8	1
省地税局	20	49	8	暂无记录
省质监局	59	270	8	3
省安监局	72	81	8	4
省统计局	9	5	8	暂无记录
省旅游局	6	44	8	2
省侨办	3	1	8	1
省新闻出版广电局	93	64	8	34
省文物局	50	10	8	21
省金融办	7	2	8	暂无记录
省档案局	12	2	8	暂无记录
总计(项)	1768	2393	8(均为共性条款)	264

数据来源：根据浙江政务服务网公布数据制作。

三 权力清单实施过程中面临的一些问题和挑战

权力清单制度的建立和实施旨在推动依法治国和实现权力监督，并有利于保障公民权利，是利国利民的大事。但是，由于挤压了某些部门的权力寻租空间，导致一些人阳奉阴违，在权力清单"瘦身"中玩起了"躲猫猫"，不愿将手中的权力上单，这也导致权力清单制度在实施过程中面临一些挑战，妨碍公民权利切实有效地实现保障。例如，半月谈记者在深入东、中、西部多个省份对权力清单制度实施状况进行调查后发现，权力清单在地方政府的实施中，存在以下六个问题。

一是，打包权力。部分单位因"行政权力进清单，清单之外无权力"，争相扩大权力事项，将一些机关内部运行管理、公共服务等列入权力事项。中部某省70余家省级部门进行改革，从上报数据看，64家单位上报行政审批项目395项，较省级现有316项，增加了79项；权力事项总数，也较已

229

公布的职权目录数增加了 1500 余项。有些单位为完成任务,把权力事项捆扎打包,以减少项目数量。少数单位把一些本应该取消的事项也进行打包处理。

二是,自设权力。一些地方为了平衡被清退部门的利益,又用"红头文件"的方式自行设定一些权力。比如,为加快经济发展,某省政府提出在一定时间内,重点培养一定数量不同类型的企业,建设相应的基地和研发中心等,有关部门据此出台文件,设置评审认定、审核审查、检查验收等具有审批性质的管理事项,用设置门槛的管理手段取代本应有的扶持、培育等服务职能。

三是,推卸责任。一些地方的权力清单上有追责机制。受到责任倒逼和问责追责压力的部门,就提出取消或调整诸如安全生产等责任大、风险高的权力事项。

四是,转移权力。一些部门或地方政府迫于权力清单的高压态势,不得不将相关权力事项取消,但又巧妙地转移给"二政府"(各类评审机构),地方权力清单虽"清"了、"短"了,但企业要跑的事情还是很多。[1]

五是,在权力清单的实施过程中,还存在权力清单制度与原有机构设置和法律法规之间产生冲突的问题。例如,作为浙江省试点权力清单制度的富阳市,在提交给浙江省人民政府的《富阳市人民政府关于富阳市权力清单制度试点工作有关问题及处理建议的报告》中,提到了"各部门监督管理职能交叉""法律缺位""法律滞后""法律冲突""权力设置不合理"等问题。[2]

六是,在各级政府以及各部门确立权力清单的过程中,公职人员往往意识不到权力清单制度与人权保障之间的关联。权力清单制度的确立是为了实现依法治国,但最终目的是保障公民的权利。只有意识到权利清单制度与人权保障之间的内在关联,各级政府及其公职人员才能够更为深层地领会自身

---

[1] 参见韩振、杨玉华等《管住"乱动的手":权力清单改革调查》,半月谈网,2014 年 12 月 9 日。
[2] 富阳市政府网站,http://sun.fuyang.gov.cn/qlqdwj/4396.jhtml。

的责任和权力清单制度的旨归。但是，目前各级政府还没有充分意识到这一点。

鉴于以上情况，权力清单制度要在各级政府、各个部门得到切实有效的实施，进而实现依法治国和保障人权的目的，还有很多亟须进一步完善的地方。例如，从制度上确保各级政府能够按照权力清单制度所设想的基本精神公开、透明、切实有效地公开权力，接受社会和公民监督。此外，还要在制度上处理好权力清单制度与原有法律法规和机构设置等方面的冲突，确保权力清单制度能够依照法律法规运行。

四 对权力清单制度在推动人权保障方面的一些建议

实行权力清单制度是政府的"自我革命"，推行此制度注定是一个充满了困难、阻力和挑战的过程，改革中长期出现的机构精简之后又膨胀的怪圈就是明证。所以，现实中必须注意改革的系统性、整体性和协同性，严格防范明减暗增现象，突破部门利益和地方保护主义的阻挠，这些都需要一个完善的行政司法体系，让民众有依法监督的渠道，同时也更需要高层树立起权威，并展现出强有力的改革意志。与此同时，政府权力边界明确化之后，政府在公共服务提供等方面的责任也应明确化。与政府责任相对应的就是普通公民的权利，行政改革也要让公民权利观深入人心，让人人都树立起在私域里法不禁止即有权利行为的观念。[①] 各级政府及不同部门建立权力清单制度，要做到与人权保障的有机结合。

第一，在执政观念上，权力清单制度所传达的权力制约和依法治国观念要与保障人权的观念并进，使政府公职人员在观念上意识到，推行权力清单的最终目的是保障人权。"权力是为权利而服务的，权力也是为了保障权利而设置的，最终都是为了利益的实现，这是两者的本源之所在"，"站在人

---

① 《以权力清单实现政府职能转变》，《21世纪经济报道》，http://jingji.21cbh.com/2014/3-5/2MMDA2NTFfMTA4NDg2MA.html。

民大众的角度来看，权利的主体必然是最广大的人民群众，而权力的最终目标就是为了维护好、发展好、实现好最广大人民群众的根本利益。因此，正确区分权力与权利的关系，有助于权力的责任主体进一步认清使命、履行职责、承担义务，在最大范围和最大限度内保障好最广大人民群众的权利，确保权力清单制度落在实处，不断发挥权力清单制度在国家治理中的制度性作用"。①

第二，在制度建设上，建立与权力清单制度相对应的权利清单制度，确保与权力清单相关的权利清单在制度上得到确认，进而为人权的保障提供明确而清晰的制度依据和法律依据。"权力相伴于权利而生，有多少权利的需求，就有多少权力的约束。同样，有多少权力的出台，也必然会有多少权利的诉求。"② 例如，当权力清单公布后，也应该顺次公布公民的知情权、监督权、参与权、质询权、救济权等方面的权利清单，让公民在践行权利方面能够有法可依，只有如此，才能对行政权力形成实质性的制约，确保依法治国和执政为民的理念得到实施。

第三，在机构设置、人员编制等相关的"配套设施"方面，建立与保障人权相关的机构和渠道，并确立统一的权力清单梳理标准，确保公民在维护权利方面既做到有法可依，又做到有渠道可循。在权力清单的公布过程中，"很多地方基于行政管理的需要，在梳理过程中有意无意地回避权力设定的法律适用规则"，③ 使权力清单的梳理缺乏较为刚性的标准，在保障人权方面也难免会大打折扣和流于形式。另外，建议设立专门机构，为保障公民知情权、监督权、质询权等政治权利提供切实有效的渠道。

第四，在公民意识和公民观念方面，确保公民能够广泛知晓权力清单制度，确保公民能够广泛地了解和接触当地政府的权力清单列表和相关政策，

---

① 谢建平：《权力清单制度：国家治理体系和治理能力现代化的制度性回应》，《华东师范大学学报》（哲学社会科学版）2014 年第 6 期。
② 谢建平：《权力清单制度：国家治理体系和治理能力现代化的制度性回应》，《华东师范大学学报》（哲学社会科学版）2014 年第 6 期。
③ 顾瞳瞳：《权力清单制度冷思考》，人民论坛网，http://www.cssn.cn/zzx/zgzz_zzx/201409/t20140922_1337273.shtml。

并鼓励公民监督和参与到公共事务中来，实现公民对政府的有效监督，进而在实质上确保公民知情权、监督权和参与权的实现。权力清单制度的建立就是为了让权力接受公民和社会的监督，确保依法治国和执政为民，因此，各级政府应该向全社会宣传权力清单制度，让公民切实了解和参与到权力清单实行制度的"伟大工程"中来。

　　第五，针对权力清单制度建设过程中出现的官员不作为或推卸责任等现象，应该确立相关的责任清单制度。权力清单制度建立的目的是划定权力的权限和范围，而不是取消政府和公职人员的权力和责任。一些政府部门和公职人员借权力清单制度的梳理过程，故意推卸某些棘手的责任，这无疑违背了执政为民的理念，歪曲了权力清单制度制定的目的。另外，对于那些没有切实履行权力清单公布的相关责任的部门和人员，应该依据相关规定予以追究。只有确立与权力清单制度相关的责任清单和责任追究机制，才能够更为有效地实现依法行政，推动我国公民知情权、监督权、自由权等诸项人权的保障。

B.14
公民数据隐私权保障：威胁与治理

王四新 李汶龙*

摘 要： 进入大数据时代，数据与隐私之间的关系愈发紧密，数据领域的实践也对隐私保护产生了重要影响。数据隐私成为隐私保护的主战场，值得重视与研究。网络时代，科技发展带来的数据变革使隐私权保护在人权体系中的紧迫性和重要性日益凸显。本文以当下为背景，围绕2014年发生的隐私实践对数据隐私保护问题予以系统阐述，剖析数据与隐私的复杂关系，并梳理2014年出现的数据隐私保护的威胁与挑战，厘清当下中国数据隐私保护的立法现状，集中阐述大数据背景下，政府在隐私权保障方面采取的措施，并分析其效果及不足，为隐私权法律保护体系的完善提供建议。

关键词： 数据隐私 人权 大数据

一 大数据时代的数据隐私与政府治理

（一）大数据时代数据隐私受到的威胁

在大数据时代，数据量的极度膨胀给隐私保护实践带来了一些新的特征

---

* 王四新，法学博士，中国传媒大学教授，传媒政策与法规专业博士生导师，政治与法律学院副院长，媒体法规政策研究中心副主任；李汶龙，中国政法大学硕士研究生，传媒法研究中心研究员。

和趋势。首先，隐私的数据化和数据的隐私化这两大数据保护领域的主流趋势使数据隐私成为现代社会隐私保护的主战场。其次，科技与法律发展步伐的失调使数据隐私保护的变革迫在眉睫，隐私在整个现代人权体系中的重要程度与日俱增。最后，当数据成为新的"商业货币"，数据挖掘成为主要的商业方法时，数据的使用与数据隐私保护之间的张力越发紧张。这些特征或趋势表明，在现代社会有必要给予数据隐私足够的关注与研究，应积极着力应对科技发展对隐私保护带来的挑战。

进入大数据时代，数据的挖掘彻底改变了商业模式、监管制度，甚至人们的生活方式，但同时也带来了一些新的问题。在高度数据化的现代社会，隐私以数据的形式存在、流动、分享，而科技的发展成为数据隐私[1]威胁的根本。随着移动互联网时代的到来，数据隐私的产生和存储主要集中于移动设备。9月2日，DCCI互联网数据中心联合360手机安全中心发布《2014年上半年Android手机隐私安全报告》。[2] 报告数据显示，92.8%的安卓手机用户在手机中存放隐私，智能手机已经成为隐私最多的设备。越来越多的个人隐私从手机外泄，隐私安全状况令人担忧。92.8%的用户习惯将隐私存储至智能手机中，74.1%存至台式电脑或笔记本电脑，U盘、移动硬盘、平板电脑存储的隐私数据分别占到44.2%、30.7%、28.3%。[3] 可见，智能手机已成为承载人们隐私最多的载体。

数据的隐私化与隐私的数据化是现代社会隐私领域的两大基本趋势，这种双向融合的形态也为公民隐私权利的保护方向定下了基调。数据与隐私的交融成为现代科技社会的主要特征，而基于此，数据隐私也就成为隐私权威

---

[1] "隐私权""数据权""信息权"这些新型权利的概念范围并不清晰。尤其是进入社交网络时代，上述权利的范围往往存在重叠：个人的隐私愈来愈多地以数据的形式展现，与个人有关的数据也愈来愈多地包含隐私信息。至于所谓的"个人信息安全"，也指的是个人数据处于安全储存状态，免于数据泄露导致的隐私泄露。因而诸多概念的保护对象实际上是同一的，可称其为"信息隐私"或者"数据隐私"。

[2] 《2014年上半年Android手机隐私安全报告》，DCCI互联网数据中心及360手机安全中心发布，http://vdisk.weibo.com/s/sRCXj0wx_2U。

[3] 《2014年上半年Android手机隐私安全报告》，DCCI互联网数据中心及360手机安全中心发布，http://vdisk.weibo.com/s/sRCXj0wx_2U。

胁与保护的主战场。所谓"数据隐私",是指在网络中流动并被规模性使用、处理、挖掘的以数据形式存在的个人私密信息或者事实。个人信息的高度数据化使数据隐私成为数字时代隐私最为重要的面向。数据隐私范围很广,凡是能够识别个人身份的数据承载的信息都属于此范围,包括在网络中录入的个人基本信息,如姓名、性别、出生日期、社保账号等,也包括其他与个人相关的信息,如信用记录、医疗信息、教育背景、雇佣关系等。

隐私权在人权体系建立之初就为人所重视,被视为一种不可缺少的人权。科技的进步促进了个人生活的数据化,而个人的私人事实也不可避免地成为数据,在互联网这一流动的网络中被收集、分析、挖掘、传输、交易、存储,作为微小的一部分发挥着它的价值。数据化的生活给人们带来了莫大的便利,但人们也承受着伴随变化而来的副作用。如今,公民的(数据)隐私受到前所未有的威胁和挑战。这种挑战是多维的,不仅侵犯的主体变得多元,侵犯方式也不一而足。技术的变革导致了"隐私基态"的改变,即隐私从传统保护理论中预设的不公开状态向公开状态转变的过程。而这直接导致传统隐私理论不能起到作用,而需要建立新型数据隐私救济体制。

1. 商业实践

现代商业中的数据实践对个人隐私构成了严重的威胁。按照经济学"理性人"假设,握有数据的运营者在隐私保护与技术创新(经济利益)的权衡下势必会选择后者,因为在数据处理的过程之中隐私保护实际上是抑制科技创新的"障碍"。在法律框架还不完善的环境下,商业视角中的隐私保护成为纯伦理层面的行为,因而数据滥用现象频发,亟待改善。具体而言,商业实践对隐私构成的威胁主要集中在数据收集和数据交易层面,而数据存储中的隐私安全漏洞则在下节论述。

(1)数据收集

大数据时代,隐私对于数据主体而言几乎处于"不可控"的状态。而对于数据公司而言,数据作为新型货币恰恰成为财富来源。掌握大量数据就意味着拥有商业优势和实力。实践中公司往往是一方面不断宣扬隐私保护的重要性,另一方面却试图疯狂地以各种渠道、方式收集着用户的隐私,因为隐私数据往往反映了用户商业偏好，数据本身带有极高的商业价值，数据分析能够帮助公司做出符合市场规律的决策，给公司带来实质经济利益。具体而言，数据的收集可分为公开收集和私密收集两类。

如今公开收集用户的隐私数据已经成为用户不得不接受的商业惯例。《2014年上半年Android手机隐私安全报告》通过对1200个APP检测发现：92%的安卓应用获取了隐私权限。[1] 获取1~5项隐私权限的APP占61.5%，获取6~10项隐私权限的APP占26.2%，获取隐私权限超过11项的APP占4.3%。[2] 安卓应用多数会获取用户隐私权限，其中，设备信息、用户位置和WiFi权限这三项隐私内容位居前三。[3]

实践证明，各大公司对隐私的声明并不那么有效。近年来，有关电子设备收集个人数据带来隐私威胁的报道层出不穷，2014年就频频曝出各类隐私泄露的丑闻，两大主流系统iOS和Android无一幸免地存在着隐私隐患。

2014年7月央视报道了苹果手机的LBS服务（Location Based Services），称苹果设备中存在默认开启的"常去地点"功能，详细记录了用户的位置和移动轨迹，并记录在未加密数据库中。[4] 如今，智能手机收集用户位置信息，提供基于位置的定制化服务，但这类新型服务在提供便利的同时也给隐私保护带来了极大的挑战。

无独有偶，安卓系统的隐私数据实践也令人担忧。目前我国安卓系统手机软件已经接近70万个，大部分要求用户开放各类权限，与隐私有关的达30多个。[5] 手机安全工程师对100多个手机软件要求的权限进行了统计，发

---

[1] 《2014年上半年Android手机隐私安全报告》，DCCI互联网数据中心及360手机安全中心发布，http://vdisk.weibo.com/s/sRCXj0wx_2U。

[2] 《2014年上半年Android手机隐私安全报告》，DCCI互联网数据中心及360手机安全中心发布，http://vdisk.weibo.com/s/sRCXj0wx_2U。

[3] 《2014年上半年Android手机隐私安全报告》，DCCI互联网数据中心及360手机安全中心发布，http://vdisk.weibo.com/s/sRCXj0wx_2U。

[4] 《个人位置被手机应用"偷取"泄露的不仅是隐私》，凤凰财经，http://finance.ifeng.com/a/20140721/12762559_0.shtml。

[5] 《央视：安卓对手机权限几无限制》，中新网，http://www.chinanews.com/sh/2014/05-26/6209157.shtml。

现在安卓系统敏感权限当中，读取电话状态占到第一位，达到95.51%，其余分别是地址定位54.04%，收发短信45.71%，拨打电话33.71%，读取联系人31.16%，录音28.09%。另外，与手机用户个人隐私密切相关的获取运行应用也占到了将近63%。①

值得重视的是，很多软件获取权限并非软件功能所必需。但对于用户而言，只有"安装"或"放弃"两种选项，用户不能根据自己的需求禁止一部分权限。目前的实践中，即便应用支持取消权限，在取消后也会不断提醒重新设置，否则应用就无法正常运行。根据中国互联网监测研究权威机构DCCI发布的《2013移动应用隐私安全测评报告》，在具有读取通话记录行为的移动应用当中，高达73.1%为越界抓取。61%的短信记录读取、73%的通话记录读取权限为功能不必需。②

通常的数据收集都会提示用户，哪些数据将被收集并使用，但是用户没有选择性屏蔽的权利。而且在一些情形下，用户个人的数据是否被收集、收集的程度和范围都是未知的。这类使用恶意程序未经授权擅自收集数据的行为也是数据隐私保护的顽疾。

手机里存在后台程序上传用户隐私相关数据的现象已经广为人知。一年一度的央视3·15晚会就曝光了大唐高鸿手机软件窃取用户隐私事件。大唐高鸿开发了一款软件，后与手机商合作将该软件直接预装在用户手机里面。③该软件会获取包括IMEI、MAC地址在内的手机设备信息和手机型号，获取手机所有应用软件列表，监控用户使用软件的时间、次数、网络流量，并在后台将这些信息发送到大唐高鸿公司的官网服务器。④大唐神器已经遍

---

① 《央视：安卓对手机权限几无限制》，中新网，http：//www.chinanews.com/sh/2014/05－26/6209157.shtml。
② 《2013移动应用隐私安全测评报告》，DCCI互联网数据中心发布，http：//wenku.baidu.com/link?url=vHiM_m96OUdEwFW－5NSyBMyeludIA4amoCnamIHYR6uOz45qdc1FBbhfXtJw－07BE－JLTKLIwp1ecHDH783m7a－iWtAW6Ul5gl0tiTjUCi。
③ 《央视曝光高鸿等厂商向行货手机植入恶意扣费程序》，凤凰科技，http：//tech.ifeng.com/telecom/detail_2014_03/15/34804022_0.shtml。
④ 《央视曝光高鸿等厂商向行货手机植入恶意扣费程序》，凤凰科技，http：//tech.ifeng.com/telecom/detail_2014_03/15/34804022_0.shtml。

布全国各地，拥有 4604 家加盟代理商，每个月能安装 100 万部以上的手机，已经安装的软件超过了 4600 万个。①

（2）数据交易

商业实践对隐私的威胁并非孤立。如今，数据交换已经成为行业惯例。不同的公司之间数据常常共享。实践中，公司之间达成协议，却并没有数据主体的参与。个人由于没有数据交换的控制能力，对于数据处理的许可往往无法延及数据交换后的使用。如今"突如其来"的电话推销非常普遍，并且服务商对个人信息了如指掌，这正是数据交易不规范导致的负面后果。除了商业惯例，数据交易还常常以违法的形式进行。2014 年年初曝出，支付宝的前技术员工利用工作之便，分多次在公司后台下载了支付宝用户的资料，资料内容超过 20G，随后将用户信息出售给电商公司、数据公司，交易的数据类型十分丰富，包括公民个人的实名、手机号、电子邮箱、家庭住址、消费记录等。② 支付宝用户信息被多次出售给多家电商公司、数据公司，其中最大的买家系凡客诚品，该公司曾一次性购买支付宝用户信息 1000 万条。③ 此后，支付宝对前员工倒卖数据事件的回应亦引发关于数据隐私保护的争论。支付宝称，该前员工倒卖的数据不包含密码等"核心身份隐私"，因而不涉及用户隐私安全。④ 对此，有学者表示，所谓"核心身份信息"并非法律上的概念，而隐私保护的范围也不限于此。在《关于加强网络信息保护的决定》中，"可识别公民个人信息"与"涉及公民个人隐私的电子信息"是作为不同的概念并列出现的。阿里主张的属于前者，但除此之外凡是涉及公民个人隐私的信息均受隐私法保护。⑤

---

① 《央视曝光高鸿等厂商向行货手机植入恶意扣费程序》，凤凰科技，http：//tech.ifeng.com/telecom/detail_ 2014_ 03/15/34804022_ 0. shtml。
② 《支付宝内鬼泄密 20G 海量用户信息被盗卖》，腾讯财经，http：//finance.qq.com/a/20140104/001008.htm? pgv_ ref = aio2012&ptlang = 2052。
③ 《支付宝内鬼泄密 20G 海量用户信息被盗卖》，腾讯财经，http：//finance.qq.com/a/20140104/001008.htm? pgv_ ref = aio2012&ptlang = 2052。
④ 《支付宝称泄密事件不涉及用户隐私安全》，腾讯财经，http：//finance.qq.com/a/20140106/000289.htm。
⑤ 朱巍：《支付宝用户信息被卖，未涉隐私？》，《新京报》2014 年 1 月 6 日。

2. 安全漏洞

中国互联网络信息中心（CNNIC）发布的《2013年中国网民信息安全状况研究报告》指出，74.1%的网民在过去半年时间内遇到过信息安全问题，总人数达4.38亿，全国因信息安全事件而造成的个人经济损失达到了196.3亿元。报告强调，信息安全影响网民的时间之长、规模之大前所未有。[①] 中国互联网协会、国家互联网应急中心发布的《2014年中国互联网站发展状况及其安全报告》显示，2013年被篡改的中国网站数量为24034个，较2012年的16388个大幅增长了46.7%；其中被篡改的政府网站数量为2430个，较2012年的1802个大幅增长了34.9%。[②] 在植入后门问题上，2013年76160个中国网站被植入网站后门，其中政府网站有2425个。[③] 在网络"钓鱼"问题上，2013年发现仿冒中国网站的仿冒页面URL地址30199个。[④]

2014年，数据泄露与窃取的事件也频频发生。2014年3月10日，在手机预装ROM中长达三年的"长老级"手机木马近日被360手机安全中心捕获。该木马不但会窃取用户手机号、地理位置等隐私信息，同时还可以篡改主页、安装未知应用，甚至还可根据手机号控制某一款手机。[⑤] 3月22日，乌云漏洞平台披露携程网安全漏洞信息，称携程网支付过程中的调试信息可被任意黑客读取，导致持卡人姓名、身份证、信用卡号等信息泄露。[⑥] 4月，央视曝光安卓手机严重设计缺陷：照片、短信、通信录等个人信息删除后仍

[①]《2013年中国网民信息安全状况研究报告》，中国互联网络信息中心（CNNIC）发布，http://www.cnnic.net.cn/hlwfzyj/hlwxzbg/mtbg/201312/t20131219_43475.htm。

[②]《2014年中国互联网站发展状况及其安全报告》，中国互联网协会、国家互联网应急中心发布，http://www.isc.org.cn/wzgg/listinfo-29087.html。

[③]《2014年中国互联网站发展状况及其安全报告》，中国互联网协会、国家互联网应急中心发布，http://www.isc.org.cn/wzgg/listinfo-29087.html。

[④]《2014年中国互联网站发展状况及其安全报告》，中国互联网协会、国家互联网应急中心发布，http://www.isc.org.cn/wzgg/listinfo-29087.html。

[⑤]《长老级手机木马被捕获》，人民网，http://media.people.com.cn/BIG5/n/2014/0311/c40733-24599588.html。

[⑥]《窗体顶端 窗体底端 安全漏洞监测平台乌云网：携程泄露用户支付信息》，凤凰科技，http://tech.ifeng.com/internet/detail_2014_03/24/35064315_0.shtml。

可恢复。① 同月，360互联网安全中心发布的《中国手机用户换机风险调查报告》② 指出，有超过50%的用户在处理旧手机时选择"直接恢复出厂设置"，然而这种方式无法彻底删除全部信息。6月9日，"我就是社工库"人肉搜索网站被曝光。③ 通过输入QQ号就可以查询个人所有QQ群号、群内所有成员、群内备注昵称、群资料等。支付50元注册费，还可以查询密码、开房信息等核心隐私信息。8月28日，"手机冰毒"木马借冰桶挑战赛风靡全球之势大肆传播，恶意篡改公益类手机应用，在手机用户不知情的情况下发送扣费短信，向手机通信录联系人群发短信，窃取手机联系人信息，泄露手机用户隐私。④

（二）中国政府数据隐私权保障措施

在宪法层面，自1954年出台我国第一部宪法以来，由于没有较为完善的宪法适用和解释机制，宪法司法化的进程一直受阻。在此后数十年的发展中，就隐私等基本权利立法保护层面国内外形成了鲜明的对比。与西方国家相比，我国公法在公民权利保护方面相对弱势，隐私保护在宪法层面并没有多大作用。而由于没有很好的宪法基础，我国在法律层面的隐私规范也鲜有变化。我国隐私保护框架主要构建于民法中，隐私等重要的公民权利的法律基础主要集中在近些年出台的司法解释之中，法律层面的规范持续缺位。而目前民法典正在草拟之中，出于体系完整性的考虑，拖后隐私法的变革可能是我国隐私法律环境的基本特征。我国目前的个人信息保护规范体系较为混乱，亟待整合统一。令人担忧的是，我国的数据实践却并不逊色于他国，隐

---

① 《安卓手机曝"先天隐私缺陷" 8亿用户受影响》，人民网，http：//mobile.people.com.cn/n/2014/0415/c183175 - 24896922.html。
② 《处理旧手机切莫随意》，凤凰资讯，http：//news.ifeng.com/gundong/detail_ 2014_ 04/16/35801009_ 0.shtml。
③ 《"社工库"网站成人肉搜索工具 可查开房记录?》，新华网，http：//big5.xinhuanet.com/gate/big5/news.xinhuanet.com/local/2014 - 06/11/c_ 1111078562.htm。
④ 《警惕"手机冰毒"吸费窃隐私》，新华网，http：//news.xinhuanet.com/fortune/2014 - 08/28/c_ 1112268398.htm。

私法律的缺位亟待改观。另外，与其他部门法大步伐的变革相比较，我国高位阶的数据隐私立法一直较为滞后。

但是就在2014年，我国的法律环境，尤其是宪法等保障公民基本权利的公法的立法政策环境发生了很大的变化。在2014年10月召开的中国共产党第十八届中央委员会第四次全体会议（四中全会）上，首次以"依法治国"为主题，全方面地讨论了我国立法、执法、司法的变革等重大问题。宪法是公民基本权利的保障书，公民隐私权、表达自由权、结社权等重要权利都有赖于宪法的贯彻实施。在大数据时代数据滥用现象猖獗、数据泄露事件频发，西方各国隐私法改革举措此起彼伏的国内外环境下，推动深化保障公民隐私等基本权利的改革是必要的、紧迫的。在保障数据隐私等公民基本权利的问题上，我国已经从根本上开始推动改革，并且改革力度之大、范围之广前所未有。我国宪法将被有力的立法政策激活，真正地保障公民的各项基本权利。

在法律法规层面，近年来人大以及中央政府在数据立法方面的努力，正在为法律最终的出台奠定基础。2014年2月，由习近平总书记担任组长的"中国网络安全和信息化领导小组"正式成立。[1] 习近平强调，"网络安全和信息化是事关国家安全和国家发展、事关广大人民群众工作生活的重大战略问题"。[2] 两会期间，信息安全问题也是热议话题。全国政协委员、苏宁董事长张近东提交了《加快个人信息安全领域法制建设》的提案，呼吁保护个人信息安全。[3] 早在2008年，全国政协委员、致公党天津市委副主委何悦就提交了《加快我国网络信息安全立法提案》。[4] 全国政协提案委员会把

---

[1] 《习近平任中央网络安全和信息化领导小组组长》，腾讯新闻，http://news.qq.com/a/20140228/001147.htm。

[2] 《习近平任中央网络安全和信息化领导小组组长》，腾讯新闻，http://news.qq.com/a/20140228/001147.htm。

[3] 《政协委员张近东提议把保护个人隐私作为信息安全的重点》，中国新闻网，http://finance.chinanews.com/cj/2014/03-03/5901365.shtml。

[4] 《何悦提案被列为全国重点落实提案》，中国致公党官网，http://www.zg.org.cn/czhyzh/jyxc/200911/t20091127_1632.html。

它列为重点提案，专门召开了由工业和信息化部、公安部等相关承办部门负责人参加的提案办理协商会。① 2009 年，在全国政协十一届二次会议上，全国政协委员、湖南省社会主义学院院长胡旭晟提交提案，呼吁尽快制定个人信息保护法。② 2011 年，在全国政协十一届四次会议上，侯欣一、张穹、刘白驹等政协委员在第 1894 号提案中，呼吁加快制定信息安全法。③ 2012 年，在全国政协十一届五次会议上，郭为委员的第 0486 号提案提出加强个人信息保护立法，为互联网服务保驾护航。④ 终于在 2012 年 12 月 28 日，全国人大常委会发布了《关于加强网络信息保护的决定》。⑤《决定》共 12 条，在信息保护、垃圾信息、网络身份管理、部门监管等方面对信息保护提出了具体要求。其中第 4 条第 2 款规定："为了保护个人、法人和其他组织的人身、财产等合法权利，非法截获、篡改、删除他人电子邮件或者其他数据资料，侵犯公民通信自由和通信秘密构成犯罪的，依照刑法有关规定追究刑事责任。"在网络治理中，国家互联网信息办公室（简称"网信办"）承担了重要的职能。2014 年网信办出台了若干治理的具体规范，包括《即时通信工具公众信息服务发展管理暂行规定》《互联网用户账号名称管理规定》，并且还将就 APP 应用程序发展管理出台相关办法。这些特殊规则深刻影响了互联网、移动互联网、社交媒体、即时通信等领域，及时治理了网络乱象，同时也为数据隐私的保护奠定了基础。

在司法解释层面，2014 年 10 月首次出台了关于网络侵权的司法解释，即《关于审理利用信息网络侵害人身权益民事纠纷案件适用法律若干问题的规

---

① 《何悦提案被列为全国重点落实提案》，中国致公党官网，http://www.zg.org.cn/czhyzh/jyxc/200911/t20091127_1632.html。
② 《政协委员胡旭晟呼吁尽快制定个人信息保护法》，搜狐新闻，http://news.sohu.com/20090304/n262585391.shtml。
③ 《个人信息被滥用情况触目惊心》，光明网，http://www.gmw.cn/media/2014-02/18/content_10405011.htm。
④ 《个人信息泄露何时了？》，中国共产党新闻网，http://cpc.people.com.cn/n/2014/0218/c83083-24389509.html。
⑤ 《人大常委会 145 赞成 1 票反对通过〈关于加强网络信息保护的决定〉》，央视网，http://news.cntv.cn/2012/12/28/ARTI1356684415804862.shtml。

定》，为网络表达自由划清界限，为网络隐私等权益保障提供救济，是互联网时代公民基本权利保障非常重要的法律补位。该司法解释首次明确了个人信息保护的范围，第12条规定："网络用户或者网络服务提供者利用网络公开自然人基因信息、病历资料、健康检查资料、犯罪记录、家庭住址、私人活动等个人隐私和其他个人信息，造成他人损害，被侵权人请求其承担侵权责任的，人民法院应予支持。但下列情形除外：（一）经自然人书面同意且在约定范围内公开；（二）为促进社会公共利益且在必要范围内；（三）学校、科研机构等基于公共利益为学术研究或者统计的目的，经自然人书面同意，且公开的方式不足以识别特定自然人；（四）自然人自行在网络上公开的信息或者其他已合法公开的个人信息；（五）以合法渠道获取的个人信息；（六）法律或者行政法规另有规定。"其次，鉴于社交媒体时代在我国流行的微信、微博等平台的二次传播行为普遍，该司法解释第10条对转载网络信息行为做出了规定："法院认定网络用户或者网络服务提供者转载网络信息行为的过错及其程度，应综合以下因素：（一）转载主体所承担的与其性质、影响范围相适应的注意义务；（二）所转载信息侵害他人人身权益的明显程度；（三）对所转载信息是否作出实质性修改，是否添加或者修改文章标题，导致其与内容严重不符以及误导公众的可能性。"再次，该司法解释还对"非法删帖"的行为予以规定。这种类型可以理解成数据隐私保护的反面。一方面，公民可以主张数据隐私权保障自己的权利，但另一方面，留存于网络上的数据可能涉及公共利益，其他人有权利获知这些数据的内容。而在这样的情况下，强行删帖是一种非法行为，应该被抑制。该司法解释第14条规定："被侵权人与构成侵权的网络用户或者网络服务提供者达成一方支付报酬，另一方提供删除、屏蔽、断开链接等服务的协议，人民法院应认定为无效。擅自篡改、删除、屏蔽特定网络信息或者以断开链接的方式阻止他人获取网络信息，发布该信息的网络用户或者网络服务提供者请求侵权人承担侵权责任的，人民法院应予支持。接受他人委托实施该行为的，委托人与受托人承担连带责任。"

在司法实践层面，与（数据）隐私相关的案例也在逐渐增加。随着数据实践的大范围开展以及人们隐私保护意识的提升，选择通过法律来保护隐私权益成为一项基本的选择。在2014年全国各地出现的数百起隐私纠纷案件中，审级相对较高，审判质量有保证，案件事实涉及多层次的隐私问题，比如以营销用途出售用户手机号码（《李国仓与北京途牛天下信息技术有限公司隐私权纠纷上诉案》）[1]、私自公开私人信件（《中贸圣佳国际拍卖有限公司诉杨季康（笔名杨绛）等侵害著作权及隐私权纠纷案》）[2]、政府部门频繁检查影响住宅安宁（《王月与夏世同名誉权、隐私权纠纷上诉案》）[3]、隐私信息用作商业展示（《蔡金锡诉厦门市盈众汽车销售有限公司隐私权纠纷案》）[4]、银行擅自获取私人征信（《彭凯与中国银行股份有限公司上海市卢湾支行隐私权纠纷上诉案》）[5] 等。此外，除了隐私纠纷，一切其他具有重大社会影响的案件也可能涉及不同程度的隐私问题，比如未成年人保护（《李天一案律师庭审直播》）[6]、微博反腐（《沈阳卫生局长性丑闻案》）[7]、意外事故（《马航失联与用户隐私曝光案》）[8] 等。随着司法实践的日趋成熟，法院也在推动我国隐私法体系的完善和优化。

二 保障措施的效果与不足

（一）隐私权救济基础已经逐渐形成，但具体救济措施缺位

无论国际条约，还是国内立法，隐私权都是作为重要的基本权利规定在相关法律文件之中的。以《世界人权宣言》为始，大多数人权条约都会将

---

[1] 〔2014〕高民申字第00202号。
[2] 〔2014〕高民终字第1152号。
[3] 〔2014〕宁民终字第1974号。
[4] 〔2014〕湖民初字第1614号。
[5] 〔2014〕宁民终字第873号。
[6] 《北京通报李某某案违规律师最终处分决定》，法制网，http：//www.legaldaily.com.cn/xwzx/content/2014 - 04/18/content_ 5464313.htm? node = 53628。
[7] 《局长与院长开房丢人现眼》，中廉网，http：//www.zlcom.cn/a/news/sp/2013/1231/21731.html。
[8] 《马航失联航班乘客名单公布》，腾讯新闻，http：//news.qq.com/a/20140308/006958.htm。

隐私视为人权。而在国内法层面，现代宪法也多会对公民的隐私提供保护。在中国，伴随着个人信息保护立法的开展，以及"依法治国""依宪治国"基本方针的出台，隐私权的保护已经被提到一个很高的位置，得到政府重视。虽然隐私法保护体系仍不完善，大量特殊立法仍处于草拟商议阶段，但我国隐私权救济的基础已经逐渐形成，国民得以依据法律主张保障自己的隐私权。处于科技社会中的现代公民，隐私的基础重要性不亚于其他权利。但是，由于目前隐私权的保护仍处于不成熟的阶段，个人信息或数据隐私权的保护仍然基于不成体系的法律条文，国家保护个人信息立法政策的落实仍需一段时间，具体救济措施的缺位会给公民寻求隐私权救济带来障碍。

（二）法治进程开展，数据使用收集有待纳入法治框架

2014年，十八届四中全会的召开对于隐私权保护体系的建立具有深远的意义。"法治""依宪治国"方针的提出有利于未来宪法的实施。而隐私权作为公民的一项基本权利，仅受到民法层面的保护是不充分的。法治进程的开展为隐私权提供了更为全面的保护。一方面，公民得以基于宪法主张获得隐私权等基本权利的救济；另一方面，宪法的激活也为日后相关法律的建立打下了基础。然而，"依宪治国"的提出只是基本权利保障的第一步，究竟隐私权保护能否得到宪法层面的保护还有赖于法治的真正实现。在大数据时代，数据的收集和存储已经成为新的商业模式，而调整相关领域的法律仍处于滞后阶段。伴随着法治进程的开展，数据的收集、监控亟须纳入法治框架。

（三）实体保障成为关注焦点，但隐私保障执行滞后

近年来，科技的发展对隐私保护构成巨大的威胁和挑战，隐私渐渐受到全世界范围内的重视。中国也紧跟世界脚步，在两会期间提出诸多与个人信息及数据隐私保护相关的议案。但是，目前中国隐私权保护的不足之处在于，虽然实体法保护已经达到一定的重视程度，但缺乏一个专门机关保障数据隐私保护的执行。隐私的保障不但需要实体法保障，还需要执行机关和救济途径。

（四）单位及个人数据隐私保护意识有待进一步加强

数据产业的实践在深入的过程中逐渐呈现出复杂化的特点，超出了单位及个人认知能力的范围，信息处于不对称状态，因此数据隐私利益的被侵犯经常是在不知情的情况下发生的，因此，有效提高个人在数据处理中的参与热情，提高数据隐私保护观念也是重要环节之一。

三 增强数据隐私权保障的建议

目前我国数据隐私保护立法仍处于起步阶段，结合国家目前的政策及现状，笔者提出以下几点增强隐私权保障的建议。

（一）制定隐私法保护体系

隐私权的保障，尤其是大数据时代的数据隐私权，有赖于完整的隐私法保护体系的建立。目前我国隐私权保护的特点在于：（1）相关法律文件零散、不统一；（2）法律文件效力层级低；（3）主要依赖于民法保护；（4）宪法保护缺位；（5）无特别立法。由于以上特点，在中国数据隐私权难以得到充分的保护。作为公民基本权利，隐私权的保护不仅有赖于高位阶法律，而且需要得到不同法律的协同保护。因此，及时建立完整的隐私法保护体系成为关键。

（二）建立统一的隐私法治保护框架

隐私权的保护需要纳入法治框架之中。政府获取公民隐私必须依法进行，出于合法目的，并且手段必要且正当。唯有如此，才能使公民隐私权得到保障。基本权利的保障与法治密不可分，目前我国已经明确地进入"依宪治国"阶段，政府应在数据隐私层面充分落实法治精神，明确公权力的界限，为保障公民数据隐私免受权力滥用设下"安全网"。

（三）设置专门的数据隐私保护机构

隐私权的保护不仅需要法律基础，而且需要执行机关的努力。在隐私法较为发达的西方，政府都会设立专门的机关监督、裁决与公民数据隐私相关的问题。专门机构的设立是隐私权最终落实不可缺少的部分，也是隐私救济最后的保障。结合本国国情，借鉴西方发达国家隐私权保护的实践，是目前较为可行的措施之一。

B.15 司法公开与公正审判权保障

黄士元*

摘　要： 近年来最高人民法院通过了一系列与司法公开有关的规范性文件，地方各级人民法院在司法公开方面也进行了认真探索，取得了不少成绩，尤其是在三大平台建设、裁判文书上网和庭审直播方面。不过，当前审判公开问题上的一些深层矛盾并未解决，选择性公开、形式性公开问题仍然普遍存在，已有制度没有很好地落实，配套改革也没有及时跟进。

关键词： 司法公开　三大平台建设　裁判文书上网　庭审直播

1948年联合国大会通过的《世界人权宣言》第10条规定："人人完全平等地有权由一个独立而无偏倚的法庭进行公正和公开的审讯，以确定他的权利和义务并判定对他提出的任何刑事指控。"司法公开作为一项基本人权首次写入国际公约中。为了进一步促进各国对人的权利和自由的普遍尊重和遵行，1966年联合国大会通过的《公民权利和政治权利国际公约》第14条第1款再次确认和明确界定了司法公开这一原则："在判定对任何人提出的任何刑事指控或确定他在一件诉讼案中的权利和义务时，人人有资格由一个依法设立的合格的、独立的和无偏倚的法庭进行公正的和公开的审讯。由于民主社会中的道德的、公共秩序的或国家安全的理由，或当诉讼当事人的私生活的利益有此需要时，或在特殊情况下法庭认为公开审判会损害司法利益

---

* 黄士元，法学博士，山东大学法学院副教授，研究方向为刑事诉讼法学、证据法学。

因而严格需要的限度下，可不使记者和公众出席全部或部分审判；但对刑事案件或法律诉讼的任何判决应公开宣布，除非少年的利益另有要求或者诉讼系有关儿童监护权的婚姻争端。"国际人权公约的上述规定，标志着司法公开国际标准的确立。司法公开权成为国际上公认的基本人权，司法公开发展成为一条各国普遍适用的诉讼原则和司法准则。①

我国《宪法》第125条规定："人民法院审理案件，除法律规定的特别情况外，一律公开进行。"《人民法院组织法》第7条规定："人民法院审理案件，除涉及国家秘密、个人隐私和未成年犯罪案件外，一律公开进行。"我国包括《民事诉讼法》《刑事诉讼法》《行政诉讼法》在内的三大诉讼法都对司法公开做出了规定。《刑事诉讼法》第11条规定："人民法院审判案件，除本法另有规定的以外，一律公开进行。"第183条规定："人民法院审判第一审案件应当公开进行。但是有关国家秘密或者个人隐私的案件，不公开审理；涉及商业秘密的案件，当事人申请不公开审理的，可以不公开审理。不公开审理的案件，应当当庭宣布不公开审理的理由。"第274条规定："审判的时候被告人不满十八周岁的案件，不公开审理。但是，经未成年被告人及其法定代理人同意，未成年被告人所在学校和未成年人保护组织可以派代表到场。"《民事诉讼法》第134条规定："人民法院审理民事案件，除涉及国家秘密、个人隐私或者法律另有规定的以外，应当公开进行。离婚案件，涉及商业秘密的案件，当事人申请不公开审理的，可以不公开审理。"《行政诉讼法》第7条规定："人民法院审理行政案件，依法实行合议、回避、公开审判和两审终审制度。"第54条规定："人民法院公开审理行政案件，但涉及国家秘密、个人隐私和法律另有规定的除外。涉及商业秘密的案件，当事人申请不公开审理的，可以不公开审理。"

司法公开即审判公开，是指与审判有关的信息的公开，②包括立案公开、庭审公开、执行公开、听证公开、文书公开、审务公开等。对于案件当

---

① 张莉：《中国司法公开制度的发展》，《中国司法》2011年第9期。
② 高一飞：《国际准则视野下的司法公开》，《河南财经政法大学学报》2014年第2期。

事人而言，司法公开是其基本人权；而对于公众而言，司法公开是信息公开的要求，是公众知情权的要求；对于司法制度而言，司法公开在很大程度上是司法公正的应有之义。"要努力让人民群众在每一个司法案件中都感受到公平正义"，是习近平同志在2013年2月23日中央政治局第四次集体学习时，对政法机关提出的努力目标和明确要求。法谚有云："正义不仅要实现，还要以人们看得见的方式得到实现。"只有摒弃"司法神秘主义"，敞开法庭大门，全面落实司法公开原则，才能提高司法公信、制约司法专断，才能提升法官业务素质、提高裁判质量、防止外部干扰，才能"让人民群众在每一个司法案件中都能感受到公平正义"。① 正所谓："以公开来促进公正。"②

一　中国司法公开制度的历史发展

我国三大诉讼法都对审判公开做出了规定，但是规定都非常简要，不够具体。1999年3月8日颁布实施的最高人民法院《关于严格执行公开审判制度的若干规定》，是中国第一个专门就公开审判问题进行规定的法律文件。该文件所说的公开审判的含义是"公开开庭，公开举证、质证，公开宣判"，从而将审判公开的范围限制在了"庭审公开"。③ 同年最高人民法院发布的《人民法院第一个五年改革纲要（1999 - 2003年）》提出要提高裁判文书的质量，加强裁判文书对质证中有争议证据的分析、认证，增强判决的说理性，公开裁判文书。显然，该改革纲要不仅要求庭审过程公开，还强调庭审结果（裁判文书）的公开。

《人民法院第二个五年改革纲要（2004 - 2008年）》提出要"采取司

---

① 李敏：《信息时代的司法公开：三大平台建设——访最高人民法院司改办主任贺小荣》，《中国审判》2014年第1期。
② 杨绍华、申小提：《努力让人民群众在每一个司法案件中感受到公平正义——访最高人民法院党组书记、院长、首席大法官周强》，《求是》2013年第16期。
③ 高一飞：《走向透明的中国司法——兼评中国司法公开改革》，《中州学刊》2012年第6期。

公开的新措施","提高人民法院审判工作、执行工作和其他工作的透明度"。这一改革纲要的颁布,大大扩展了中国司法公开的范围,司法公开不再局限于庭审的公开,而成为包括"审判工作、执行工作和其他工作"在内的各项司法工作的公开。也正是从此之后,中国司法公开的步伐开始加快。2006年11月29日,最高人民法院发布了《人民法院新闻发布制度》。2006年12月31日,最高人民法院发布了《关于人民法院执行公开的若干规定》。2007年6月4日,最高人民法院发布了《关于加强人民法院审判公开工作的若干意见》,这是继1999年《关于严格执行公开审判制度的若干规定》后,第二个由最高人民法院专门就审判公开问题出台的司法解释。[1]该意见不仅再次确认"审判公开"涉及立案、审判、执行等诉讼环节和与审判有关的法院工作,还提出了审判公开的"三原则",即"依法公开""及时公开""全面公开"。[2]

《人民法院第三个五年改革纲要（2009－2013年）》第25条对司法公开的范围和方式做了更加开放性的规定,提出要实现庭审公开、执行公开、听证公开和裁判文书公开。[3] 2009年最高人民法院发布了大量与司法公开有关的意见、规定、条例,如2月13日发布的《关于进一步加强司法便民工作的若干意见》,4月13日发布的《关于进一步加强民意沟通工作的意见》,5月12日发布的《最高人民法院特邀咨询员工作条例》,7月17日发布的《关于进一步加强和规范执行工作的若干意见》,12月8日发布的《关于司法公开的六项规定》《关于人民法院接受新闻媒体舆论监督的若干规定》,12月25日发布的《关于进一步加强人民法院"立案信访窗口"建设的若干意见（试行）》。其中《关于司法公开的六项规定》确立了司法公开的六大内容（立案公开、庭审公开、执行公开、听证公开、文书公开、审务公开）,标志着中国司法公开进入了全面公开的新阶段。[4]《关于人民法院接受

---

[1] 高一飞:《走向透明的中国司法——兼评中国司法公开改革》,《中州学刊》2012年第6期。
[2] 高一飞:《走向透明的中国司法——兼评中国司法公开改革》,《中州学刊》2012年第6期。
[3] 高一飞:《走向透明的中国司法——兼评中国司法公开改革》,《中州学刊》2012年第6期。
[4] 高一飞:《走向透明的中国司法——兼评中国司法公开改革》,《中州学刊》2012年第6期。

新闻媒体舆论监督的若干规定》则提出了"妥善处理法院与媒体关系"的规则，明确了人民法院对媒体采访报道的保障性措施和五条限制性措施（五条禁令）。①

2010年最高人民法院颁布实施的与司法公开有关的文件有《关于人民陪审员参加审判活动若干问题的规定》《关于进一步加强和推进人民陪审工作的若干意见》《关于庭审活动录音录像的若干规定》《关于确定司法公开示范法院的决定》《司法公开示范法院标准》《关于人民法院在互联网公布裁判文书的规定》《关于人民法院直播录播庭审活动的规定》。2010年9月最高人民法院成立了司法公开工作领导小组，并向全国各级法院下发了《关于开展司法公开宣传月活动的工作方案》的通知。②

2013年7月16日，最高人民法院颁布了《关于公布失信被执行人名单信息的若干规定》。2013年10月1日起，全国法院系统全面启动建立失信被执行人名单制度。2013年11月12日十八届三中全会通过的《中共中央关于全面深化改革若干重大问题的决定》提出，要推进审判公开，录制并保留全程庭审资料，增强法律文书说理性，推动公开法院生效裁判文书。

为贯彻十八届三中全会精神，适应信息化时代新要求，满足人民群众对司法公开的新期待，最高人民法院在广泛调研的基础上于2013年11月21日发布了《关于推进司法公开三大平台建设的若干意见》和《最高人民法院关于人民法院在互联网公布裁判文书的规定》，就全面推进审判流程公开、裁判文书公开、执行信息公开三大平台建设提出了具体要求。③ 在审判流程公开方面，最高人民法院要求各法院以政务网站为基础平台，通过手机短信、电话语音系统、电子触摸屏、微博、微信等技术手段，为公众和当事人提供全方位、多元化的司法服务；开发完善统一的审判流程查询系统，方便当事人查询案件进展情况，增加审判工作透明度，最大程度压缩信息寻租

---

① 高一飞：《走向透明的中国司法——兼评中国司法公开改革》，《中州学刊》2012年第6期。
② 龙飞：《全国法院10月将开展"司法公开宣传月"活动》，新华网，http：//news.xinhuanet.com/legal/2010 - 09/25/c_ 12601304.htm。
③ 罗书臻：《依托现代信息技术 打造阳光司法工程》，《人民法院报》2013年11月29日。

的空间；充分发挥审判流程公开平台在远程预约立案、公告、送达、庭审、听证方面的辅助功能；大力推进诉讼档案电子化工程，完善转化流程、传送机制和备份方式，充分发挥电子卷宗在提高效率、节约成本、便民利民方面的功能，切实提升工作效率，减轻当事人讼累；积极创新庭审公开方式，以视频、音频、图文、微博等方式及时公开庭审过程；加强科技法庭建设，对庭审活动全程进行同步录音录像，逐步实现"每庭必录"，并方便当事人依法查阅。[1]在裁判文书公开方面，2013年5月，最高人民法院提出要建立全国法院规范、统一的裁判文书网——中国裁判文书网，依法公布全国法院生效裁判文书。在执行信息公开方面，为维护申请执行人的合法权益，维护法律尊严，消除当事人的误解，最高人民法院要求各人民法院规范执行信息的收集、交换和使用行为，在确保信息安全的前提下，实现上下级法院之间、异地法院之间、同一法院的立案、审判与执行部门之间的执行信息共享；整合各类执行信息，方便当事人凭密码从执行信息公开平台获取；对重大执行案件的听证、实施过程进行同步录音录像，并允许当事人依申请查阅；充分发挥执行信息公开平台对失信被执行人的信用惩戒功能，方便公众根据被执行人的姓名或名称、身份证号或组织机构代码查询相关信息。[2]

2014年7月9日，最高人民法院发布《人民法院第四个五年改革纲要（2014－2018年）》，对深化司法公开工作提出了更高的要求。包括：（1）完善庭审公开制度，建立庭审公告和旁听席位信息的公示与预约制度，推进庭审全程同步录音录像，规范以图文、视频等方式直播庭审的范围和程序；（2）完善审判信息数据库，方便当事人自案件受理之日起，在线获取立案信息和审判流程节点信息；（3）继续加强中国裁判文书网网站建设，严格按照"以公开为原则，不公开为例外"的要求，实现四级人民法院依法应当公开的生效裁判文书统一在中国裁判文书网公布；（4）整合各类执行信息，方便当事人在线了解执行工作进展，实现执行信息公开平台与各类征信

---

[1] 周强：《深化司法公开 促进司法公正》，《人民法院报》2014年1月27日。
[2] 《最高人民法院关于推进司法公开三大平台建设的若干意见》；杨建文：《关于打造三大司法公开平台的思考》，《人民法院报》2013年8月2日。

平台的有效对接。①

应该说，上述与司法公开相关的规范性文件，对我国的司法公开制度产生了重要的影响。司法公开开始从原来单纯的"庭审公开"扩展到立案公开、执行公开、听证公开、文书公开、审务公开，司法公开的形式也越来越灵活，从传统的旁听庭审发展到裁判文书上网、庭审直播、网上查询案件进度等。

二　2014年司法公开工作取得的成绩

2014年，中国在司法公开工作方面主要取得了以下几个方面的成绩。②

（一）审判流程信息公开

2014年11月13日，中国审判流程信息公开网正式开通。最高人民法院案件的当事人及其诉讼代理人自案件受理之日起，可以凭有效身份证件、手机号码以及查询码、密码，随时登录查询、下载有关流程信息、材料等，及时了解和监督案件进展。最高人民法院案件的庭审录像和电子卷宗的查阅、程序性诉讼文书的电子送达都可以通过中国审判流程信息公开网进行。截至2014年底，最高人民法院审判流程信息公开平台共公布开庭公告429个，审判信息项目36276个，中国审判流程信息公开网总访问量为76.6万次。自2014年8月至2014年底，最高人民法院新收2109个案件的审判流程信息已全部向当事人及其诉讼代理人公开，公开信息项目达41071个，成功推送短信6248条。

目前除最高人民法院外，北京、天津、河北、吉林、黑龙江、上海、江苏、浙江、安徽、福建、山东、湖北、湖南、广东、广西、重庆、四川、云南、陕西、甘肃、青海、宁夏等22个省、自治区、直辖市已经基

---

① 《人民法院第四个五年改革纲要（2014－2018年）》。
② 本部分内容引自最高人民法院《中国法院的司法公开》，人民法院出版社，2015，第5~24页。

本建成统一的审判流程信息公开平台,并可以与中国审判流程信息公开网链接。北京法院审判信息网、手机 APP 程序上可实时查询案件进展情况。2014年7月1日起,当事人可在北京法院审判信息网实时查询立案、审理、执行、审限、结案等5大类93项信息。截至2014年底,共发布审判流程信息100.5万余条。上海法院以全流程公开为重点,为当事人提供从收案到结案全流程公开服务,截至2014年底累计公开审判流程节点信息455.4万余条。

(二)立案公开

各级人民法院积极推进诉讼服务中心建设,配备电子触摸屏、电子公告栏,设置文书样本台、导诉台,提供诉讼指南、诉讼风险告知书等材料,安排专人指导群众诉讼。立案条件、立案流程、诉讼费用标准等都通过12368诉讼服务热线、手机 APP 应用程序、政务网站等多种渠道清楚告知当事人。

许多法院建设全方位、立体化、一站式的诉讼服务平台,实现了司法公开和司法便民的有机结合。截至2014年底,北京、上海等12个省、自治区、直辖市开通了12368诉讼服务系统。上海法院12368诉讼服务平台具备联系法官、查询案件、诉讼咨询、投诉信访、意见建议、心理咨询、社会评价、督察考核等功能,实现上海三级法院整体联动、一站式综合性诉讼服务,当事人可以通过热线、短信、网络、微信、微博、窗口等途径获取所需的诉讼服务。截至2014年底,该平台热线人工接听来电10万余宗,提供自助语音查询2万余次,网络平台发送涉案短信、诉讼服务等12万条(次)。广东省深圳市中级人民法院是在全国较早开通12368诉讼服务热线的地方法院之一,目前已实现辖区基层法院热线全覆盖,提供24小时自助查询和工作时间人工服务两种模式,自开通以来人工接听电话超过2万宗。江苏省南京市中级人民法院开通"手机 APP 网上诉讼服务平台",通过手机进行网上立案、文书送达等,并提供信息查询、预约法官、材料收转、网上信访、判后答疑、减刑假释、案件查询、裁判文书等13项诉讼服务,创新了群众参与诉讼的途径,提高了立案透明度。

（三）庭审公开

各级人民法院积极创新庭审公开方式，以视频、音频、图文、微博等方式公开庭审过程，拓展庭审公开的形式和范围。各地加强科技法庭、数字法庭建设，实行庭审活动全程同步录音录像，并以数据形式集中存储、定期备份、长期保存。推进诉讼档案电子化工作，当事人及其诉讼代理人可以按照规定查询庭审录音录像和电子卷宗，部分法院提供互联网远程阅卷等服务。山东法院所有案件均建立电子卷宗，所有开庭审理的案件全程同步录音录像，所有电子卷宗和庭审录音录像允许当事人查阅，自案件受理之日起的审判流程信息向当事人公开。江苏法院推行庭审同步录音录像、同步记录、同步显示庭审记录的"三同步"工作，目前全省2279个科技审判法庭全部实现了庭审"三同步"。浙江全省1783个审判法庭全部建成数字法庭，实现"每庭必录"，累计保存录音录像资料达110万份。截至2014年底，全国法院建成科技法庭17740个。

各地法院积极邀请人大代表、政协委员、专家学者、社会人士等参加庭审旁听与观摩，自觉接受群众监督。许多法院推出公民凭身份证等有效证件即可旁听庭审、网上预约旁听庭审等措施，努力为公民旁听庭审提供便利。

2013年12月11日，中国法院庭审直播网正式开通，公民可以在线观看庭审直播和录播。截至2014年底，中国法院庭审直播网进行庭审直播519次。2014年各级人民法院进行庭审直播8万余次。各级人民法院充分利用电视、网络、微博、微信等媒体，依法对公开开庭审理的重大案件进行庭审直播。2013年12月4日，最高人民法院首次利用电视直播、广播连线、网络直播等全媒体形式，直播"奇虎诉腾讯垄断上诉案"，庭审时间超过28小时，创最高人民法院庭审直播时间之最。2013年8月22~26日，山东省济南市中级人民法院对薄熙来受贿、贪污、滥用职权案进行全程微博直播，5天庭审发布150余条微博，近16万字。广东省广州市中级人民法院推出"全日制"庭审网络直播项目。自2014年9月24日启用新的庭审网络直播平台以来，广州两级法院一个月完成609件案件网络直播，基本实现"天

天有直播，件件有直播"的庭审直播新常态。重庆市第一中级人民法院开展官方微博与官方网站"双网同步直播"，仅该院审理的"加多宝诉王老吉不正当竞争纠纷案"的直播，微博阅读量就达 15 万余次。许多法院将庭审直播引入诉讼服务中心电子显示屏和城市广场 LED 屏，将庭审现场直接展现给公众。

（四）减刑、假释、暂予监外执行公开

2014 年 4 月 23 日，最高人民法院发布《关于减刑、假释案件审理程序的规定》，规范了减刑、假释案件的审理程序。最高人民法院按照"五个一律"的要求，保障减刑、假释、暂予监外执行案件的公开公正：凡是减刑、假释、暂予监外执行案件一律在立案后将减刑、假释建议书或者暂予监外执行申请书等材料依法向社会公示；凡是职务犯罪、黑社会性质组织犯罪和金融犯罪罪犯减刑、假释案件，一律依法公开开庭审理；凡是职务犯罪、黑社会性质组织犯罪和金融犯罪罪犯减刑、假释案件的公开开庭一律邀请人大代表、政协委员或有关方面代表旁听；凡是减刑、假释、暂予监外执行案件的裁判文书一律在中国裁判文书网依法公布；凡是法院工作人员在办理减刑、假释、暂予监外执行案件中有违纪违法行为甚至构成犯罪的，一律依法从重追究责任。

各地法院积极推进以数字化狱内法庭为重点的减刑、假释工作机制建设，提升减刑、假释案件审理透明度。河北省衡水市中级人民法院利用狱内科技法庭大力推进减刑、假释公开透明，假释案件开庭率和社会关注的贪污、渎职案件的减刑开庭率均达到100%。江苏省徐州市中级人民法院对暂予监外执行案件建立"法官陪同、检查留痕、层层把关、社会监督、定期公告"的工作机制，邀请检察院、人大代表、政协委员对保外就医案件进行有效监督，提升暂予监外执行审核工作透明度。

（五）裁判文书公开

2013 年 7 月 1 日，最高人民法院开通中国裁判文书网，建立全国统一

的裁判文书公开平台,并率先在该网发布最高人民法院做出的裁判文书。自2014年1月1日起,各级人民法院的生效裁判文书陆续在该网公布。截至2014年底,全国已有28个省区市的高级、中级、基层三级法院实现了在中国裁判文书网上传裁判文书,已公布裁判文书5685491份,其中最高人民法院公布裁判文书7582份。从裁判文书网上网文书案件类型分布看,民事裁判文书占62.95%,刑事占22.04%,行政占3.26%,知识产权占0.91%,国家赔偿占0.03%,执行10.81%。从裁判文书诉讼程序分布来看,一审占68.28%,二审占14.92%,再审占1.07%,执行占11.09%。从中国裁判文书网上网法院层级分布来看,基层法院的裁判文书占79.33%,中级法院占19.18%,高级法院占1.36%,最高法院占0.13%。

为保障裁判文书上网工作的及时、规范、有序,最高人民法院制定《关于人民法院在互联网公布裁判文书的规定》,要求除涉及国家秘密、个人隐私、未成年人违法犯罪、以调解方式结案等情形外,各级人民法院生效裁判文书都应当在生效后7日内统一上传至中国裁判文书网,并对具体处理方式做出规定。各级人民法院在互联网上传裁判文书时,注意把握保障公众知情权与维护公民隐私权和个人信息安全之间的关系,结合案件类别,对不宜公开的个人信息进行技术处理。浙江法院细化了裁判文书上网范围和工作流程,推行严格的文书不上网在线审批机制,开发了裁判文书辅助管理系统,将文书制作、自动排版、校对纠错、隐名处理、上网发布等功能进行整合,实现从文书制作到上网发布一体化管理。重庆法院研发了一套裁判文书自动生成和纠错软件,集成近千种裁判文书模板,同时设立专门的裁判文书校核室,提高裁判文书公开质量。

(六)执行信息公开

2014年11月1日,最高人民法院建成中国执行信息公开网,将全国法院失信被执行人名单信息公布与查询、被执行人信息查询、执行案件流程信息公开、执行裁判文书公开四项内容进行整合。当事人可通过中国执行信息公开网查询未执结案件的基本信息、失信被执行人名单信息和执行裁判文书

信息，还可以通过自己的姓名、身份证号码、执行案号登录查询案件的流程信息，包括执行立案、执行人员、执行程序变更、执行措施、执行财产处置、执行裁决、执行款项分配、暂缓执行、中止执行、执行结案等信息，在线了解执行案件进展情况。社会公众可以从执行信息公开网上方便地查询到执行案件立案标准、启动程序、执行收费标准和依据、执行费缓减免的条件和程序、执行风险提示、悬赏公告、拍卖公告等。截至2014年底，执行信息公开平台累计公布未结案件2149万余件、被执行人信息2789万余条，提供执行案件信息查询1930万余人次。

2014年12月24日，最高人民法院执行指挥系统开通。最高人民法院执行指挥系统将实现全国四级法院之间的执行网络纵向互联，与各中央国家机关、商业银行总行网络横向对接，全国法院的执行人员都可以在全国范围内通过网络对债务人身份和财产信息进行查询和控制。目前，最高人民法院已与全国27个高级人民法院实现了执行网络纵向联网，与公安部身份证查询中心、全国组织机构代码管理中心、国家工商总局、银监会、证监会、20家银行业金融机构等签署合作备忘录，搭建了联合查控被执行人财产、惩戒失信行为的网络专线。

各地法院通过多种途径方便当事人及其诉讼代理人查询执行案件信息，探索建立执行办事、服务、监督三位一体的执行公开新机制。目前北京法院已实现执行信息自动采集和动态发布，实时发布各级法院正在执行的案件数量，并为社会诚信体系提供实时公开数据。江苏全省所有执行指挥中心向社会公布被执行人和财产线索举报电话，在互联网建立执行信息互动平台，实现了对举报被执行人财产线索的及时反馈。深圳市中级人民法院以深圳法院网上诉讼服务平台为主体，利用鹰眼查控网和集约极光系统，建立统一的执行信息公开平台，将被执行人信息纳入深圳信用网，提高执行效率。陕西省西安市中级人民法院探索在重大执行活动中引入网络视频同步直播方法来扩大执行公开范围，提升执行工作透明度。

许多地方探索在互联网上进行司法拍卖，保障司法拍卖工作的公开透明。浙江法院早在2012年6月就联合淘宝网开通网络司法拍卖平台，法院以电子竞价方式依法自行处置涉讼财产，拍卖所有环节全部在互联网上进行，且不收取佣金或其他费用，实现司法拍卖全程公开，使拍卖资产变现值最大化，挤压了暗箱操作空间。截至2014年底，浙江全省法院司法网拍总成交额突破270亿元，平均溢价率42.11%，为当事人节约佣金5.9亿余元。重庆法院于2011年7月1日上线运行诉讼资产网，自2009年4月至2014年10月31日，重庆法院共进行司法拍卖2626宗，成交2169宗，拍卖总成交率82.6%，已成交项目平均溢价率9.73%，与改革前成交率不到20%、成交价平均缩水30%形成鲜明对比。

（七）拓宽和创新司法公开途径

各级人民法院以信息化助推司法公开，推出许多创新举措，为社会公众更加及时、全面、便捷地了解司法、参与司法、监督司法提供保障。这些举措包括：定期发布公报、人民法院工作报告和审判白皮书；建立健全新闻发布会制度；加强法院政务网站建设；推进法院微博、微信建设；办好公众开放日活动；进一步畅通民意沟通渠道。这里重点说一下法院的微博、微信建设。

2013年11月21日，最高人民法院新浪官方微博、腾讯官方微信、全国法院微博发布厅同时上线。此后，又陆续于2014年3月9日开通腾讯微博、4月9日开通人民微博，全面进驻国内主流微博平台。截至2014年底，三个官方微博粉丝总数达1993万余人，发布微博7675条，被转发、评论21.6万条。在人民网舆情监测室发布的《2014年新浪政务微博报告》中，"@最高人民法院"在十大政务机构微博、十大部委微博中均位于前列，并荣获全国政务微博十佳应用奖和十大司法微博第一名。2014年12月14日，最高人民法院新媒体居2014年度全国政务新媒体综合影响力排行榜第三名。"全国法院微博发布厅"成为首个上至国家级别下含全国31个省级机构的微博发布厅，初步建成了国家队+地方队的微博格局。截至2014年底，全国共有3250个法院开通官方微博，有13个省份开通了微博发布厅。

2014年4月21日，最高人民法院微信全新改版，增加服务互动功能，

整合法院系统各类媒体资源，为订阅用户提供一站式司法公开和民意沟通服务，实现全国法院全媒体展现、全方位沟通。截至2014年底，已发布2236条图文消息，订阅用户10.2万余人。最高人民法院官方微信入选"2014年度全国十大政务微信"。2013年12月26日，最高人民法院入驻搜狐新闻移动客户端。截至2014年底，新闻客户端已发布各类信息5420篇，订阅用户达到88万余人。

为适应移动互联网时代的传播要求，2015年2月27日，中国法院手机电视APP正式开通上线。目前，该APP已开设法制新闻、法治热点、庭审直播等栏目，具有热门推荐、直播预约、视频点播等功能。

三 中国司法公开制度存在的问题及改进对策

（一）要全面公开，而不能选择性公开

当前不少法院的司法公开仍然局限在宣传层面，具有很大的选择性。公开的基本上都是经过"人为检查能够拿得出手"的内容、做法和程序。[1] 对案件宣传时需要不遗余力地予以公开，不需要或不希望宣传时，即使案件符合公开审判的条件，法院也可能既不公告也不发布相关信息，使公众和媒体因为不了解庭审信息而无法旁听。[2] 如果是大要案件、社会关注度高的案件，或有"维稳"风险的案件，即使受制度限制不能不公开审理，不愿真正向社会公开的法院也会采取向"内部人公开"的审判方式，即安排较小的审判法庭，以席位有限为由，通过发放旁听证将旁听人员限制于可控的

---

[1] 汪峰、瞿万勇、肖锋：《浅析当前审判公开存在的几个问题》，《法制与社会》2011年第4期（上）。
[2] 王亚明：《审判公开的实证分析及路径选择》，《上海政法学院学报（法治论丛）》2012年第5期。有学者通过实证调研发现，一审法官只有79%的受访者倾向于公开审判。参见李涛《人民法院司法公开问题及其破解路径研究》，《南京工业大学学报》（社会科学版）2012年第3期。

"内部人"。① 这些"内部人"往往局限于人大代表,政协委员,公、检、法、司(包括律师)人员,发案单位代表,当事人亲属和少量可控的媒体记者。② 在"杨佳袭警案"中,上海市第二中级人民法院就曾以"旁听证发完了"为由拒绝媒体和公众进入法庭旁听。同样的情形在"李庄案""文强案"中都存在。法院的这些做法,使本来就处于舆论风口浪尖的司法裁判增加了更多的神秘感,以至于各种"暗箱操作""先定后审"的猜测风靡。③

近年来,法院的信息化、数字化建设取得了一定的成绩。2003~2007年,中国法院网不仅为国内近200家法院和相关单位建立起了信息发布快捷、浏览方便的对外开放窗口,而且在为法院建立数字化信息系统方面做了大量工作。④ 但是整体来看,中国法院信息化建设水平还普遍不高。相当比例的法院尚未建立外网系统。不少建设了外网的法院,资料更新也是非常慢。⑤ 2012年中国社会科学院发布的《中国司法透明度年度报告》指出,法院网站普遍以大量的新闻报道充斥首页,真正对公众有用的司法信息被淹没其中,且信息摆放杂乱无章、信息链接无效问题突出,给公众查阅造成很大不便。⑥ 至于当前法院的信息化建设,从案卷文书的电子化制作,到庭审过程的同步录入,再到案件质量评查与绩效考核,服务的对象主要是人民法

---

① 龙宗智:《"内忧外患"中的审判公开——主要从刑事诉讼的视角分析》,《当代法学》2013年第6期。
② 龙宗智:《"内忧外患"中的审判公开——主要从刑事诉讼的视角分析》,《当代法学》2013年第6期。
③ 冀放、冀祥德:《司法公开的审查和限制——以法官和媒体在审判公开中的角色为视角》,《求是学刊》2014年第4期。
④ 张宽明:《敞开法治之窗 维护司法权威——中国法院国际互联网开通五周年回眸》,中国法院网,http://www.china-court.org/public/detail.php?id=260469。
⑤ 赵琦:《刑事审判公开实施效果实证研究——基于传统与信息化两个途径的考察》,《现代法学》2012年第4期。
⑥ 张维:《法院网站建设落后于政府网站》,法制网,http://www.legaldaily.com.cn/index/content/2012-02/20/content_3362202.htm?node=20908。香港司法机构的网站同样也会发布新闻,但网站不是将新闻罗列在首页,而是将新闻按年度汇总到一个单独的版块,供有兴趣的公众查看。参见田禾主编《司法透明度国际比较》,社会科学文献出版社,2013,第332页。

院内部的行政管理层，而不是为了司法公开。①

必须确立如下观念：司法公开属于广义的信息公开的范畴，是当事人和公众的权利，是人民群众对法院工作的知情权、参与权、表达权和监督权，是国家的责任，国家不能基于宣传的需要进行选择性公开，也不能仅仅为自身管理的需要进行信息化，而应当全面公开。

值得注意的是，这里所说的"全面公开"是指法律和规范性文件要求公开的都要公开，而不是全部案件的审判都要公开，全部案件的判决书都要上网。我国三大诉讼法都为审判公开设置了例外，《关于人民法院在互联网公布裁判文书的规定》要求各级人民法院在互联网上传裁判文书时，要注意把握保障公众知情权与维护公民隐私权和个人信息安全之间的关系，对不宜公开的个人信息进行技术处理。法院进行司法公开时应当遵守这些规定。

中国目前没有一部统一的信息公开法。2007年1月国务院通过、2008年5月1日起施行的《政府信息公开条例》是中国第一个关于政府信息公开的行政法规，也是中国开始信息公开立法的标志。遗憾的是，这一法规提出信息公开的主体是"行政机关"，而不包括法院等其他国家机关，因此目前在中国要求法院公开司法信息的请求尚缺乏法律依据。为使司法信息公开正当化、合理化，使司法信息公开不足的救济有法可依，有必要扩大《政府信息公开条例》的适用范围，将司法信息公开及其救济机制作为一项重要内容纳入其中，并提高《政府信息公开条例》的立法位阶，将其上升为法律。②

（二）要实质性公开，而不能形式性公开

当前的司法公开不仅存在选择性公开问题，还有实质性公开不足的问

---

① 左卫民：《信息化与我国司法——基于四川省各级人民法院审判管理创新的解读》，《清华法学》2011年第4期。
② 高一飞：《走向透明的中国司法——兼评中国司法公开改革》，《中州学刊》2012年第6期。

题。① 就一般案件而言，立案、罪名、审判结果等较为表面的信息能够公开，但判决形成的实质性原因则公开不足。如法院对辩护理由的回应，常以"缺乏证据支持"六字敷衍，很少展开论述。② 对于重大、复杂和受到社会关注的刑事案件，合议庭通常不能审决，还需要向院、庭长汇报，向审委会汇报，有的还需要向上级法院请示汇报，与法院外单位协调（如与检察院协调，向政法委汇报以及政法委安排协调等）。③ 庭审之外的这些程序，当事人及其律师均不得而知，法院一般也认为无义务告知。④

（三）落实已有制度，而不能让其形同虚设

即便是当前已有的与司法公开有关的制度设计也存在不能贯彻的问题。比如最高人民法院2009年制定的《关于司法公开的六项规定》第2条规定："独任审判员、合议庭成员、审判委员会委员的基本情况应当公开，当事人依法有权申请回避。"2010年最高人民法院为贯彻该规定所制定的《司法公开示范法院标准》第7条规定："依法提请审判委员会讨论的案件，应当向当事人宣布审判委员会委员名单，并询问当事人是否对审判委员会委员申请回避。"但司法实践中这一规定基本未能执行。⑤ 再比如最高人民法院2009年通过的《关于人民法院接受新闻媒体舆论监督的若干规定》第3条规定："对于公开审判的案件，新闻媒体记者和公众可以旁听。审判场所座席不足的，应当优先保证媒体和当事人近亲属的需要。"实践中，不少法院在审理备受关注的案件时仍采用"内部人公开"的方式，想尽方式阻止媒体记者旁听。

---

① 陈瑞华：《司法审判需要实质性公开》，《财经》2007年第13期。
② 龙宗智：《"内忧外患"中的审判公开——主要从刑事诉讼的视角分析》，《当代法学》2013年第6期。
③ 龙宗智：《"内忧外患"中的审判公开——主要从刑事诉讼的视角分析》，《当代法学》2013年第6期。
④ 龙宗智：《"内忧外患"中的审判公开——主要从刑事诉讼的视角分析》，《当代法学》2013年第6期。
⑤ 龙宗智：《"内忧外患"中的审判公开——主要从刑事诉讼的视角分析》，《当代法学》2013年第6期。

为了落实已有制度，有必要建立更为严格的考核评价机制，定期组织专项检查，评估司法公开工作开展情况，将司法公开工作纳入评先、评优范畴，充分利用网络及传统渠道收集、听取和处理当事人和公众关于落实司法公开原则的意见和建议，对于违反司法公开相关规定的要认真查处。[①] 同时考虑到相当数量的法院在司法公开的信息化建设上缺乏足够的资金支持和人才储备，有必要加大司法公开的资金、设施、技术、人员的保障。据悉，信息化管理系统的基础设施费用，中级人民法院需要300万~400万元，基层人民法院需要200多万元。[②] 而信息技术换代快、易耗品更新快等原因也导致系统建成之后的维护费用较高。

（四）应进行配套改革，而不能让司法公开单打独斗

司法公开只是我国司法改革整体方案中的重要一环，而非全部。如果不能进行与之配套的其他改革措施，司法公开很可能会沦为只触及皮肉不触及灵魂的表面文章。[③] 比如，有必要改革当前案件办理的行政化管理模式，压缩审判委员会讨论决定案件的范围，还权合议庭，限制院、庭长的审判管理权，扩大合议庭与独任制法官当庭宣判的范围；落实有争议的重要证人出庭作证并接受质证的制度；增强判决书的说理性，等等。[④]

[①] 王雪梅：《司法公开的现状分析与路径探索》，《中共乐山市委党校学报》2014年第3期。
[②] 左卫民：《信息化与我国司法——基于四川省各级人民法院审判管理创新的解读》，《清华法学》2011年第4期。
[③] 王晨光：《借助司法公开深化司法改革》，《法律适用》2014年第3期。
[④] 龙宗智：《"内忧外患"中的审判公开——主要从刑事诉讼的视角分析》，《当代法学》2013年第6期。

·特定群体的人权保障·

B.16
新疆、西藏及四省藏区少数民族就业权利保障

陈　超*

摘　要：	保障少数民族就业权是实现少数民族公民劳动权和平等权等宪法基本权利的基础和前提。近年来，新疆、西藏及四省藏区采取了积极新增就业岗位、制定按比例就业政策、促进少数民族大学生就业、推动农村富余劳动力转移就业、加强职业培训等措施，有效促进了少数民族就业。但是，少数民族就业权利保障仍然面临挑战，需要从制定促进少数民族转移就业的指导政策、提高南疆地区专门招录少数民族的岗位比例、增强少数民族大学生就业能力、发展民族地方职业教育和打造民族地方特色农牧业五个方面采取措施，进一步保障少数民族就业权利。
关键词：	少数民族　就业权　新疆　西藏及四省藏区

我国《宪法》第4条第1款规定："中华人民共和国各民族一律平等。国家保障各少数民族的合法的权利和利益，维护和发展各民族的平等、团

---

* 陈超，博士，中国西部边疆安全与发展协同创新中心助理研究员，主要从事人权法和民族问题研究。

结、互助关系。"保障少数民族就业权利，[1] 是实现我国少数民族公民劳动权、平等权等宪法基本权利的重要内容。近年来，新疆、西藏及四省藏区采取有力措施保障少数民族就业权利，取得了显著效果。

一 新疆维吾尔自治区保障少数民族就业权利的重要举措

2014年5月28~29日，第二次中央新疆工作座谈会在北京举行。会议提出推动新疆更好更快发展，要坚持就业第一，增强就业能力，引导各族群众有序进城就业、就地就近就业、返乡自主创业。[2] 近年来，新疆维吾尔自治区人民政府在促进少数民族就业方面采取了多方面的举措。

（一）积极新增城镇就业岗位

1. 消除零就业家庭行动

2010年7月，新疆维吾尔自治区政府制定了《关于促进零就业家庭就业的意见》（新政发〔2010〕65号），要求全疆所有城镇在2010年7月31日前，通过多种途径确保零就业家庭实现至少1人就业；8月1日起新产生的零就业家庭，实现24小时内安置就业。同时，《意见》规定就业援助政策向南疆三地州倾斜，南疆三地州享受城镇低保待遇的零就业家庭人员实现就业的，可继续享受12个月的低保待遇。从2010年5月到2014年6月，新疆累计消除零就业家庭44208户，实现就业50382人。[3] 2014年，新疆实

---

[1] 本文所谓的就业权，是指公民获得就业机会的权利，包括职业获得权、就业平等权和就业培训权。本文所谓的少数民族就业权利，是指少数民族成员的就业权利，而非少数民族集体的就业权利。
[2] 《坚持依法治疆团结稳疆长期建疆 团结各族人民建设社会主义新疆》，《人民日报》2014年5月30日，第1版。
[3] 张昕宇：《2013年新疆累计消除零就业家庭44531户》，中国劳动保障新闻网，http://yc.labournews.com.cn/html/home/report/83424-1.htm。

现零就业家庭24小时动态为零。①

2. "短平快"项目促就近就业

新疆维吾尔自治区开展的"短平快"项目,是指具有一定发展基础,稍加扶持就可以促进发展,有效带动当地就业,让老百姓受益的产业项目。2014年初,新疆启动南疆三地州"短平快"项目,投入7.38亿元支持三地292个纺织服装、手工业、特色轻工、农副产品加工等有一定基础、稍加扶持就能增加就业的"短平快"项目,带动当地各族群众实现"离土不离乡、离家不离村、出家门进厂门"的就业目标。② 截至10月31日,自治区"短平快"项目新增就业人数达到2.68万人,占新增就业总目标的61.2%。③ 2014年全部"短平快"项目新增就业4.1万人。④

3. 大力发展劳动密集型产业

纺织服装业作为劳动密集型产业,可以吸纳大量劳动力就业,是就业扩容的"蓄水池"。2014年7月,新疆出台了《关于发展纺织服装产业带动就业的意见》和《新疆发展纺织服装产业带动就业规划纲要(2014-2023)》。根据规划,未来10年,新疆将加快推进纺织服装产业的发展,最终实现纺织服装全产业链就业容量达到100万人的目标。截至2014年12月,阿克苏纺织工业城已实现就业8500人,其中产业工人7000多人。2014年,新疆参加纺织服装产业培训的人数达8.7万人(包括纺织、服装、手工刺绣、地毯编织),实现新增就业4万人,计划2015年实现新增就业人数6.7万人。⑤ 在促进就业的同时,新疆也重视劳动密

---

① 刘若涵:《2014年新疆全年城镇居民人均可支配收入22160元》,天山网,http://news.ts.cn/content/2015-01/27/content_10965240.htm。
② 冯瑾:《2014年以来新疆经济发展成就综述》,天山网,http://news.ts.cn/content/2014-12/22/content_10841180_3.htm。
③ 李宁艳、王丽丽:《新疆就业比例不断攀升》,天山网,http://news.ts.cn/content/2014-12/24/content_10851060.htm。
④ 刘若涵:《2014年新疆全年城镇居民人均可支配收入22160元》,天山网,http://news.ts.cn/content/2015-01/27/content_10965240.htm。
⑤ 刘杉:《今年新疆纺织服装产业计划新增就业6.7万人》,亚心网,http://news.iyaxin.com/content/2015-03/25/content_4827939.htm。

集型企业的劳动安全保障。2015年1月以来，新疆各地持续加大对劳动密集型企业的检查力度，高频次、多层面开展消防安全检查督导工作，取得了一定成效。①

4.新疆生产建设兵团吸纳就业

新疆生产建设兵团目前共有少数民族聚居团场37个，占团场总数的20%以上，有少数民族人口37.74万人。② 2014年，新疆生产建设兵团全年优先安排37个少数民族聚居团场对口援疆项目25个，投入援疆资金3.39亿元，占年度援疆资金的20.2%，在加快改善少数民族聚居团场住房、饮水、道路等基础条件的同时，直接带动少数民族就业4000余人。③ 为了鼓励企业吸纳少数民族就业，新疆生产建设兵团制定了就业优惠政策，在社会保险补贴、公益性岗位安置等方面给予倾斜。兵团还组织实施了"少数民族职工群众技能振兴计划"，每年从就业专项资金中列支5000万元专门帮扶少数民族就业。自2012年以来，新疆生产建设兵团累计帮扶少数民族聚居团场就业1.48万人，帮助3834名少数民族就业困难人员实现了就业，累计开展少数民族免费就业技能培训1.6万人次。④

（二）制定少数民族按比例就业政策

1.公务员录用少数民族比例不断提升

新疆维吾尔自治区面向社会公开考试录用公务员、参照公务员法管理单位工作人员，划出一定比例的岗位专门用于招录少数民族，2012年以来，专门用于招录少数民族的岗位比例不断提高（见表1）。

---

① 程慧婕：《新疆各地加大劳动密集型企业、人员密集场所消防治理》，新华网，http://www.xj.xinhuanet.com/2015-01/23/c_1114111471.htm。
② 程勇、戚亚平：《2014年新疆兵团再斥巨资扶持少数民族聚居团场发展》，中国新闻网，http://www.chinanews.com/gn/2015/01-20/6987759.shtml。
③ 蔡国栋：《新疆生产建设兵团九成援疆资金投入民生项目》，新华网，http://news.xinhuanet.com/local/2015-01/22/c_1114096927.htm。
④ 蔡国栋：《新疆生产建设兵团五年累计实现新增就业42万余人次》，新华网，http://news.xinhuanet.com/2015-01/23/c_1114107195.htm。

表1 新疆维吾尔自治区面向社会公开考试录用公务员、工作人员职位统计

	2012年	2013年	2014年
总录用岗位数(人)	6140	7750	6208
少数民族岗位数(人)	1826	2492	2770
少数民族岗位占比(%)	29.7	32.2	44.6

注：本表中的少数民族包括维吾尔族、哈萨克族、蒙古族、回族等新疆各少数民族。
数据来源：新疆维吾尔自治区人力资源和社会保障厅网站，http://www.xjrs.gov.cn/。

2. 援疆项目吸纳少数民族就业比例提高

根据国务院国资委提供的统计数据，如果驻疆央企吸纳本地少数民族群众就业比例达到25%以上，预计驻疆央企可新增少数民族员工3万人左右。[①] 2015年1月，新疆维吾尔自治区通过协调国务院国资委，确立了推动驻疆央企吸纳新疆少数民族群众就业的指标：到2016年，把吸纳本地少数民族群众就业比例平均水平提高到25%；凡在10%以下甚至5%以下的，要争取在1~2年内达到10%。[②] 自治区国资委将吸纳当地劳动力就业作为考核指标之一。从2015年起，监管企业吸纳少数民族劳动力比例在15%以下的，其主要负责人的薪酬将面临扣减。目前，自治区国资委监管企业中少数民族员工总数比例是19.07%，新增员工中疆籍员工占66.08%。2010年，驻疆央企新招用员工中少数民族员工比例为22%。2014年，53家援疆央企已完工的148个项目中，少数民族职工占比22.5%。2014年5月，国务院国资委要求驻疆央企在三年内，吸纳本地少数民族群众就业比例提高到25%左右。已开工的216个项目中，这一比例提高到37.1%。[③] 新疆规定，政府投资重大建设项目和国有企业新招用人员中新疆籍劳动者比例不低于70%，其中大中专毕业生比例不低于30%。从2015年起，新疆国资委将对吸纳少数民族就业不达标的监管企

[①] 《新疆推动驻疆央企吸纳少数民族员工》，人民网，http://xj.people.com.cn/n/2015/0127/c188514-23692661.html。
[②] 《新疆推动驻疆央企吸纳少数民族员工》，人民网，http://xj.people.com.cn/n/2015/0127/c188514-23692661.html。
[③] 李宁艳、王丽丽：《新疆就业比例不断攀升》，天山网，http://news.ts.cn/content/2014-12/24/content_10851060.htm。

业"动真格",少数民族员工比例在15%以下的,将扣减企业主要负责人的薪酬。① 在新疆注册的各类企业以及在新疆承揽生产经营和工程项目的企业,招用的新员工中新疆籍员工不得少于50%。另外,对企业吸纳新疆劳动者就业,自治区将给予三年50%养老保险补贴;企业吸纳大中专毕业生就业,自治区将给予三年社保补贴和培训补贴、贷款贴息及税收减免等。②

(三)大力促进少数民族大学生就业

青年人就业是工作的重中之重。2010年,新疆制定了《关于进一步促进大中专毕业生就业的意见》,提出到2014年年底,使2009年以前毕业的未就业大中专毕业生和2010~2012年毕业的高校毕业生基本实现就业,总计28万人。同时,企业吸纳少数民族大学毕业生就业的能力不断提升。2010~2013年,新疆少数民族高校毕业生到企业就业人数逐年增加,共有近3万人到各类企业就业,占少数民族高校毕业生就业人数的41%。③ 2011年7月,新疆阿克苏地区启动"两后生"(初、高中毕业未能继续升学的贫困家庭中的富余劳动力)教育培训和就业工程,每年送4000名"两后生"到疆内的职业院校学习。截至目前,阿克苏地区已选送"两后生"12300多名,首届3200多名学生即将毕业实现就业。④ 2014年,新疆根据自身实际情况,采取了更加细致化、差别化的措施,促进少数民族大学生就业。《新疆维吾尔自治区人力资源社会保障厅关于印发自治区促进企业吸纳就业专项行动计划实施方案的通知》(新人社发〔2014〕69号)提出4种特殊措施促进少数民族大学生就业:(1)对少数民族高校毕业生实施有针对性的专项岗位

---

① 李宁艳、王丽丽:《新疆就业比例不断攀升》,天山网,http://news.ts.cn/content/2014-12/24/content_10851060.htm。
② 张云梅:《新疆多措并举增加少数民族就业》,天山网,http://news.ts.cn/content/2014-03/29/content_9491904.htm。
③ 张云梅:《新疆全力扩大和稳定少数民族就业》,亚心网,http://news.iyaxin.com/content/2014-04/27/content_4567720.htm。
④ 任红芳、晏晓华:《培养一人 就业一人 带动一批 稳定一片》,《阿克苏日报》(汉)2014年6月10日,第1版。

对接活动和跟踪服务；（2）筛选适合少数民族高校毕业生就业的岗位信息，并通过多种形式和渠道向社会公布；（3）摸清少数民族高校毕业生就业失业状况，掌握其学历（技能水平）及就业愿望，在实名登记的基础上建立台账；（4）通过专项对接，促进少数民族富余劳动力到内地务工经商。

在这些措施的共同作用下，新疆高校毕业生就业率从2009年的82.5%提高到2014年的88.65%，连续4年稳定在85%以上。[①]

（四）推动南疆农村富余劳动力转移就业

新疆现有农村富余劳动力300万人次，主要集中在南疆四地州和伊犁哈萨克自治州。[②] 南疆四地州农村富余劳动力共计157.7万人，特别是30岁以下群体转移就业难题尤为突出。为此，新疆各地政府根据各自实际情况，对这一群体开展职业技能培训、汉语培训等工作，帮助其在企业实现转移就业。新疆还对每年组织输出人员规模较大的实施单位予以每转移100人补助10万元工作经费和10万元补助的奖励，积极引导农村富余劳动力转移就业。2010年以来，新疆通过加强职业培训、就业服务等措施，稳步推进农村富余劳动力转移就业。2009~2013年，新疆农村富余劳动力转移就业累计1186万人（次），从2009年的166万人（次）增加到2013年的280万人（次），增长68.7%（见表2）。

表2 新疆维吾尔自治区农村富余劳动力转移及增收情况

年份	转移就业人次（万人）	增幅（%）	转移就业增收（亿元）	增幅（%）
2009	166	—	—	—
2010	222	33.7	—	—
2011	258	16.2	96.6	—
2012	260	0.8	100	3.5
2013	280	7.7	130	30

数据来源：张云梅：《民生改善看新疆：就业政策阳光洒遍天山南北》，天山网，http://news.ts.cn/content/2014-09/26/content_10564754.htm。

---

① 徐蒙：《2014年新疆应届高校毕业生就业率达88%以上》，人民网，http://xj.people.com.cn/n/2015/0108/c188514-23491289.html。

② 张昕宇：《新疆启动新一轮差别化促进就业政策》，新华网，http://www.xj.xinhuanet.com/2015-02/09/c_1114304435_2.htm。

2009~2013年，新疆每年转移就业人数快速增长。2013年，新疆转移就业人数占到农村300万人次富余劳动力的93.3%。2013年转移就业增收30%，表明新疆农村劳动力转移就业开始向更高就业质量发展。2014年转移就业规模虽然小幅回落20万人次，但是就业稳定性显著增强。农村新增劳动力60%以上进入城镇和企业稳定就业。国家级示范县转移就业6个月以上的农村富余劳动力占转移就业总量的60%以上，1年以上长期稳定转移就业人数达到30%。①

新疆阿克苏地区为了做好转移就业工作，于2013年先后制定了《关于进一步发挥基层党组织作用促进就业工作的意见》《地区职业培训补贴实施办法》等文件，推动本地就业、培训工作规范化、制度化。地区2013年下拨职业培训补贴1439万元、职业技能鉴定补贴204万元、职业介绍补贴60万元，②有效促进了地区农村劳动力转移就业。2013~2014年，阿克苏地区农村富余劳动力转移就业共20.04万人。③

新疆克孜勒苏州组织农村富余劳动力参加转移就业技能培训。根据市场需求，开展保安、装载机、挖掘机、泥瓦工、美容美发、电焊工、民族刺绣等科目的技术培训，使每一名务工人员能够掌握1~2项职业技能，培训合格后发放专项能力证书。截至2013年9月底，培训人数达2.26万人次，有效提升了农村劳动力素质，2013年前三季度全州农村富余劳动力转移就业10.23万人次，实现创收3.16亿元。④

除了加强南疆农村劳动力转移就业的政策推力，新疆还积极探索与援疆省份进行劳务对接。2014年12月，广东和新疆两地人力资源和社会保障部

---

① 阿依努尔：《今年新疆农村富余劳动力260万人次实现转移就业》，新华网新疆频道，http://www.xj.xinhuanet.com/2014-12/27/c_1113799240.htm。
② 任红芳：《地区农业富余劳力转移就业11万人次》，《阿克苏日报》（汉）2014年12月7日，第3版。
③ 任红芳：《8万农业富余劳力转移就业》，《阿克苏日报》（汉）2014年11月24日，第1版。
④ 祖丽皮亚：《克州劳务输出为农牧民致富搭桥铺路》，《克孜勒苏报》（汉）2013年11月29日，第1版。

门联合在乌鲁木齐举办劳务对接活动，组织专列输送489名南疆劳动者到广东就业。2014年，广东省吸纳新疆有组织转移就业农牧民2820人，占全部有组织转移就业人数的41%。① 同时，广东省制定《产业就业专项资金管理办法》，专门安排1.6亿元就业专项资金扶持招工、劳务输出、劳动力培训等事项。②

（五）职业教育与培训融合发展促就业

新疆不断探索职业教育和培训的体制机制创新，通过淡化中专学校、技工学校、职业高中、民办职业学校等不同类型、不同主管部门的职业教育、职业培训的界限，初步构建了职业教育与职业培训融合发展的格局。截至2014年年底，全区共有职业学校192所，其中高职高专学校22所，中职学校170所，在校生总计33.59万人，专任教师2.22万人，各类民办职业技能培训机构500余家。2014年，全区共开展技能提升培训38万人次，为197万人次提供就业服务，有效提高了劳动者技能水平和就业能力。③

在大力发展职业教育和职业培训的基础上，新疆进一步加大南疆地区技能培训力度。2013年5月，新疆人社厅制定了《2013－2014年新成长劳动力职业培训实施方案》，除开展未就业高校毕业生职业培训外，结合南疆三地州和伊犁等地州实际情况，在全区开展订单式、订岗式培训，共培训53290人，有32000人已经就业。其中，高校未就业毕业生5599人，有4912人实现就业，就业率达88%。④ 2014年新疆开展了5项培训计划：3.6万名"新成长劳动力"培训就业计划；1.4万名农村少数民族劳动力转移就

---

① 马锴：《新疆赴内地就业人数稳步回升 广东吸纳近半数》，新华网，http：//news. xinhuanet. com/local/2015－01/22/c_ 1114093727. htm。
② 《广东省积极破解南疆劳务输出困局》，中华人民共和国发展和改革委员会网站，http：//www. sdpc. gov. cn/fzgggz/dqjj/zhdt/201412/t20141217_ 652448. html。
③ 贺红艳：《我区职业教育取得重要进展》，亚心网，http：//news. iyaxin. com/content/2015－04/18/content_ 4848486. htm。
④ 张昕宇、李涵之：《免费培训：新成长劳动力踏上就业路》，《新疆日报》（汉）2015年4月15日，第1版。

业汉语言（国家通用语言）培训就业计划；促进纺织服装产业2014年5万人就业培训计划；南疆三地州技能培训计划；万名高校应届毕业生创业培训计划。① 4年来，新疆农村富余劳动力转移就业培训中，有50万人进入制造加工、现代服务等产业就业，196万人培训后就地就近务工，实现增收，培训后就业率由2009年的69%提高到95%以上。②

二 西藏及四省藏区保障少数民族就业权利的重要举措

2014年9月28~29日，中央民族工作会议暨国务院第六次全国民族团结进步表彰大会在北京举行。会议指出，少数民族和民族地区实现跨越式发展，要对边疆地区、贫困地区实行差别化的区域政策，重点抓好就业和教育。③ 近年来，西藏及四省藏区采取多种措施，有效促进了少数民族就业。

（一）积极新增城镇就业岗位

1. 消除零就业家庭行动

2011年，西藏批转人力资源和社会保障厅《关于认定西藏自治区就业困难人员范围意见的通知》（藏政发〔2011〕68号），并制订了《西藏自治区就业困难人员认定办法》，通过采取上门调查、设立一站式服务窗口、建立实名制电子台账、制订个性化就业援助计划等措施，④ 有效促进了少数民族就业。2011年全区累计消除零就业家庭2208户，帮助零就业家庭人员实现就业2508人。截至2012年6月，已通过公益性岗位安置各类就业困难人

---

① 张云梅：《新疆多措并举增加少数民族就业》，天山网，http://news.ts.cn/content/2014-03/29/content_9491904.htm。
② 张云梅：《民生改善看新疆：就业政策阳光洒遍天山南北》，天山网，http://news.ts.cn/content/2014-09/26/content_10564754.htm。
③ 《中央民族工作会议暨国务院第六次全国民族团结进步表彰大会在北京举行》，《人民日报》2014年9月30日，第1版。
④ 王杰学：《就业之路越走越宽广》，《西藏日报》（汉）2012年8月16日，第1版。

员16621人。[1] 2013年，西藏进一步发挥公益性岗位对就业困难群体就业的托底安置作用，政府全年再次购买公益性岗位7000个，全部用于基层所需。[2] 2014年，西藏新增购买公益性岗位3000个，西藏全区公益性岗位总量达到3万个，通过公益性岗位安置就业26018人，[3] 动态消除了零就业家庭。[4]

2. 建立就业援藏长效机制

近年来，各对口援藏省市、中央企业陆续来藏举办就业援藏专场招聘会，并建立就业援藏的长效机制。自2012年2月就业援藏正式启动以来，各援藏省市、援藏央企为西藏籍高校毕业生提供就业岗位1.7万余个，共有2800余名西藏籍高校毕业生到区外实现就业，其中，通过就业援藏招聘会途径到区外就业的有534人。[5] 2013年，14个对口支援省市、4家援藏中央企业提供就业岗位5345个，1500多名西藏籍高校毕业生到区外实现就业，同比增长15.38%。[6] 2014年，就业援藏项目计划再为西藏高校毕业生提供3400个岗位。[7] 截至2014年10月，除山东、浙江、天津外，14个对口援藏省（市）和神华集团、武汉钢铁、中国石油、中国移动、中国联通、中信集团、东风汽车、中铝集团8家援藏中央企业均启动并开展了就业援藏工作，就业援藏工作机制初步建立。[8]

---

[1] 藏宣理：《惠在何处 惠从何来——西藏十大惠民举措解读之如何看待就业政策》，《西藏日报》（汉）2013年6月17日，第6版。

[2] 刘倩茹：《2013年西藏实现城镇新增就业2.8万人》，中国西藏网，http：//www.workercn.cn/28260/201401/06/140106092948543.shtml。

[3] 索朗德吉：《西藏：多措并举力促农牧民、城镇人口就业》，新华网，http：//news.xinhuanet.com/local/2015-03/07/c_1114557771.htm。

[4] 《动态消除"零就业"》，《西藏日报》2015年2月8日，第1版。

[5] 王军、张京品：《就业援藏为西藏毕业生拓宽发展之路》，新华网，http：//news.xinhuanet.com/local/2014-08/21/c_1112165737.htm。

[6] 刘倩茹：《2013年西藏实现城镇新增就业2.8万人》，中国西藏网，http：//www.workercn.cn/28260/201401/06/140106092948543.shtml。

[7] 刘庆顺：《就业援藏今年再提供3400个岗位》，中国西藏网，http：//www.chinatibetnews.com/2014/0214/1322961.shtml。

[8] 王莉：《对口援藏省市初步建立就业援藏工作机制》，《西藏日报》（汉）2014年11月6日，第6版。

（二）公务员和事业单位工作人员招录向少数民族倾斜

自1984年《中华人民共和国民族区域自治法》颁布实施以来，西藏历届人大、政府、政协主要领导均由藏族干部担任；全区地市级、县级党政正职多数由少数民族干部担任。西藏重视从少数民族高校毕业生中招录公务员和事业单位工作人员，自2006年以来，西藏从大中专毕业生招考的公务员和事业单位工作人员中，藏族和其他少数民族占75%以上。[①]

（三）大力促进少数民族大学生就业

1. 西藏自治区引导本地大学生内地就业

2011年，全区经济工作会议提出西藏自治区高校毕业生区外就业的工作思路，同时确定"17个对口援藏省市和17家中央援藏企业每年安置100名西藏籍高校毕业生就业"的目标任务。2012年2月，西藏自治区党委、政府向对口援藏省（市）和中央援藏企业发出《关于恳请帮助解决高校毕业生就业的函》，得到对口援藏省（市）和中央援藏企业的积极响应。2012年，广东省、重庆市等地向西藏籍高校毕业生提供就业岗位1089个。[②] 2013年，西藏通过公开考录在公职岗位对少数民族单独划线、举办专场招聘会和网络招聘会以及开展中央企业面向西藏青海新疆高校毕业生专场招聘活动、"四送工程"等方式，有效促进了高校毕业生就业。在这些措施的引导和推动下，2014年西藏1.4万名高校毕业生全部就业，其中内地就业1500人左右。自2011年起，西藏连续4年应届高校毕业生实现全就业。[③]

2. 青海省多措并举促进少数民族大学生就业

少数民族学生约占青海高校毕业生的42%，青海省将少数民族毕业生

[①] 索朗德吉：《西藏：50年少数民族干部总数增长13倍》，新华网，http://news.xinhuanet.com/local/2014-10/10/c_1112764993.htm。

[②] 《就业之路越走越宽广——西藏自治区大学生就业和零就业家庭"清零"工作综述》，新华网，http://tibet.news.cn/gdbb/2012-08/16/c_131788476.htm。

[③] 白玛卓玛：《西藏籍应届高校毕业生连续4年全就业》，中国新闻网，http://www.chinanews.com/sh/2015/03-07/7110002.shtml。

就业作为促进高校毕业生就业的重点。2012年以来,青海多措并举促进少数民族高校毕业生就业。在藏区及基层行政事业人员招录工作中,针对藏区高校毕业生进行政策倾斜,实行了放宽年龄限制和学历要求、降低开考比例、提高定向本州考录招聘比例等18项政策措施,共考录招聘3118名毕业生充实到基层机关和事业单位。[①] 2012年,青海省少数民族本专科毕业生4730人,占本专科毕业生总数的38.67%,初次就业率达85.58%。[②] 2013年,青海省少数民族本专科毕业生5350人,占本专科毕业生总数的39.52%,初次就业率为86.2%。[③] 2014年,青海省人力资源和社会保障厅制定《2014年全省高校毕业生就业服务月活动实施方案的通知》(青人社厅函〔2014〕474号),要求各市(州)要重视做好少数民族高校毕业生就业工作,建立专门台账,根据他们的自身条件和就业需求,提供"一对一"的指导、帮扶和援助,认真落实各项就业优惠政策,确保每一名有就业意愿的困难高校毕业生均实现就业。在这些措施共同推动下,青海藏区高校毕业生就业率由2012年试点前的35.9%提升至92.5%。[④]

(四)以品牌战略为重点促进农牧民转移就业

西藏通过对农牧民采取专项培训、提高农牧区劳动力转移就业组织化程度、打造劳务输出品牌等措施,积极推进农牧区劳动力转移就业。2011~2014年,西藏全区农牧民转移就业规模从36万人提高到60万人,增长66.7%,劳务创收从18.5亿元增长到20亿元,增长8.1%。(见表3)

[①] 邢生祥:《青海藏区高校毕业生就业率大幅提升》,《工人日报》2015年2月27日,第5版。
[②] 《青海省2012年少数民族本专科毕业生初次就业率达到85.58%》,中华人民共和国国家民族事务委员会网站,http://www.seac.gov.cn/art/2013/5/30/art_ 92_ 184938.html。
[③] 王英桂:《青海省发布2013年普通高校毕业生就业白皮书》,中国教育新闻网,http://news.jyb.cn/high/gdjyxw/201404/t20140404_ 576929.html。
[④] 邢生祥:《青海藏区高校毕业生就业率大幅提升》,《工人日报》2015年2月27日,第5版。

表3　西藏自治区农村富余劳动力转移及增收情况

年份	转移就业人数（万人）	增幅（%）	转移就业增收（亿元）	增幅（%）
2011	36		18.5	
2012	45	25	18.8	1.6
2013	45	0	19	1.1
2014	60	33.3	20	5.3

数据来源：黎华玲、郭雅茹：《2012年西藏农牧民转移就业突破45万人》，新华网，http://news.xinhuanet.com/politics/2013-01/03/c_114230784.htm；玉珍：《我区农牧民就业增收能力持续增强》，《西藏日报》（汉）2014年6月16日，第1版；索朗德吉：《西藏：多措并举力促农牧民、城镇人口就业》，新华网，http://news.xinhuanet.com/local/2015-03/07/c_1114557768.htm。

西藏采取"劳务品牌"战略提高劳务输出水平，取得了显著的效果。2012年共投入100余万元对拉萨市尼木普松乡雕刻和经幡印刷、日喀则地区萨迦县农牧民手工唐卡、山南地区隆子县雅砻建筑工等6个自治区劳务品牌从业人员进行培训，全年品牌劳务输出1.5万人，约合2万余人次，实现劳务收入超亿元。[1] 西藏山南地区打造了隆子县劳务开发公司、乃东县雅砻民族文艺、扎囊县木工之乡三大"劳务品牌"，其中民族歌舞、藏式缝纫、藏式雕刻等培训班共培训农牧民1750人，为少数民族农牧民转移就业和职业技能培训提供了宝贵的经验。2013年全年，全地区实现劳务输出9.13万人次，劳务创收4.34亿元，人均创收4800元。[2] 西藏日喀则地区采取因地制宜的措施促进农牧民转移就业。日喀则地区通过举办劳务洽谈会、订单式培训、专场招聘会、公开考试、开发公益性岗位等多种方式，2013年实现农牧区富余劳动力转移就业17.97万人、35.4万人次，实现劳务收入6.34亿元。[3]

青海省海东市根据少数民族外出就业创业的特点，采取三个举措促进就业。第一，推动"拉面经济"发展。2015年1月，青海省人力资源和社会

---

[1] 黎华玲、郭雅茹：《2012年西藏农牧民转移就业突破45万人》，新华网，http://news.xinhuanet.com/politics/2013-01/03/c_114230784.htm。

[2] 马静：《山南技能培训使农牧民端上了"金饭碗"》，中国西藏网，http://www.tibet.cn/news/xzxw/shjj/201402/t20140211_1972038.htm。

[3] 陈志强：《日喀则地区就业工作稳步推进》，《西藏日报》（汉）2013年12月16日，第2版。

保障厅制定了《关于鼓励支持"拉面经济"发展的通知》（青人社厅函〔2015〕34号），指出青海将推广"拉面经济"品牌，鼓励有条件的地区设立"拉面经济"创业扶持资金，对首次创业成功者给予一次性创业奖励；创办企业并吸纳就业的，本人和吸纳的就业人员享受3年社保补贴。目前，海东市群众在省外经营的拉面馆近2.5万家，其中九成为少数民族，从业人员19.3万人。这些拉面馆，大部分年纯收入在10万元左右，经营拉面馆已成为全市少数民族群众收入的主要来源。第二，根据少数民族群众"金秋采棉""枸杞采摘"的特点，组织季节性劳务输出，2013年海东市共组织少数民族拾棉工、枸杞采摘工约2.2万人。第三，惠民政策推动创业。截至2010年6月，全市累计筹集担保基金9677万元，累计为1.26万创业人员发放贷款8.5亿元，少数民族占56%，开发就业岗位4.8万多个。[①]

甘肃省民族地区有农村人口280.1万人，其中15~65岁的劳动人口有196.1万人。[②] 2012年甘肃临夏回族自治州输转劳动力约49万人，其中有组织输转23.5万人，自谋输转25.1万人，国外就业1212人，实现劳务收入37亿元，人均劳务收入达7610元。东乡族的劳动力输出占到全县劳动力的18.7%，其中主要输出到本省兰州市、临夏州等地的约占81%，输出到外省区的占14.6%。[③]

（五）加强职业培训促进少数民族就业

西藏加大农牧民技能培训投入，以技能培训促进就业的效果明显。2011~2012年，西藏投入农牧民技能培训中的专项资金就达到1.14亿元，培训农牧民26万余人。[④] 2013年，全区共开办各类技能培训班600多期，培训劳

---

① 桑增措毛：《63万少数民族群众就业有了保障》，青海海东网，http://www.qh.xinhuanet.com/hddq/2014-06/23/c_1111264125.htm。
② 王辉文：《甘肃省民委计划培训少数民族技能人才10万人》，中国甘肃网，http://gansu.gscn.com.cn/system/2014/06/06/010720750.shtml。
③ 丁思：《甘肃重视少数民族劳务输出 海内外设劳务管理机构》，中国新闻网，http://www.chinanews.com/gn/2014/06-24/6316222.shtml。
④ 黎华玲、郭雅茹：《2012年西藏农牧民转移就业突破45万人》，新华网，http://news.xinhuanet.com/politics/2013-01/03/c_114230784.htm。

动者3万多人，培训合格率达95%，培训后有2.5万人实现技能就业，培训就业率达80%。① 2013年，山南地区培训各类人才17538人，较上年增长15.4%，其中，培训农牧民13055人、城镇失业人员2033人、建筑施工人才1700人、高技能人才150人、在岗职工600人，培训合格率达95%，培训后就业率达70%，部分接受培训者已成为单位技术骨干。② 针对地区西部9县少数民族农牧民转移就业组织化程度不高、劳动技能水平低等困难，日喀则地区制订了"西部青壮年劳动力人人技能工程"的计划，加强驾驶员、挖掘机等热门技能培训，全年西部9县人社系统技能培训3596人，实现就业收入1276.58万元。③

甘肃重视少数民族劳务输出管理工作的常态化建设，省政府设立专门的农民培训劳务输出办公室，各民族自治州、县政府大多设立了劳务工作办公室，负责劳务培训、劳务输出、信息交流、后期服务等工作。2014年，甘肃省制定"少数民族劳务技能特色培训出彩工程"，采取"订单式"培训，重点实施餐饮人才、医疗保健人才、"双语"翻译人才、民族工艺人才等7方面培训项目，④ 计划2014年培训少数民族特色技能人才14000人次，2014~2020年，计划完成培训10万人。⑤

青海省则将职业培训作为支撑"拉面经济"和大学生就业的重要措施。青海省将城乡未就业人员的拉面技能培训，特别是城镇化进程中转为城镇人口未就业劳动力的拉面技能培训纳入全省职业技能培训整体计划。⑥

---

① 刘倩茹：《2013年西藏实现城镇新增就业2.8万人》，中国西藏网，http：//www.workercn.cn/28260/201401/06/140106092948543.shtml。
② 马静：《山南技能培训使农牧民端上了"金饭碗"》，中国西藏网，http：//www.tibet.cn/news/xzxw/shjj/201402/t20140211_1972038.htm。
③ 陈志强：《日喀则地区就业工作稳步推进》，《西藏日报》（汉）2013年12月16日，第2版。
④ 丁思：《甘肃重视少数民族劳务输出 海内外设劳务管理机构》，中国新闻网，http：//www.chinanews.com/gn/2014/06-24/6316222.shtml。
⑤ 王辉文：《甘肃省民委计划培训少数民族技能人才10万人》，中国甘肃网，http：//gansu.gscn.com.cn/system/2014/06/06/010720750.shtml。
⑥ 赵文：《高效服务推就业 优质培训促增收》，中国劳动保障网，http：//www.clssn.com/html1/report/11/6215-1.htm。

三 保障少数民族就业权利存在的问题

(一) 少数民族有组织到内地转移就业的政策引导和对接不足

民族地方第二、三产业发展相对滞后，尤其是第二产业吸纳就业能力较弱的实际情况难以在短期内彻底扭转。2013 年全国第二产业就业人数占 30.1%，①然而同年新疆、西藏的第二产业就业人数仅占 16.3% 和 14.1%，②吸纳就业能力约为全国水平的一半。因此，转移民族地区农村富余劳动力到内地发达地区第二产业就业，为将来一段时期内促进少数民族就业的有效举措。目前新疆、西藏及四省藏区少数民族到内地就业面临以下问题。(1) 有组织转移就业能力不足。2014 年新疆有组织在内地就业的农业富余劳动力为 6886 人，③大幅低于 2009 年以前的 5 万人左右的规模。④ (2) 促进就业的政策力度有待加强。转移就业要充分发挥效果，劳动力输出地的推力和就业地的引力二者缺一不可。目前，二者呈现出"推动有力，对接不足"的问题，民族地区的转移就业、劳务输出政策与就业地的政策对接不足，也缺乏中央层面的政策指导。

(二) 南疆专门招录少数民族的岗位比例大幅低于人口比例

南疆就业市场劳动力供大于求的情况短期内难以改变，由于语言、生活习惯、宗教信仰和文化差异等方面的因素，少数民族的就业空间受到一定程度的限制。驻疆企业、民族地区党政机关、事业单位招录人员时，划出一定比例的岗位专门用于招录少数民族，是矫正就业市场弊端的有效举措。2014

---

① 数据来自国家统计局年度统计，国家统计局网站，http://data.stats.gov.cn/workspace/index?m=hgnd。
② 数据来自《新疆统计年鉴2014》和《西藏统计年鉴2014》。
③ 马锴：《新疆赴内地就业人数稳步回升 广东吸纳近半数》，新华网，http://news.xinhuanet.com/local/2015-01/22/c_1114093727.htm。
④ 张昕宇：《坚持就业第一 全力以赴抓好就业》，《新疆日报》(汉) 2015年1月2日，第2版。

年专门招录少数民族的岗位比例虽然显著提高，但仍然大幅低于南疆少数民族人口比例。2013年，南疆四地州少数民族人口8519261人，占当地人口的90.5%。① 在2012年新疆维吾尔自治区公开考试录用公务员及工作人员职位表中，规定仅有少数民族才能报考的岗位比例为41.8%，2014年为39.1%，② 分别较2013年当地少数民族人口比例低了48.7个和51.4个百分点（见图1）。企业方面，即使在吸纳本地少数民族群众就业方面走在驻疆央企前列的宝钢集团八钢公司，吸纳本地少数民族就业人数占员工总人数的比例也仅为30%，③ 约为2013年南疆少数民族人口比例的1/3。2014年，53家援疆央企已完工项目中少数民族员工占22.5%，不足2013年南疆少数民族人口比例的1/4。按照国务院国资委提出的2016年吸纳本地少数民族群众就业比例提高到25%的要求，该比例仍然低于南疆少数民族人口比例65.5个百分点。

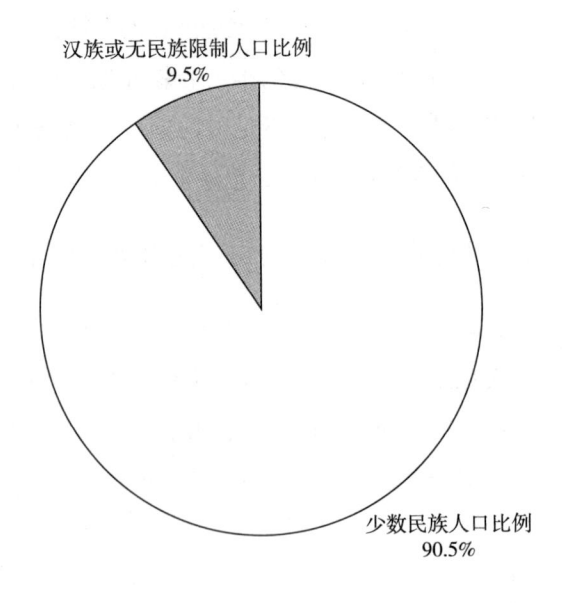

汉族或无民族限制人口比例
9.5%

少数民族人口比例
90.5%

---

① 数据根据《新疆统计年鉴2014》计算得出。
② 数据来自新疆公务员考试网，http://www.gjgwy.net/xjgwy/。
③ 《新疆推动驻疆央企吸纳少数民族员工》，人民网，http://xj.people.com.cn/n/2015/0127/c188514-23692661.html。

新疆、西藏及四省藏区少数民族就业权利保障

专门招录少数
民族岗位比例
41.8%

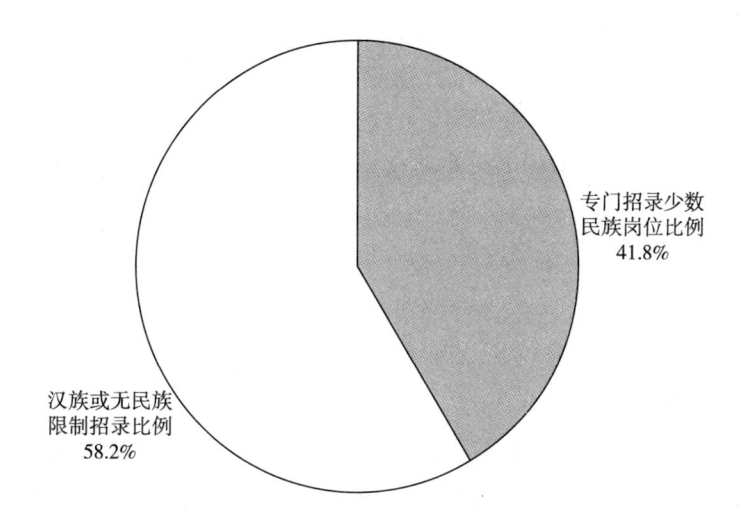

汉族或无民族
限制招录比例
58.2%

图1 2013年南疆四地州少数民族人口比例及2012年新疆维吾尔自治区公开考试录用公务员及工作人员专门招录少数民族的岗位比例

数据来源：《新疆统计年鉴2014》和新疆维吾尔自治区人力资源和社会保障厅网站。

（三）新疆、西藏及四省藏区少数民族大学生仍面临就业难问题

有调查显示，大部分少数民族和民族地区高校毕业生就业并不存在特殊困难。但在一些少数民族聚居地、农牧区和边远地区，少数民族高校毕业生就业相对困难，特别是国家通用语言文字掌握程度不高的少数民族高校毕业生在就业中处于明显不利地位。[①] 例如，2013年青海省汉族大学毕业生初次就业率为87.8%，而少数民族大学生为86.2%，相差1.6个百分点。[②] 地域和语言的困难，被民族地区高校学科专业结构、培养模式不尽合理等问题进一步放大。2014年10月，新疆维吾尔自治区教育厅公布了区内各院校就业率低于50%的专业，其中不仅有教育部先前公布的新疆（含

---

① 田联刚：《结合实际 促进少数民族和民族地区高校毕业生就业》，《中国民族报》2014年12月26日，第1版。
② 数据根据青海省2013年普通高校毕业生就业白皮书数据计算得出，参见王英桂《青海省发布2013年普通高校毕业生就业白皮书》，中国教育新闻网，http：//news.jyb.cn/high/gdjyxw/201404/t20140404_576929.html。

兵团）就业率低的14个本科专业，也有市场需求热门的口腔医学、俄语等数十个专业。①

（四）新疆职业培训存在政策落实不到位和师资不足的问题

民族地区职业教育虽然取得长足发展，但是仍然面临两方面困难。一方面，民族地区财力薄弱，资金不足，职业教育起步较晚，发展水平滞后。2012年，新疆应补贴人数71.3万，实际补贴人数43.4万，仅占60.9%；职业培训应补贴资金6.8亿元，实际补贴3.5亿元，仅占51.5%，其中南疆三地州实际支付培训补贴1.47亿元，占42%。职业培训补贴资金落实不到位，严重影响了职业培训机构的积极性。②另一方面，新疆职业教育发展存在"软硬件"发展不均衡的问题。近年来，对口援疆省市支援新疆32所县级中等职业学校（其中南疆18所）实施了校舍新建、改建或扩建工程，一批基层中等职业学校的基本办学条件得到明显改善。③然而，2013年，新疆技工学校数量为108所，较2012年的83所增加了25所，大幅增长30.1%，教师人数却只从7081人增长到7516人，增长比例为6.1%，表明师资力量难以满足高速发展需要。④师资队伍发展相对滞后的问题，逐渐成为新疆职业教育的短板。

四 进一步保障少数民族就业权利的思考

（一）制定促进少数民族转移就业的专门性规划和指导办法

制定全国范围的促进民族地方少数民族劳动力到发达地区第二、三产业

---

① 周坤：《新疆公布2014年高校应届毕业生就业现状》，天山网，http://news.ts.cn/content/2014-10/28/content_10655197.htm。
② 张云梅：《新疆2013年开展职业培训年活动》，天山网，http://news.ts.cn/content/2013-04/08/content_8009176.htm。
③ 贺红艳：《我区职业教育取得重要进展》，亚心网，http://news.iyaxin.com/content/2015-04/18/content_4848486.htm。
④ 数据来自新疆统计局编《新疆统计年鉴2014》，中国统计出版社，2014。

就业的专门性发展规划和指导性文件，推动少数民族劳动力输出地和输入地的政策对接进程，从经费支持、技能培训、劳务组织、劳动条件、配套措施等方面进行指导。重点着力于新疆南疆、西藏及四省藏区等掌握国家通用语言程度不高的少数民族地区，建立由政府主导的少数民族劳动者跨省区转移就业协调与服务网络。这一措施不仅能为少数民族提供大量就业机会，而且能提高少数民族就业质量，也有利于为转移就业人员提供更好的就业指导、技能培训、劳务组织、劳动维权等服务。

（二）进一步提高南疆地区专门招录少数民族的岗位比例

在少数民族人口占90%以上的南疆基层地方，民族语言是顺利开展日常工作的基本保证。南疆党政机关、事业单位、援疆项目在招录人员时，进一步提高专门招录掌握民族语言的少数民族的岗位比例，可以有效保障南疆少数民族的职业获得权和就业平等权。

（三）提高民族地方教育质量，引导少数民族大学生内地就业

促进少数民族大学生就业需要从提高其自身就业能力和完善外部就业政策两个方面入手。一方面，以就业为导向，进一步调整民族地方高等教育学科专业结构和人才培养模式，提升毕业生就业竞争力；由国家在国有大中型企业建立一批少数民族高校毕业生实习实训基地，提高他们就业创业能力。另一方面，积极创造政策环境，引导少数民族和民族地区高校毕业生到内地就业。就业援藏工作已经积累了有益经验，有必要研究中央制定政策，对就业援藏和就业援疆制定指标要求和可操作性的实行机制，加强民族地方和内地援疆省市的就业政策对接。

（四）大力发展职业培训，增强少数民族就业竞争力

发展职业培训主要有四个重点。一是加大职业技能培训补贴力度并重视落实，吸引内地职业教育人才到少数民族地方服务。二是推行职业资格证书

制度，让少数民族劳动者通过培训学到技能。三是针对民族地方职业教育滞后的状况，研究制定鼓励民族地区少数民族学生到内地接受职业教育的政策。四是探索在民族地区构建终生职业技术教育培训系统，实现民族地区人力资源的良性循环和优化配置。

（五）打造民族地方特色农牧业，提高农民就业满意度

2010年第六次全国人口普查数据显示，西部民族地方的少数民族人口从事农林牧渔比例较高，其中藏族、维吾尔族、彝族均达82%以上。① 促进少数民族农牧民增收，提升农民就业满意度，是保障少数民族就业权的重要举措。民族地方特色农牧业前景广阔。西藏七地市重点实施了12个特色农牧产业，新增特色农牧业生产基地200个，累计扶持农牧民35万多户，实现户均增收3263元。② 新疆棉花产量占全国一半以上，农业增加值增速连续三年居全国第一。③ 2015年2月1日，中共中央、国务院印发了《关于加大改革创新力度 加快农业现代化建设的若干意见》，提出推进农村一二三产业融合发展的思路。民族地方应当根据自身特点，制订促进特色农牧业的扶持政策和发展规划，从现代农业中挖掘农民收入增长点，实现少数民族农牧民更高质量的就业。

---

① 数据来自国家统计局网站，http://www.stats.gov.cn/。
② 张京品、安娜：《西藏初步形成特色农牧业产业格局》，新华网，http://tibet.news.cn/gdbb/2014-04/22/c_133280099.htm。
③ 冯瑾、石鑫：《把新疆农业打造成就业增收改善民生民族团结的产业》，《新疆日报》（汉）2014年9月15日，第1版。

B.17 领事保护与海外中国人的人权保障

刘 杰 石冬旭*

摘 要： 2014年，海外中国人面临的各种风险呈现多样化态势，促使我国进一步加大了对外交及领事保护的制度性建设：通过加强领事保护工作、健全预防性保护机制、完善事发和事后的应急机制等措施，着力打造"海外民生工程"。但是，加强海外公民人权保障仍面临着一些困难，需要中国政府通过参与国际事务提高保障能力，同时从法律层面健全海外公民的人权保障体系，此外加强领事保护工作的资源投入以及多元合作，切实加强人权保障工作。

关键词： 海外 中国人 人权保障

改革开放以来，随着中国经济与世界经济的加速融合，国际文化交流的不断深入，中国公民出境的人数日益增多。国家旅游局的数据显示，截至2014年11月，中国内地公民当年出境旅游首次突破1亿人次，从"请进来"到"走出去"，中国内地公民出境旅游人数自有统计数据的1998年的843万人次，到2014年破亿，增长了10.8倍，既是中国旅游业发展的一个里程碑，也是中国改革开放、经济社会发展进入新阶段具有标志性

---

* 刘杰，法学博士，上海社会科学院政治与公共管理研究所研究员，博士生导师，主要研究方向为中国政治和人权理论；石冬旭，法学硕士，上海社会科学院政治与公共管理研究所助理研究员，主要研究方向为政府体制和公民政治参与。

意义的大事。①

然而，伴随着海外中国人数量日益增多的现状，海外公民面临的各种风险呈现多样化态势，致使我国海外公民人权保障的现行机制面临着前所未有的压力和挑战。外交部领事司的相关资料表明，2013年，每位中国驻外使领馆领事官员要服务超过20万人次出境中国公民，外交部领事保护中心和驻外使领馆每年处理各类领保案件近4万起。②面对严峻、复杂的海外安全形势，如何更好地保护海外中国公民的人权，尤其是维护他们的生命权、财产权及其他合法权益，成为社会各界日益关注的焦点。

一 与海外公民人权保障相关的事件频发

2014年是中国公民在海外权利受损的高发年。据媒体报道，仅上半年就发生各类中国人海外遇险事件153起，几乎每天发生一起。③与以往几年发生的事件相比，呈现出涉及国家更多、事件性质更为复杂化的特点，对海外中国公民的人身财产安全造成的损害也更大。如果以事件发生原因来分类，这些事件主要分为以下几类。

（一）交通事故或突发事件导致生命权受损

交通事故、恐怖袭击、恶性治安事件等是中国公民在海外最经常遭遇的人权威胁，这一类事件对公民的生命和财产安全造成严重损害，所以这类事件也是人权风险程度最高的事件。

2014年3月8日，马来西亚航空公司（以下简称"马航"）一架航班与管制中心失去联系，机上的239名乘客中有154名中国乘客，马来西亚政府于3月24日宣布客机已坠毁于南印度洋。不过，截至11月底客机残骸仍未

---

① 《中国内地公民当年出境游首破1亿人次》，《人民日报》2014年12月4日，第1版。
② 《中国海外公民：如何保障合法权益和人身安全？》，新华网，http://news.xinhuanet.com/politics/2014-06/02/c_1110956485.htm。
③ 《国人海外安全事件频发面对威胁应"抱团取暖"》，《深圳侨报》2014年11月6日，第B4版。

被发现,事件发生原因不详,种种疑点还未解开。

马航客机失联事件,首先意味着给中国带来了两个安全领域的问题:第一,有154名中国公民失踪;第二,由于MH370是吉隆坡至北京的航班,这表示飞向北京或中国其他大城市的民航航班存在遭受恐怖主义袭击的可能。① 因此,中国政府及相关部门迅速做出了第一反应:中国交通部于当天10点30分立即启动了"一级应急响应";当天接近中午时,中国外交部部长王毅临时结束"两会"记者会,返回主持部际联席会议;当天中午,国家主席习近平和国务院总理李克强分别就此事做出批示;紧接着,根据马来西亚方面最初提供的消息,中国立即派遣了多艘军舰、政府公务船只以及多架飞机,在越南以南泰国湾水域进行搜救,次日中午,中国首艘搜救船只"海警3411"已经到达越南南部海域。②

在接下去的一周之内,中国共派遣8艘舰船和5架直升机在预测失事海域搜救100小时以上,其中4艘军舰为最近10年以内服役的新舰,有2艘军舰是中国海军除"辽宁舰"之外吨位最大的军舰;还出动了2艘大型电子侦察机穿过越南领空进行搜寻;在轨道上调动了10颗卫星参与搜索和通信……③这一系列行动,涉及中国政府的多个部门以及军队,涉及复杂的指挥、协调和保障工作,能够如此高效,既说明硬件设施的水平之高,也说明安全预警系统建设的完备。此次马航事件的搜救行动和各项措施,充分展示了我国政府在海外安全保障方面的行动力度及行动能力,体现出近年来国家在海外人权保障方面的进步。

(二)政治动荡或社会骚乱引发人权担忧

在诸多海外中国人人权被侵犯事件中,由于所在国政局不稳、经济形势

---

① 参见刘华《马航事件挑战海外安全》,财经国家新闻网,http://www.ennweekly.com/2014/0331/13052.html。
② 参见刘华《马航事件挑战海外安全》,财经国家新闻网,http://www.ennweekly.com/2014/0331/13052.html。
③ 参见刘华《马航事件挑战海外安全》,财经国家新闻网,http://www.ennweekly.com/2014/0331/13052.html。

严峻,以及恐怖势力猖獗等因素导致的恶性事件也不容忽视。①

以南非和菲律宾为例。根据南非警方发布的犯罪数据,南非针对华人的谋杀案件有上升趋势,仅 2014 年 1~9 月,已经有 12 名华人在抢劫案中遇害,遇害人数超过 2013 年的 11 人。② 而同时期华人安全事件频发的菲律宾也面临着同样的问题。据马尼拉地区警署的最新数据,2014 年 1~8 月,菲律宾全国发生了 33 宗绑架案,其中超过一半的受害者是华侨华人。③

上述两国之所以频繁发生针对华人的抢劫、绑架等事件,主要是因为这两个国家都存在经济状况不佳、民众生活贫困、失业人口众多以及贫富差距较大等状况,这种状况直接导致了两国社会治安的混乱及犯罪率的上升,而华人在这两国内多数从事经商等工作,属于比较富裕的阶层,因此容易成为犯罪分子的攻击目标。

对此,专家认为,遭遇绑架不一定是恐怖主义,还有为钱财的勒索,甚至涉及我国海外项目在高危地区的经营,与当地部族、政治力量、环境的利益纠纷等。④ 类似事件的频频发生,显示恐怖主义的问题、危害社会治安的打砸抢等刑事犯罪,已成为在境外的中国人人权被侵犯的重要原因,促使海外公民的保护工作可能会走向常态化。

(三)非传统安全因素导致人权风险

近年来,一些非传统安全因素的破坏性、突发性和不可预测性不断增强,如 2009 年造成全球恐慌的 H1N1 病毒严重威胁到了海外中国公民的健康安全,为此,外交部紧急动员,多方协调,进行了墨西哥撤侨等领事保护

---

① 《中国人海外安全事件频发 保护自身安全需多管齐下》,中国侨网,http://www.chinaqw.com/hqhr/2014/10-30/23914.shtml。
② 《中国人海外安全事件频发 保护自身安全需多管齐下》,中国侨网,http://www.chinaqw.com/hqhr/2014/10-30/23914.shtml。
③ 《中国人海外安全事件频发 保护自身安全需多管齐下》,中国侨网,http://www.chinaqw.com/hqhr/2014/10-30/23914.shtml。
④ 《中国公民海外安全保护立法迫在眉睫》,《法制日报》2014 年 5 月 23 日,第 4 版。

工作。① 近年来全球性的流行性疾病的多发，将对海外中国公民的安全造成巨大威胁。

从 2014 年 2 月开始，西部非洲暴发了大规模的埃博拉病毒疫情。截至 2014 年 10 月 29 日，世界卫生组织关于埃博拉疫情的报告称，几内亚、利比里亚、塞拉利昂、美国、西班牙、马里以及已结束疫情的尼日利亚与塞内加尔累计出现埃博拉确诊、疑似和可能感染病例 13567 例，其中 4951 人死亡。② 随着疫情的蔓延，自 5 月 27 日开始，中国外交部陆续发出了 20 余条涉及防范埃博拉病毒的安全提醒，提醒疫情发生地的中国公民密切关注疫情，切实加强个人防护，避免前往疫区，保持镇静，科学防控。③ 同时强调中国公民加强与使馆沟通，妥善处置突发状况，确保在疫情发生地中国公民的身体健康和生命安全。

（四）所在国政府部门或公职人员侵犯人权

尽管在大多数时候，中国海外公民遭受的人权威胁都是由于社会或者不可预知的因素，但随着中国人在海外涉足的范围不断扩大，一些政府管理放任的国家的政府部门及其公职人员侵犯海外中国公民人权的现象也开始出现。

2014 年 12 月 20 日晚间，印尼雅加达苏卡诺哈达国际机场（Soekarno - Hatta International Airport）的两名机场保安人员将一名 26 岁的中国大陆女子带到酒店强奸并且将其禁锢了两日。

12 月 20 日，该女子抵达机场的客运大楼后，由于不懂英语及印度尼西亚语，于是就住宿问题向两名保安人员求助。调查此案的机场警官艾资哈里表示，保安人员趁机向受害者下药。艾资哈里说："假装帮助受害者，但他们早已心怀不轨。"两名保安人员分别为 32 岁及 26 岁，已被列为疑犯。机场方面已经就此事公开道歉，称已将涉案者暂时停职并将展开内部调查。印

---

① 蒋凯、叶小娇：《2009 年海外中国公民安全形势及对策分析》，《前沿》2010 年第 17 期。
② 《法国收治一名在塞拉利昂感染的埃博拉患者》，新华网，http://news.xinhuanet.com/world/2014-11/02/c_1113080900.htm。
③ 参见《提醒在马里中国公民注意防范埃博拉病毒》，中国领事服务网，http://cs.mfa.gov.cn/gyls/lsgz/ztzl/ffabl/t1203544.shtml。

尼《雅加达邮报》报道称，两人或因强奸罪被起诉，最高刑罚12年。

事件发生后，印度尼西亚警方就此事联络了中国大使馆，受害者被送到大使馆后于24日返回中国。对于公职人员如此恶劣的行径，中国驻印度尼西亚大使馆28日表示，使馆对此事非常重视并表示强烈义愤，使馆领事官员为当事人提供了领事保护与协助，并陪同其向当地警方报案。依照当事人本人及其家人意愿，当事人报案后已回国。中国驻印尼使馆已向印尼外交部、警方及机场当局提出严正交涉，强烈要求印度尼西亚方彻查此案，严惩罪犯，采取切实有效措施确保在印度尼西亚的中国公民的安全。

二 中国政府进一步加大领事保护的力度

我国现行的海外公民保护机制仍以基于国家外交层面的外交保护和领事保护为主要原则，[①] 并以保护海外公民的人权尤其是生命权和财产权为主要特征。2014年，我国进一步加大了领事保护的制度性建设和保护力度。

（一）领事保护工作成为打造海外民生工程的重中之重

十八大以来，我国外交工作更加注重以人为本、为民服务。相关的工作部门，包括外交部各驻外机构尤其是领事工作部门，将此原则贯彻于日常工作中，致力于为在海外的中国公民提供服务，维护好其安全与合法权益。尤其是领事保护工作，狭义的领事保护是指当派遣国国民的合法权益在接受国受到国际不法行为的侵害时，领馆或领事官员同领区当局交涉，以制止此种不法行为，恢复受害人应享有的权益；广义的领事保护是指一国的领事机关或领事官员，根据派遣国的国家利益和对外政策，于国际法许可的限度内，在接受国保护派遣国及其国民的权益的行为。[②] 领事保护工作同海外中国公民的各项权益息息相关，因此更容易受到国内外民众的关注，这一特殊性使

[①] 参见单海玲《我国境外公民保护机制的新思维》，《法商研究》2011年第5期。
[②] 钱其琛：《世界外交大辞典》，世界知识出版社，2005，第1215页。

其成为"外交为民"理念最直接、最具体的体现，也使其成为打造海外民生工程的重中之重。①

在"外交为民"理念的指导下，中国外交一贯非常重视领事保护。从国家层面来讲，不仅运用各种形式对我公民和企业加强宣传教育，尤其运用各种实例做好安全预警工作；而且通过国内立法加强领事保护和外交保护工作：近年来，《中国领事保护和协助指南》的出台，外交部涉外安全事务司的成立，以及建立协调、预警、应急、服务、磋商等五项机制来加强对海外中国公民的保护等一系列措施，都使中国的海外公民安全保护工作走上了法制化、专门化、高效化的道路。②

就具体工作而言，中国政府不断地推出便民举措，提高中外人员往来的便利化，同时大力加强领事保护与服务，积极维护海外中国公民的合法权益。一方面，加大与外国政府商谈互免签证安排力度，提高中国护照"含金量"，使百姓走出去更方便。③ 公安部的数据显示，截至2014年6月24日，共计49个国家（地区）对持普通护照的中国公民个人因私前往实施免签、落地签证政策。④ 另一方面，加大在外设领力度，确保领事保护与协助的时效性，使百姓走出去更安心。⑤ 外交部的资料显示，截至2014年12月5日，中国已在外国设立166个大使馆、84个领事机构。⑥ 中国公民在海外走到哪里，中国政府的保护就覆盖到哪里，服务就跟随到哪里。⑦ 这也是打造海外"民生工程"的重要内容之一。

---

① 王毅：《外交部及各驻外机构要打造好海外民生工程》，中国新闻网，http：//www.chinanews.com/gn/2013/11-01/5453868.shtml。
② 参见蒋凯、叶小娇《2009年海外中国公民安全形势及对策分析》，《前沿》2010年第17期。
③ 《心随百姓走 外交在行动》，中国领事服务网，http：//cs.mfa.gov.cn/gyls/lsgz/mtwz/t1207881.shtml。
④ 《对中国公民实施免签、落地签证政策国家（地区）数量更新至49个》，公安部网站，http：//www.mps.gov.cn/n16/n84147/n84196/4069471.html。
⑤ 《心随百姓走 外交在行动》，中国领事服务网，http：//cs.mfa.gov.cn/gyls/lsgz/mtwz/t1207881.shtml。
⑥ 资料来源于外交部网站，http：//www.fmprc.gov.cn/mfa_chn/wjb_602314/zwjg_603776/zwsg_603778/。
⑦ 《中国人权事业阔步前行》，《人民日报》2013年4月25日，第3版。

（二）预防性保护机制更加完善

领事保护预防机制着眼于在公民和企业走出国门之前，提高其安全防范意识，帮助他们做好出国前的预判和各项准备工作，降低在海外遭受侵害的概率，从而减少人权案件的发生。2014年，中国积极创新领事保护机制，以巩固和落实预防性保护措施为重点，使得海外公民安全保护系统得到进一步的完善。

1. 发布安全提醒

外交部每年都发布《中国公民境外领事保护和服务指南》，同时在外交部网站上开设了专门的领事新闻和海外安全动态以及出国安全提醒等，截至2014年11月底，已经发布安全提醒信息320余条[1]，为我国公民出境安全发挥了重大作用。据不完全统计，这些安全提醒可以分为五大类：一是提醒海外公民遵守当地法律，避免因自身原因遭受损失，共发布约80条；二是提醒海外公民防范流行疾病，共发布约44条；三是提醒海外公民注意自然灾害，共发布约21条；四是提醒海外公民注意因当地局势恶化或恐怖活动带来的治安影响，共发布约97条；五是其他安全提醒，包括注意财物安全、交通安全等，共约80条（见图1）。各类型安全提醒的数目也从侧面反映了当前海外中国公民遭受侵害的主要原因。

2. 深入开展形式多样的领事保护宣传活动

在国外，驻外使领馆充分发挥主导作用，开展丰富的领事保护宣传活动。例如，2014年11月20日，中国驻阿富汗使馆举办"使馆开放日暨领事保护知识宣传活动"，驻阿中资企业代表、华商协会成员、喀布尔大学孔子学院中方教师及中国驻阿新闻机构记者等80余名中国公民参加。[2] 身处阿富汗这样一个战乱国家，中国公民和企业的人身安全问题和企业经营风险较其他地方更大，使馆举办此活动是为了帮助中国企业、公民增强法律、安

---

[1] 数据来源于中国领事服务网，http://cs.mfa.gov.cn/。
[2] 参见《中国驻阿富汗使馆举办使馆开放日暨领事保护知识宣传活动》，外交部网站，http://www.fmprc.gov.cn/mfa_chn/wjdt_611265/zwbd_611281/t1213751.shtml。

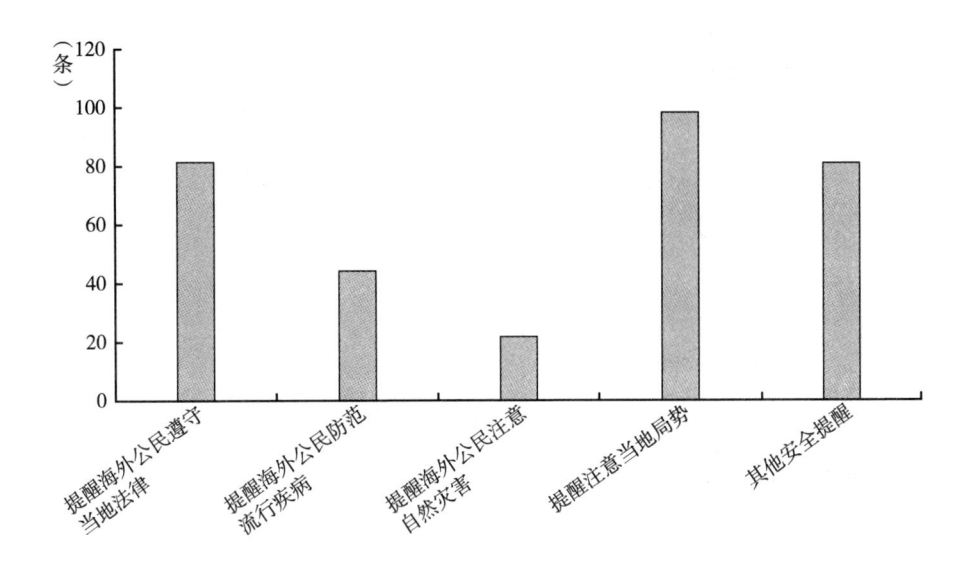

图1　2014年11月30日前中国外交部发布的安全提醒

资料来源：中国外交部领事服务网。

全保护和防范意识，不断提高应对风险的能力，这充分体现了政府对在阿中国公民和企业的关心。①

在国内，各基层地方政府积极配合，全国多省市开展"领事保护活动周"宣传活动。例如，2014年11月12日，江苏省苏州市"领事保护宣传周"活动启动，主要内容是为苏州市外事工作者、市民、大学生、留学生家长、旅行社人员等作领事保护培训讲座，为市民、企业规避海外风险、推进地方领事保护工作出谋划策。② 出席活动的外交部相关人员认为，作为地方政府，在配合外交部做好领事保护事件应急处置工作的同时，还要建立领事保护应急机制；在重大领事保护事件发生后，地方相关部门及时协调解决；平时要加强对市民、企业员工的应急处置培训；与此同时，要加大投

---

① 参见《中国驻阿富汗使馆举办使馆开放日暨领事保护知识宣传活动》，外交部网站，http://www.fmprc.gov.cn/mfa_chn/wjdt_611265/zwbd_611281/t1213751.shtml。
② 《苏州市领事保护宣传周启动》，中国苏州网，http://www.suzhou.gov.cn/news/bmdt_991/201411/t20141113_471332.shtml。

入,提升工作水平,必要时派出工作组参与前方处置工作。①

3. 开展侨民自愿登记制度

侨民登记制度可以让驻外使领馆在发生突发紧急事件时及时联系到侨民,及时提供帮助,避免其遭受进一步的侵害,因此,它是预防性保护机制的有效环节之一。各主要发达国家都建立了网上公民登记系统,来掌握海外公民的基本情况(登记系统可以自动生成海外公民信息登记表),通过系统发送安全信息,并可以通过系统里的登记信息在紧急情况下联系到每个登记过的海外公民。②

随着海外中国公民所处环境的不确定性的增强,2013 年,外交部新版"中国领事服务网"新增中国海外侨民进行在线自愿登记的功能。③ 2013 年 11 月,为应对可能发生的地震等自然灾害,中国驻日本大使馆展开了侨民自愿登记活动。④ 2014 年 5 月,针对利比亚政局动荡、社会安全形势紧张的局势,中国驻利比亚使馆开展了侨民登记工作,⑤ 以应对日益恶化的局势可能带来的突发事件,切实维护中国侨民的安全和利益。

(三)事发及事后应急机制

领事保护应急机制要求在最短的时间内调动尽可能多的资源处理突发的领事事件。⑥ 经过近年来的努力,我国已初步建立了自己的领事保护应急机制,具体包括三个方面:第一,境外中国公民和机构安全保护工作的部际联席会议机制;第二,在境外中国公民和机构安全保护工作部际联席会议机制基础上,逐步形成的中央、地方、驻外使领馆、企业和公民个人"五位一

---

① 《苏州市领事保护宣传周启动》,中国苏州网,http://www.suzhou.gov.cn/news/bmdt_991/201411/t20141113_471332.shtml。
② 夏莉萍:《发达国家侨民生存安全预警与救护机制研究》,《侨务工作研究》2012 年第 6 期。
③ 师会娜:《2013 年中国领事保护工作简评》,《东南亚研究》2014 年第 2 期。
④ 《中国驻日使馆:侨民登记系针对自然灾害等援助》,中国新闻网,http://www.chinanews.com/gj/2013/11-25/5544856.shtml。
⑤ 《利比亚安全形势紧张 中国使馆开始登记侨民》,新华网,http://news.xinhuanet.com/world/2014-05/09/c_126481353.htm。
⑥ 黄维彬:《论国际法上的外交保护》,《湖北经济学院学报》2011 年第 4 期。

体"的联动机制;第三,针对一些特殊情况建立的应急机制,比如针对海外中国人频繁遭到绑架的情况,相关部门建立了绑架案件的处理机制,还包括针对劳务纠纷、渔业纠纷的工作机制等。[1]

1. 应急呼叫热线正式启用

继推出领保短信、中国领事服务网以及"领事直通车"微信订阅号等领事服务新举措之后,外交部于2014年9月2日启动运行"全球领事保护与服务应急呼叫中心",呼叫中心的热线号码为"12308"。[2] 这是一条主要面向海外中国公民和企业的24小时领事保护热线,主要职责有:一是为遇到紧急情况的求助人提供领保应急指导与咨询,必要时协调有关驻外使领馆跟进处理;二是向求助人介绍一般性领保案件的处置流程,并根据当事人需求提供建议;三是在发生重大突发领保案件时,承担应急处置"热线"功能,接受社会各界咨询;四是为中国公民提供领保常识及领事证件咨询服务。呼叫中心热线增加了我国公民寻求领事保护与协助的选择,并不替代各驻外使领馆此前公布的领保电话和证件咨询电话。[3]

在启动运行后的2个月内,呼叫中心共接到19443通来电,其中1346起转驻外使领馆处理,主要类型包括人身意外、财物证件遗失、经济劳资纠纷等等。[4] 呼叫中心在海外中国公民和祖国之间开辟了一条领事保护与服务的绿色通道,中国公民无论身处世界哪个角落,遭遇紧急情况时均可在第一时间通过拨打呼叫中心热线,向祖国寻求领事保护与协助,这标志着中国政府朝"同胞在海外走到哪里,领事保护就覆盖到哪里"的目标又跨出历史性的一步。[5]

---

[1] 师会娜:《2013年中国领事保护工作简评》,《东南亚研究》2014年第2期。
[2] 参见胡心伟《为海外同胞打造直通祖国的安全热线》,人民网,http://world.people.com.cn/n/2014/0821/c1002-25512176.html。
[3] 《外交部全球领事保护与服务应急呼叫中心相关情况介绍》,中国领事服务网,http://cs.mfa.gov.cn/gyls/lsgz/ztzl/lsbhyfwyjzx/t1187612.shtml。
[4] 《外交部"12308热线"那些事儿》,中国领事服务网,http://cs.mfa.gov.cn/gyls/lsgz/ztzl/lsbhyfwyjzx/t1208345.shtml。
[5] 《为海外同胞打造直通祖国的安全热线》,中国领事服务网,http://cs.mfa.gov.cn/gyls/lsgz/ztzl/lsbhyfwyjzx/t1189287.shtml。

2. 特殊措施应对突发安全事件

针对公民在海外遭遇的一些突发紧急事件，中国政府会运用各种现代技术手段，采取紧急措施，使海外中国公民的合法权益时刻受到保护。2014年5月，越南爆发了针对外国企业和人员的打砸抢烧等严重暴力袭击活动。[1] 中冶集团承建的台塑河静钢厂工地受到严重冲击，中冶集团3565名员工生命安全受到严重伤害和威胁，在这次事件中共130人伤亡，其中重伤23人、死亡4人，造成中国公民伤亡和重大财产损失。[2]

按照中国政府的统一部署，16名在越受伤的中国公民先期乘包机回国。[3] 此后，交通部门协调"五指山"等4艘客轮前往越南河静省永安港接回部分在越人员。[4] 至5月20日，在中国政府跨部门工作组和驻越使馆的协助下，除部分留守人员外，在越南河静省暴力事件中受冲击的3860名中国企业员工已全部乘包机、包船平安返回国内。[5] 中国政府紧急派包机、船舶接回在越公民，被外界视为"紧急撤侨"行动。[6] 这是自利比亚内战以来中国最大规模的海外"撤侨"行动。[7]

撤侨是一个国家的政府通过外交手段，把侨居在其他国家的本国公民撤回本国政府的行政区域的外交行为。"撤侨"的迅速展开凸显了中国的实力，也展示了中国政府保护境外本国公民生命安全的决心。

---

[1] 《越南发生针对外国企业打砸抢烧事件1名中国公民死亡》，中国广播网，http://china.cnr.cn/yaowen/201405/t20140516_515521268.shtml。

[2] 《中国中冶集团越南工地受冲击致4人死亡23人重伤》，中国新闻网，http://www.chinanews.com/gn/2014/05-20/6192667.shtml。

[3] 《中国派包机接回在越华人 部分伤员成都接受治疗》，光明网，http://photo.gmw.cn/2014-05/18/content_11349847.htm。

[4] 参见《交通运输部派出5艘客轮接回我部分在越人员》，新华网，http://news.xinhuanet.com/world/2014-05/18/c_1110741119.htm。

[5] 《越南暴力事件致中冶员工4死》，《东方早报》2014年5月21日，第A11版。

[6] 《中国包机接在越华人紧急撤侨：回家就有安全感了》，前瞻网，http://www.qianzhan.com/military/detail/275/140518-b97b14ed.html。

[7] 《社评：越南用鹌鹑蛋撞中国巨石必自伤》，环球网，http://opinion.huanqiu.com/editorial/2014-05/4999157.html。

三 加强海外公民人权保障所面临的困难和对策

近年来，中国公民在海外的安全风险增大，从某种程度上说是不可避免的。一是居民收入水平的不断提高，推动公民的出国热情持续高涨，发生安全问题的几率自然增加了；二是国内经济的高速增长使得对外经济合作不断扩展，海外企业和员工的安全风险也随之增加，全球性的金融动荡又加剧了这些风险；三是国际恐怖主义的猖獗以及社会骚乱等突发性事件的高发；四是由海外公民自身原因造成的安全问题也是因素之一。[①]

在近年来处理海外公民维权事件的实践基础上，我国逐渐建立了以"预防为主、预防与处置并重"为原则的海外公民权益保护机制。公民的海外人权保障工作与以往相比有了很大的进步，充分体现了"外交为民"的指导思想。但在人权保障工作的机制完善和能力建设上，还存在一些欠缺和不足。主要表现为在处理人权保障事件时的统筹协调能力不够，尤其在国际协调合作能力方面有所欠缺，人权保障体制机制不够健全，领事保护工作人力、资金资源短缺导致领事保护能力不足等。要降低中国公民的海外安全风险，依法保护中国公民在海外的合法权益，就要着力解决这些方面的问题。

（一）积极参与国际事务，提高国际协调合作能力

依法保护中国公民在海外的正当权益，首先要让公民切实感受到祖国的强大、民族的骄傲与人格的尊严。近年来，中国以更加积极的姿态参与国际事务，更加有所作为，尤其是在应对全球金融危机、气候变化以及地区热点等问题上发挥着积极而重要的作用。[②] 除了彰显中国政府参与、处理国际事务的能力外，更重要的是，在参与国际事务过程中，进一步增强了与他国协调合作处理事务的能力，为国际合作处理海外公民人权保障事件打下了基

---

① 参见钟龙彪《保护中国公民海外安全与权益研究综述》，《求知》2011 年第 11 期。
② 岭谈：《"雪龙"让世界看到侠义中国》，《人民日报》（海外版）2014 年 1 月 10 日，第 1 版。

础，积累了丰富的能力资源。

2014年年初，中国"雪龙"号破冰科考船在南极的救援行动引发了全球的高度关注。它成功救出被困多日的俄罗斯"绍卡利斯基院士"号客船上的52名乘客后，在撤离途中，受强大气旋影响，被困在密集浮冰区。[①]"雪龙"号舍弃自身任务，营救他人而置身险境的事迹引发了国内乃至国际的热议与好评，体现了中国负责任的大国形象。[②] 同样在2014年，中国政府积极参与全球抗击埃博拉病毒的行动，包括派遣医学专家和医疗队、帮助相关国家建立疫情防治中心、提供资金和相关物品等人道主义援助。这既是出于维护本国在非经济利益、人员安全和中非友谊的考量，也表明中国参与国际人道主义事业的表现日益成熟。[③]

提升国际协调合作能力在海外公民的人权保障方面举足轻重。以"马航MH370失联事件"为例，这一事件不仅涉及马来西亚和中国，在搜救过程中，还涉及越南、澳大利亚、印度等国。与这些国家的沟通协调是否顺畅、合作能否顺利进行，直接关系到搜救工作的成败与否。维护中国公民海外合法权益特别是人身和财产安全，不但是一个国家的责任，也是国家形象和综合国力的体现。因此，有待于政府方面更加积极主动，在参与国际事务合作中提高自己的能力，提供切实有效的人权保障。

（二）从法律层面健全海外中国公民的人权保障体系

一国公民的海外安全是国家安全的延伸，公民在海外遇到风险，国家采取的救助措施如谈判、营救及赔偿等，都应当有一套严密的规则和行之有效的处理流程。[④] 因此，应当尽早从法律层面健全和完善中国公民海外安全的保障体系。

---

① 岭谈：《"雪龙"让世界看到侠义中国》，《人民日报》（海外版）2014年1月10日，第1版。
② 岭谈：《"雪龙"让世界看到侠义中国》，《人民日报》（海外版）2014年1月10日，第1版。
③ 《飞舟：国际社会积极评价中国帮助非洲抗击埃博拉》，外交部网站，http://www.fmprc.gov.cn/zflt/chn/zxxx/t1204164.htm。
④ 参见《中国海外公民：如何保障合法权益和人身安全？》，新华网，http://news.xinhuanet.com/politics/2014-06/02/c_1110956485.htm。

在国内法层面，2009 年，为推动领事保护立法，中国政府相关部门曾将《中华人民共和国领事工作条例（草案）》推向社会以广泛征求意见，但迄今为止尚未出台正式的领事工作法。① 国内领事立法的缺失，已经成为制约领事保护机制运转和能力发挥的重要因素，应制定专门的领事保护法律法规，依法指导领事条约的缔结以及规范领事保护工作，使领事保护从政治化管理向法制化管理转变。②

在国际法层面，双边领事条约是开展领事保护工作的最直接法律依据，是派遣国与接受国之间人员往来时进行友好沟通以保障本国公民合法权益的法律依据。③ 至目前为止，中国已与170 余个国家建立了外交关系，但截至2014 年 7 月 3 日，与中国有双边领事条约（协定）的国家仅有 46 个（包括解体后继承条约的国家）。④ 覆盖面窄的现状不符合中国领事实践的需求，不利于海外中国公民在与中国无双边领事条约（协定）的国家境内寻求领事保护，毕竟，相较《维也纳领事关系公约》及派遣国与接受国国内立法而言，双边领事条约（协定）融针对性与协调性于一体，在领事保护的法律依据中占有最为重要的地位。⑤

（三）加大领事保护工作的资源投入

中国的领事工作与一些发达国家相比，在人力资源的投入方面差距明显。平均下来，我国每一位驻外使领馆领事官员要服务超过 19 万海外中国公民，这个数字是俄罗斯的 13 倍、日本的 15 倍，一些中国驻外使馆专门的领保官员甚至只有一个人。⑥ 外交部领事司的官员表示，专司领事保护的外

---

① 参见苏卡妮《中国领事保护立法的不足与改进》，《福建师范大学学报》2013 年第 2 期。
② 参见杨洋《中国领事保护中存在的问题及对策》，《国际政治研究》2013 年第 2 期。
③ 参见苏卡妮《中国领事保护立法的不足与改进》，《福建师范大学学报》2013 年第 2 期。
④ 参见《韩国成第 46 个与中国签订双边领事条约（协定）的国家》，人民网，http://world.people.com.cn/n/2014/0704/c1002 - 25238884.html。
⑤ 颜梅林：《海外中国公民领事保护的法律依据研究》，《华侨华人历史研究》2013 年第 4 期。
⑥ 《出境人数持续飙升 中国全力保护公民海外安全》，《南方都市报》2014 年 5 月 19 日，第 A12 版。

交人员不足，迫使海外领保人员超负荷工作，是当前领事工作面临的一个大问题。

与此同时，我国目前尚未设立领事保护专项经费。关于领事经费的规定也较笼统，散见于《中国领事保护和协助指南》、《对外劳务合作备用金暂行办法》（2001年11月）、《对外承包工程管理条例》（2008年）等文件中，形式和内容没有达到统一，导致侨民的遣返费用、手术医疗费等往往要由使领馆出面筹措，由总领馆垫钱，事后要向当地的慈善机构、基金会、华侨华人社团求助。① 领事保护的经费是一切领事工作的物质基础，应当以法律的形式予以保证，这样才能明确领事保护经费的来源：或由国家财政支持，或来源于民间团体、国际组织，或直接设立领事保护基金或领事保护特定事项基金等。

（四）在人权保障中重视多元合作

身处海外的中国公民要对海外发展的风险有清醒的认识，提高自保和安全意识，同时，遵守所在国法律法规，遇事寻求同胞帮助并积极融入主流社会。此外，受益于我国经济的快速发展及国力的日渐强盛，由华侨和境外中国公民组成的民间社会团体如商会、联谊会、行业协会等组织得以壮大和发展，华侨华人社团现已遍布世界五大洲100多个国家和地区。② 在向境外我国公民提供民商事法律援助方面，它们不仅有熟悉当地法律及情况的优势，而且也有一定的经济支持能力。③ 在海外公民的维权行动中，可以充分发挥这些社团在境外公民人权保障方面的优势，借助各方力量，积极构建国家、社团、公民三位一体的多元保护机制，更有效地保障公民的合法权益。

---

① 邢爱芬：《海外中国公民领事保护立法初探》，《国际论坛》2011年第4期。
② 参见邢利余《国侨办欢迎第四届世界华侨华人社团联谊大会来宾》，人民网，http://chinese.people.com.cn/GB/42315/5887539.html。
③ 单海玲：《我国境外公民保护机制的新思维》，《法商研究》2011年第5期。

B.18 "走出去"战略下中国企业海外投资的人权影响

张万洪 程骞*

摘 要： 本文采用人权的视角，使用具体事例，较系统地梳理中国企业在"走出去"战略大背景下，对东道国人权状况所造成的积极和消极影响。文章指出在海外投资中重视人权原则的重要性，并给出了提升中国企业海外投资人权表现的具体建议。

关键词： "走出去"战略 国际投资 人权影响

跨国公司的海外投资可以对东道国人权状况产生积极或消极的影响，这已是不争的事实。2000年7月启动的"全球契约"行动计划首次将尊重人权纳入工商业界所应当遵守的原则，规定"企业界应支持并尊重国际公认的人权；保证不与践踏人权者同流合污"[1]，并将其置于劳工、环境、反贪污等各项原则之前。2005年，联合国任命了人权与跨国公司和其他工商企业问题特别代表，并通过《保护、尊重和救济：工商业与人权框架》促

---

* 张万洪，法学博士，武汉大学法学院副教授、武汉大学人权研究院副院长、武汉大学公益与发展法律研究中心主任，主要研究方向为法理学、人权法。程骞，武汉大学法学博士研究生，武汉大学公益与发展法律研究中心兼职研究人员。

[1] 《十项原则》，http://www.unglobalcompact.org/Languages/chinese/ten_principles.html，2015年3月20日访问。

成了新的共识。① 该框架正式专门提出了国家保护人权、企业尊重人权、为工商业侵犯的人权提供救济的国家和企业责任。2011年6月16日，联合国人权理事会通过了首套旨在预防和解决与工商业活动有关的、对人权不利影响风险的全球标准——《工商企业与人权：实施联合国"保护、尊重和补救"框架指导原则》，并于同日决议设立一个关于人权与跨国公司和其他工商企业问题的工作组。联合国经济、社会和文化权利委员会也在2012年的一份报告中指出："由于全球化以及非国家行为者所发挥的作用日益重要，因此，委员会也越来越多地论及缔约国在企业部门对落实《公约》权利的影响方面所负的义务。在许多情况下，企业部门通过在经济发展、创造就业机会和生产性投资等方面的投入，为实现《公约》所规定的经济、社会和文化权利做出贡献。然而，委员会也经常注意到，企业的活动可对享有《公约》规定的各项权利产生负面影响。这类问题不胜枚举，从童工、工作条件不安全、限制工会权利和歧视女工，到损害健康权、生活水平（包括土著人）、破坏自然环境以及腐败的破坏性作用等等，不一而足。委员会重申，缔约国有义务确保企业活动充分尊重《公约》规定的所有经济、社会和文化权利，确保权利持有人得到充分保护。"②

上述情形均表明，"商业和人权"已经不仅是国际公民社会和工商企业所关注的议题，更逐渐成为联合国着力推动的领域。一国政府须认真对待该国企业境外投资的人权影响；企业也须用人权标准来检讨其境外商业行为。

随着中国经济的发展，中国对外投资日渐增多。根据2014年9月9日商务部、国家统计局、国家外汇管理局联合发布的《2013年度中国对外直接投资统计公报》，2013年，在全球外国直接投资流量较上年增长1.4%的背景下，中国对外直接投资流量首次突破千亿美元大关，创下

---

① 约翰·鲁格：《保护、尊重和救济：工商业与人权框架》，A/HRC/8/5。
② 经济、社会和文化权利委员会"关于缔约国对企业部门与经济、社会和文化权利之义务的声明"（E/2012/22，附件六，A节）。

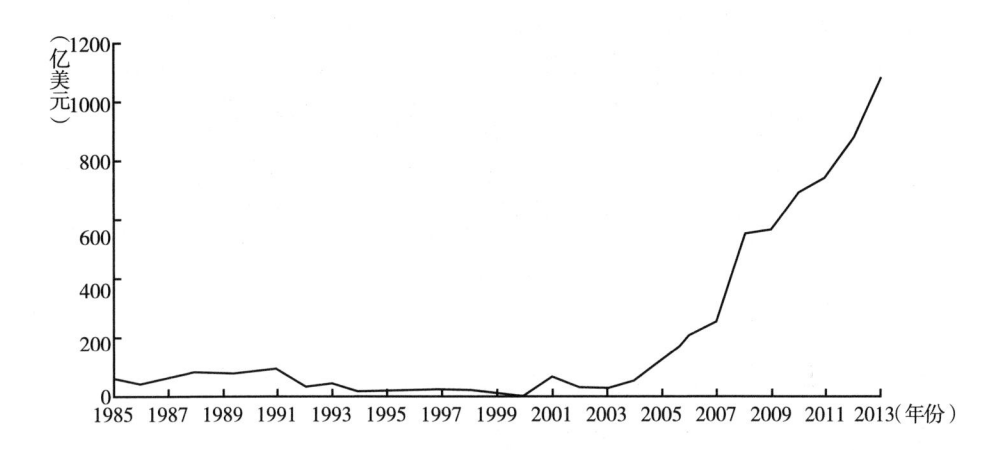

图1　1985~2013年中国对外直接投资流量

1078.4亿美元的历史新高，同比增长22.8%，连续两年位列全球三大对外投资国，仅次于美国和日本（见图1）。投资覆盖的国家和地区进一步扩大。截至2013年年底，中国1.53万家境内投资者在国（境）外设立2.54万家对外直接投资企业，分布在全球184个国家和地区，较上年增加5个；中国对外直接投资累计净额（存量）达6604.8亿美元，全球排名由第13位升至第11位，投资存量全球排名前进两位。其中美国、澳大利亚、加拿大、巴西和印度尼西亚为吸引中国海外投资最多的5个国家（见图2）。截至2013年年底，中国对外直接投资覆盖了国民经济所有行业类别。其中租赁和商务服务业、金融业、采矿业、批发和零售业、制造业等五大行业累计投资存量达5486亿美元。2013年年末境外企业员工总数达196.7万人，其中直接雇用外方员工96.7万人，占49.2%；来自发达国家的雇员有10.2万人，较上年增加1.3万人。[①] 回顾2003年，中国海外投资流量仅为28.5亿美元，十年来这个数字增长了约3800%（见图3）。

---

① 商务部、国家统计局、国家外汇管理局：《2013年度中国对外直接投资统计公报》。

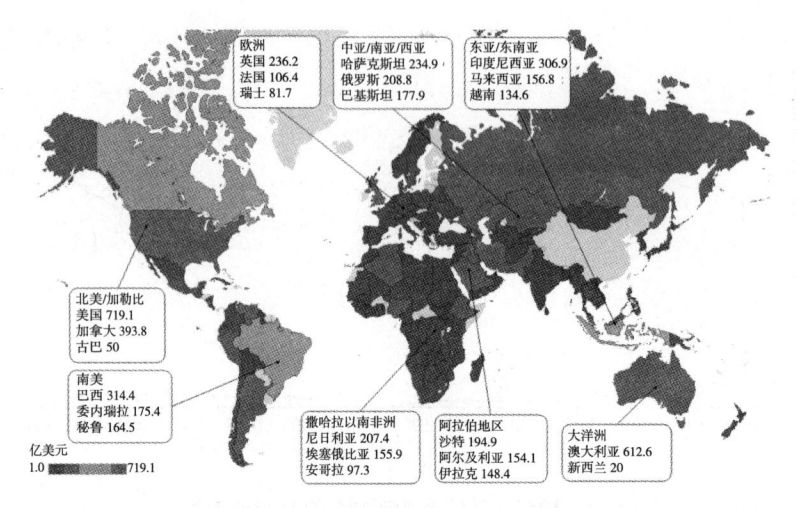

图2 中国公司2005~2014年上半年海外直接投资与工程投资分布图

欧洲
英国 236.2
法国 106.4
瑞士 81.7

中亚/南亚/西亚
哈萨克斯坦 234.9
俄罗斯 208.8
巴基斯坦 177.9

东亚/东南亚
印度尼西亚 306.9
马来西亚 156.8
越南 134.6

北美/加勒比
美国 719.1
加拿大 393.8
古巴 50

南美
巴西 314.4
委内瑞拉 175.4
秘鲁 164.5

撒哈拉以南非洲
尼日利亚 207.4
埃塞俄比亚 155.9
安哥拉 97.3

阿拉伯地区
沙特 194.9
阿及利亚 154.1
伊拉克 148.4

大洋洲
澳大利亚 612.6
新西兰 20

亿美元
1.0 ～ 719.1

资料来源：政见团队（CNPolitics.org）制图。

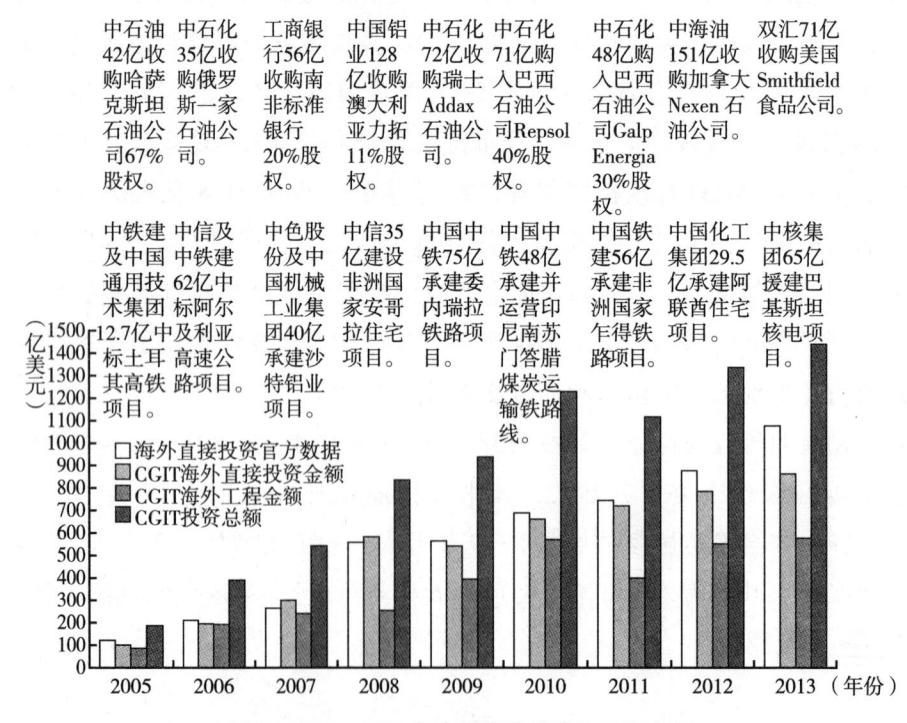

中石油42亿收购哈萨克斯坦石油公司67%股权。

中石化35亿收购俄罗斯一家石油公司。

工商银行56亿收购南非标准银行20%股权。

中国铝业128亿收购澳大利亚力拓11%股权。

中石化72亿收购瑞士Addax石油公司。

中石化71亿购入巴西石油公司Repsol 40%股权。

中石化48亿购入巴西石油公司Galp Energia 30%股权。

中海油151亿收购加拿大Nexen石油公司。

双汇71亿收购美国Smithfield食品公司。

中铁建及中国通用技术集团12.7亿中标土耳其高铁项目。

中信及中铁建62亿中标阿尔及利亚高速公路项目。

中色股份及中国机械工业集团40亿承建沙特铝业项目。

中信35亿建设非洲国家安哥拉住宅项目。

中国中铁75亿承建委内瑞拉铁路项目。

中国中铁48亿承建并运营印尼南苏门答腊煤炭运输铁路线。

中国铁建56亿承建非洲国家乍得铁路项目。

中国化工集团29.5亿承建阿联酋住宅项目。

中核集团65亿援建巴基斯坦核电项目。

图3 2005~2013年中国海外投资和工程金额

资料来源：政见团队（CNPolitics.org）制图。

"走出去"战略下中国企业海外投资的人权影响

2014年10月6日，商务部新修订《境外投资管理办法》，简化了企业"走出去"的行政过程，2014年11月4日，国家主席、中央财经领导小组组长习近平主持召开中央财经领导小组第八次会议，研究丝绸之路经济带和21世纪海上丝绸之路规划，发起建立亚洲基础设施投资银行和设立丝路基金，为"一带一路"有关沿线国家的基础设施建设提供资金支持，促进经济合作。上述举措势必会大大促进中国企业海外投资的发展，将会出现多产业链、多行业的投资机会，将会有更多中国企业加入"走出去"的行列。

本文拟使用人权的视角，较系统地梳理中国企业在"走出去"战略大背景下，对东道国人权状况所造成的积极和消极影响。文章第一部分将主要介绍中国企业海外投资对当地人权的积极影响；第二部分将总结中国政府履行联合国文件的要求，针对中国企业海外人权表现所制定的法律、法规和政策，为约束企业行为所采取的措施；第三部分将分析中国企业在海外投资过程中存在的人权问题；第四部分将强调海外投资中重视人权原则的重要性并基于前文的分析，给出一些具体措施方面的建议。

在研究信息的来源和研究方法上，本文除对中国海外投资相关的法律、法规和政策进行文本分析外，基础信息主要来自现有的专著、学术期刊、智库研究报告、政府及公司的网站和公开报告、国内外的媒体报道等，部分信息来自作者对东南亚国家的实地调研、利益相关者的访谈和在北京举办的一系列研讨会议。

一　中国企业境外投资的人权积极影响

在中外学者的研究中，都发现企业在他国投资可以产生许多正面、积极的影响。比如创造工作机会并促进经济发展和复苏；采纳包容兼顾的用工政策可以促进族裔和社区间良好关系的建设；制订针对"经济金字塔底层"的商业策略，可以增进劳工、环境、贫困等问题解决的可能；有助于构建安

全、和平与稳定的社区环境。① 中国企业的境外投资,也为投资东道国人权的实现做出了不可忽视的贡献。

1. 带动经济增长,提高生活水平

中国五矿集团公司(以下简称"五矿")下属五矿资源在老挝塞班(Sepon)的矿山仅在2003~2009年间就为老挝全国贡献了8.2%的GDP和20%的国民预算,并向该国政府提供了4.3亿美元的税费收入,使该国政府有更多的资源支持当地经济和社会的发展。塞班矿山在当地的商品和服务采购为当地经济发展做出了相当的贡献,仅2012年就为所在地居民创造了超过240万美元的收入。② 中国石油天然气股份有限公司(以下简称"中石油")在哈萨克斯坦向当地居民提供优惠油气,支持当地"进口替代"计划,提高了当地居民生活水平。③ 海外工程有限责任公司则在马里对数万公顷的农田进行了整治,钻探了2000多口水井,改善了当地的农业发展条件。④

2. 增加就业岗位,促进社区就业

在柬埔寨,中国海外投资主要集中的制造业有95%的员工是柬埔寨人。五矿在澳大利亚的公司全部雇用当地社区居民,为当地创造了大量的工作机会。其还吸纳土著人就业,昆士兰的世纪矿山土著员工比例达到25%。⑤ 海

---

① 蒋姮:《走出海外投资安全的雷区——冲突风险评估与管理》,中国经济出版社,2013,第16页;Elisa Giuliani and Chiara Macchi, Multinational Corporations' Economic And Human Rights Impacts On Developing Countries: A Review And Research Agenda, http://www.academia.edu/3464613/Multinational_ Corporations_ Economic_ And_ Human_ Rights_ Impacts_ On_ Developing_ Countries_ A_ Review_ And_ Research_ Agenda。

② 参见《中国五矿老挝Sepon矿山社会责任实践》,http://csr.minmetals.com.cn/trsother/detail_ zan.jsp? docid = 67323&docchannel = 3519。

③ 郜志雄、王颖:《"中石油"投资哈萨克斯坦:模式、效益与风险》,《俄罗斯中亚东欧市场》2010年第9期。

④ 参见中国海外工程有限责任公司《援建工程》,http://www.covec.com/speech/&FrontComContent_ list01 - 1331001337087ContId = 57bcdf1 b - 8f46 - 466a - a3d6 - d3e2c6272711&comContentId = 57bcdf1b - 8f46 - 466a - a3d6 - d3e2c6272711. html。

⑤ 参见全球环境研究所《走出去——中国对外投资、贸易和援助现状及环境治理挑战》,中国环境出版社,2013,第113页。

外工程有限责任公司在马里建立的马里纺织股份有限公司,在当地创造了1400多个就业机会。[1] 中石化在沙特与当地政府人力资源开发基金签约,就沙籍毕业生招聘和培训展开合作,并且通过沙特东部残疾人协会招聘残疾员工。其还在苏丹设立外籍员工培训学校,培训外籍石油人才。[2] 不少企业还将当地员工送回中国培训,比如聚龙集团与南开大学签订校企合作协议,选拔印尼籍员工到中国留学。[3]

3. 减少环境影响,提升环境质量

保护环境是不少中资企业在海外投资经营的重点关注领域。比如,中国石油天然气勘探开发公司在与哈萨克斯坦国家石油运输股份公司联合运营中哈原油管道建设工程时,即十分注重生态保护。五矿在老挝的矿区,运营经过了 ISO14001 环保绩效监测,建立了排放许可、土地使用许可等程序。[4] 中石油致力于实现当地生产污水零排放,提高当地环保标准。中国机械进出口(集团)有限公司在圭亚那建立生物质电站,破解"三废"问题。[5] 蓝星有机硅国际的所有下属企业都通过了 ISO 9001 V2000 验证,签署了国际化学协会(ICCA)的"责任关怀"(Responsible Care)全球宪章。[6]

4. 围绕民意民生,支持社区建设

中资企业在项目所在地的社区建设上着力甚多,以实际行动回报当地居民和政府。五矿在老挝设立了塞班发展信托基金,每年给项目所在社区提供

---

[1] 参见中国海外工程有限责任公司《援建工程》,http://www.covec.com/speech/&FrontComContent_list01 - 1331001337087ContId = 57bcdf1b - 8f46 - 466a - a3d6 - d3e2c6272711&comContentId = 57bcdf1b - 8f46 - 466a - a3d6 - d3e2c6272711.html。
[2] 参见中石化《海外社会责任报告》,http://www.sinopecnews.com.cn/news/content/2012 - 05/23/content_ 1175325. shtml。
[3] 罗曙辉:《天津聚龙集团:首拓印尼棕榈种植园,保棕榈油行业安全》,《WTO 经济导刊》2012 年第 8 期。
[4] 参见全球环境研究所《走出去——中国对外投资、贸易和援助现状及环境治理挑战》,中国环境出版社,2013,第 113 页。
[5] 参见侯春凤《中机公司:助力圭亚那可持续糖业》,《WTO 经济导刊》2014 年第 3 期。
[6] 参见蓝星集团《蓝星海外企业社会责任经典案例》,http://company.chinadaily.com.cn/bluestar/2011 - 06/20/content_ 12737766.htm。

75万美元的资助，直接用于当地公路、桥梁、电力等基础设施的建设，医疗设备的提供，以及教育、文化和女性的发展。① 中石油在苏丹积极支持当地医疗和教育事业，修缮图书馆，捐赠图书；铺设道路，进行基础设施建设，解决当地饮水困难。② 中石化通过下属子公司资助的 Addax 基金会在非洲和中东开展了涉及医疗、教育、社区与环境的大量发展项目。③

二 中国针对企业海外人权表现的法律、法规和政策

随着中国越来越关注自身海外参与的影响，中国国内越来越强调监管和评估中国企业的对外投资项目。在此背景下，中国政府与行业协会颁布了一系列关于海外投资的新法规、标准和指南。其中一些具有较显著的人权内涵。

1.《刑法》第八修正案

2011年2月25日，第十一届全国人大常委会第十九次会议通过《中华人民共和国刑法修正案（八）》，增加了有关海外贿赂的立法条款，弥补了中国在跨国贿赂立法方面的缺失。跨国贿赂严重排挤、压制了东道国的本土产业，并阻碍其产业向创新经济的转型和发展，导致社会资源由关系网配置，降低了市场效率，破坏了公平竞争，损害了消费者的利益，威胁了东道国的社会经济稳定与安全，扭曲了商业价值取向，破坏了诚信守法的价值观、道德观，伤害了社会的正义感，并进一步滋生新的腐败行为和经济犯罪，损害了政府的廉洁性和公信力，阻碍一个社会的可持续发展和法治建设。④ 早在1997年12月17日，经济合作与发展组织（OECD）就通过了《禁止在国际商业交易中贿赂外国公职人员公约》，对国际经济交往中的腐

---

① 参见中国五矿集团公司《中国五矿老挝 Sepon 矿山社会责任实践》，http：//csr. minmetals. com. cn/trsother/detail_ zan. jsp？ docid＝67323&docchannel＝3519。
② 中石油：《中石油在拉美》，http：//www. cnpc. com. cn/cnpc/gbbg/201404/2b68a45d766b482d85a 6d3e702171cc0/files/b7dbb004e8e848248392d14930463d51. pdf。
③ 参见中石化《海外社会责任报告》，http：//www. sinopecnews. com. cn/news/content/2012－05/23/content_ 1175325. shtml。
④ 参见王文华《打击跨国贿赂犯罪的刑事政策研究》，《法治研究》2013年第7期。

败犯罪及相关犯罪做出回应。2000 年制定的《联合国反腐败公约》第 16 条对跨国贿赂犯罪也做出了界定。该公约于 2006 年 2 月 12 日起对我国生效。而《刑法修正案（八）》增加规定的"对外国公职人员、国际公共组织官员行贿罪"，以国内法的形式，剑指跨国贿赂犯罪，对公司和个人贿赂国外政府官员的行为将起到预防和惩治作用。

2.《中国进出口银行贷款项目环境与社会评价指导意见》

该指导意见颁布于 2007 年，明确列出了中国进出口银行发放贷款的环境和社会责任要求。该意见第 4 条规定"在贷款审查时，除考虑贷款项目的经济效益外，还要考虑社会效益和环保要求"。环境评价的范围主要包括空气、水、土壤、废弃物、生态环境等因素，社会评价的范围主要包括劳动与用工条件、社会安全与健康、土地征用和移民保护等方面。境外项目应符合项目所在国的法律法规的要求；如项目所在国法制不健全、缺乏评价政策与标准的，应参照我国标准或国际惯例。该指导意见还谈到了当地居民对土地、资源的权利，以及移民等问题。[1]

3.《关于进一步规范我国企业对外投资合作的通知》

由于"劳务群体性事件频发，涉及当地雇员的纠纷增多，环境保护问题时有发生，一些工程项目出现拖期，质量、安全事件呈上升趋势"等"不容忽视的问题"，2008 年 6 月 6 日，中国商务部、外交部和国务院国有资产监督管理委员会（以下简称"国资委"）共同发布了该通知。通知要求各企业深入研究并遵守所在国家的法律法规，特别是环境保护、劳动用工、出入境管理、安全生产、招标投标等方面的规定。要高度重视并妥善处理工资、福利待遇和工作条件等"劳资问题"。违反所在国法律法规并造成严重后果的企业将受到相应的处罚。[2]

---

[1] 参见甘迎、朱剑《中国银行业绿色信贷政策实施现状分析》，《法制与社会》2011 年第 20 期。

[2] 参见《商务部、外交部、国务院国有资产监督管理委员会关于进一步规范我国企业对外投资合作的通知》。

4.《境外投资管理办法》

2009年,由中国商务部颁布。该办法概括了海外投资行为准则。企业应当落实各项人员和财产安全防范措施,建立突发事件预警机制和应急预案,并应妥善处置和汇报突发事件。[①] 2014年9月,商务部修订更新该管理办法,加大了对企业境外投资行为进行指导和规范的力度,新增若干具体的要求,譬如企业应遵守投资目的地法律法规、尊重当地风俗习惯、履行社会责任、做好环境保护、劳工保护,等等。

5.《中国企业海外安全风险防范指南》

该指南是由外交部于2011年颁布的指导文件,概括了在高风险国家经营的中国企业如何降低风险。它概述了企业在项目立项之前应当正确评估安全投入,密切跟踪所在国的安全形式,加强对所在国的政治、经济、法律和风俗等方面的研究。[②]

6.《中国境外企业文化建设若干意见》

2012年4月9日,由商务部、中央外宣办、外交部、发展改革委、国资委、预防腐败局等六个部委局和全国工商联联合制定并发布,要求中国境外企业以和谐发展为宗旨,与当地人民和谐相处,探索适应国际化经营需要的跨文化、信仰、生活习俗的管理理念,积极推进经营思维、管理模式、雇用人才、处理方式的"本土化",最大限度地降低跨国经营中的价值观冲突,实现境外企业与当地社会的深度融合和共同发展。其中特别强调了"合法合规"和企业社会责任的问题。[③]

7.《对外承包工程行业社会责任指引》

2012年9月,中国对外承包工程商会在商务部的指导下颁布了这一指导文件。它借鉴了包括联合国"全球契约"和ISO26000指南等国际标准,针对工程质量和安全、员工权益和职业发展、业主权益、供应链管理、公平

---

① 参见《境外投资管理办法》。
② 参见《中国企业海外安全风险防范指南》。
③ 参见《中国境外企业文化建设若干意见》。

竞争、环境保护和社区参与及发展等社会责任核心议题提供信息。①

8.《对外投资合作环境保护指南》

2013年,由中国商务部与环境保护部共同发布。该指南要求中国企业遵照环境保护法规,尊重所在国的宗教习俗,保护员工的合法权益。②

9.《对外投资合作国别(地区)指南》

该指南由中国商务部在《境外投资管理办法》框架下颁布,自2009年开始每年更新,意在帮助公司更好地理解所在国的投资环境。2013年报告涵盖165个国家和地区。③

除此之外,2008年1月4日,国资委发布的《关于中央企业履行社会责任的指导意见》,2011年3月25日,商务部、外交部、国资委、全国工商联等印发的《境外中资企业(机构)员工管理指引》④ 等文件,对中国企业海外投资的人权问题都有所涉及。有消息称,为规范和支持中国企业的国际化经营,商务部正与国家发改委酝酿出台《海外投资法》。⑤ 可见,中国政府非常重视对海外投资企业经营行为的规范,要求海外投资企业树立尊重人权、防范风险的意识。

另一个值得关注的进展是,中国五矿化工产品进出口商会于2014年正式发布了《中国对外矿业投资行业社会责任指引》,明确将"尊重人权"作为一项指导原则,要求企业遵循《联合国工商业与人权指导原则》,避免与侵犯人权者"同谋",进行人权风险的尽职调查。⑥ 这一指引的发布,标志着中国企业界对社会责任和人权问题认识的巨大飞跃。

---

① 参见《对外承包工程行业社会责任指引》。
② 参见《对外投资合作环境保护指南》。
③ 参见《对外投资合作国别(地区)指南》,http://fec.mofcom.gov.cn/gbzn/gobiezhinan.shtml? COLLCC = 1302464161&。
④ 参见《境外中资企业(机构)员工管理指引》。
⑤ 参见《两部委酝酿出台〈海外投资法〉》,http://news.xinhuanet.com/house/nj/2013 - 06 - 19/c_ 116202356.htm。
⑥ 参见《中国对外矿业投资行业社会责任指引》,http://www.globalwitness.org/sites/default/files/library/CCCMC% 20Guidelines% 20for% 20Social% 20Resposibility% 20in% 20Outbound% 20Mining% 20Investments% 20Oct% 202014% 20CH - EN.pdf。

三　中国企业境外投资的人权问题

中国企业海外投资一方面对于东道国经济发展、促进社区就业等做出了巨大的贡献，另一方面也产生了一些问题。我国部分赴境外投资企业对国际人权标准的不了解、不重视，导致一些矛盾纠纷、产生法律风险的出现，甚至引发投资失败。经济、社会和文化权利委员会在关于中国（包括中国香港和中国澳门）第二次定期报告的结论性意见中，特别指出："缔约国未采取适足和有效的措施，以确保中国公司，不论是国营公司还是私营公司，包括在境外开展业务活动时，均尊重经济、社会和文化权利（第二条第一款）。"

出现上述情形，有时是由于企业人权意识不强，发生"好心办坏事"的情况。比如国内某公司帮助老挝和缅甸在"金三角"地区实施罂粟替代种植计划，但被质疑对当地生物多样性造成破坏。① 有时是因彼此文化、习俗上的差异，或是同当地社区、公民社会沟通不畅，产生误会。有时还归因于与国际或地区的经济矛盾、政治博弈等复杂问题纠缠发酵。这些原因导致有关中国企业在境外投资的负面消息频频传出。比如非洲"捍卫人权协会"曾发表调查报告，称中国中铁股份有限公司在当地项目的工作条件恶劣，招收工人未签聘用合同，工人工作时间超过规定，工资水平低于当地官方标准，任意解雇或开除工人，缺乏基本劳保措施，违反基本的社会准则和劳工人权准则。中石油因其在苏丹、缅甸的投资为当地进行种族屠杀的军事集团提供了财政支持而受到国际人权机构的谴责。中国电力投资集团在缅甸开发的密松大坝项目甚至在当地环保团体的反对声下停建。②

随着国际社会对商业和人权问题关注程度的提高，联合国商业和人权框架的完善与推广，中国对外投资忽视人权标准所产生的经济和法律风险越来

---

① 崔永杰：《中国海外投资的政治风险分析》，《河北经贸大学学报》（综合版）2011年第12期。
② 参见贝丝·沃尔克《中国在缅投资引发的争议》，http：//www.ftchinese.com/story/001056258。

越高。因损害人权而带来的商誉损失、境外股东撤资压力、诉讼成本和罚款风险都成为我国境外投资企业将要面临的潜在挑战。

四 提升中国企业海外投资的人权表现的建议

正如国资委《关于中央企业履行社会责任的指导意见》所言，企业在追求经济效益的同时，也要对利益相关者和环境负责。尊重人权是企业社会责任的首要内容，联合国商业与人权框架又提出了更加明确的要求。我国企业在海外投资和商业活动中履行该框架规定的尊重人权的义务，重视人权原则乃是深入贯彻落实科学发展观的实际行动，尤其体现了以人为本的价值观，能够切实做到企业发展和社会的协调统一，并能促进社会主义和谐社会的建设。除此之外，在海外投资中重视人权原则还有着其他方面的重要意义。

首先，促进和保障海外投资的成功，减少可能出现的经济损失。尊重人权能为企业树立良好的企业形象，从而为企业的海外投资创造良好的舆论环境，减少当地民众的误会或抵触情绪。尊重驻在国的人权立法和国际人权标准的要求，是企业遵守法律法规的表现。尊重人权标准能使我国企业在海外投资中避免上述阻碍，保障投资的顺利进行。同时也能避免境外股东因企业受到人权组织批评而在舆论压力下撤资，避免企业因损害人权的丑闻而受到国际组织和公民社会的抵制而丧失市场占有率，避免因人权侵害同当地社区产生纠纷而使企业生产活动受到影响，同时也避免因人权侵害而带来的受害者的赔偿请求。

其次，降低法律风险。商务部、中央外宣办等机构在《关于印发〈中国境外企业文化建设若干意见〉的通知》中要求我国境外企业遵守驻在国和地区的法律法规，认真研究和熟悉当地法律法规，自觉保护劳工合法权利，认真履行环境法规所规定的义务，确保国际化经营合法、合规。遵守驻在国和地区的人权立法和国际人权标准正是履行这一要求的题中应有之义。尤其在国际人权标准越来越具可操作性和可诉性的今天，违反人权标准很可能导致企业陷入法律纠纷、面临法律制裁。澳大利亚力拓公司因在巴布亚新几内亚所属岛屿甘布韦尔上涉嫌侵害岛民环境权以及种族歧视等问题而被援引《外国人侵权法》诉至美国联邦法院。可口可乐、雅虎等知名跨国公司也都曾因涉嫌侵害人权而受到起诉，蒙受损失，我们不能不引以为戒。

再次，树立大国形象，增加国家话语权。国际社会乃至国际工商业界本身对企业的人权影响关注度越来越高，企业的人权影响表现已经是国际社会对企业评价的标准之一。我国企业在海外投资中尊重人权，有利于树立我国企业的良好国际形象，提升国际影响力，也有利于展示我国的大国形象。同时我国企业在尊重人权上的良好表现也有利于为我国企业和政府部门参与国际人权对话、国际人权标准的制定与修改争取话语权。

最后，改善当地社区环境，保障员工和财产安全。海外企业扎根于驻在国，在我国海外企业已经越来越强调本土化的今天，海外企业必须处理好和当地社区之间的关系，必须做到经济效益和社会效益的均衡发展。尊重人权标准，保障当地人权状况，或至少不侵害当地居民的人权，有利于减少当地民众与企业之间的误解、纠纷，有利于为企业创造友好的社区环境，进而保障海外企业员工和财产的安全。

具体而言，可以从以下六个方面着手，来提升中国企业海外投资人权表现。

1. 在海外投资中树立和深化人权意识，把尊重人权原则纳入公司治理

引导我国企业理解履行尊重人权义务的重要性，树立人权意识，形成尊重人权的企业价值观和企业文化。在企业治理中纳入人权影响评价和人权影响管理的内容，使之落实到企业生产、经营活动的各个环节，建立相应的人权影响评价和管理部门，甚至建立相应的考评指标和评价机制。引导企业在进行海外投资、建设之始通过尽职调查梳理、熟悉驻在国以及相关国际人权标准，评估企业生产经营活动以及内部管理中涉及的人权问题，以及这些问题可能导致的法律风险和经济风险，并针对这些问题制定相应的对策与预案。对企业管理层和普通员工进行基本的人权教育与培训，在企业内部制定

履行尊重人权义务的工作规范和员工守则。这一措施将帮助企业从内部重视人权原则，并且切实履行尊重人权的义务[①]，从源头上控制人权相关的风险，保障海外投资的顺利进行。

2. 建立企业人权表现的评价和监督体系

引导企业定期发布人权影响报告，公布企业保障人权的活动、规划和生产经营活动对人权的影响情况，了解利益相关方关于报告的建议与意见，了解社会和国际组织针对报告的反馈。建立企业人权表现的评价标准与监督制度，根据该标准对企业发布的人权影响报告进行定期审议，评估企业的人权表现，倡导对表现良好企业的学习，对企业存在的问题提出整改意见。目前国资委已经要求中央企业发布企业社会责任和可持续发展报告，[②] 可以引导企业结合该报告，着重强调人权议题，或者单就人权议题发布独立报告。关于企业人权表现的评价标准，可以参考联合国工商业与人权框架中对企业尊重人权责任的相关规定和人权清单。这一措施将有利于从外部监督和促使企业履行尊重人权义务，提高企业的人权意识，并且便于相关管理部门和社会对企业人权表现进行了解与建议，使企业良好的人权表现及在人权保障方面的努力为公众所知，树立良好的企业形象。

3. 制定发布企业履行尊重人权义务的工作指引

结合联合国工商业与人权框架以及相关国际标准，根据我国海外企业在生产经营和内部管理的特点以及容易出现的问题，制定发布企业履行尊重人权义务的工作指引，为企业履行尊重人权义务、避免人权侵害提供框架指南，提升企业的人权表现和社会绩效。这一措施将为我国海外企业履行尊重人权义务提供具体的可操作的指南，帮助它们迅速、高效地建立人权影响评价和管理体系，规范生产、经营和内部管理行为，将人权原则落到实处，使之成为具体举措。

4. 进一步完善商业和人权工作体系

在政府层面，成立工商业与人权工作指导和监管部门，负责企业履行

[①] 约翰·鲁格：《保护、尊重和救济：工商业与人权框架》，A/HRC/8/5。
[②] 参见《关于中央企业履行社会责任的指导意见》。

尊重人权义务的指导和监管工作；在企业层面，进一步推进企业建立履行尊重人权义务工作的领导决策机构，完善工作制度，健全工作体系。在企业层面，已有大量中央企业在公司内部成立了企业社会责任委员会或其他机构，可以结合该类机构建立健全有关人权表现的决策机制。同时利用现存的法律事务部门和公共关系部门建立公司商业和人权的执行部门，处理公司涉及人权的内部事务和对外事务。在企业层面完善这一工作体系将有利于企业履行尊重人权义务工作的开展。在政府层面完善这一工作体系将有利于政府对相关企业行为的指导和监督，也是政府履行保护人权义务的举措。①

5. 加强企业间的交流，加强同公民社会和国际组织的对话与合作

加强国内外企业在履行尊重人权义务上的交流与分享，学习和传播先进理念与成功经验。这有利于我国企业汲取经验、改进工作，同时传播中国企业的理念、提升中国企业的影响。加强同公民社会和国际组织的对话与合作，本着"洋为中用""中体西用"的理念，可以最大限度地吸引和利用国际资源，促进同公民社会和国际社会的彼此理解与信任，树立中国企业和国家的良好形象。同时也可及时掌握商业和人权理论与实践的最新进展，参与商业和人权国际标准的制定，提高中国在这一领域的话语权和影响力。根据国际组织企业与人权资源中心2014年发布的报告，在其收集的样本中，中国企业对其人权问题质询的回应率是50%，而在区内运营的其他外国企业的回应率则是77%。然而，中国企业（52%）比区内运营的其他外国企业（38%）较常提供逐条的详细回应。② 针对国际公民社会的疑问，中国企业及时、妥善地回应与沟通，将有效地消除误会，增进共识，因此在这方面中国企业应当继续努力。

6. 制订工商业与人权国家行动计划

联合国工商业与人权小组倡导、推动政府制订工商业与人权国家行动计

---

① 参见约翰·鲁格《保护、尊重和救济：工商业与人权框架》，A/HRC/8/5。
② 参见企业与人权资源中心《行动起来：大中华地区的工商企业与人权》，2014年8月26日。

划，并且于 2014 年 12 月发布了有关制订国家行动计划的指引。① 中国自 2009 年起已经制订和发布国家行动人权计划，并且对其落实情况进行审议、评估。在既有的国家人权行动计划中，工作权利、环境权利、文化权利、少数民族权利、残疾人权利等相当部分板块的内容均与企业人权责任有关。中国可在此基础之上，结合联合国工商业与人权小组指引的标准，制订附属或独立的工商业与人权国家行动计划。

---

① See UN Working Group on Business and Human Rights, *Guidance on National Action Plans on Business and Human Rights*.

· 人权立法和国际合作 ·

B.19
2014年国家人权立法分析报告

班文战[*]

> **摘　要：** 2014年，全国人大常委会和国务院继续积极开展与人权直接相关的立法工作，制定或修改了若干部对人权有重要影响的法律法规，行政诉讼、环境保护、社会救助等领域的立法工作取得了显著进展。从立法任务的完成情况和有关立法工作的内容来看，二者的人权立法工作还有待进一步的改进和加强。
>
> **关键词：** 人权　立法　法律　法规

2014年是贯彻落实党的十八届三中全会全面深化改革总体部署的第一年。这一年中，全国人大常委会和国务院紧紧围绕全面深化改革的战略部署，继续积极开展与人权直接相关的立法工作，进一步加强了人权的立法保障。

---

[*] 班文战，法学硕士，中国政法大学人权研究院教授、副院长，人权建设协同创新中心教授，人权法学专业硕士研究生导师。主要研究方向为国际人权法、实体权利、人权国内保障和人权教育。本文是中国人权研究会资助的2014年度"人权的立法保障研究"课题项目的中期成果。

一 全国人大常委会2014年与人权有关的立法工作

（一）基本情况

2014年4月14日，第十二届全国人大常委会第二十一次委员长会议通过了修改后的2014年立法工作计划，[①] 对常委会2014年的立法工作做了全面部署，列明了常委会将于当年继续审议的6件法律案、初次审议的10件法律案和视情况安排审议的若干预备项目，[②] 并就积极推进民主立法和科学立法、加强法律解释和其他立法相关工作等问题提出了原则性的要求。在计划列明的将于年内审议的16件法律案中，有10件法律案[③]与人权直接相关，占法律案总数的62.5%。

按照上述立法计划的要求，全国人大常委会于2014年开展了一系列立法工作，先后制定2部新的法律[④]，修订1部法律[⑤]，修改9部法律[⑥]，做出

[①] 该计划曾于2013年12月16日经第十四次委员长会议原则通过。修改后的工作计划于2014年4月17日公布在中国人大网，http://www.npc.gov.cn/npc/xinwen/lfgz/2014-04/17/content_1859742.htm。

[②] 2014年继续审议的法律案是环境保护法（修改）、军事设施保护法（修改）、资产评估法、行政诉讼法（修改）、预算法（修改）、土地管理法（修改）；初次审议的法律案是安全生产法（修改）、关于刑法和刑事诉讼法有关规定的解释、航道法、广告法（修改）、行政复议法（修改）、立法法（修改）、食品安全法（修改）、国家勋章和国家荣誉称号法、证券法（修改）和大气污染防治法（修改）；视情况在2014年或以后年度安排审议的预备项目包括修改教育法律（教育法、高等教育法、民办教育促进法、教师法）、著作权法、野生动物保护法、种子法、刑法等，以及制定中医药法、期货法、粮食法、网络安全法、电影产业促进法、国防交通法、单行税法等。

[③] 即环境保护法（修改）、行政诉讼法（修改）、土地管理法（修改）、安全生产法（修改）、关于刑法和刑事诉讼法有关规定的解释、广告法（修改）、行政复议法（修改）、立法法（修改）、食品安全法（修改）和大气污染防治法（修改）。

[④] 即11月1日通过的《反间谍法》和12月28日通过的《航道法》。

[⑤] 即4月24日修订的《环境保护法》。

[⑥] 即6月27日修改的《军事设施保护法》、8月31日修改的《保险法》《证券法》《注册会计师法》《政府采购法》《气象法》《安全生产法》《预算法》和11月1日修改的《行政诉讼法》。

8项法律解释①和8项决定②，初次审议了8件法律案③。其中，《反间谍法》的制定、《环境保护法》的修订、《安全生产法》和《行政诉讼法》的修改以及若干法律解释和决定的通过对人权的尊重和保障均有直接影响，初次审议的绝大多数法律案也与人权密切相关。

（二）制定《反间谍法》

境内外机构、组织和个人实施的间谍行为危害国家安全，国家有权依法予以防范、制止和惩治，同时应当尊重和保障参与、支持和协助反间谍工作的个人、受到反间谍工作影响的个人以及涉嫌从事间谍行为的个人的合法权益。1993年2月22日，第七届全国人大常委会第三十次会议通过《国家安全法》，把若干间谍行为明确列为危害国家安全的行为，规定了国家安全机关及其工作人员在国家安全工作（包括反间谍工作）中的职权、公民和组织维护国家安全的义务和权利，以及实施危害国家安全或者阻碍国家安全工作的行为的法律责任。为适应我国国家安全面临的新形势和新任务，进一步规范和加强反间谍工作，加强对有关个人和组织的合法权益的保护，并与其他相关法律进行衔接，2014年11月1日，全国人大常委会第十一次会议通

---

① 即4月24日做出的关于《刑法》第30条的解释、关于《刑法》第158~159条的解释、关于《刑法》第266条的解释、关于《刑法》第312和341条的解释、关于《刑事诉讼法》第79条第3款的解释、关于《刑事诉讼法》第254条第5款和第257条第2款的解释、关于《刑事诉讼法》第271条第2款的解释，以及11月1日做出的关于《民法通则》第99条第1款和《婚姻法》第22条的解释。

② 即2月27日做出的《关于确定中国人民抗日战争胜利纪念日的决定》《关于设立南京大屠杀死难者国家公祭日的决定》、6月27日做出的《关于授权最高人民法院、最高人民检察院在部分地区开展刑事案件速裁程序试点工作的决定》、8月31日做出的《关于设立烈士纪念日的决定》《关于在北京、上海、广州设立知识产权法院的决定》《关于香港特别行政区行政长官普选问题和2016年立法会产生办法的决定》、11月1日做出的《关于设立国家宪法日的决定》，以及12月28日做出的《关于授权国务院在中国（广东）自由贸易试验区、中国（天津）自由贸易试验区、中国（福建）自由贸易试验区以及中国（上海）自由贸易试验区扩展区域暂时调整有关法律规定的行政审批的决定》。

③ 即《食品安全法（修订草案）》《刑法修正案（九）（草案）》《反恐怖主义法（草案）》《立法法修正案（草案）》《广告法（修订草案）》《国家安全法（草案）》《境外非政府组织管理法（草案）》《大气污染防治法（修订草案）》。

过《中华人民共和国反间谍法》，同时废止作为该法前身的《国家安全法》。[①] 新通过的《反间谍法》在保留原《国家安全法》关于反间谍工作相关规定的基础上，进一步突出和强调了"防范、制止和惩治间谍行为"的目的和任务，[②] 规定了"间谍行为"的定义，[③] 补充了国家安全机关对存在危害国家安全情形的有关组织和个人的电子通信工具、器材等设备或设施、用于间谍行为的工具和其他财物以及用于资助间谍行为的资金、场所、物资予以查封、扣押或冻结的权力。[④] 与此同时，该法明确了"尊重和保障人权、保障公民和组织合法权益"的反间谍工作原则，[⑤] 规定了国家安全机关及其工作人员尊重个人隐私的义务、国家安全机关工作人员违反规定泄露个人隐私的法律责任以及国家安全机关依法处理和妥善保管有关个人和组织的设备、设施和财务的义务，[⑥] 加强了对协助反间谍工作的个人及其近亲属的人身安全的保护，[⑦] 扩大了当事人请求行政复议和提起行政诉讼的范围，[⑧] 从而充实了关于规范权力行使、尊重和保障人权的规定。

（三）修订《环境保护法》

由大气、水、海洋、土地、矿藏、森林、草原、湿地、野生生物、自然遗迹、人文遗迹、自然保护区、风景名胜区、城市和乡村等各种天然的

[①] 关于《反间谍法》的制定背景和经过，参见耿惠昌《关于修订〈中华人民共和国国家安全法〉的说明》，2014年8月25日；孙宝树《全国人民代表大会法律委员会关于〈中华人民共和国反间谍法（草案）〉审议结果的报告》，2014年10月27日；孙宝树《全国人民代表大会法律委员会关于〈中华人民共和国反间谍法（草案二次审议稿）〉修改意见的报告》，2014年10月31日。
[②] 参见《反间谍法》第1条。
[③] 参见《反间谍法》第38条。
[④] 参见《反间谍法》第13、15条。
[⑤] 参见《反间谍法》第5条。
[⑥] 参见《反间谍法》第13条第2款、第17条第2款、第36~37条。
[⑦] 参见《反间谍法》第20条第2款。
[⑧] 1993年《国家安全法》第31条规定的可以申请复议和提起诉讼的对象限于国家安全机关的"拘留决定"，《反间谍法》第35条则把申请复议和提起诉讼的对象扩大为国家安全机关的（各种）"行政处罚决定和行政措施决定"。

和经过人工改造的自然因素所构成的环境①对每一个人的生命、健康、生活水准以及整个人类的生存和发展具有直接和重大的影响。1989年12月26日，第七届全国人大常委会第十一次会议通过《中华人民共和国环境保护法》，规定了环境保护的基本原则以及政府、政府部门、单位和个人在环境保护方面的职责、义务，确立了一系列环境保护制度。为适应新时期环境保护的要求，有效应对环境污染的严峻形势，提高环境保护的战略地位，完善环境保护的理念、基本原则和制度，解决环境领域的突出问题，2014年4月24日，第十二届全国人大常委会第八次会议通过修订后的《环境保护法》，对原《环境保护法》进行了全面修改。②从形式上看，修订后的《环境保护法》由原来的6章47条增至7章70条，③增加的条款数量约为原来条款总数的49%。从内容上看，修订后的《环境保护法》在原有规定的基础上，明确宣示了保护环境的基本国策，确立了"保护优先、预防为主、综合治理、公众参与、损害担责"的环境保护原则，④强化了国家、各级政府及其环境保护主管部门和其他相关部门、企业事业单位和其他生产经营者在保护和改善环境以及防治污染和其他公害方面承担的义务和责任，⑤充实了公民、法人和其他组织获取环境信息、参与和监督环境保护的权利，⑥新增了环境资源承载能力监测预警机制，跨行政区域的重点区域、

---

① 关于"环境"的含义和范围，参见新修订的《环境保护法》第2条的规定。
② 关于《环境保护法》的修订背景和经过，参见汪光焘《关于〈中华人民共和国环境保护法修正案（草案）〉的说明》，2012年8月27日；张鸣起《全国人民代表大会法律委员会关于〈中华人民共和国环境保护法修正案（草案）〉修改情况的汇报》，2013年6月26日；张鸣起《全国人民代表大会法律委员会关于〈中华人民共和国环境保护法修正案（草案）〉修改情况的汇报》，2013年10月21日；张鸣起《全国人民代表大会法律委员会关于〈中华人民共和国环境保护法（修订草案）〉审议结果的报告》，2014年4月21日；张鸣起《全国人民代表大会法律委员会关于〈中华人民共和国环境保护法（修订草案二次审议稿）〉修改意见的报告》，2014年4月24日。
③ 新增加的一章为第五章"信息公开和公众参与"。
④ 参见《环境保护法》（修订）第4条第1款和第5条。
⑤ 参见《环境保护法》（修订）第6条第2～3款、第8～9、13～15、17～33、36～40、42～47、49～56、59～65、67～69条。
⑥ 参见《环境保护法》（修订）第53条第1款和第57～58条。

流域环境污染和生态破坏联合防治协调机制，环境保护目标责任制和考核评价制度，生态保护补偿制度，对大气、水和土壤等的调查、监测、评估和修复制度，环境与健康监测，调查和风险评估制度，重点污染物排放总量控制制度，严重污染环境的工艺、设备和产品的淘汰制度，环境污染公共监测预警机制和环境公益诉讼等一系列有助于保护和改善环境以及防治污染和其他公害的制度，[①] 健全了原有的环境监测制度和排污许可管理制度。[②]

（四）修改《安全生产法》

安全生产直接关涉工作者的生命、健康和财产安全，享有安全的生产环境或条件是工作权的一项重要内容。[③] 2002 年 6 月 29 日，第九届全国人大常委会第二十八次会议通过《中华人民共和国安全生产法》，规定了安全生产的基本原则以及政府、政府部门、生产经营单位、从业人员和其他单位和个人在安全生产领域的义务、权利和责任。为适应新时期安全生产和经济社会发展的需要，全面加强安全生产工作，有效防止和减少安全生产事故，保障工作者的生命和财产安全，2014 年 8 月 31 日，第十二届全国人大常委会第十次会议通过《关于修改〈中华人民共和国安全生产法〉的决定》，对《安全生产法》进行了全面修改。[④] 从形式上看，修改后的《安全生产法》把原来的 97 条扩增至 114 条，并对原有的 57 个条款做了不同程度的修改。从内容上看，修改后的《安全生产法》从加强生产安全事故应急能力建设、制定并组织实施安全生产规划、监督管理安全生产、治理和消除重大事故隐患、安全生产行政执法以及记录、公布和通报安全生产违法行为信息等方面，充实了国家、国务院、各级政府以及负有安全生产监督管理职

---

① 参见《环境保护法》（修订）第 18、20、26、31~32、39、44、46~47 和 58 条。
② 参见《环境保护法》（修订）第 17、45 条。
③ 参见我国批准的《经济、社会和文化权利国际公约》第 7 条第 1 款第 3 项的规定。
④ 关于《安全生产法》的修改背景和经过，参见杨栋梁《关于〈中华人民共和国安全生产法修正案（草案）〉的说明》，2014 年 2 月 25 日；张鸣起《全国人民代表大会法律委员会关于〈中华人民共和国安全生产法修正案（草案）〉审议结果的报告》，2014 年 8 月 25 日。

责的政府部门在监督、管理、促进和保障安全生产方面的职责;①从制定和落实安全生产责任制、提取和使用安全生产费用、保证安全生产管理机构和安全生产管理人员依法履行职责、进行安全生产教育和培训、建立健全生产安全事故隐患排查治理制度、制定生产安全事故应急救援预案等方面,强化了生产经营单位在保障安全生产和开展生产安全事故应急救援方面的义务;②从法律责任的主体、范围、形式和程度等方面,加大了对生产经营单位及其决策机构,主要负责人和安全生产管理人员,个人经营的投资人,承担安全评价、认证、检测和检验工作的机构以及负有安全生产监督管理职责的部门的工作人员违法行为的处罚力度。③此外,修改后的《安全生产法》还专门规定了金属冶炼和道路运输单位的安全生产义务和责任,④明确了被派遣劳动者和实习学生的安全生产权利,⑤充实了工会对安全生产工作的监督权利和对单位制定或修改有关安全生产的规章制度的参与权利,⑥还规定了有关协会组织在促进生产经营单位加强安全生产管理方面的权利。⑦

(五) 修改《行政诉讼法》

公民、法人或者其他组织就行政机关和行政机关工作人员侵犯自身合法权益的行政行为向人民法院提起诉讼,要求法院依法审理、判决或裁定,既是有效救济权⑧和公正审判权的具体体现,也是维护人身权、财产权和其

---

① 参见修改后的《安全生产法》第8条第1、3款,第35条,第38条第2款,第62条第1款和第67、75、78条。
② 参见修改后的《安全生产法》第19条、第20条第2款、第22~23、25条、第38条第1款和第78条。
③ 参见修改后的《安全生产法》第87条第2款和第89~100、105~106条。
④ 参见修改后的《安全生产法》第21条、第24条第2款、第26条第2款和第29、31、79、94~95条。
⑤ 参见修改后的《安全生产法》第25条第2~3款和第58条。
⑥ 参见修改后的《安全生产法》第7条。
⑦ 参见修改后的《安全生产法》第12条。
⑧ 有效救济权是指权利受到侵害的个人向国家立法、行政、司法或其他主管机关寻求并获得有效救济的权利。

他合法权益的重要途径。1989年4月4日,第七届全国人大第二次会议通过《中华人民共和国行政诉讼法》,规定了行政诉讼的基本原则,确立了行政诉讼的基本制度。为适应新时期依法治国、依法执政和依法行政共同推进以及法治国家、法治政府、法治社会一体建设的要求,贯彻落实党中央关于全面推进依法治国、加强法治政府建设的精神,着力解决现阶段行政诉讼领域中存在的"立案难、审理难、执行难"等突出问题,2014年11月1日,第十二届全国人大常委会第十一次会议通过《关于修改〈中华人民共和国行政诉讼法〉的决定》,对原《行政诉讼法》进行了全面修改。① 从形式上看,修改后的《行政诉讼法》把原来的11章调整为10章,②把原来的75条扩增至103条,并对原有的42个条款做了实质性的修改。从内容上看,修改后的《行政诉讼法》凸显了对行政机关依法履行职权进行监督的立法目的,③ 扩大了行政诉讼的对象和法院的受案范围,④ 完善了法院对行政案件的管辖制度,⑤ 明确了行政诉讼的原告、被告、第三人和诉讼代理人的资格以及共同诉讼代表人的产生方式及其诉讼行为的效力,⑥ 增加了证据种类以及关于证据的收集、提供、调取、出示、质证、审查核实和非法证据排除等方面的规定,⑦ 加强了对公民、法人和其他组织起诉权利的

---

① 关于《行政诉讼法》修改的背景和经过,参见信春鹰《关于〈中华人民共和国行政诉讼法修正案(草案)〉的说明》,2013年12月23日;李适时《全国人民代表大会法律委员会关于〈中华人民共和国行政诉讼法修正案(草案)〉修改情况的汇报》,2014年8月25日;乔晓阳《全国人民代表大会法律委员会关于〈中华人民共和国行政诉讼法修正案(草案)〉审议结果的报告》,2014年10月27日。
② 修改后的《行政诉讼法》取消了原第九章"侵权赔偿责任"。
③ 修改后的《行政诉讼法》第1条删除了原第1条关于"维护"行政机关依法行使职权的规定。
④ 修改后的《行政诉讼法》第2条第2款在原有的"行政机关和行政机关工作人员的行政行为"之外,把"法律、法规、规章授权的组织做出的行政行为"明确规定为行政诉讼的对象,其第12条第1款第3、4、5、8、11项增加了5类属于法院受案范围的诉讼,第1、2、7、9、10项则明确或扩充了原款规定的属于法院受理的诉讼的范围。
⑤ 参见修改后的《行政诉讼法》第15条第1~2项、第18、21~22条和第24条第1款。
⑥ 分别参见修改后的《行政诉讼法》第25条第1款,第26条第2~3、5~6款,第28、29、31条。
⑦ 参见修改后的《行政诉讼法》第33条第4项、第34条第1款和第36~40、43条。

保障，① 从保证原被告出庭、裁定行政行为停止执行或先予执行、对诉讼参与人和其他人违法行为的处罚、调解的例外适用、行政诉讼与民事争议的一并审理、对规范性文件合法性的审查、发生法律效力的判决书和裁定书的公开、判决的种类、内容和公开宣告、一审判决的期限、简易程序的运用、二审的方式、期限和结果、已经发生法律效力的判决或裁定的再审或提审以及检察院对审判活动的监督等多个方面健全了行政诉讼案件的审理和判决制度，② 加大了对拒绝履行法院判决、裁定和调解书的行政机关及其负责人、直接负责的主管人员和其他直接责任人员的处罚力度。③

（六）做出相关法律解释

2014年4月24日，第十二届全国人大常委会第八次会议对《刑法》第30条（单位犯罪的刑事责任）、第158条（虚报注册资本罪）、第159条（虚假出资、抽逃出资罪）、第266条（诈骗罪）、第312条（窝藏、转移、收购、销售赃物罪）、第341条（非法猎捕、杀害珍贵濒危野生动物罪；非法收购、运输、出售珍贵濒危野生动物、珍贵濒危野生动物制品罪）以及《刑事诉讼法》第79条第3款（应予逮捕的情形）、第254条第5款（可以暂予监外执行的情形）、第257条第2款（对暂予监外执行罪犯应予收监的情形）和第271条第2款（对附条件不起诉决定的复议、提请复核或申诉）的含义和适用问题进行了解释，进一步明确了某些行为的违法性质和刑事责任以及涉及犯罪嫌疑人、被告人和罪犯的人身自由权的有关规定

---

① 修改后的《行政诉讼法》第3条第1款明确规定了法院保障公民、法人和其他组织的起诉权利的一般性义务，第46~48条、第50条和第51~52条分别从起诉时间、起诉方式以及立案和起诉指导等方面规定了便利和保障起诉权利实现的具体措施，第59条第5项专门规定了对以欺骗、胁迫等非法手段使原告撤诉的诉讼参与人和其他人的处罚措施，第53条还规定公民、法人和其他组织可以请求法院对行政行为所依据的国务院部门和地方人民政府及其部门制定的规章以外的规范性文件的合法性进行审查。

② 分别参见修改后的《行政诉讼法》第3条第2款和第58条、第56条第3项和第57条、第59条、第60条、第61条、第64条、第65条、第69~70条、第72~80条、第81条、第82~84条、第86~89条、第90~92条和第93条。

③ 参见修改后的《行政诉讼法》第96条第2、3、5项。

的含义。① 11月1日，常委会第十一次会议再次对《民法通则》第99条第1款（姓名权）和《婚姻法》第22条（子女姓氏的选取）进行了解释，对公民在父姓和母姓之外选取姓氏如何适用法律的问题做出了说明。②

（七）做出相关决定

2014年6月27日，第十二届全国人大常委会第九次会议通过《关于授权最高人民法院、最高人民检察院在部分地区开展刑事案件速裁程序试点工作的决定》，授权最高人民法院、最高人民检察院在18个市③开展刑事案件速裁程序试点工作，对特定类型的案件④进一步简化刑事诉讼法规定的相关诉讼程序。8月31日，常委会第十次会议通过《关于在北京、上海、广州设立知识产权法院的决定》和《关于香港特别行政区行政长官普选问题和2016年立法会产生办法的决定》。其中，前者决定在北京、上海和广州设立知识产权法院，并就法院审判庭的设置、法院管辖和审理的案件、法院审判工作的监督、法院的法律监督以及法院工作人员的任免等问题做出了规定；后者同意香港特别行政区行政长官的选举从2017年开始实行由普选产生的办法，并就行政长官候选人的提名、普选的具体办法以及特别行政区立法会

---

① 参见《全国人民代表大会常务委员会关于〈中华人民共和国刑法〉第三十条的解释》《全国人民代表大会常务委员会关于〈中华人民共和国刑法〉第一百五十八条、第一百五十九条的解释》《全国人民代表大会常务委员会关于〈中华人民共和国刑法〉第二百六十六条的解释》《全国人民代表大会常务委员会关于〈中华人民共和国刑法〉第三百四十一条、第三百一十二条的解释》《全国人民代表大会常务委员会关于〈中华人民共和国刑事诉讼法〉第七十九条第三款的解释》《全国人民代表大会常务委员会关于〈中华人民共和国刑事诉讼法〉第二百五十四条第五款、第二百五十七条第二款的解释》和《全国人民代表大会常务委员会关于〈中华人民共和国刑事诉讼法〉第二百七十一条第二款的解释》，2014年4月24日。

② 参见《全国人民代表大会常务委员会关于〈中华人民共和国民法通则〉第九十九条第一款、〈中华人民共和国婚姻法〉第二十二条的解释》，2014年11月1日。

③ 北京、天津、上海、重庆、沈阳、大连、南京、杭州、福州、厦门、济南、青岛、郑州、武汉、长沙、广州、深圳和西安。

④ 即"事实清楚，证据充分，被告人自愿认罪，当事人对适用法律没有争议的危险驾驶、交通肇事、盗窃、诈骗、抢夺、伤害、寻衅滋事等情节较轻，依法可能判处一年以下有期徒刑、拘役、管制的案件，或者依法单处罚金的案件"。

的产生办法（包括普选办法）等问题做出了规定。11月1日，常委会第十一次会议通过《关于设立国家宪法日的决定》，决定将12月4日设立为国家宪法日，并规定国家通过多种形式开展宪法宣传教育活动。其中，前三项决定分别涉及特定类型刑事案件的被告人和知识产权诉讼案件当事人的诉讼权利以及香港特别行政区居民在特定事项上的选举权，后一项决定对宪法关于"国家尊重和保障人权"的规定以及各项公民基本权利的落实也有积极影响。

（八）审议相关法律案

2014年，全国人大常委会在制定和修改法律以及做出法律解释和决定之外，还对《食品安全法（修订草案）》《刑法修正案（九）（草案）》《反恐怖主义法（草案）》《立法法修正案（草案）》《广告法（修订草案）》《国家安全法（草案）》《境外非政府组织管理法（草案）》《大气污染防治法（修订草案）》等法律案进行了初次审议。这些草案或者涉及生命权、人身自由权、表达自由权、结社自由权、隐私权、环境权、健康权、适当生活水准权、财产权等人权，或者涉及与人权有关的立法活动，对人权的尊重和保障几乎均有直接而重大的影响。

二 国务院2014年与人权有关的立法工作

（一）基本情况

2014年2月13日，国务院办公厅向各省、自治区、直辖市人民政府以及国务院各部委、各直属机构印发了《国务院2014年立法工作计划》，明确了国务院2014年立法工作的重点，确定了力争年内完成的立法项目，包括由国务院提请全国人大常委会审议10件法律草案或法律修订草案，由国务院制定或修订13件行政法规，由国务院法制办组织有关部门做好党中央和国务院交办的若干立法项目的起草工作，由国务院法制办会同有关部门做好全国人大常委会审议相关法律案的配合工作，以及由国务院法制办会同有关部门做好若干国际条约的审查工作。① 在国务院负责完成的关于提请审议法律草案、法律修订草案和制定、修订行政法规的 23 件立法项目中，有 15 件项目②与人权直接相关，约占此类项目总数的 65%。

按照上述立法工作的要求，国务院于 2014 年开展了一系列立法工作，先后制定 6 部条例③，废止 2 部条例④，修订 3 部条例⑤，修改 29 部条例⑥，通过 2 部法律草案、5 部法律修正案草案和 1 部条例草案，⑦ 并就十多部法律、条例的草案或者法律、条例的修正案草案的征求意见稿或送审稿公开征

---

① 该计划还列明了 43 件预备项目和 131 件研究项目。
② 包括提请审议广告法修订草案、行政复议法修订草案、食品安全法修订草案、矿山安全法修订草案、电影产业促进法草案、中医药法草案和大气污染防治法修订草案，制定城镇住房保障条例、清真食品管理条例、报废机动车回收拆解管理条例、社会救助暂行办法和居住证管理办法，修订社会团体登记管理条例、农药管理条例和无线电管理条例。
③ 即 1 月 17 日公布的《中华人民共和国保守国家秘密法实施条例》、1 月 22 日通过的《南水北调工程供用水管理条例》、2 月 21 日公布的《社会救助暂行办法》、2 月 26 日通过的《事业单位人事管理条例》、7 月 23 日通过的《企业信息公示暂行条例》和 11 月 24 日公布的《不动产登记暂行条例》。
④ 即 1988 年发布的《中外合资经营企业合营各方出资的若干规定》和 1997 年发布的《〈中外合资经营企业合营各方出资的若干规定〉的补充规定》。
⑤ 即 2 月 12 日修订的《医疗器械监督管理条例》、4 月 29 日修订的《中华人民共和国商标法实施条例》和 11 月 27 日修订的《中华人民共和国外资银行管理条例》。
⑥ 包括根据 2 月 19 日发布的《国务院关于废止和修改部分行政法规的决定（国务院令第 648 号）》修改的《公司登记管理条例》《企业法人登记管理条例》《中外合资经营企业法实施条例》《中外合作经营企业法实施细则》《外资企业法实施细则》《合伙企业登记管理办法》《个体工商户条例》《农民专业合作社登记管理条例》，以及根据 7 月 9 日通过的《国务院关于修改部分行政法规的决定》修改的《国务院关于通用航空管理的暂行规定》《高等教育自学考试暂行条例》《船舶登记条例》《植物新品种保护条例》《矿产资源勘查区块登记管理办法》《矿产资源开采登记管理办法》《探矿权采矿权转让管理办法》《土地管理法实施条例》《人民币管理条例》《电信条例》《出版管理条例》《安全生产许可证条例》《反兴奋剂条例》《兽药管理条例》《易制毒化学品管理条例》《放射性同位素与射线装置安全和防护条例》《民用爆炸物品安全管理条例》《外资银行管理条例》《中华人民共和国船员条例》《证券公司监督管理条例》《防治船舶污染海洋环境管理条例》。
⑦ 包括《航道法（草案）》《反间谍法（草案）》《安全生产法修正案（草案）》《食品安全法（修订草案）》《广告法（修订草案）》《大气污染防治法（修订草案）》《促进科技成果转化法修正案（草案）》《政府采购法实施条例（草案）》。

求社会各界的意见。① 在国务院制定和修订的条例当中,《社会救助暂行办法》对人权的影响较为广泛,《中华人民共和国保守国家秘密法实施条例》《事业单位人事管理条例》《企业信息公示暂行条例》《医疗器械监督管理条例》《不动产登记暂行条例》与人权也有一定联系。国务院修改的十几部条例②本身尽管与人权也有关联,但由于相关修改仅涉及这些条例的个别条款,且其内容多属行政审批项目的取消或下放,是故相关修改工作对人权的尊重和保障不会产生实质性的影响。

(二) 制定《社会救助暂行办法》

社会救助是"国家和社会对依靠自身能力难以维持基本生活的公民提供的物质帮助和服务",③ 是基本生活发生严重困难的个人切实享有获得物质帮助权、社会保障权、适当生活水准权、健康权、受教育权、工作权等项权利的重要保障。④ 二十年来,国务院先后制定实施了《农村五保供养工作条例》(1994年、2006年)、《城市居民最低生活保障条例》(1999年)、《城市生活无着的流浪乞讨人员救助管理办法》(2003年)和《自然灾害救助条例》(2010年)等行政法规,对农村五保供养对象、低收入城市居民、

---

① 有关公开征求意见的通知以及各征求意见稿或送审稿的内容和说明分别载于国务院法制办主办的中国政府法制信息网法规规章草案意见征集系统,http：//www.chinalaw.gov.cn/article/cazjgg/。
② 《农民专业合作社登记管理条例》《土地管理法实施条例》《电信条例》《出版管理条例》《安全生产许可证条例》《反兴奋剂条例》《兽药管理条例》《易制毒化学品管理条例》《放射性同位素与射线装置安全和防护条例》《民用爆炸物品安全管理条例》《中华人民共和国船员条例》《防治船舶污染海洋环境管理条例》等。
③ 参见民政部、教育部、财政部、人力资源社会保障部、住房城乡建设部和国家卫生计生委《关于贯彻落实〈社会救助暂行办法〉的通知》(民发〔2014〕135号),2014年6月20日,第一部分第1段。
④ 一方面,我国批准的《经济、社会及文化权利国际公约》明确规定人人享有社会保障权、适当生活水准权、健康权、受教育权和工作权。另一方面,我国宪法把获得物质帮助权、受教育权和工作权明确规定为公民的基本权利,同时规定国家逐步改善人民的物质生活和文化生活,建立健全同经济发展水平相适应的社会保障制度,保护人民健康。参见《经济、社会及文化权利国际公约》第6、9、11~13条和《中华人民共和国宪法》第14条第3~4款、第21条第1款、第42条第1款、第45条第1款和第46条第1款。

城市生活无着的流浪乞讨人员、受灾人员和其他需要救助的人员的基本生活保障问题分别做出了规定，建立了农村五保供养、城市居民最低生活保障和受灾人员救助等社会救助制度，在保障有关人员的基本生活方面发挥了重要作用。为进一步加强社会救助工作，健全社会救助体系，完善社会救助制度，保障公民基本生活，促进社会公平，维护社会和谐稳定，国务院于2014年2月21日公布了《社会救助暂行办法》，明确了社会救助工作的基本原则以及国家、政府和社会救助管理部门的社会救助职责，规定了最低生活保障、特困人员供养、受灾人员救助、医疗救助、教育救助、住房救助、就业救助、临时救助的对象、内容、形式、标准和程序，以及有关单位和个人参与、监督社会救助工作的权利、义务和违反本办法的法律责任。与此前制定实施的关于社会救助的若干单行法规相比，《社会救助暂行办法》明确强调了社会救助在促进社会公平和维护生活和谐稳定方面的作用，[1] 全面规定了我国的社会救助体系，首次以法律形式确定了医疗救助、教育救助、住房救助、就业救助、临时救助等新型的社会救助制度，以及对社会力量参与社会救助工作的支持，[2] 扩大了享受最低生活保障和特困供养的人员的范围，[3] 从部门职责、机制建设、制度整合、政策制定、信息管理、经费保障等多个方面加强了社会救助统筹协调，[4] 为我国社会救助事业的全面发展和基本生活发生严重困难者的权利保障奠定了较好的法律基础。

（三）制定或修订其他相关法规

2014年1月17日，国务院发布《中华人民共和国保守国家秘密法实施

---

[1] 《社会救助暂行办法》第1条把"促进社会公平，维护社会和谐稳定"规定为该办法制定的两项目的。
[2] 参见《社会救助暂行办法》第二至十章。
[3] 按照《城市居民最低生活保障条例》第3条和《农村五保供养工作条例》第6条的规定，享受最低生活保障和特困供养的人员分别限于符合一定条件的"持有非农业户口的城市居民"和"村民"，《社会救助暂行办法》则在城乡统筹发展原则的指导下，取消了这一城乡差别。
[4] 参见《社会救助暂行办法》第3~6条。

条例》（简称《保密法实施条例》），同时宣布于条例实施之日废止国务院1990年4月25日批准的《中华人民共和国保守国家秘密法实施办法》。该条例对2010年修订通过的《中华人民共和国保守国家秘密法》（简称《保密法》）的相关规定进行了重申或细化。在此基础上，该条例增加了《保密法》所没有规定的一些内容。一方面，条例明确禁止机关、单位将依法应当公开的事项确定为国家秘密；[1] 另一方面，条例确定了保密行政管理部门对有泄密隐患的设施、设备、文件资料进行先行登记保存以及对涉嫌泄露国家秘密的线索和案件进行调查的职权，强化了有关机关、单位及其工作人员、保密行政管理部门以及有关直接负责的主管人员和其他直接责任人员的违法责任。[2] 这些新增内容一方面约束了机关、单位设定保密事项的权限，从而有助于扩大公民知情权、表达权、监督权、隐私权等权利的适用范围，另一方面扩充了保密行政管理部门的监督管理权限，从而加大了对涉嫌泄密者的人身自由权、隐私权、财产权等项权利的影响。

除《保密法实施条例》外，国务院在2014年还制定或修订了其他4部与人权直接相关的行政法规。其中，2月26日通过的《事业单位人事管理条例》把"保障事业单位工作人员的合法权益"作为条例制定的目的之一，对事业单位的岗位设置、公开招聘和竞争上岗、聘用合同、考核和培训、奖励和处分、工资福利和社会保险、人事争议处理等人事管理制度以及违反条例规定的法律责任做了简要规定，对于事业单位工作人员和其他公民的工作权、受教育权、荣誉权、社会保障权和适当生活水准权及有效救济权等项权利的实现具有积极的促进作用。[3] 此外，2月12日修订通过的《医疗器械监督管理条例》、7月23日通过的《企业信息公示暂行条例》和11月24日公布的《不动产登记暂行条例》对于保障个人的生命权、健康权、知情权、监督权、隐私权、财产权和有效救济权也有一定的促进作用。

---

[1] 参见《保密法实施条例》第5条。
[2] 参见《保密法实施条例》第33、35、40~44条。
[3] 参见《事业单位人事管理条例》第三至九章的相关规定。

（四）通过并提交审议法律或法律修正案草案

2014年，国务院先后通过《反间谍法（草案）》《安全生产法修正案（草案）》《食品安全法（修订草案）》《广告法（修订草案）》《大气污染防治法（修订草案）》等与人权直接相关的法律或法律修正案的草案，并决定将这些草案直接提交或在修改后提交全国人大常委会审议。其中，前两项草案已由全国人大常委会审议通过，后三项草案也接受了全国人大常委会的初次审议。这些草案的通过和提交审议对于加强个人生命权、表达自由权、隐私权、环境权、健康权、适当生活水准权、财产权等多项权利的保障发挥了积极的促进作用。

三 问题与建议

（一）2014年国家人权立法工作存在的问题

2014年，全国人大常委会和国务院与人权有关的立法工作取得了显著成绩，尤其是在环境保护、行政诉讼和社会救助领域取得了突破性进展。尽管如此，从年度立法任务的完成情况和有关立法工作的内容来看，二者的人权立法工作仍然存在若干有待改进之处。

从年度人权立法任务的完成情况来看，全国人大常委会于2014年完成了8项计划年内完成的与人权直接相关的立法任务，[①] 所完成的任务占10项计划任务的80%。此外，常委会还完成了7项与人权有关但没有列入年度计划的立法任务，[②] 却未能如期完成2项计划内的立法任务[③]。相比之下，

[①] 包括修订《环境保护法》，修改《安全生产法》和《行政诉讼法》，解释《刑法》和《刑事诉讼法》部分条款，审议《广告法（修订草案）》《立法法修正案（草案）》《食品安全法（修订草案）》《大气污染防治法（修订草案）》。

[②] 包括制定《反间谍法》，审议《刑法修正案（九）（草案）》《反恐怖主义法（草案）》《国家安全法（草案）》《境外非政府组织管理法（草案）》，解释《民法通则》和《婚姻法》个别条款，做出与人权有关的决定。

[③] 即审议《行政复议法》和《土地管理法》这两部法律的修正案。

国务院完成了4项力争年内完成的与人权直接相关的立法任务,① 所完成的任务约占计划任务的27%。此外,国务院完成了7项与人权有关但没有列入年度计划的立法任务,② 却没有如期完成11项计划完成的立法任务,③ 未完成的任务约占计划任务的73%。

从有关人权立法工作的内容来看,2014年制定的与人权有关的法律文件以及对现有法律文件所做的与人权有关的修改均在不同程度上含有尊重和保障人权的规定。尽管如此,基于对立法的总体目的、任务和原则的理解,加之受到实践经验、立法机制和立法技术等方面因素的制约,有的立法工作未能充分体现尊重和保障人权的要求。例如,《反间谍法》没有专门规定对涉嫌从事间谍行为的个人的人身自由权和公正审判权的保护,《环境保护法》确定的公益诉讼的主体范围依然十分有限,《行政诉讼法》未能把行政诉讼的对象扩及抽象行政行为,《事业单位人事管理条例》没有明确要求事业单位在公开招聘和竞争上岗中不得歧视。特别值得一提的是,《保密法实施条例》授权保密行政管理部门在保密检查过程中对有泄密隐患设施、设备、文件资料等依法先行登记保存,对公民举报、机关和单位报告、保密检查发现、有关部门移送的涉嫌泄露国家秘密的线索和案件依法及时调查,④ 这不仅会对有关个人的财产权、人身自由权和隐私权等项权利产生限制性的影响,而且超出了作为该条例上位法的《保密法》的规定范围⑤。

---

① 包括制定《社会救助暂行办法》,提请审议《食品安全法(修订草案)》《广告法(修订草案)》《大气污染防治法(修订草案)》。
② 包括制定《保密法实施条例》《事业单位人事管理条例》《企业信息公示暂行条例》《医疗器械监督管理条例》《不动产登记暂行条例》,提请审议《反间谍法(草案)》《安全生产法修正案(草案)》。
③ 包括提请审议行政复议法修订草案、矿山安全法修订草案、电影产业促进法草案和中医药法草案,制定城镇住房保障条例、清真食品管理条例、报废机动车回收拆解管理条例和居住证管理办法,修订社会团体登记管理条例、农药管理条例和无线电管理条例。
④ 参见《保密法实施条例》第33和35条。
⑤ 参见《保密法》第44条。

（二）关于未来国家人权立法工作的建议

2015年是贯彻落实《中共中央关于全面推进依法治国若干重大问题的决定》的第一年，也是全面执行《十二届全国人大常委会立法规划》的中间一年。2015年，全国人大常委会和国务院仍将承担繁重的立法任务，包括对人权具有重要影响的立法任务，需要遵照中共十八大报告、中共十八届三中全会公报和中共十八届四中全会公报关于加强人权的立法保障的精神，按照《十二届全国人大常委会立法规划》的要求，结合社会发展的实际情况，妥善制定并认真完成本年度的人权立法计划，加快重点领域的人权立法进度，① 特别是要加快完成上一年度未能如期完成的和计划于本年度完成的人权立法任务，全面提高人权立法的质量，并以切实尊重和保障人权作为与人权有关的全部立法工作的指导思想和基本原则，从而为全体社会成员各项人权的充分尊重、保障和实现奠定更为坚实的法律基础。

---

① 《中共中央关于全面推进依法治国若干重大问题的决定》第二部分第四小部分明确要求加强重点领域立法，加快完善体现权利公平、机会公平、规则公平的法律制度，保障公民人身权、财产权、基本政治权利等各项权利不受侵犯，保障公民经济、文化、社会等各方面权利得到落实，健全公民权利救济渠道和方式，加快保障和改善民生、推进社会治理体制创新法律制度建设，实现公民权利保障法治化。

B.20 2014年中国开展国际人权合作与交流的进展

罗艳华*

摘　要： 2014年中国在开展国际人权合作与交流方面取得了新的进展。在国际人权合作方面，多边国际合作仍然是中国开展国际人权合作的主要内容。中国接受第二轮普遍定期审议的报告获得了联合国人权理事会核可。中国还接受了联合国经济、社会和文化委员会和联合国消除对妇女歧视委员会对中国履约报告的审议，与联合国人权高专办公室也保持了良好的合作关系。此外，中国继续在官方和民间多层次共同推进国际人权交流。在官方层面，中国与相关国家进行了人权对话和研讨；在民间层面，中国的人权组织在国际人权交流方面非常活跃，为增进在人权领域的相互理解做了大量工作。

关键词： 中国　人权　国际合作　国际交流

2014年，中国在国际人权合作与交流领域取得了重要的进展。多边人权合作是中国在这一年中开展国际人权合作与交流的主要组成部分。此外，中国在开展双边人权对话和其他国际人权交流方面也做了大量的工作，并取得了可喜的成绩。

---

* 罗艳华，法学博士，北京大学国际关系学院教授，博士生导师，主要研究领域为人权与国际关系、国际关系史、非传统安全研究等。

一 2014年中国开展的国际人权合作

2014年中国开展的国际人权合作主要是在联合国框架内进行,主要包括与联合国人权理事会的合作、与国际人权条约机构的合作以及与联合国人权高级专员办公室的合作。

(一)中国与联合国人权理事会的合作

2014年3月20日,联合国人权理事会在瑞士日内瓦核可了中国2013年10月接受第二轮国别人权审查的报告。中国常驻联合国日内瓦办事处和瑞士其他国际组织代表吴海龙大使率中国政府代表团出席了会议,港、澳特区政府作为中国代表团成员参加。吴海龙大使在发言中指出:2013年10月人权理事会国别人权审查工作组会议对中国进行第二轮国别人权审查,各国在会上共对中国提出了252条建议。经慎重研究和多重努力,中方决定接受其中204条建议,占建议总数的81%,涉及减贫、教育、司法改革等20多个领域,这充分体现了中国促进和保护人权的决心和勇气,显示了中方对各国建议的开放、积极和认真的态度。2013年10月以来,中国政府在推进人权事业发展方面又陆续出台许多举措,在促进发展权、削减贫困、完善社会保障制度、完善计划生育政策、深化司法体制改革、开展国际人权交流等方面均取得新成绩。①中国代表在谈及未被接受的建议时表示,之所以部分建议未被接受是因为这些建议不具操作性,与中国的现状不符,如针对死刑方面的建议。部分建议与事实不符,如与法外拘留有关的内容。中国常驻联合国日内瓦办事处代表吴海龙在总结致辞中表示,中国已认真听取了各方发言。部分国家和组织提出了额外的评论和建议。中国会接受一切基于良好意愿且符合中国国情的建议。②

---

① 《中国接受第二轮国别人权审查的报告获联合国人权理事会核可》,中国外交部网站,http://www.fmprc.gov.cn/mfa_chn/wjdt_611265/sjxw_611273/t1139451.shtml。
② 《人权理事会通过关于伯利兹、乍得和中国的普遍定期审议结果》,联合国网站,http://www.ohchr.org/CH/NewsEvents/Pages/DisplayNews.aspx? NewsID = 14417&LangID = C。

有13个国家的代表在会上做了发言，绝大部分国家赞赏中国接受各国提出的绝大多数建议，肯定中国近期取得的人权新成就，希望中国继续根据本国国情促进和保护人权，支持理事会核可中国的审查报告。①

（二）中国与国际人权条约机构的合作

1. 接受联合国经济、社会和文化委员会对中国履行《经济、社会及文化权利国际公约》第二次履约报告的审议

2014年5月8日，联合国经济、社会和文化权利委员会在瑞士日内瓦审议了中国履行《经济、社会及文化权利国际公约》第二次履约报告。中国常驻联合国日内瓦办事处及瑞士其他国际组织代表吴海龙率中国政府代表团出席审议会议，香港、澳门特别行政区政府代表作为中国代表团成员参加。吴海龙团长在介绍性发言中指出：2009年10月，中国外交部牵头成立了近30家立法、司法、行政部门组成的跨部门协调机制，就《经济、社会及文化权利国际公约》所涉及的各项问题进行研讨，按时提交了10万多字的第二次履约报告和共同核心文件，针对委员会的初审问题单按时提交了8万多字的答复材料。同时，中央政府协调香港特区和澳门特区分别撰写并提交了各自的履约报告和答复材料。在此过程中，中国政府高度重视非政府组织参与，多次征询中国社科院、全国妇联等近20家全国性非政府组织和学术研究机构的意见，充分考虑并吸纳他们有关妇女儿童、残疾人、教育权、健康权等方面的意见和建议。中国政府还通过外交部网站广泛征求公众意见，支持非政府组织举办网络《经济、社会及文化权利国际公约》知识竞赛，与有关国家合办撰写履约报告研讨会。吴海龙团长的介绍性发言主要从进一步完善保障经济、社会及文化权利的法律体系、坚持将保障生存权和发展权作为第一要务、始终以改善民生、促进公平为出发点、积极保障教育权和文化权、重视环境卫生和公共卫生、继续加强特殊群体权益保障、重视促进少数民族地区发展、

---

① 《中国接受第二轮国别人权审查的报告获联合国人权理事会核可》，中国外交部网站，http://www.fmprc.gov.cn/mfa_chn/wjdt_611265/sjxw_611273/t1139451.shtml。

积极开展国际人权合作八个方面介绍了中国自上次报告以来在履约方面的新进展。① 香港政制及内地事务局副局长刘江华和澳门特别行政区法律改革及国际法事务局副局长陈轩志也分别介绍了香港和澳门的情况。

在互动对话中，委员会专家对中国令人印象深刻的代表团表示称赞，并赞赏中国在审议期间取得的成绩，尤其是在消除贫困、提供了几乎包括全民的初等教育并改善了保健设施方面所取得的成就。互动对话涉及众多领域，包括全国各地经济发展的差距，腐败问题，就业权，保护人权维护者和反歧视措施（尤其针对残疾人）。移徙工人权利、少数民族状况和宗教或信仰自由也被提及。②

联合国经济、社会和文化权利委员会在结论性意见中指出，委员会欢迎中华人民共和国（包括中国香港和中国澳门）第二次定期报告的及时提交，赞赏中国对委员会问题清单的书面答复，认为中国取得的积极进展包括：批准了一系列重要的国际人权文书，采取了许多增进经济、社会和文化权利的措施，为达到"千年发展目标"的各项指标（如消除极端贫穷、普及小学教育、降低产妇死亡率）所做的贡献等。但委员会也提出了一系列关注的问题并提出了相关建议，这些问题包括：独立的国家人权机构的设立、《经济、社会及文化权利国际公约》在中国国内的适用、确保司法机关的独立性、增加反腐败的力度、国际合作政策采取立足人权的方针、提高中国公司的人权意识、制定反歧视的法律、进一步改革户籍制度、确保男女平等待遇、加强失业数据的收集、促进残疾人融入社会、定期调整最低工资、进一步改善工作条件、防止工作场所的性骚扰、彻底消除强迫劳动、保障工会权利、进一步完善社会保障制度、修订计划生育政策、制定反家庭暴力的法律、消除地区和城乡差距、保障适足食物权、解决强制拆迁问题、游牧民定

---

① 中国代表团团长吴海龙大使在中国执行《经济、社会及文化权利国际公约》第二次履约报告审议时的介绍性发言，中国常驻联合国日内瓦办事处及瑞士其他国际组织代表团网站，http：//www.fmprc.gov.cn/ce/cegv/chn/dbtyw/rqrd_1/hfs_1/t1155930.htm。

② 经济、社会和文化委员会：《经济、社会和文化权利委员会审议中国和香港与澳门特别行政区的报告》，联合国网站，http：//www.ohchr.org/CH/NewsEvents/Pages/DisplayNews.aspx?NewsID=14580&LangID=C。

居的适当协商、环境污染对健康的影响、保障健康权、艾滋病人的权利保护、保障平等的受教育权、少数民族的文化权利保护，等等。①

吴海龙团长在总结发言中指出：审议中委员会各位专家基本上都秉持公正客观态度看待中国履约，与中国代表团进行了一次非常富有建设性的对话，充分体现了各位专家良好的专业素质与深厚的法律造诣。中国代表团也始终本着开放务实态度与委员会互动，仔细聆听并认真回答了各位专家的评论和提问。我们欢迎绝大多数专家对中国履约成果的积极评价，虚心接受关于进一步促进和保护工作权、社会保障权、粮食权、健康权、教育权等《经济、社会及文化权利国际公约》规定权利的具体评论。我们会积极对待有关防止家庭暴力、防治艾滋病、保护特殊群体权益等问题的建设性意见，愿认真研究并把其中有益想法转化为符合中国国情的政策和措施。②

2. 接受联合国消除对妇女歧视委员会对中国履行《消除一切形式对妇女歧视公约》第七、八次国家报告的审议

2014年10月23日，联合国消除对妇女歧视委员会在日内瓦万国宫对中国履行《消除对妇女一切形式歧视公约》第七、八次合并报告进行了审议。中国国务院妇女儿童工作委员会副主任宋秀岩率领由中央政府、香港、澳门特区代表组成的中国政府代表团出席审议会议。其中，中央政府代表团成员分别来自全国人大法工委、国务院妇女儿童工作委员会、外交部等15家单位。③

中国代表团团长宋秀岩在介绍性发言中指出：在2006年接受审议后，中国对审议委员会的结论性意见高度重视，并于2007年5月召开结论性意见研讨会，研究制定落实措施。2010年成立了29个部门组成的工作组并由

---

① 经济、社会和文化权利委员会：《关于中国（包括中国香港和中国澳门）第二次定期报告的结论性意见》，E/C.12/CHN/CO/2，联合国网站，http://daccess-dds-ny.un.org/doc/UNDOC/GEN/G14/049/82/PDF/G1404982.pdf? OpenElement。
② 中国代表团团长吴海龙大使在中国执行《经济、社会及文化权利国际公约》第二次履约报告审议时的总结发言，中国常驻联合国日内瓦办事处及瑞士其他国际组织代表团网站，http://www.fmprc.gov.cn/ce/cegv/chn/dbtyw/rqrd_1/hfs_1/t1155932.htm。
③ 联合国专家机构审议中国《消除对妇女一切形式歧视公约》履约报告，中国外交部网站，http://www.fmprc.gov.cn/mfa_chn/wjdt_611265/sjxw_611273/t1204776.shtml。

其撰写履约报告，召开专门会议，积极征询有关非政府组织和学术机构意见，在国务院妇女儿童工作委员会网站广泛征求公众意见。2014年8月，针对委员会初审问题单提交了2万多字的答复材料。同时协调香港特别行政区和澳门特别行政区分别撰写并提交了各自的履约报告和答复意见。宋秀岩主要从如下五个方面介绍了中国自2006年审议以来，特别是中国政府第七、八次合并报告递交后履行公约的新进展，这五个方面分别是：完善促进消除性别歧视的法律法规、健全推动促进性别平等的工作机制、采取特别措施促进妇女发展、关注特殊群体的权益保护、完善性别统计的国家制度。①

联合国消除对妇女歧视委员会委员积极评价中国政府的履约努力和成果，对中国性别平等和妇女发展事业取得的成就表示赞赏。委员们就中国消除对妇女歧视、保障妇女权益等提出问题，代表团逐一进行了解答。香港特别行政区和澳门特别行政区的代表也分别就履约情况进行了陈述，并回答了委员会的提问。②

联合国消除妇女歧视委员会在结论性意见中指出，委员会赞赏中国提交的第七、八次合并报告，这符合委员会的指导方针。委员会也赞赏中国对会前工作组所提出的问题清单的书面答复，并欢迎中国代表团的口头陈述和对对话中委员会口头提出问题的进一步说明。委员会称赞中国派出以宋秀岩为团长的规模庞大和高规格的代表团。代表团包括中国中央政府、香港和澳门特别行政区的代表以及各个不同部委和政府机构的代表。委员会认为自上次审议后中国在消除对妇女的歧视方面的积极进展是自2006年审议以来在立法改革方面取得的进展，特别是在2010年实施社会保险法，提供女性保险；2007年实施的劳动合同法，禁止解雇在孕期、产期和照顾孩子期间的女性雇员；2007年实施的促进就业法禁止歧视女性；2010年修订的村民委员会法保障

---

① 中国代表团团长宋秀岩在中国接受消除对妇女歧视委员会审议中国第七、八次国家报告时的介绍性发言，中国常驻联合国日内瓦办事处及瑞士其他国际组织代表团网站，http://www.fmprc.gov.cn/ce/cegv/chn/dbtyw/rqrd_1/hfs_1/t1204956.htm。
② 我国就履行《消除一切形式对妇女歧视公约》情况接受联合国消除对妇女歧视委员会审议，中国常驻联合国日内瓦办事处及瑞士其他国际组织代表团网站，http://www.fmprc.gov.cn/ce/cegv/chn/dbtyw/rqrd_1/hfs_1/t1203842.htm。

了女性社会参与的权利等。委员会特别欢迎中国政府通过《国家人权行动计划(2012-2015)》和《中国妇女发展纲要(2011-2020)》来消除对妇女歧视的努力。在委员会关注的主要问题和建议部分主要包括：希望全国人大采取必要步骤落实此次的结论性意见；敦促中国考虑撤销其保留条款并批准任择议定书；以及中国立法对歧视妇女的界定、保证司法独立、建立国家人权机构、防止对女性的暴力、祛除男尊女卑的陋习、教育和就业平等等方面。①

3. 中国继续大力支持和推荐专家参与人权条约机构的工作

2014年又有中国专家成功入选担任国际人权条约机构的委员。联合国禁止酷刑委员会半数委员改选于2013年10月1日在瑞士日内瓦举行，厦门大学南海研究院张克宁教授作为中国候选人成功当选，任期至2017年12月31日。另外，陈士球先生接替丛军女士担任经济、社会和文化权利委员会的委员，任期至2016年12月31日。

表1　中国专家在联合国人权条约机构任职表[*]

姓名	任职的联合国人权条约机构	担任职务	本届任期到期时间	现任职是否是连任
陈士球	经济、社会和文化权利委员会	委员	2016.12.31	否
黄永安	消除种族歧视委员会	委员	2016.01.19	是
邹晓巧（女）	消除对妇女歧视委员会	委员	2016.12.31	是
张克宁	禁止酷刑委员会	委员	2017.12.31	否

注：笔者根据联合国相关机构的材料整理而成，资料来源分别为联合国网站的如下网页：Membership of the Committee on Economic, Social and Cultural Rights, http：//www.ohchr.org/EN/HRBodies/CESCR/Pages/Membership.aspx; Membership of the Committee on the Elimination of Racial Discrimination, http：//www.ohchr.org/EN/HRBodies/CERD/Pages/Membership.aspx; Membership of the Committee on the Elimination of Discrimination against Women, http：//www.ohchr.org/EN/HRBodies/CEDAW/Pages/Membership.aspx; Membership of the Committee against Torture, http：//www.ohchr.org/EN/HRBodies/CAT/Pages/Membership.aspx。

---

① Committee on the Elimination of Discrimination against Women, *Concluding observations on the combined seventh and eighth periodic reports of China*, 7 November 2014, CEDAW/C/CHN/CO/7-8, see the United Nations website, http：//tbinternet.ohchr.org/_layouts/treatybodyexternal/Download.aspx?symbolno=CEDAW%2fC%2fCHN%2fCO%2f7-8&Lang=zh.

（三）中国与联合国人权高级专员办公室的合作

2014年中国与联合国人权高专办公室保持了良好的合作关系。这表现在中国与联合国高专进行了多次会面与对话。

2014年4月16日，中国新任常驻联合国日内瓦办事处和瑞士其他国际组织代表吴海龙大使会见了联合国人权事务高级专员皮雷。吴大使表示，中方愿与人权高专办在相互尊重的基础上继续开展对话与合作。皮雷欢迎吴大使履新，肯定中国人权事业取得的进展，赞赏中国积极与联合国人权机制合作，表示人权高专办愿加强同中方的对话与合作，期待中国为推进国际人权事业发挥更大作用。[1]

2014年9月17日，吴海龙大使会见了新任联合国人权事务高级专员侯赛因。吴大使祝贺侯赛因就任人权高专，希望并相信他在任期内将公正、客观、顺利履职。表示中方重视人权高专和高专办公室在国际人权领域的重要作用，愿与高专办在相互尊重的基础上继续开展对话与合作。侯赛因高度评价中国人权事业取得的进展，赞赏中国积极与联合国人权机制合作。表示他将本着公正、平衡、建设性的原则履职，高专办愿进一步加强与中方的对话与合作，期待中国为推进国际人权事业发挥更大作用。双方还就人权理事会等机构相关问题交换了意见。[2]

在与联合国人权高专的多次对话中，中国明确指出了联合国人权高专办工作中存在的问题，并提出了自己的建设性意见。中国认为，高专办作为联合国系统负责人权事务的主要机构以及联合国秘书处的一部分，工作仍然有很大的改进空间，包括对发展中国家普遍重视的经济、社会、文化权利和发展权方面投入不足；在规划和开展工作时与各国沟通和协商不够；存在公开施压，甚至干涉内政的现象；高专办资金和管理透明度仍需提高。中国的建

---

[1]《吴海龙大使会见联合国人权高专皮雷》，中国常驻联合国日内瓦办事处及瑞士其他国际组织代表团网站，http://www.china-un.ch/chn/dbtzyhd/t1147810.htm。

[2]《吴海龙大使会见新任联合国人权高专侯赛因》，中国常驻联合国日内瓦办事处及瑞士其他国际组织代表团网站，http://www.china-un.ch/chn/dbtzyhd/t1192499.htm。

议主要包括：

第一，希望高专办坚持《联合国宪章》的宗旨和原则，严格根据授权，公正、客观地开展工作，尊重各国根据自身国情选择的人权发展道路和人权保障模式，反对将人权问题政治化的倾向，反对双重标准，与各国政府开展建设性对话与合作。

第二，希望高专办平衡推进两类人权，在经济、社会和文化权利和发展权领域进一步加大投入，避免将资源用于国际社会缺乏共识的领域。同时应尊重各国人民根据本国国情自主选择发展道路和人权保障模式的权利，尊重各国文化、宗教等差异，将工作重点放在各方有广泛共识的领域。

第三，希望高专办将更多资源用于人权技术援助领域，确保在与当事国协商、取得当事国同意的前提下提供援助。

第四，希望高专办进一步提高资金和管理透明度，在制定管理规划、进行职能重审等方面与各国充分沟通，认真听取各方意见和建议；提高资金使用和内部管理信息发布的有效性；为改变职员构成地域不均衡的状况做出进一步努力。①

联合国人权高专办也大力支持中国人权方面的工作，连续多次派代表参加北京人权论坛。在 2014 年 9 月举行的第七次北京人权论坛上，联合国人权高专办人权条约司司长易卜拉欣·萨拉马指出国际人权条约机构在预防和预警方面发挥了特殊的作用，感谢中国在这个领域所做出的贡献，认为中国在促进国际人权事业方面做出了积极贡献，起到了一个支柱性作用。②

---

① 《中国代表团在人权理事会第 26 次会议与人权高专对话时的发言》，中国常驻联合国日内瓦办事处及瑞士其他国际组织代表团网站，http：//www.fmprc.gov.cn/ce/cegv/chn/dbtyw/rqrd_ 1/hfs_ 1/t1168409. htm；另外可参见《中国代表团在人权理事会第 25 次会议与人权高专对话时的发言》，中国常驻联合国日内瓦办事处及瑞士其他国际组织代表团网站，http：//www.fmprc.gov.cn/ce/cegv/chn/dbtyw/rqrd_ 1/hfs_ 1/t1140270. htm；《吴海龙大使在人权理事会第 27 次会议与人权高专对话时的发言》，中国常驻联合国日内瓦办事处及瑞士其他国际组织代表团网站，http：//www.fmprc.gov.cn/ce/cegv/chn/dbtyw/rqrd_ 1/hfs_ 1/t1192504. htm。

② 《联合国人权高专办：中国起到了一个支柱性作用》，人民网，http：//world.people.com.cn/n/2014/0917/c1002 - 25678410. html。

二 2014年中国开展的国际人权交流

（一） 官方层次的人权交流

1. 中澳第15次人权对话

2014年2月20日，中澳第15次人权对话在北京举行。中国外交部副部长李保东和澳大利亚外交贸易部副秘书长伯德共同主持了此次人权对话。双方介绍了各自国家在保护和促进人权方面取得的新进展，围绕广泛议题深入交换了意见。中方在对话中重点介绍了中国共产党十八届三中全会完善人权司法保障制度的新举措，通报了联合国人权理事会核可中国第二轮国别人权审查报告筹备情况，并首次纳入了联合国人权领域新动向等新议题，为对话的持续发展注入了新的活力。中方在对话中对澳人权状况做了客观评价，对澳难民待遇、土著人状况等问题表达了关切。[①]

2. 中英第21次人权对话

2014年5月19日至20日，中英第21次人权对话在伦敦举行。中国外交部人权事务特别代表刘华和英国外交部亚太司司长李丰在伦敦共同主持了此次人权对话，并会见了英国外交部常务次官弗雷德。两国主管外交、司法、民族、宗教、妇女和残疾人事务的部门派人参加了对话。对话中，双方介绍了各自国家在保护和促进人权方面取得的新进展，围绕国际人权合作、人权技术合作及共同关心的问题交换了意见。中方对话代表团还走访了英最高法院、伦敦当地警察局等场所。[②]

3. 中澳双边人权研讨

2014年7月9日中国外交部国际司与澳大利亚人权委员会在扬州市共

[①] 《中澳举行第十五次人权对话》，新华网，http://news.xinhuanet.com/world/2014-02/20/c_119431906.htm。

[②] 《中英举行第21次人权对话》，中国外交部网站，http://www.fmprc.gov.cn/mfa_chn/wjdt_611265/sjxw_611273/t1158267.shtml。

同举办"竞聘联合国人权机制职位能力建设培训班"。中国外交部人权事务特别代表刘华、扬州市市政协主席洪锦华及澳大利亚人权委员会项目负责人出席并致辞。该培训班为期3天，共有30多位中澳人权领域官员、专家参加。双方围绕"联合国人权机制情况"、"人权理事会特别机制职责与功能"和"如何竞聘人权理事会特别机制"三项议题进行了深入、友好的研讨。

4. 中俄双边人权交流

2014年11月27日，中国外交部副部长程国平会见了来华进行人权交流的俄罗斯外交部人权、民主和法治问题全权代表多尔戈夫，双方就中俄关系、两国人权交流与合作等问题交换了意见。之后，中国外交部人权事务特别代表刘华也与多尔戈夫就人权问题进行了交流。

5. 中德第12次人权对话

2014年12月4日，中德第12次人权对话在德国柏林举行。中国外交部国际司司长李军华和德国联邦政府人权事务专员施特拉瑟共同主持了对话，中国最高人民法院、中央统战部、国家民委、民政部、司法部、国家宗教局的官员参加了对话。对话中，中德双方坦诚交流了各自对人权的理解，并讨论了各类歧视及国际人权合作等问题。中方全面介绍了中国在人权各领域的进展，特别是十八届四中全会关于全面推进依法治国的决定，希望德方通过换位思考，客观看待中国的人权进步，通过交流增进彼此的相互理解和相互尊重，开展建设性的人权合作。中方还就德国在社会包容、难移民权利和妇女权利保障等方面存在的问题表达了关切。在对话后的记者招待会上，双方肯定了开展建设性对话的意义，并回答了记者的有关提问。①

6. 中欧第33次人权对话

2014年12月8日，中欧第33次人权对话在比利时布鲁塞尔举行，外交部国际司司长李军华和欧盟对外行动署东亚司司长萨巴蒂尔共同主持了对

---

① 《中德举行第12次人权对话》，中国外交部网站，http://www.fmprc.gov.cn/mfa_chn/wjdt_611265/sjxw_611273/t1216838.shtml。

话，中国最高人民法院、中央统战部、国家民委、国务院新闻办、国务院妇儿工委的官员参加了对话。对话中，中欧双方开诚布公地交流了各自对人权的看法，并讨论了国际人权合作、妇女权利等方面的问题。中方全面介绍了中国在人权各领域的进展，指出中国已经找到了符合中国国情的人权发展道路，希望欧方本着平等和尊重原则，客观看待中国在人权方面所取得的进展，通过对话增进彼此的相互理解，在人权领域开展建设性的合作。中方还就欧方在罗姆人和妇女权利保障等方面存在的问题表达了关切。在对话后召开的记者招待会上，双方均认为此次对话增进了相互了解。会后，中方代表团还会见了欧盟人权事务特别代表兰普里尼季斯，并与之进行了对话和交流。[1]

7. 中美、中英双边人权交锋

人权交锋也可以看作一种另类的人权交流，因为通过人权交锋，双方都可以明晰对方的人权立场。

2014年2月28日，中国国务院新闻办公室发表了《2013年美国的人权纪录》[2]，以回应美国政府刚刚发布的《2013年国别人权报告》。人权纪录全文约1万字，分为导言、关于生命与人身安全、关于公民权利和政治权利、关于经济和社会权利、关于种族歧视、关于妇女和儿童权利、关于侵犯他国人权等部分。人权纪录指出，以"世界人权法官"自居的美国政府，在刚刚发布的《2013年国别人权报告》中，再次对世界近200个国家和地区的人权状况横加指责，妄作评论，但偏偏对美国自身的人权状况百般遮掩，讳莫如深。事实上，2013年美国的人权问题依然严重，在诸多领域甚至持续恶化。

2014年4月10日，英国外交部发布年度人权报告，将中国等28个国家列入"关注国家"名单，并提及中国西藏和新疆"对少数民族的暴力压

---

[1] 《中欧举行第33次人权对话》，中国外交部网站，http://www.fmprc.gov.cn/mfa_chn/wjdt_611265/sjxw_611273/t1217795.shtml。

[2] 《2013年美国的人权纪录》，新华网，http://news.xinhuanet.com/2014-02/28/c_119546384.htm。

制"。对此,4月15日中国外交部发言人华春莹表示,中方一直重视并愿本着平等和相互尊重的精神积极与包括英国在内的其他国家在人权领域开展对话与合作。但最近英方发表了所谓的《2013人权与民主报告》,对中国的政治体制说三道四,对中国的人权状况进行无理污蔑和指责,中方对此强烈不满和坚决反对。英方此举无益于两国人权领域的交流与对话,也无益于中英关系的健康稳定发展。我们要求英方停止以人权为借口干涉中国内政和司法主权的错误做法,为下轮中英人权对话创造条件。①

(二)中国人权组织的对外交流

1. 接待国外代表团来访并进行座谈

2014年1月22日,中国人权研究会接待了社会党青年国际联盟副主席阿娜·珀斯卡拉瓦(Ana Pirtskhalava)和萨缪尔·穆伊慈(Samuel Muyizzi)率领的代表团,并与之进行了座谈。中国人权研究会理事、中央党校人权研究中心主任张晓玲和中国藏学研究中心历史研究所所长张云,分别就中国的性别平等及妇女政治参与、同性恋者权益、少数民族政策、劳工权益保障、环境保护、北京人权论坛以及中国人权研究会职能等问题与对方进行了交流。

2014年6月5日,中国人权研究会会长罗豪才在北京会见了由老挝国家人权事务协调指导委员会主席蓬沙瓦·布法率领的老挝人权代表团一行。罗豪才会长表示欢迎老挝人权代表团的来访,并向不久前在飞机失事中不幸罹难的老挝领导人表示哀悼。应老挝方面的要求,罗会长就中国人权研究会的定位、宗旨、组成和职能及在开展人权理论研究、人权教育培训和国际交流合作等方面所做的工作进行了介绍。

2014年9月18~20日,应中国人权研究会邀请,由吴温莫拉主席率领的缅甸国家人权委员会代表团一行五人来华访问。中国人权研究会会长罗豪才会见了代表团一行并与之进行了座谈。

---

① 《2014年4月15日外交部发言人华春莹主持例行记者会》,中国外交部网站,http://www.fmprc.gov.cn/mfa_chn/fyrbt_602243/t1147367.shtml。

2. 主办国际人权论坛和人权研讨会

2014年7月13~14日，由中国人权发展基金会、中国国际交流协会、德国艾伯特基金会共同主办的第十二届中德人权研讨会在北京举行。会议的主题是"国际法与人权保障"，与会的中德专家学者就国际法如何保护各国主权和各国公民权利、人权国际公约如何与本国的具体情况相结合等议题进行了坦诚的交流和深入的探讨。除主题研讨外，会议还举行了"以二战历史为鉴，反对战争、维护人权"的主旨演讲。与会代表深刻分析了战争践踏人权的深刻教训，阐述了反对战争、维护和平的正义主张，呼吁国际社会以史为鉴，珍爱和平，维护人权。

2014年9月17~18日，由中国人权研究会和中国人权发展基金会联合举办的第七届北京人权论坛在北京举行。本届论坛的主题为"中国梦：中国人权事业的新进展"，下设"中国梦的人权意义""人权的跨文化交流""国家治理创新与人权保障/反恐怖与人权保障"三个分议题。来自联合国以及30余个国家和地区的人权高级官员、专家学者和相关国家驻华使节代表等逾百人出席了论坛。与会专家学者共向本届论坛提交各类论文50多篇，通过主旨演讲、分组讨论、直接对话等多种形式进行了深入的交流和研讨。在开幕式和当天上午的大会发言中，联合国人权高专办人权条约司司长易卜拉欣·萨拉马、乌兹别克斯坦国家人权中心主任阿克曼·萨义多夫、荷兰人权研究所所长汤姆·茨瓦特等十多位代表做了发言。会间，主办方向与会代表赠送了"人权蓝皮书"等中国学者的人权著述，还安排与会代表参观了北京东城看守所和新浪网。

2014年9月23~24日由北京大学人权与人道法研究中心、荷兰人权研究学院、世界人文社会科学网络和中国人权研究会共同举办了"跨文化的人权对话"研讨会，来自中国、荷兰和非洲国家的人权学者就亚洲和非洲国家的人权保障形式进行了对话和交流。

2014年12月9~10日，由中国人权发展基金会和中国人民抗日战争纪念馆联合主办的第二届人权文博国际研讨会在北京举行，会议的主题是"以史为鉴、珍爱和平、维护人权"。来自中国、俄罗斯、法国、乌克兰、比利时、以色列、巴西、韩国等 15 个国家和地区的反法西斯战争等战争类博物馆、纪念馆负责人和代表以及相关专家学者 100 多人出席了研讨会。会议围绕"第二次世界大战的历史教训和对世界人权事业的启示""维护世界反法西斯战争胜利成果是各国共同责任"等议题进行了深入的研讨。讨论中，与会的各国博物馆、纪念馆代表踊跃发言，盛赞会议为各国同行探讨战争与人权的关系提供了重要的平台。会间代表们还参观了中国人民抗日战争纪念馆和卢沟桥事变旧址。

3. 派代表团出访

2014 年 3 月 19 至 28 日，由中国人权发展基金会理事长黄孟复率领的中国人权发展基金会代表团访问了南非、纳米比亚和津巴布韦三国。访问期间，代表团一行会见了纳米比亚总理根哥布、开国总统努乔马、司法部长乌托尼和津巴布韦众议院议长穆登达等外方领导人，并与南非人权委员会、非国大经济发展论坛、纳米比亚司法部、津巴布韦人权委员会等机构的负责人进行了会谈。代表团还与三国的工商界人士、华人华侨、中资企业代表进行了广泛交流，就加强经贸合作、促进人权发展交换了意见。在与三国领导人和人权机构负责人的会见、会谈过程中，黄孟复团长全面系统介绍了中国人权事业发展的巨大成就，以及中国关于人权问题的基本立场和理念，希望与非洲国家双方加强交流合作，相互学习和借鉴发展经验，共同推进人权事业的发展。外方人士感谢中国长期以来对非洲国家所给予的援助与支持，认为中国的发展经验对于非洲国家具有重要的借鉴意义，希望与中方在人权及相关领域开展更多的交流合作。此次非洲三国之行，是中国人权发展基金会首次组团访问非洲国家。

2014 年 12 月 4~13 日，中国人权研究会代表团访问了瑞典的斯德哥尔摩、马尔默，荷兰的海牙，法国的斯特拉斯堡、巴黎等城市，与瑞典外交部、瑞典平等监察专员、瑞典隆德大学罗尔·瓦伦堡人权与人道法研究所、荷兰乌特勒支大学人权研究所、荷兰外交部人权大使、海牙国际法院、荷兰议会、欧洲议会、国际人权学院、法国人权协会、法国外交部人权大使和旅法华人社团"四维中国协会"等各界人士进行了广泛的接触和交流。2014

年10月26日～11月2日，中国人权研究会代表团访问了加拿大的多伦多、渥太华和美国的华盛顿、纽约等城市，与加拿大的约克大学、渥太华大学、美国的约翰·霍普金斯大学、纽约大学及美国和加拿大两国的议会、政府等各界人士进行了座谈与交流。

4. 与国外人权研究机构开展合作

中国高等院校的人权研究机构特别是八家人权教育与培训基地在与国外人权研究机构开展合作方面表现得非常活跃。这些基地的研究成员除积极参加各种国际人权研讨会、对国外人权机构进行访问交流、接待国外学术机构的来访以及参与官方主办的人权交流项目外①，本年度还进行了如下与国外人权研究机构的合作。

（1）中国人民大学人权研究中心与欧洲人权法院合作，组织翻译了经典案例集第一册《生命权》，即将由知识产权出版社出版。

（2）南开大学人权研究中心与丹麦人权研究所开展了为期三年的人权教育与培训合作项目，内容包括人权教育研讨、中小学人权课外阅读教材的编写和师资培训、地方公务员人权培训教材的编写和师资培训等。

（3）2014年9月23～24日在北京大学法学院人权与人道法研究中心与荷兰人权研究院共同主办的"面向跨文化人权对话"研讨会上，来自北京大学法学院人权与人道法研究中心、山东大学人权研究中心、南开大学人权研究中心、中国政法大学人权研究院、武汉大学人权研究院、西南政法大学人权教育与研究中心、复旦大学人权研究中心、湖南大学人权研究中心、中央党校人权研究中心的人权学者与来自荷兰和非洲国家的人权学者就亚洲和非洲国家的人权保障形式进行了对话和交流。

（4）山东大学人权研究中心、南开大学人权研究中心、中国政法大学人权研究院、武汉大学人权研究院、西南政法大学人权教育与研究中心、复旦大学人权研究中心等共同参加了由荷兰人权研究院发起的"跨文化人权

---

① 2014年八家人权教育与培训基地参与的如上这些类型的国际交流活动数量众多，限于本报告的篇幅，在此无法一一列举。

研究中心"的筹备创立工作,该中心的宗旨是在欧洲发出亚洲和非洲国家的人权见解,中心初步计划建在荷兰国际法院所在地海牙。该中心第一次筹备工作会议于2014年9月25日在北京举行。目前该中心的筹建工作正在进行中。

(5) 西南政法大学人权教育与研究中心代表团于2014年8月访问了美国纽约大学法学院人权中心、德州大学奥斯汀分校人权中心,并就与两校在人权教育与培训方面的合作事宜进行了讨论。

(6) 2014年6月5日,由老挝国家人权指导委员会主席、老挝国家主席府部长蓬沙瓦·布法率领的老挝人权代表团一行七人访问了中国政法大学人权研究院,双方就两国人权发展问题展开了深入讨论。

(7) 2014年3月18日,中国政法大学人权研究院常务副院长张伟副教授应联合国难民署驻华代表处的邀请,参加了无国籍人的保护国际研讨会,并做大会主旨发言。

三 结论、展望与建议

总结2014年中国开展国际人权合作与交流的实践可以看出:多边人权合作是中国开展国际人权合作与交流过程中内容占比最多的方面。而对于多边人权合作,中国政府是高度重视的。这表现在无论是接受联合国人权理事会对中国第二次普遍定期审议的核可,还是接受联合国经济、社会和文化委员会及联合国消除对妇女歧视委员会对中国履约报告的审议,中国都派出了阵容庞大的高规格代表团,包括政府各相关部门的代表及相关领域的专家。而且中国代表团对于会前提出的问题清单都做了认真的书面回复,对于会议期间委员们提出的问题也都做了认真的解答。中国代表团认真听取其他国家的意见和建议,并本着诚恳和负责任的态度接受其他国家的建议。此外,中国非常重视与联合国人权高专的合作。中国常驻联合国日内瓦办事处代表多次与联合国高专会面,交流看法,并表达中国对联合国高专办的意见与建议。中国在参与国际人权合作的过程中坚持原则。对于中国认为不利于国际人权合作的做法，中国持坚决反对的态度，如中国坚决反对将人权问题政治化的倾向，反对搞双重标准。此外，中国在进行国际人权交流方面的态度也是非常积极的。中国与相关国家定期进行双边人权对话，并积极支持中国的人权组织参与国际人权交流。以中国人权研究会和中国人权发展基金会为代表的中国人权组织在国际人权交流方面非常活跃，它们通过多种形式进行国际交流活动，并取得了很好的效果。

基于如上情况，本报告对中国开展国际人权合作与交流的前景总体判断如下：

其一，鉴于中国对国际人权合作与交流的高度重视，中国将继续本着认真和负责任的态度开展国际人权合作与交流。而且多边人权合作仍然是重点。中国将积极参与国际人权领域的活动，认真履行自己的条约义务，积极开展人权对话与交流，并不断拓展开展合作与交流的方式。

其二，中国在国际人权合作与交流中仍会面临严峻的挑战，中国要继续应对这些挑战。这些挑战主要来自两方面：一方面是一些西方国家对于中国还存在相当严重的偏见和误解，他们仍然戴着有色眼镜看待中国的人权状况，并把自己置于道德的制高点来对中国评头论足，甚至颠倒黑白。另一方面是一些人权非政府组织，近些年来在国际人权论坛上非常活跃，它们之中的一些组织以"反华"为己任，伺机抹黑中国。对于这些情况，中国无疑需要应对，不仅要尽可能让它们了解中国的真实状况，努力改变它们的偏见，必要时还要进行坚决的斗争。

其三，中国的人权组织将继续在国际人权交流的过程中扮演重要角色。主办多边国际人权论坛和人权研讨会仍将是中国人权组织开展国际人权交流的主要形式。

针对国际人权合作与交流中存在的问题，本报告提出如下政策建议：

（1）鉴于人权非政府组织在国际人权领域的影响力有所增强，且其中一些组织对中国抱有明显的敌意，它们在国际人权论坛上的活动给中国造成了一些负面影响，因此中国相关部门和学界应该加强对人权非政府组织的研究，特别是对策研究。同时也应加强与国外非政府组织的交流，以增进相互理解。

（2）中国现在已有八家国家人权教育与培训基地，这些基地都拥有雄厚的教育和科研实力，应该研究如何让这些基地也成为国际人权交流的生力军。这些基地可以利用自己的优势，在加强与国外学术机构和智库的交流方面做出贡献。

（3）在履行国际条约义务、接受条约机构审议的过程中，除了相关主管部门的参与，还应该进一步增加相关领域专家和学者的参与。

（4）国内学术界应该加强对国外人权状况的研究，了解国外人权问题的多样性，以增进中国与其他国家的相互了解。

（5）为了让国际社会更加了解中国的历史与现状，应该增加中国在国外的相关展览，在不同国家进行巡展是一个不错的方式。如可以利用纪念二战结束 75 周年的契机，在国外举办中国历史上发生的侵华战争的展览，特别是二战中日本侵略者践踏中国人权的暴行方面的展览，以增进国外对中国主张的理解。

·人权研究状况·

B.21
2004~2014年CSSCI期刊发表的人权论文分析报告

许尧 朱筱煦 王燕*

摘 要： 2004~2014年CSSCI期刊发表人权研究论文1975篇，综合考察这些论文的数量趋势、讨论内容、学科角度、项目资助、期刊等情况可以看出：近年来国家对人权研究的重视程度迅速提升，人权研究的多学科化格局初步形成，人权研究内容和角度具体化趋势显著，论文选题与社会热点问题相契合，权利内容与学科角度密切相关。

关键词： 人权论文 人权项目 人权研究

近年来，中国的人权研究者从不同学科角度在人权领域做了很多研究，不仅出版了大量的研究著作，在各类期刊报纸上发表了大量的论文或评论，而且还创办了一系列集中研究人权问题的期刊，出版了大量连续出版物。截至2014年12月，中国人权研究会主办的《人权》杂志已连续出版了78期；中国人权研究会所编《中国人权事业发展报告》（蓝皮书）连续出版了4本，《中国人权在行动》已经出版了8本，有些年份还同时出版了英文版，

---

* 许尧，管理学博士，南开大学人权研究中心（国家人权教育与培训基地）助理研究员，主要研究方向为人权政治学、公共冲突管理。朱筱煦、王燕为南开大学周恩来政府管理学院硕士研究生。南开大学周恩来政府管理学院硕士生谢东明在资料收集中也给予了协助，特致谢意。

《中国人权年鉴（2000～2005）》和《中国人权年鉴（2006～2010）》也相继出版；山东大学主办的《人权研究》已经连续出版了13卷；中国社会科学院法学研究所等单位主办的《中国人权年刊》已经出版4卷；西南政法大学人权教育与研究中心主办的《中国人权评论》出版了4期；等等。这些研究促进了中国人权研究的专门化，促进了中国学术界和实务界对人权问题的全面深入认识，为中国人权事业的向前发展提供了越来越有力的智力支持。

为从宏观上掌握中国人权研究的趋势和状况，许尧在《中国人权事业发展报告（2014）》中对2003～2013年中国大陆出版的人权著作进行了分析[①]，常健教授对《人权》杂志的文献进行了总结和分析[②]，本文则主要将研究对象界定在"2004～2014年CSSCI期刊上发表的人权论文"，试图通过对这些论文的研究内容、研究角度、项目资助情况等进行总结和归纳，展现中国人权研究论文的宏观情况和基本特点。之所以选择CSSCI期刊上发表的论文作为分析对象，一方面是因为这些论文所在的期刊相对于一般期刊有更严格的要求，整体来说，这些论文具有较高的质量，能够代表中国学术界对人权问题的主要认识；另一方面是因为如果将期刊范围扩大的话，就会出现论文数量过多而无法细化统计的弊端，而且CSSCI期刊上的论文数量已经足够多，从数量上看，能够反映过去11年间的基本情况。

笔者通过下述方式确定所要统计分析的具体论文。首先，在中国知网（CNKI）"期刊"一栏中，分别以"人权""公民权利""表达权""不受奴役权""不受歧视权""参与权""公正审判权""监督权""酷刑""平等权""人身自由权""生命权""知情权""宗教信仰自由""选举权""隐私权""健康权""工作权""环境权""社会保障权""受教育权""文化权""残疾

[①] 参见许尧《2003～2013年中国大陆出版的人权著作分析报告》，李君如主编《中国人权事业发展报告（2014）》，社会科学文献出版社，2014，第318～333页。
[②] 参见常健《从〈人权〉11年文献看中国特色人权理念的发展与传播》，李君如主编《中国人权事业发展报告（2013）》，社会科学文献出版社，2013，第430～450页；常健《人权理念在中国的本土化进程——兼论〈人权〉杂志创刊10年的重要贡献》，《人权》2012年第6期。

人权利""儿童权利""妇女权利""少数民族权利"作为篇名①，将时间范围选定在"2004年"到"2014年"，将期刊类型选定为"CSSCI"期刊②，按年份逐年进行了搜索，下载了所有符合条件的论文。其次，通过阅读每篇论文的内容，将以下三类论文进行了删除，分别是：非学术性的讲话稿、旨在事件介绍的新闻稿或介绍某个机构的宣传文章、题目中含所界定的词汇但实质意义上不是研究人权的文章或主要角度不是人权视角的文章。最后，对相同作者重复发表的论文或以相似题目发表内容几乎一致的论文，只统计最初发表的那篇。经过上述筛选，共得到符合条件的人权研究论文1975篇。本文的统计和分析将主要以这1975篇论文的相关信息为基础进行。

一 数量变化趋势

从不同年度发表的人权论文数量来看：2004～2014年间平均每年为180篇，有6个年份低于此平均数，有5个年份高于此平均数；整体而言，论文数量趋势图表现为缓慢向上增长的波浪形，2004年以来，三个波峰分别为2005年、2008～2009年、2012年，其中2008～2009年为11年间的最高峰；以人权为题的论文、以具体权利为题的论文的发表数量趋势也都是波浪形的形状，大体趋势和整体论文的趋势类似，但也有比较显著的区分：以人权为题的论文数量从宏观上看，在整体波浪起伏的同时，呈现出一种略有下降的趋势，相反，以具体权利为题的论文数量在整体呈现波浪形的同时，显著稳定上升（见图1）。

如果不将论文的范围限定在CSSCI期刊中，而是将2004～2014年所有期刊发表的主题为"人权"的论文、博士硕士学位论文、报纸登载的主题

---

① 之所以将这些权利名称作为搜索词是因为这些权利得到了较为广泛的承认。具有一定争议的财产权、人格权等没有作为这次搜索统计的关键词。"老年人权利"从字眼上看，可以包含在人权中，亦没有作为搜索词处理。
② 在具体统计时也出现了个别文章不是CSSCI期刊发表的文章，但也出现在了结果中，这表明中国知网在进行相关统计时，存在一定的误差。鉴于笔者意在对总体趋势进行分析和判断，没有对这些误差做特殊的处理。

图1　2004~2014年CSSCI期刊上发表的人权论文数量趋势

为人权的论文进行大略的统计分析①，则趋势如图2所示。从图2可以看出，包括期刊、报纸、博士硕士学位论文在内的主题为人权的论文，2004~2008年五年间，增长稳定而持续，2008年达到峰顶，之后略有回落，但总体平稳，由于统计分析时2014年的相关数据还不完整，所以，其数据只是一个参考值，无法准确反映实际水平。

图2　2004~2014年人权论文总体规模趋势

---

① 该数据来源于笔者2015年2月8日在中国知网上直接将"主题"设定为"人权"所得到的数据，没有经过细致的甄别，因此是个大略的趋势。

二 权利内容分析

如果将发表在 CSSCI 期刊上的人权论文所着重研究的具体权利内容进行分类，则不同年份对不同权利研究的数量见表 1。在具体归类过程中，采取了以下方法：（1）尽可能将论文归为具体的权利类别，即尽量将之归为公民权利与政治权利、经济、社会和文化权利、特定群体权利，如实在不好归并，则根据该论文更侧重于理论探讨还是更侧重于实践分析或政策分析将之归为"综合性理论分析"或"综合性实务分析"。（2）特定群体权利除了传统意义上的妇女权利、儿童权利、老年人权利、少数民族权利外，也包括艾滋病人权利、农民（工）权利等。（3）人权教育、人权机构，对其他国家或地区、联合国相关情况的介绍的论文由于篇数总量很小，为方便统计分析及更好反应总体的情况，考虑到这些内容更接近实践操作，被归为了"综合性实务分析"一类。

通过对表 1 的数据进行分析，可以看出：（1）对公民权利与政治权利的研究占的比重最大，达到 40.8%；综合性理论分析、经济、社会和文化权利研究的论文数量分别占到了 22.3% 和 20.3%，两者的数量较为接近；综合性实务分析论文数量占 10.3%，特定群体权利研究论文数量占 6.3%。（2）划分具体权利的研究共计 1331 篇，占 67.4%；不划分具体权利而进行的综合性分析共计 644 篇，占 32.6%。这种比例结构可以大体归纳为，过去 11 年间，约 2/3 的人权研究论文是从具体权利的角度来进行研究的，其余 1/3 的论文没有划分具体的权利种类，而是从综合性的人权角度进行研究。体现在年度的不同上，随着时间的推移，从具体权利角度进行的研究数量呈波浪形的明显上升趋势，从综合性的角度进行的研究数量呈波浪形的略有下降的趋势（见图 1）。

表1 2004～2014年CSSCI期刊人权论文的不同权利视角

单位：篇，%

年份	公民权利与政治权利	经社文权利	特定群体权利	综合性理论分析	综合性实务分析	合计
2004	42	26	3	36	10	117
2005	63	26	6	52	37	184
2006	73	28	8	53	15	177
2007	76	38	12	36	26	188
2008	92	46	15	56	21	230
2009	77	55	13	58	28	231
2010	67	35	15	33	13	163
2011	85	32	7	30	13	167
2012	104	36	15	36	12	203
2013	71	41	16	25	8	161
2014	56	37	15	26	20	154
合计	806	400	125	441	203	1975
占比	40.8	20.3	6.3	22.3	10.3	100

三 学科角度分析

人权作为一个研究问题或研究领域，不仅吸引了众多从事人文和社会科学研究的专家学者进行研究，而且诸如医学等不属于人文社会科学的一些学科的专家学者也从自身的学科视角对人权相关问题进行了研究。不同学科视角的交叉为深入、全面地透视人权问题，提出切实有效的政策措施提供了可能和基础。对一个综合性的研究领域，要很清晰地划分出其不同论文的学科视角很难实现，但如果不对学科视角的分布情况进行大概地说明，就无法从宏观上把握当前人权研究的主要视角和研究力量的学科分布。为此，笔者尝试对这些论文的学科视角进行宏观意义上的统计和分析。

在划分具体学科视角时，主要采取了下述方法：（1）尽可能将论文的学科视角单一化，而不是只要跨了不同学科就将之归为跨学科。（2）划分具体学科时，综合考虑了下述因素：研究内容及学术视角、作者所在院系、主要研究方向、论文的表述方法和研究方法等。法学、哲学、经济学、医学等学科的辨识度较高，管理学、政治学在一定程度上存在着辨识的困难。当作者的主要方向与研究内容在学科视角上存在一定的模糊性和矛盾性时，主要根据研究内容做出判断。同一位作者的不同论文可能会基于研究内容和角度的不同被归入不同的学科。(3) 为不至于使学科的角度过于细小而显得分类庞杂，笔者将相近的学科进行了归并，主要是：将国际关系、国际政治、民族学、党的建设有关内容归入到了政治学；将伦理学、宗教学、马克思主义、毛泽东邓小平等的人权思想等归入了哲学；将教育管理、图书档案管理、体育管理、旅游管理、治安管理、公共管理、公共政策归入了管理学；将人口学、社会心理学的内容归入了社会学；将新闻学、传播学归入了文学；从法哲学角度研究的论文，根据作者的主要研究方向分别归入了法学或哲学。依据上述方法，这些论文的学科角度见表2。

表2 2004~2014年CSSCI期刊人权论文的学科角度分布

单位：篇，%

年份	法学	哲学	政治学	管理学	社会学	经济学	历史学	文学	医学	跨学科
2004	66	5	16	7	2	1	4	4	0	12
2005	95	17	31	17	3	2	5	5	0	9
2006	88	26	14	19	3	5	3	11	1	7
2007	103	21	20	23	4	5	2	3	1	7
2008	126	14	23	16	3	7	7	10	7	17
2009	111	20	32	23	7	4	5	7	3	19
2010	90	22	13	19	3	2	4	2	0	7
2011	85	15	21	17	6	4	2	6	1	10
2012	102	21	22	22	8	6	3	8	1	10
2013	96	12	15	17	4	1	1	4	0	11
2014	74	13	16	23	7	2	3	4	0	12
合计	1036	186	223	203	50	39	39	64	14	121
占比	52.5	9.4	11.3	10.3	2.5	2.0	2.0	3.2	0.7	6.1

从表2可以看出：（1）对人权的研究视角呈现出多学科化的特点，不仅体现在具体的学科上，而且也体现在跨门类的特点上，不仅经济、管理、法学等传统的社会科学有很多研究，而且文学、史学、哲学等人文科学也有不少研究，医学等不属于传统文科范围的学科也出现了一些研究。这就充分表明人权作为一个综合性研究领域的特点。（2）在诸多学科中，法学研究的规模最大，52.5%的研究是从法学视角出发的。作为人权研究领域的主导性学科，每年的论文数量增减趋势也大体与整体的增减趋势相一致。法学内部的细化分支，如国际法、人权法、法理学、宪法、行政法、诉讼法学、民法等都有大量的研究，这表明人权在法学学科内是一个普遍关心的问题，也能够与诸多细化分支学科产生较好的交叉和融合。（3）除法学学科外，政治学、管理学、哲学成为人权研究的重要学科视角，这三个学科的论文在整体论文中的比例均超过或接近10%。（4）从社会学、经济学、历史学、文学、医学等学科视角进行的研究也有一定的数量，这些学科视角进行的研究促进了人权研究的多元化。

一个值得关注的现象是，尽管总体而言，法学学科视角在人权研究中独占半壁江山，主导地位明显，但有些学科在某个具体人权领域上呈现出比较突出的优势，比如：医学对健康权保障的研究，政治学对参与权和监督权的研究，图书档案、信息管理等学科对隐私权的研究，新闻学对表达权的研究，教育管理学对受教育权的研究等，这些学科对具体人权的深入研究，促进了人权研究的深入和具体化。

四　期刊分析

所统计的1975篇论文，共发表在200多种期刊中。如果按照发表论文的数量来对这些期刊进行排序，则发表论文数大于或等于20篇以上的期刊有19种（见表3）。

表3 2004~2014年发表人权论文较多的CSSCI期刊

单位：篇

排序	刊物名称	发表论文数	排序	刊物名称	发表论文数
1	河北法学	97	11	学术界	25
2	求索	41	12	比较法研究	23
3	法学	36	12	法律科学	23
4	学习与探索	33	12	法学家	23
4	政法论坛	33	12	社会科学家	23
6	政治与法律	32	16	哲学动态	22
7	太平洋学报	31	17	法制与社会发展	21
8	法学评论	30	17	武汉大学学报	21
9	甘肃政法学院学报	28	19	江西社会科学	20
10	现代法学	26	—	—	—

从表3中的19种期刊可以看出：主要专注于法学领域研究的期刊包括《河北法学》《法学》《政法论坛》《政治与法律》《法学评论》《甘肃政法学院学报》《现代法学》《比较法研究》《法律科学》《法学家》《法制与社会发展》等11种，占57.9%；综合类的杂志包括《求索》《学习与探索》《太平洋学报》《学术界》《社会科学家》《武汉大学学报》《江西社会科学》7种，占36.8%；主要专注于哲学领域的《哲学动态》是唯一非法学的专业性的期刊，这也显示出从哲学角度对人权进行研究是一个非常重要的方向。这19种期刊共发表人权论文588篇，占总数的29.8%。

另外，一些国内比较权威或有重要影响力的期刊也发表了一些人权论文，包括：《中国社会科学》（4篇）、《政治学研究》（3篇）、《中国行政管理》（11篇）、《中共中央党校学报》（16篇）、《国家行政学院学报》（9篇）、《南开学报》（6篇）、《上海交通大学学报》（6篇）、《中国法学》（5篇）、《北京大学学报》（2篇）、《复旦学报》（4篇）、《山东大学学报》（12篇）、《北京师范大学学报》（2篇）、《浙江大学学报》（6篇）、《教学与研究》（6篇）、《中国人民大学学报》（6篇）、《中山大学学报》（4篇）、《档案学通讯》（8篇）等。

五 课题项目情况

课题项目的资助是推动研究的重要力量,当前中国很多教育管理部门或其他机构设置了不同的项目类别来资助不同主题的研究。就人权研究而言,考虑到 CSSCI 期刊相对于普通期刊,有更高的质量要求,本文所统计的 1975 篇论文可以认为是当前该领域具有较高研究质量的论文,它们受资助项目的情况见表 4。

表 4 2004~2014 年 CSSCI 期刊人权论文的课题项目标注情况

单位:篇

年份	国家社科	教育部	教育部外其他部委	省级社科及基地	省级政府或下设厅局资助	博士后科学基金	全国优博专项资助	科研机构自设	NGO资助	其他	未注明
2004	2	3	2	2	4	0	1	5	1	0	97
2005	14	9	5	9	4	0	1	7	2	1	140
2006	6	8	3	14	4	2	0	6	1	1	135
2007	16	12	4	2	9	2	0	9	0	0	143
2008	27	12	3	9	7	1	1	11	1	2	165
2009	20	13	9	10	9	1	2	14	5	1	152
2010	15	12	5	20	6	3	0	17	3	2	98
2011	22	7	2	18	7	2	0	8	1	3	107
2012	31	15	2	13	8	1	1	14	0	3	135
2013	22	14	1	10	7	0	0	15	0	1	100
2014	26	19	5	7	7	1	0	6	1	0	88
合计	201	124	41	114	72	13	6	112	15	14	1360

在进行课题项目统计时,采取了如下方法:笔者主要根据资助主体的情况进行了归类,为能够更清晰地展示出项目资助的整体情况,将不同的具体项目进行了归并。其中,国家社科项目包括:国家社科重点项目、国家社科一般项目、国家社科青年项目、国家哲学社会科学创新基地项目等;教育部项目包括:教育部留学回国人员科研启动基金、教育部新世纪优秀人才支持计划、教育部哲学社会科学重大课题攻关项目、教育部重点研究基地重大研

究项目、教育部哲学社会科学重大攻关项目、教育部理论研究项目、国家人权教育与培训基地重大项目、全国教育科学规划课题等；教育部外的其他部委包括：司法部、国家民委、中共对外宣传办公室、团中央、国家体育总局、国家档案局、中央编译局等；科研机构自设项目包括：中央高校基本科研业务经费项目、"985"工程项目、"211"工程项目及各种人才计划或科研资助项目等；NGO包括：中国妇女研究会、中国法学会、中国残疾人联合会等；其他包括：解放军系统项目、国家自然科学项目、联合国儿童基金会项目等，尽管这些项目的资助主体具有较大的差异，但由于资助项目量太小，不具有统计学上的显著性，就将这些项目统计归并在"其他"名目下。如一篇论文标注了3项及以上课题项目，则只统计前两项课题项目，如果前2项是一类项目，则只统计1次。

从表5的数据可以看出：（1）在所有的论文中，共标注项目712次，该数加上未标注项目的1360等于2072，这表明有97篇论文至少标注了2个课题项目号，占总体论文数的4.9%；（2）共1360篇论文未标注项目，表明68.9%的论文没有项目资助；（3）各类项目资助的论文数从多到少依次为：国家社科项目、教育部资助的各类项目、省级社科项目或省级社科基地项目、科研机构（包括高校、社科院、党校）自设项目、省级政府及下设厅局资助的各类项目、教育部外的其他部委办资助的项目、NGO资助的项目、其他项目、博士后科学基金项目、全国优秀博士学位论文专项资助项目，这表明国家社科项目、教育部项目、省级社科或省级社科基地项目是资助人权研究的最主要的形式。

在上述论文的项目情况统计过程中发现，一些具有较大影响力的项目包括：南开大学薛进文研究员主持的国家社科重大项目"中国特色人权发展道路研究"、中山大学肖滨教授主持的国家社科基金重大项目"扩大公民有序政治参与：路径、战略与对策研究"、南京大学杨春福教授主持的国家社科重点项目"完善我国人权司法保障制度研究"、山东大学齐延平教授主持的国家社科重点项目"中国特色人权发展道路研究"等。

结 论

综合上述人权研究论文的相关情况可以看出，2004~2014年间中国学术界对人权的研究具有如下五个突出的特点。

（一）国家对人权研究的重视程度迅速提升

从过去11年间人权研究论文的受项目资助情况看，政府对人权研究的重视程度在逐步提升，尤其表现为，国家社科项目和教育部相关课题项目的迅速增加，为避免个别年份出现特殊情况，我们将2012、2013、2014三年作为一个整体考虑，将2004、2005、2006三年作为整体来考虑，则2012~2014年的国家社科项目数、教育部项目数分别是2004~2006年项目数的3.6倍和2.4倍，考虑到近年来同一类项目的资助额度也在迅速增加，所以，无论是项目数量，还是实际的资助额度，国家对人权研究的资助力度都在迅速加强。尤其值得关注的是，中国人权研究会在2014年专门就人权研究设立了包括重点课题、资政课题、一般课题在内的共38项课题项目。这都充分表明了国家对人权研究的重视程度在迅速提升，也为人权研究提供了非常好的发展机会。

（二）多学科研究格局初步形成

人权研究学科多元化格局初步形成，与其他专业学科领域不同，人权研究出现涉及学科面广、与不同学科交融性强等特点，文史哲、经管法等人文社会科学都对人权问题有所研究，医学、信息科学等自然科学也在一些具体的权利领域有相关的研究。在所有学科中，法学独占半壁江山，凸显人权问题与法学的高度相关性；政治学、管理学、哲学三者共享三成份额，已经成为人权研究的重要视角；同时，医学、信息管理、新闻学等具体的学科视角集中对某一项或几项具体权利进行了大量的研究，成为深入研究人权问题的重要力量。这种多学科的研究格局也能够从刊登人权论文的期刊情况得到部分印证。

(三)人权研究具体化趋势显著

人权研究论文的选题和着眼点越来越具体化,集中体现在从所统计时期看,以"人权"命名的论文数量呈现出波浪式下降的趋势,以具体权利命名的论文数量呈现出波浪式上升的趋势,二者加以综合,最终出现人权研究总体稳定并略有上升的趋势。人权研究的具体化还突出表现为,从不同学科角度集中对某个具体权利进行深入研究的现象比较显著,这种研究内容具体化与学科多元化趋势相结合,成为过去十年最突出的两个现象,这表明了中国人权研究越来越深入和具体,越来越接地气和重视实践。

(四)论文数量分布契合社会热点

从不同权利的论文数量来看,那些受社会广泛关注的问题得到了更多的研究,具体而言,公民权利与政治权利中的隐私权、知情权、平等权得到了更多的关注,这可以认为是网络社会快速发展及公民权利意识不断提升在人权研究领域的反映;经济、社会和文化权利中的环境权、受教育权、健康权得到了人们更多的关注,这是随着中国经济社会快速发展,人们越来越重视环境与健康的问题在人权研究上的反映,同时,作为一项核心的权利,受教育权一直是关注的重点;在特定群体权利中,儿童权利受到的重视程度更高,这与中国的传统文化相契合。

(五)权利内容与学科角度相关性明显

从权利内容与学科角度来看,法学对隐私权、知情权、生命权、平等权、公正审判权、环境权、健康权、社会保障权、受教育权等权利内容有广泛的研究。政治学对公民权利、监督权、少数民族权利、选举权等内容研究较多。管理学侧重于对参与权、平等权、健康权、隐私权、知情权等方面进行研究。哲学主要集中在宗教信仰自由、一般人权理论分析等方面进行研究。医学主要集中在健康权方面进行研究。新闻传播学主要在表达权、知情权、隐私权方面进行研究。社会学主要集中在特定群体权利、社会保障权方面进行研究。经济学侧重于对环境权、财产权等方面的研究。这种分布情况与不同学科的学科兴趣和研究方法相关，也在一定程度上决定了不同学科与人权研究的结合交融性，也与不同学科的人权论文产出数量密切相关。

同时，从人权研究的论文情况看，人权研究也存在一些需要改进的方面，比如，相对于其他领域，人权研究的总体数量还比较少，缺乏专门的CSSCI 期刊，法学外的其他学科对人权的研究还较为松散，有些涉及权利保护的研究也缺乏人权的视角；等等。这些都需要学术界和实务界的共同努力，从而促进人权研究水平的提升，为中国人权事业发展提供更好的智力支持。

B.22
国家人权教育与培训基地建设：
回顾与展望

张 弦*

摘　要：	为贯彻落实《国家人权行动计划》的相关规定，我国已在8所高校建立了国家人权教育与培训基地。本文旨在回顾首批基地成立以来，在人权教育培训、理论研究、政策咨询、社会服务和国际交流等方面取得的发展成就，介绍2014年第二批5家基地遴选成立的有关情况，讨论基地建设目前还存在的困难和问题，并展望未来的发展前景。
关键词：	国家人权行动计划　国家人权教育与培训基地　高等院校

一　国家人权教育与培训基地成立的背景及目标

人权教育和培训既为人权保障提供观念基础，也是人权实现的重要环节，推动人权教育和培训就是在本根上促进实现人权。1993年在维也纳召开的第二次世界人权大会通过了《维也纳宣言和行动纲领》，阐明在教育方案中纳入人权主题的重要性，明确要求各国政府开展人权教育、培训和宣传，强调"从理论和实践上开展人权教育对于促进和尊重不分种族、性别、语言或宗教的所有个人的人权，可以发挥重要作用，并应成为国家和国际层

---

* 张弦，政治学博士，华中师范大学政治学研究院国际事务研究所讲师。研究领域为人权与国际事务。

面教育政策的组成部分"。① 作为对这次会议呼吁的回应，联合国先后制定并实施了《"联合国人权教育十年"国际行动计划（1995－2004年）》、《世界人权教育方案第一阶段行动计划（2005－2009年）》和《世界人权教育方案第二阶段行动计划（2010－2014年）》。在这些行动计划的指引下，许多国家、政府间国际机构、非政府组织和学术机构纷纷开展多种形式和内容的人权教育活动。②

因应国际人权教育与培训事业的蓬勃发展，在国家的高度重视和社会各界的大力支持下，国务院于2009年4月13日授权国务院新闻办公室发布了我国第一份以人权为主题的国家规划——《国家人权行动计划（2009－2010年）》，明确提出要"选取若干开展人权教育较早的高等院校作为人权教育与培训基地"。③ 为贯彻落实国家人权行动计划的具体要求，在综合考察学科实力、教研力量、学校投入及地区布局等因素后，教育部和中央对外宣传办公室于2011年3月31日联合下发了教社科函〔2011〕4号，决定设立南开大学人权研究中心、中国政法大学人权研究院和广州大学人权研究与教育中心首批三家国家人权教育与培训基地，并于当年10月13日举行授牌仪式。

国家人权教育与培训基地由教育部与国务院新闻办公室主管，采取合作共建形式，接受中国人权研究会的业务指导，基地所在高校负责基地的日常管理和建设任务的落实。国家人权教育与培训基地的目标和任务是，坚持以中国特色社会主义人权观为指导，充分整合利用高校的人才、教育、研究和基础条件等资源，开展教育培训、科学研究、政府咨询和社会服务，努力推动人权普及教育、理论研究和国际交流合作等工作，促进中国人权事业的发

---

① 朱晓青：《人权教育：法律基础及实现途径》，《第七届北京人权论坛论文集》，2014。
② 班文战：《人权教育领域的对外交流与合作》，《人权》2013年第5期。
③ "继续鼓励高等院校开展人权理论研究与教育。选取若干高等院校进行人权教育的调研，鼓励高校学者开展人权研究，推动制定高等院校人权教育规划。鼓励高等院校面向本科生开设人权公共选修课，面向法学专业本科生开设人权法课程。推进人权法教材的编写以及教学课件的开发。选取若干开展人权教育较早的高等院校作为人权教育与培训基地"，参见国务院新闻办公室《国家人权行动计划（2009－2010年）》，人民出版社，2009。

展进步。通过若干年努力，将自身建设成为在国际上具有一定影响力的国家级人权教育培训基地。

二 首批国家人权教育与培训基地建设的基本情况

设立国家人权教育与培训基地是国家行为，表明了中国政府在尊重和保障人权方面的明确态度和实际行动，是促进人权教育、培训和知识普及的一种有益尝试。自成立以来，首批三家国家人权教育与培训基地一方面推动硬件建设，一方面注重软件提升，努力探索适合我国国情和发展特色的人权教育与培训道路，各项建设取得了显著进展，引起了国内外的广泛关注。

在机构建设与学科发展方面，国家人权教育与培训基地高度重视推动基地规模化、学术专门化和管理制度化建设。南开大学由学校党委书记薛进文兼任人权研究中心主任，并成立了学术委员会，整合校内政府管理学院、法学院、历史学院、高教研究所等多个学术单位力量，形成了宽口径、广视域、跨学科的大人权研究格局。中国政法大学成立了独立的人权研究院，由校长黄进兼任研究院院长。研究院内设学术委员会、研究所、教育与培训部等机构，制定了《人权法学学科"十二五"发展规划》。广州大学人权研究与教育中心拥有著名法学家李步云教授带领的一支研究团队，学校每年投入固定资金作为专项经费，基地建章立制，各项建设快速推进。此外，首批三家基地还积极携手合作，于2013年8月13日联合成立了人权建设协同创新中心，共同开展学术研究、人权教育和培训、智库咨询服务和国际交流工作。

在理论研究与学术创新方面，基地积极跟踪国际人权理论与实践发展的学术动态，研究当代中国改革发展中重大人权现实问题，努力成为人权理论创新的重镇和推动中国特色人权实践发展的思想库。南开大学人权研究中心成功申报了一系列与人权有关的国家、部委和地方课题，包括国家社科基金重大攻关项目"中国特色人权发展道路研究"、教育部重大研究课题"各国国家人权行动计划比较研究"、中国人权研究会课题项目等。南开大学人权研究中心还牵头组织了2011~2014年的《中国人权事业发展报告》（人权蓝皮书）的撰写工作。中国政法大学人权研究院编撰并筹备出版中英文版人权学术理论丛书。其中，中文版人权学术理论丛书《人权论丛》第一辑已完成编辑、校对，并提交商务印书馆，英文版人权学术理论丛书《Chinese Perspectives on Human Rights and Good Governance》的出版筹备工作也在进行之中。中国政法大学人权研究院与瑞典罗尔·瓦伦堡人权与人道法研究所联合设立了国际研究项目"国家人权机构研究"，并围绕重大人权理论课题召开了"人权建设与改革""人权建设与宪法秩序"等系列学术研讨会。广州大学人权研究与教育中心李步云教授主编的《人权法学》列入国家"十二五"规划教材，他还参与主编了《人权知识读本丛书》等。据不完全统计，自基地成立以来，首批三家国家人权教育与培训基地的科研人员共出版了40多部人权著作，在《中国社会科学》《法学研究》《环球法律评论》《法学论坛》《红旗文稿》等刊物上发表了百余篇学术论文。

在人权教育和人才培养方面，基地积极履行人权教育培训"国家队"职责。南开大学依托政府管理学院和法学院招收了人权理论、人权法方向的硕、博士研究生，面向全校本科生开设了"人权基础知识与素养"和"国家法治与人权保障"两门全校公共选修课，每年讲授一个学期。同时，还选派优秀学生到国外在人权研究领域具有较高知名度的大学接受联合培养。南开大学人权研究中心于2014年9月26~28日在天津举办了"中国高校人权教育研讨会"，中外人权专家和人权课程教师近80人参加了会议。中国政法大学人权研究院承担了人权法学专业学生的培养工作，并独立承担了2013级人权法学专业硕、博士研究生的招生工作。2014年，学院共招收硕士研究生11人，博士研究生3人，招生规模在2013年的基础上继续扩大。中国政法大学人权研究院注重高校人权教育师资的培训，于2014年8月15~22日举办了"中国高校教师人权法教学研讨会"，来自全国17个省市自治区32所高校的42位教师参加了研讨会；其还与红十字国际委员会合作，于8月17~19日合办了第四届"国际人道法暑期教师高级研讨班"。

广州大学人权研究与教育中心推动建设人权法学优势学科,目前法学学科已获批一级学科硕士点。同时,还面向全校文理科学生开设了"人权法"公共选修课。由李步云教授牵头,中心多位老师共同参与、协助申报的视频公开课《什么是人权》被教育部批准为国家精品视频课程。

在政府咨询与社会服务方面,基地充分发挥国家级人权智库作用,积极向有关部门建言献策,提供人权舆情分析、政策咨询和专题报告。同时,基地还积极面向社会开展服务工作,广泛开设人权知识培训班、举办人权讲座等,在全社会范围内普及人权知识,提高全民人权意识。南开大学人权研究中心配合国务院新闻办公室,参加了《国家人权行动计划》和人权白皮书等重要文件的资料搜集和起草工作,并向教育部、民政部、全国妇联等部门提交了专项调查和研究报告。南开大学还携手其他两家基地共同创办了《人权资政要报》系列,积极向政府有关部门建言献策。中国政法大学人权研究院2014年3月申请建设的"人权建设与发展"研究团队成功入选首批中国政法大学"智库"研究团队资助计划。研究院积极派人参加中国残联召开的"《残疾预防和残疾人康复条例》研讨会"、中国法学会举办的"《看守所法(征求意见稿)》立法研讨会"等会议,并对相关草案提出修改建议。此外,中国政法大学人权研究院还为地方基层法院举办了"法院文化建设与人权保护"系列讲座。广州大学人权研究与教育中心立足珠三角,积极对当地公安机关、检察院、法院、中小学师生和特殊群体等社会公众进行人权教育与知识培训。2014年6月25～27日,中心在清远市举办"新刑事诉讼法与人权保障研修班",120名从事刑事司法工作的资深法官、检察官和公安干警参加了研修班。

在国际交流与对外合作方面,基地积极开展与世界各国人权机构的交流合作,既借鉴吸收其他国家在人权领域的成功经验和有益做法,也对外大力介绍中国政府在治国理政中促进和保护人权的历史经验和重大成就。南开大学人权研究中心的学者访问了美国明尼苏达大学、英国埃塞克斯大学,并与荷兰人权研究院、丹麦人权研究所等人权学术机构建立了长期合作关系。南开大学人权研究中心还积极参加联合国人权理事会主办的"亚洲相互协作与信任措施会议""中非民间论坛"等国际会议。中国政法大学人权研究院教师多次赴瑞典、美国、加拿大、瑞士等国访学，赴联合国难民署、人权高专办、国际红十字会等国际组织访问，并与联合国、人道与国际法研究院达成派遣实习生等合作协议。此外，研究院还接待了老挝国家人权指导委员会主席蓬沙瓦·布法等外宾到访。广州大学人权研究与教育中心也积极开展与国外及港、台地区著名人权研究机构的交流与合作。2014年3月，中心派人参加了由香港中文大学法律学院人权与公义研究中心举办的"人权维护者国际学术研讨会"，与会人员分别就律师的国际规则、刑事案件等问题做大会发言。除各自开展活动外，首批三家基地还共同参与了由荷兰人权研究院发起的"跨文化人权研究中心"的筹备创立工作，并积极参加每年召开的北京人权论坛，利用论坛机会与各国人权领域的学者和官员加强沟通交流。

三 第二批国家人权教育与培训基地遴选情况

在总结《国家人权行动计划（2009－2010年）》成功实施经验的基础上，国务院授权国务院新闻办公室于2012年6月11日发布了我国第二份人权行动计划——《国家人权行动计划（2012－2015年）》，其中明确规定"发挥国家人权教育与培训基地的作用。到2015年，至少新增5个国家人权教育与培训基地"。[①] 为贯彻落实国家人权行动计划的相关规定，教育部、国务院新闻办公室于2013年底正式启动第二批国家人权教育与培训基地的遴选评审工作，并具体交由中国人权研究会负责组织实施。第二批基地遴选评审工作的通知于2014年初对社会公开发布，得到了有关高校的积极响应和热情支持，国内人权教育和培训工作开展较早、较好的高校都报名参加了基地遴选评审，并提前准备申请陈述材料。

2014年3月17日，第二批国家人权教育与培训基地遴选评审会在北京

---

① 国务院新闻办公室：《国家人权行动计划（2012－2015年）》，人民出版社，2012。

举行。北京大学、复旦大学、华东政法大学、吉林大学、四川大学、山东大学、武汉大学、西北政法大学、西南政法大学、中国人民大学等十所高校的代表围绕本机构专业方向特色、先期研究成果、管理运行机制、经费保障来源、预期建设目标等先后进行了申请陈述，并回答了评审组委员的提问。①经过两轮投票，秉持公开、公平、公正的原则，评审组委员最终遴选出西南政法大学、武汉大学、山东大学、中国人民大学和复旦大学五所高校为第二批国家人权教育与培训基地建设单位。2014年7月22日，第二批国家人权教育与培训基地授牌仪式在北京举行，中国人民大学人权研究中心、复旦大学人权研究中心、武汉大学人权研究院、山东大学人权研究中心和西南政法大学人权教育与研究中心5家新的国家人权教育与培训基地正式成立。②授牌仪式上，国务院新闻办公室副主任崔玉英勉励新一批5家国家人权教育与培训基地为构建中国特色人权话语体系、打造国家级人权智库而不断努力。③教育部副部长李卫红表示，国家人权教育与培训基地建设任重道远，第二批基地应深刻认识所承担的使命，立足新形势新要求，整合优质资源着力打造品牌。④至此，我国已先后在8所高校建立了国家人权教育与培训基地，为中国人权事业的发展注入了新的动力。

第二批国家人权教育与培训基地所在高校都是我国法学教育和研究的重镇，长期开展人权理论研究、教育培训和对外交流合作，基础扎实、实力雄厚。中国人民大学人权研究中心成立于1991年10月，是全国高校中成立最早的人权研究机构之一。许崇德、张正钊和韩大元等于1992年出版的《人权思想与人权立法》，胡锦光与韩大元于1993年出版的《当代人权保障制度》都是国内比较早的人权专著。据不完全统计，截至2012年，人大法学院教师指导涉及人权问题的博士学位论文共93篇，硕士学位论文174篇，

---

① 有关第二批国家人权教育与培训基地遴选评审会的情况，请参见《第二批"国家人权教育与培训基地"遴选评审会》，人权网，http://www.humanrights.cn/cn/zt/tbbd/46/index.htm。
② 第二批国家人权教育与培训基地授牌仪式的有关情况，请参见《第二批国家人权教育与培训基地成立》，《人权》2014年第4期。
③ 崔玉英：《在第二批国家人权教育与培训基地授牌仪式上的讲话》，《人权》2014年第4期。
④ 李卫红：《在第二批国家人权教育与培训基地授牌仪式上的讲话》，《人权》2014年第4期。

覆盖了法学的大部分二级学科。在课程设置和招生培养方面，人大法学院不仅针对法学本科、硕士和博士等不同层次学生开设相应人权课程，还专门招收人权法方向的硕士生和博士生。目前中国人民大学人权研究中心主任由法学院院长韩大元教授担任。

武汉大学人权研究院尽管成立时间不长，但其所在的法学院在人权研究上却有着悠久历史。1979年，武大法学院何华辉教授即发表《也谈人权问题》一文。此后，大量有关人权的著作和论文相继出版，如李龙、万鄂湘著《人权理论与国际人权》，万鄂湘、郭克强著《国际人权法》，韩德培、李龙主编《人权的理论与实践》等。武汉大学在全国高校中最早开设硕士生人权法课程，法理学、国际法、体育法等方向均可招收人权研究的硕博士研究生。目前武汉大学人权研究院院长由李龙教授担任。

山东大学人权研究中心的前身是1990年成立的山东大学"人权研究室"，1994年升格为目前的人权研究中心，中心于1998年创办了代表当时国内人权法学研究最高水平的CSSCI来源集刊《人权研究》。山东大学人权研究中心充分利用山东大学文史见长的优势，始终坚持人权基础理论研究与人权对策研究相结合的发展思路。中心于1995年招收了第一届人权原理方向的硕士研究生，2001年招收第一届人权法方向博士研究生。截至目前，已招收或培养硕博士研究生近200人。目前山东大学人权研究中心主任由法学院院长齐延平教授担任。

早在20世纪80年代，复旦大学法学、政治学等学科的专家学者已经开始研究国际人权公约，出版了《国际人权论》《新人权论》等著作。为整合各学科人权研究力量，2002年4月，复旦大学人权研究中心成立，法学、社会学、政治学、新闻学和经济学等学科的专家受聘为研究员。在复旦大学通识课程体系中，有面向全体本科生开设的"人权与法"和"法治社会与公民权利"两门课程。同时还有面向研究生的"国际人权法专题""欧盟的公民身份与人权保障"等课程。目前复旦大学人权研究中心主任由主管文科的副校长林尚立教授担任。

西南政法大学亦是国内最早开展人权教育与研究的高校之一。20世纪

90年代初,以黎国智教授和卢云教授等为代表的老一辈法学家,已专门为研究生开设人权法专题研究课程。1991年10月,张永和完成硕士学位论文《论人权保护》,这是我国最早研究人权的学位论文之一。2011年10月,西南政法大学人权教育与研究中心成立并进行实体化建设。中心坚持以实证服务人权决策、以行动推广人权理念,完成了迄今为止我国最大规模的人权观念调查报告。目前西南政法大学人权教育与研究中心主任由校长付子堂教授担任。

四 国家人权教育与培训基地的未来发展

自成立以来,国家人权教育与培训基地的各项工作取得了显著的进展,成绩斐然,值得肯定。但毋庸讳言,与其在人权领域"国家队"的崇高位阶和肩负的重要使命相比,参照国外同类人权教育培训机构的运行,目前国家人权教育与培训基地建设仍然存在一些困难和不足。只有解决这些问题,国家人权教育与培训基地未来才会行稳致远,发展得越来越好。

一是基地之间需要更好地协同合作。首批三家基地已于2013年8月成立了"人权建设协同创新中心"。从总体来看,基地之间就协同合作进行了一些有益尝试并取得了宝贵的经验,但目前仍处于探索阶段,存在一些问题和挑战:一是合作形式比较单一,除了共同撰写人权蓝皮书和《人权资政要报》,参与各种会议外,目前8家国家人权教育与培训基地还是以各自活动为主,协同创新的集合优势远未发挥出来;二是协同化水平有待提高。在重大项目组织、教材开发编写、教育培训开展、对外交流合作等方面,基地之间仍然缺乏统一安排和合理分工,尚未形成有效合力,发挥出1+1>2的加乘效应。基地自身和管理部门都应仔细思考,如何增强基地的品牌意识,以"国家人权教育与培训基地"名义统一对外,开展各项活动。①

二是基地要不断提高应对重大问题的能力。作为国家级人权智库,国家

---

① 有关推动基地协同合作的建议,请参见常健《国家人权教育与培训基地的职责和工作机制》,《人权》2014年第4期。

人权教育与培训基地在面对人权领域重大理论和现实问题争议的时候，应该以严谨的学术研究作为科学支撑，释疑解惑，积极引导社会主流舆论，对外有效传播中国人权观念和立场，发出自己的声音。国家人权教育与培训基地应全面提升理论创新能力和服务能力，深入总结我国人权发展进步的成功经验，努力完善中国特色社会主义人权理论体系，构建中国人权话语体系。国家人权教育与培训基地还应有一定的前瞻性，重视对国际人权形势和事关全局问题的判断与研究，聚焦国家重大战略需求，把自己打造成名副其实的新型人权高端智库。

三是要进一步完善基地布局。目前已经有了两批共8家国家人权教育与培训基地，但基地的数量还不够多，覆盖面也不够广。《国家人权行动计划（2012－2015年）》明确规定，"发挥国家人权教育与培训基地的作用。到2015年，至少新增5个国家人权教育与培训基地"。根据此规定，目前新增的第二批5家基地只是最低层次的要求，还有相当大的空间增加基地数量。另一方面，目前的8家基地全部设在高校里，而党校系统和社科院系统尚未包含在内。为更好地推动人权事业发展，提高公众尤其是官员依法行政和保障人权的意识，国家人权教育与培训基地的主管部门应加强整体规划，认真考虑在中央党校和中国社科院增设两家新的基地，最终形成优势突出、布局合理、有效协调的国家人权教育与培训基地网络。

四是加强基地自身建设管理。尽管国家人权教育与培训基地所在高校对基地普遍重视也在加大建设投入，但目前仍有不少基地尚未达到《国家人权教育与培训基地建设方案和规划》在办公场地、人员编制和资金投入等方面的要求，这方面迫切需要补齐短板。此外，国家人权教育与培训基地还应制定基地章程，完善实施细则以加强基地自身管理。国家人权教育与培训基地的主管部门也要制订相关管理办法并增加基地退出机制，通过听取汇报、年度检查、个别巡视等方式，对国家人权教育与培训基地进行评鉴考核，可以对那些达不到考核标准的基地予以警告乃至最终摘牌。

在"尊重和保障人权"宪法原则的指引下，在党的十八届四中全会提出全面推进"依法治国"的总目标和重大任务的新形势下，在政府部门和社会各界的高度重视和大力支持下，国家人权教育与培训基地的建设将迎来重要发展机遇。可以预期，国家人权教育与培训基地未来的发展速度将进一步加快，在构建中国特色人权理论体系、推动人权学术研究、普及人权知识文化和开展国际交流合作等方面将取得新的更大的成就，为新时期中国人权事业的发展提供进一步的智力支持、思想养料和文化底蕴。

调研报告和案例研究

Research Reports and Case Studies

B.23

农民工法律援助的新进展

——以北京致诚农民工法律援助与研究中心为案例

佟丽华　陈思远*

摘　要： 北京致诚农民工法律援助与研究中心探索出专职化、法治化、主流化、综合化、机制化、国际化等六化合一的援助模式，总结出现阶段农民工法律援助特殊性减弱、复杂性增强、司法环境改善和办案难度较大等特点，认识到农民工法律援助在专业化与职业化、社会矛盾化解、公益法律社会组织发展和争议处理模式效率等方面存在的问题，提出了促进

---

* 佟丽华，北京市致诚律师事务所主任、北京致诚农民工法律援助与研究中心主任、北京青少年法律援助与研究中心主任，同时担任中华全国律师协会法律援助委员会主任、未成年人保护专业委员会主任、农村法律事务专业委员会主任、北京市法学会农村法治研究会会长、未成年人法学研究会会长，中共十八大代表、北京市人大代表，美国耶鲁大学法学院和哥伦比亚大学法学院访问学者；陈思远，法律硕士、公共政策硕士，北京致诚农民工法律援助与研究中心律师。

公益法律服务社会化、加强法律援助能力建设、强化劳动保障监察、探索仲裁制度改革、处理好公益法律社会组织与政府、司法机关和其他各方的关系等建议，为维护农民工合法权益、促进社会和谐稳定发挥了积极作用。

关键词： 农民工　法律援助　致诚模式

截至2013年底，我国农民工总量已达2.7亿人，相比5年前增长了近20%[1]，占2013年全国就业人员总数的1/3[2]，农民工已成为我国最庞大的就业群体之一。由于文化程度不高、技能培训很少，大部分农民工在制造业、建筑业、服务业等行业的一线岗位工作，各项权益保障相对薄弱。2013年，仅有41.3%的外出农民工与用人单位签订了劳动合同，超过84.7%的外出农民工周工作时间超过44小时，农民工社会保险参保比例极低，欠薪事件依然存在。[3] 群体总量大、权益保障差这一客观状况决定了农民工群体具有极大的维权需求，但高昂的维权费用却让他们无力承担。仅以律师代理费这一项为例，北京市民事诉讼案件的最低收费标准为每件3000元[4]，而2012年北京市16岁至35岁农民工的月平均工资仅为2558元[5]，其他农民工聚集的大城市的情况也大抵如此。可见，即便是在今天，农民工对法律服务较高的需求和较低的负担能力这一对矛盾依然突出，向农民工提供免费法

---

[1] 国家统计局：《2013年全国农民工监测调查报告》，国家统计局网站，http://www.stats.gov.cn/tjsj/zxfb/201405/t20140512_551585.html。

[2] 国家统计局：《2013年国民经济和社会发展统计公报》，国家统计局网站，http://www.stats.gov.cn/tjsj/zxfb/201402/t20140224_514970.html。

[3] 国家统计局：《2013年全国农民工监测调查报告》，国家统计局网站，http://www.stats.gov.cn/tjsj/zxfb/201405/t20140512_551585.html。

[4] 北京市发改委、北京市司法局：《北京市律师诉讼代理服务收费政府指导价标准（试行）》，北京市东城区律协网站，http://www.bjdclx.org/cn/NewsInfo.aspx?faid=469&id=795。

[5] 北京市团市委：《北京新生代农民工发展状况专题调研》，中国日报网站，http://www.chinadaily.com.cn/hqpl/zggc/2012-12-25/content_7862073.html。

律援助的必要性和紧迫性依然明显。但是，如果政府主要依靠自身力量开展农民工法律援助，将会面临编制、经费的压力和专业性不足的问题；如果政府主要依靠市场力量开展农民工法律援助，除非提供高额的政府补贴，否则市场的逐利性将会导致很多援助案件无人问津或办案质量较低。因此，成立一批兼具专业性和公益性的农民工法律援助机构成为政府和农民工群体的共同需求。

正是在这样的背景下，北京市农民工法律援助工作站于2005年9月经北京市司法局批准成立，并于2009年7月经北京市民政局批准登记为民办非企业单位，并正式更名为北京致诚农民工法律援助与研究中心（以下简称中心），成为我国第一家以社会专职律师为主体、专门从事农民工法律援助的公益机构，并于2011年7月获得联合国特别咨商地位，实现了我国政法系统社会组织、民办非企业类社会组织和全国各省市社会组织三个领域在获得联合国咨商地位方面"零"的突破。自成立以来，中心通过提供法律咨询、办理援助案件、进行普法培训、开展实证研究等多种方式为农民工提供免费、便捷、专业、优质的法律服务，引导他们合理表达诉求、依法科学维权，为维护农民工合法权益、促进社会和谐稳定做出了自己的贡献。截至2014年底，中心共办结案件9668件，涉及农民工2万多人次，为农民工挽回各项经济损失超过1.7亿元。农民工法律援助的"致诚模式"显现出巨大活力和积极作用。

一 现阶段农民工法律援助的主要特点

2003年，时任国务院总理温家宝为农民工讨薪的新闻成为国内外热议的焦点，一时间，各类针对农民工欠薪问题的专项整治行动在全国范围内迅速展开，农民工法律援助也逐渐走入大多数人的视野。如今，11年过去了，随着经济社会的持续发展，客观环境的改变也为农民工法律援助带来了新的变化。

(一)农民工法律援助的特殊性在减弱

农民工维权案件在最初进入大众视野时就展现出其与众不同的特性,与其他群体的维权案件相比,农民工维权案件以追讨欠薪为主,常常表现为群体性案件,且具有较强的"季节性",多发于年底至春节期间。也就是说,农民工维权案件往往事关工人最根本的生活资料——工资,而且这类案件往往在年底至春节期间集中爆发为群体性事件,社会影响极大。因此,各级政府高度关注农民工维权案件,这也使得农民工法律援助显得尤为特殊。然而,现阶段这种特殊性正在逐渐减弱。

首先,农民工欠薪问题正逐步得到改善(见图1),追讨欠薪已不是农民工法律援助的唯一案由,农民工对社保待遇等其他经济权益的诉求正在迅速觉醒(见图2)。2014年,除了由于临近春节导致年初、年底欠薪案件占比较高以外,在全年12个月中,共有8个月的欠薪案件占中心当月申请案件总数的比例低于50%,7月甚至出现了零欠薪案件的情况(见图3)。

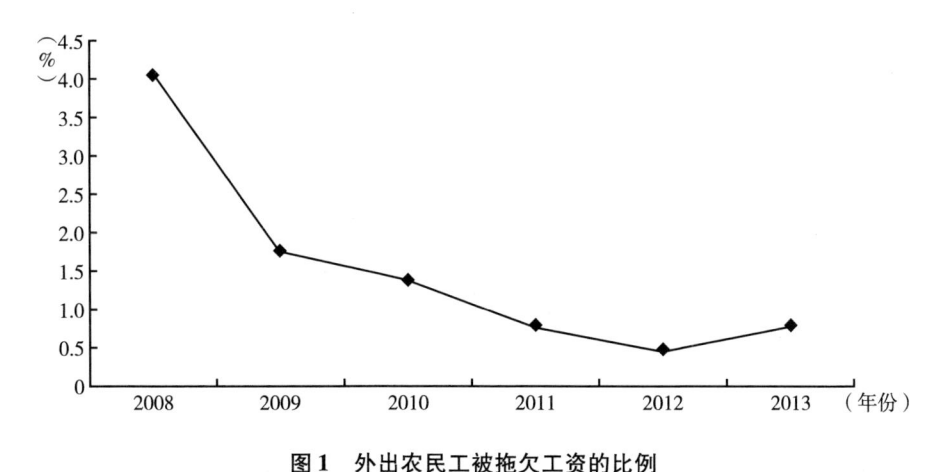

图1 外出农民工被拖欠工资的比例

数据来源:国家统计局《2013年全国农民工监测调查报告》,国家统计局网站,http://www.stats.gov.cn/tjsj/zxfb/201405/t20140512_551585.html。

其次,农民工群体性维权案件的增速逐渐放缓。根据中心于2007年9月、2008年5月、2009年10月、2013年8月、2013年12月和2014年10

人权蓝皮书

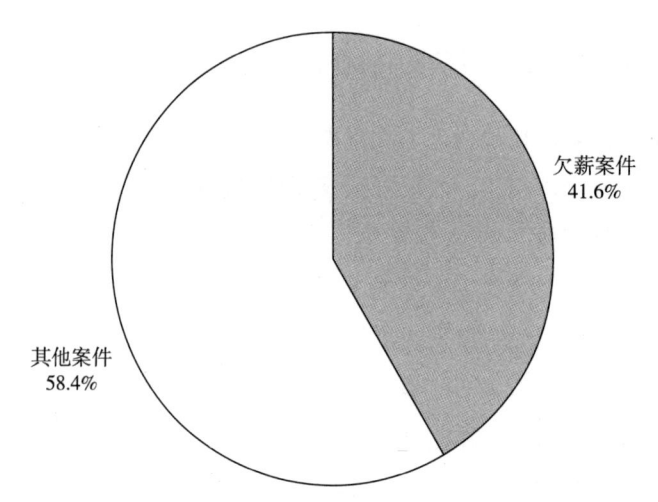

图2 2014年中心欠薪案件援助申请占援助申请总量的比例

资料来源：北京致诚农民工法律援助与研究中心统计数据。

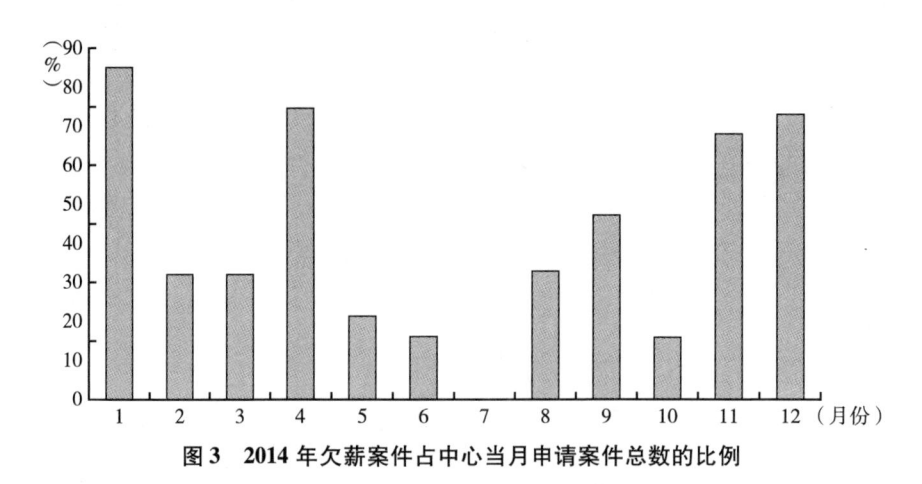

图3 2014年欠薪案件占中心当月申请案件总数的比例

资料来源：北京致诚农民工法律援助与研究中心统计数据。

月对截至该时间点受理的5人以上群体性案件进行的统计，农民工群体性维权案件的增速呈明显放缓趋势（见图4）。

最后，农民工维权案件的季节性特征不再明显。根据中心对2014年农民工法律援助申请量进行的统计，尽管1月的援助申请量依然较大，但也只占到总量的19%，甚至低于7月的援助申请量，而12月的援助申请量更是

农民工法律援助的新进展

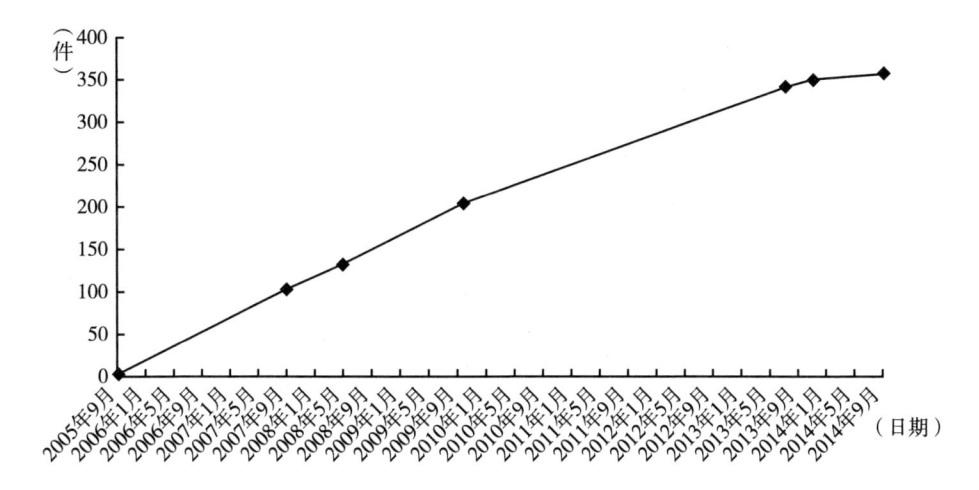

图4 中心5人以上群体性案件

资料来源：北京致诚农民工法律援助与研究中心统计数据。

低于全年平均水平，农民工维权案件多发于年底至春节期间这一季节性特征已不再明显（见图5）。

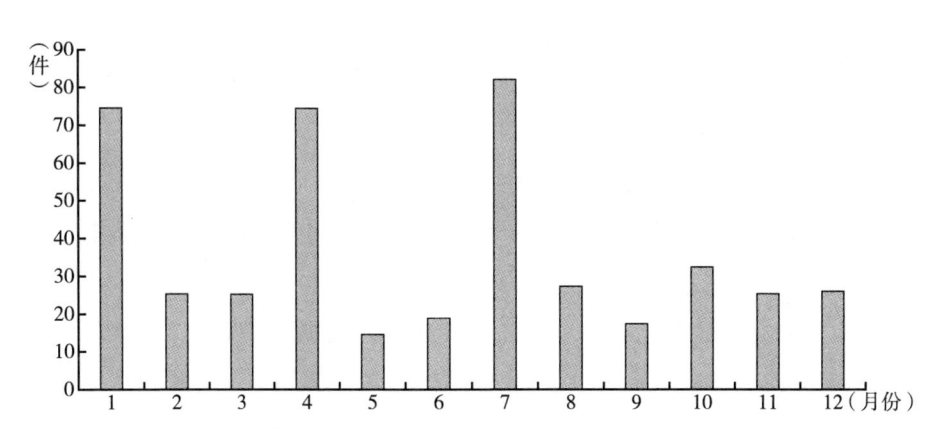

图5 2014年中心援助申请量

资料来源：北京致诚农民工法律援助与研究中心统计数据。

（二）农民工法律援助的复杂性在增强

现阶段，随着我国经济社会的深入发展，单纯的追讨欠薪案件逐渐减

389

少，农民工法律援助已超越劳动争议范畴，朝着多元化方向发展，在案件类型、援助对象、争议内容、法律适用和判决执行等方面出现了许多新情况、新问题，农民工法律援助的复杂性正逐步增强。

一是由劳动争议引发的行政法律援助案件逐渐增多。随着农民工维权意识的增强和相关法律法规的修订实施，由劳动争议引发的行政案件呈上升趋势。除了因不服工伤认定而引发的行政案件以外，还出现了针对安全生产监督管理部门、卫生行政主管部门、社会保险经办机构等部门的行政复议或行政诉讼案件。比如，在杨某等16名农民工工伤赔偿一案中，由于安监部门的错误审批，用人单位将180万元风险抵押金取走，导致本案判决难以执行，于是16名农民工将安监局告上法庭，最终迫使该局拿出38万元对16名农民工给予补偿。

二是农民工刑事法律援助案件逐渐增多。随着越来越多的农民工涌入城市，由于法治观念淡薄，农民工更易成为犯罪行为的实施者和受害人。同时，在经济困难、维权自救、受人胁迫或唆使等客观原因驱使下，一些农民工铤而走险，走上犯罪道路。自2011年底至2014年底，中心共为143名农民工提供了刑事法律援助，其中有131名农民工系2013年以后接受援助，占比高达91.6%。

三是涉及女工特殊权益保护的法律援助案件逐渐增多。随着农民工群体逐步融入城市生活，他们在城市的生活周期更加完整，涉及女工孕期、产期、哺乳期、经期特殊权益保护的案件逐渐增多，仅2014年，涉及女工"四期"保护的案件就占到中心女工申请援助案件总数的60%。

四是农民工涉外劳动争议案件开始出现。随着我国"走出去"战略的深入实施，出国务工人员逐年增加，农民工跨国劳动争议案件开始出现，其中涉及复杂的法律适用问题。比如，农民工刘某被公司派往安哥拉做木工，后来在工作中不慎受伤，不得不回国治疗，但公司不仅拒绝支付欠薪，还要求刘某承担回国的机票和签证费用，由于本案依法应当适用劳动者工作地法律，援助律师在详细查阅安哥拉当地劳动法规的基础上，最终为刘某讨回欠薪。

五是农民工法律援助案件执行过程日趋复杂。执行难是农民工法律援助案件的老大难问题，除了通过混同个人财产与公司财产的方式逃避执行，一些单位还在执行程序上做文章，使得案件执行过程进一步复杂化。比如，农民工王某经历一裁两审终获胜诉，法院在对单位进行强制执行时冻结了法定代表人夏某的个人账户，夏某随即提出案外人执行异议，随后法院进行了执行异议听证并做出执行裁定，但夏某对此裁定不服再次起诉，案件又经过两审方才尘埃落定，最终，王某耗时6年、历经两裁四审才拿到了欠薪，执行过程之复杂可见一斑。

（三）农民工法律援助的司法环境在改善

随着我国劳动法律法规的逐渐完善和全社会对农民工维权案件重视程度的不断提升，在包括法律援助律师在内的社会各界的不懈努力下，农民工法律援助面临的司法环境正在不断改善，许多以往难以获得仲裁委员会和法院支持的案件正越来越多地获得支持。比如，农民工李某在工伤赔偿案件胜诉后请求法院强制执行，却发现用人单位不仅没有为其办理工伤保险，也没有可供执行的财产，导致执行被迫终结。无奈之下，李某依法向社保部门申请先行支付工伤保险待遇。由于社保先行支付虽有法律依据，但在全国绝大部分地区缺乏实施细则，因此社保部门通常不予办理。这一次也不例外，李某的申请被社保部门拒绝。此后，李某将社保部门告上法庭，在援助律师的帮助下，法院最终判决责令社保部门先行支付李某工伤保险待遇中应由工伤保险基金支付的项目。

（四）农民工法律援助的办案难度依然较大

办案难度大是大部分农民工法律援助律师的共同感受，现阶段这一状况仍未改变。从农民工的角度来看，由于他们维权意识依然不强，在争议发生之前往往想不到保留证据，因此农民工法律援助案件依然面临证据不足的问题，尤其是对加班事实的举证显得尤为困难；从用人单位的角度来看，尽管法律法规日臻完善，但部分用人单位逃避用工责任的手段却也不断"花样

翻新"，比如只签一份劳动合同并由用人单位保管，或者通过个人账户运作公司资金以逃避执行；从执法部门和司法部门的角度来看，一方面劳动监察力度有待加强，另一方面案件进入仲裁和诉讼阶段后面临程序复杂、时间长、执行难等问题，维权成本依然较高。

现阶段农民工法律援助的上述特点进一步说明，社会组织在开展农民工法律援助方面具有先天优势。首先，随着农民工法律援助特殊性的减弱，政府不应过于依赖公权力对农民工法律援助进行"拔苗助长"式的推进，而农民工法律援助复杂性的增强则对参与者提出了更高的专业要求，一方面专业性正是政府的劣势，另一方面逐利性也决定了市场无法在公益法律服务中发挥其专业优势。其次，司法环境的持续改善证明，包括中心在内的公益法律社会组织有能力发挥其自身专业优势，在农民工法律援助工作中取得突破性进展。最后，依然较大的办案难度表明，政策制定者有必要针对农民工法律援助面临的主要问题，做出政策和制度上的调整。

二 农民工法律援助的成功模式
——致诚的"六脉神剑"

经过近十年的发展，北京致诚农民工法律援助与研究中心已成为我国最大的专业从事农民工法律援助与研究工作的公益性法律类社会组织。十年来，中心积累了大量值得研究和推广的成功经验，集中体现为"六化"战略。

（一）专职化

中心自成立以来，向农民工群体提供了大量免费法律服务，但办案质量却并未因此降低。仅2014年，通过调解、仲裁、诉讼等方式，中心为农民工挽回各项经济损失近2200万元。免费、高质的服务为中心赢得了良好的社会口碑和民众的了解信任，而良好的服务质量得益于中心工作人员的专职化，即专业化和职业化。

一是专业化。中心仅面向农民工群体这一特定对象，专业办理农民工维权案件，着重加强对农民工维权领域的研究，有效提升了法律服务的专业质量。比如，河南籍农民工王某在工作期间被雇主饲养的狗咬伤，一审时王某聘请了一名并非专门办理农民工维权案件的律师，结果法院判决本案按王某河南老家农村标准计算赔偿金，王某对赔偿数额不满提出上诉，二审时中心律师代理了本案，并运用长期办理同类案件积累的经验和专业知识，最终说服法官支持了中心律师提出的按城镇标准计算赔偿金的请求，更好地维护了王某的合法权益。

二是职业化。中心目前拥有律师和工作人员30多人，其中大部分为办案律师。所有律师和工作人员均从中心领取薪酬，不得向当事人收取任何费用，不得在外兼职或办理商业收费案件。职业化的作用在于，一方面保障了中心的公益性，杜绝了向农民工收取费用或私自办理收费案件的行为，另一方面保障了中心的专业性，使得所有专职律师和工作人员均将工作重心放到农民工维权案件的办理和研究上。

（二）法治化

中心深刻认识到，社会组织作为社会治理的重要参与者，应该充当增加社会信任、增强法律权威的积极因素而非消极因素。因此，作为我国最大的法律类社会组织，中心始终坚持走法治化的发展轨道，始终倡导农民工依法维权，努力维护农民工合法权益。

一是引导农民工依法维权。由于缺乏法律知识、缺乏对社会和法律的信任、难以负担收费法律服务等原因，农民工群体在维权过程中往往采取过激行为。针对这种状况，中心律师始终本着负责任的态度向当事人提供法律服务，尽全力将言行偏激的当事人拉回依法解决问题的轨道。比如，河北籍农民工郭某等68人讨薪两年未果，在绝望之下，他们打算杀死老板后去中南海自首。中心律师承办此案后，及时阻止了他们的过激举动，并劝说他们通过法律途径解决问题。最终，历时三年，他们在律师帮助下拿回了欠薪。

二是维护农民工合法权益。对于当事人缺乏法律依据的诉求，中心律师会认真劝说其放弃并解释理由；对于当事人的欺诈行为，中心律师会在调查甄别后及时制止；而对于当事人合法合理的主张，中心律师会分厘必争，绝不挑肥拣瘦、避重就轻。比如，杨某等16名农民工因罹患尘肺病而将矿方告上法庭，虽然赢了官司却陷入执行难困境，法院提出由矿方支付判决金额70%的调解方案，在案件已经拖了3年多的情况下，当事人被迫打算接受。但是，中心律师抱着为工人争取最大利益的信念，始终坚持赔偿金额不能低于判决金额的90%，最终帮助当事人获得了更大的合法利益。

（三）主流化

社会组织的生存和发展，离不开外部环境的支持，外部空间的大小决定了社会组织作用发挥的大小，争取外部空间的过程就是社会组织主流化的过程，对于法律类社会组织尤其如此。中心的发展经验证明，在主流化过程中，争取政府、行业协会、媒体和其他组织的支持至关重要。

一是积极与政府合作。在保持相对独立性的同时，中心自成立以来，与各级政府有关部门、司法机关、社会团体等建立了密切的联系，就法律业务、人员培训、课题研究、立法修法等方面开展了深度合作。比如，中心应邀就《劳动合同法》修正案、《工伤保险条例》修正案等提出意见和建议；与北京市司法局合作，承接了丰台区148法律咨询热线工作。

二是积极与行业协会合作。中心利用自身专业能力与全国律师协会的行业指导能力进行优势互补，承担了全国律师协会中央专项彩票公益金法律援助项目办公室的具体工作，借助行业协会的力量，在全国超过20个省区市建立起农民工法律援助专门机构，很多地方的律协还对这些机构给予一定的资金支持。此外，中心还将自己在实践中探索出的成功经验，通过行业协会推广到全国，进而推动全行业更有质量地参与到农民工公益法律服务中。

三是积极与媒体合作。中心通过与中央电视台、新华社、《人民日报》等媒体开展深度合作，及时将农民工维权领域的突出问题和研究成果传递给民众和决策者，大力宣传农民工法律援助事业，为政府决策提供了可靠依据，对民众起到了良好的普法效果，有力推动了某些个案的办理进程。比如，媒体与中心合作对肯德基劳务派遣问题、农民工维权成本调查的报道均引起了社会的广泛关注和决策者的积极认可，推动了问题的解决。

四是广泛动员一切社会力量。中心与中国法律援助基金会合作，成立了农民工法律援助基金，解决了民间组织筹集善款时不能给予捐赠者抵税或免税待遇的问题。中心还积极推动律师参与高校法律诊所教育，提供大量大学生实习岗位，培养公益法律事业的后备人才。

（四）综合化

中心始终认为，如果只办理案件而不提供法律咨询和普法培训，就永远只能充当"灭火队"而不能将矛盾化解于萌芽阶段；如果只办理案件而不开展实证研究，就永远只能停留在微观层面而不能通过政策建议惠及更广大民众。因此，中心采取了提供法律咨询、开展普法培训、办理援助案件、开展实证研究、提出政策建议等"五位一体"的综合援助模式。

2014年，中心共接待来电、来访、网络咨询4417例；与司法局、街道办、工会、高校、媒体和其他社会组织合作开展普法培训近20次，直接覆盖2000多人；办结援助案件近700件，涉及农民工852人次。此外，中心自成立以来开展了大量立足实务的调查研究，中心发布的《农民工欠薪问题研究报告》《工伤问题研究报告》《群体性案件问题研究报告》《谁动了他们的权利》系列丛书、《农民工刑事案件研究报告》等一系列研究成果为政府决策提供了可靠依据。正是基于中心在农民工维权领域的大量实务经验和研究成果，中心受邀深度参与了《劳动争议调解仲裁法》《社会保险法》等一系列法律法规的修订起草工作，很多立法建议被最终采纳。

（五）机制化

社会组织的生存和发展，同样离不开科学的内部机制建设，即建立一个良性的内部管理机制和人才培养机制。

一是内部管理机制建设。中心自成立以来，逐步推动机构由个人管理向制度管理方向转变。建立了管理委员会以实行集体决策，通过员工大会讨论出台了员工手册以明确奖惩制度,建立了监督与评估制度以落实激励机制。

二是人才培养机制建设。中心建立了"手把手"人才培养模式,所有新员工都能得到老员工的手把手式培养;搭建了广阔的人才发展平台,为员工设定了专家型人才培养目标和相应的激励机制;建立了人尽其才的分类培养机制,让每个员工找到适合自己的发展方向。

(六)国际化

中心立足国内的法律援助服务,通过主动申报国际合作项目、积极参与国际人权交流活动、密切联系海外法学院等措施,稳步迈向国际,获得了联合国人权高专办、联合国开发计划署等国际组织和政府有关部门的高度认可。2014年暑假,中心筹办了"第二期致诚国际法学人才实践精品班",组织来自哈佛、耶鲁、牛津、中国政法大学等国内外名校的30多名大学生开展公益法学习交流活动,产生了良好的国际影响。

三 现阶段农民工法律援助的主要问题

自2003年"总理为农民工讨工资"事件发生以来,农民工权益维护逐渐受到社会广泛关注,农民工法律援助工作进展迅速,不仅帮助大量农民工通过法律途径讨回了公道,而且更加坚定了广大民众对法律的信念。但是,农民工法律援助在发展过程中仍面临诸多问题,严重制约了农民工法律援助工作的下一步开展。

(一)农民工法律援助的专业化、职业化程度较低

目前,农民工法律援助案件主要是由各级政府建立的法律援助中心的律师或者政府法律援助部门指派的社会律师办理,这种援助模式导致农民工法律援助在专业性和职业化方面存在较大缺陷,不利于保证农民工法律援助质量。

从专业化角度来看,无论是政府法律援助中心的律师还是政府法律援助

部门指派的社会律师,他们办理的法律援助案件类型各异,很多律师每年只能办理一到两件同一类型的援助案件,几乎没有政府法律援助中心只办农民工维权案件。尤其是对社会律师而言,每年他们受指派办理的法律援助案件本就不多,其中的农民工维权案件更是少之又少。因此,尽管政府法律援助中心律师或受指派的社会律师本身的法律职业素养不低,甚至有些律师已经在某些领域取得了突出成绩,但并不意味着他们在自身缺乏实践和研究的农民工维权领域也能表现出同等的专业性。总体而言,现行法律援助模式很难提升农民法律援助的专业化程度。

从职业化角度来看,一方面,政府法律援助中心的专职律师人数很少,截至 2013 年底,我国执业律师总数已超过 25 万人,其中法律援助律师只有 5400 多人,仅占律师总数的不到 2.2%[①];另一方面,对政府法律援助部门指派的社会律师而言,办理法律援助案件只是他们履行社会责任、完成法定义务的行为,法律援助案件只占社会律师办理案件总数的很小一部分,并非他们的主业。可见,法律援助律师的职业化程度整体较低,专职从事农民工法律援助的律师更是凤毛麟角。

(二)农民工法律援助中"重案件办理、轻矛盾化解"的问题依然存在

农民工法律援助是引导农民工依法维权、维护农民工合法权益的一项制度安排,也是农民工权益维护与社会和谐稳定之间的一堵防火墙。因此,农民工法律援助的根本目的是在维护农民工合法权益基础上化解社会矛盾,再高超的办案技巧也只是实现这一目的的手段。但是,在现行法律援助模式下,尽管法律咨询和普法宣传得到越来越多的重视,但农民工法律援助的内容仍然局限于案件承办,而没有与普法、咨询、培训、研究、提出立法和政策建议等环节有机结合起来,不利于社会矛盾的化解。

---

① 《2013 年我国律师工作取得新进展》,中国律师网,http://www.acla.org.cn/html/industry/20140307/15447.html。

一方面，农民工法律援助处于被动接受援助请求的状态。在现行模式下，法律援助中心往往需要等到矛盾已经出现甚至激化，农民工找上门来的时候，才能被动提供法律咨询或承办案件。由于法律援助中心的专职律师很少，法律援助部门指派的社会律师又不以法律援助为主业，而且其法定义务也仅限于案件办理，因此很难组织力量主动出击，通过普法宣传、法律培训等手段将矛盾化解在萌芽状态。

另一方面，农民工法律援助的实务与研究处于相互脱节的状态。高校等学术机构的研究缺乏实践经验的支撑，往往容易"不接地气"；法律援助中心的专职律师人员有限，缺乏足够的研究力量；法律援助部门指派的社会律师在市场逐利性的影响下，能够高质量完成指派案件的办理已属不易，很难要求他们再对公益法律领域进行深入研究。因此，由于缺乏实证研究，政策制定者和立法机构很难得到高质量的建议，从而很难通过科学的立法和制度改革解决农民工领域的相关问题，从根本上化解社会矛盾。

（三）从事农民工法律援助的专业性公益法律社会组织发展滞后

致诚"六化"战略的成功经验表明，农民工法律援助的专业化和职业化可以通过建立专业性的公益法律社会组织予以弥补，这些组织既拥有从事农民工法律援助的专职律师和工作人员，又不受市场逐利性的影响，愿意承担普法、咨询、培训、办案等各项任务，而且有很高的意愿通过实证研究提出立法和政策建议，进而推动立法和制度改革。但是，目前我国从事农民工法律援助的专业性公益法律社会组织的发展严重滞后。从规模上来看，作为国内最大的公益法律社会组织和最早专门从事农民工法律援助的机构，北京致诚农民工法律援助与研究中心也仅有 20 多名专职律师，即使加上中心在全国 20 个省区市管理、支持或协调的 28 家农民工法律援助专门机构，专职律师总人数也才刚刚过百，仅相当于一个中等大小律师事务所的规模。从资金上来看，在政府购买模式还未发展起来的情况下，经费问题已经成为公益法律社会组织面临的最大挑战，严重制约了公益法律社会组织在弥补政府专业性、抵消市场逐利性中的作用发挥。

（四）劳动争议案件高发与争议处理模式低效之间的矛盾依然存在

近年来，包括农民工维权案件在内的劳动争议案件呈逐年上升趋势，劳动行政部门、仲裁委员会和法院均有不堪重负之苦。究其原因，除了经济社会转型期社会矛盾凸显、劳动法律法规逐步完善、农民工维权意识不断增强等外部因素，劳动争议调处部门本身也存在问题。一方面，劳动保障监察力度不够。劳动争议源于两种行为，一是违法行为，即用人单位违反劳动法律强制性规定的行为；二是违约行为，即用人单位或劳动者违反双方约定的合同义务的行为。其中，违法行为应由劳动行政部门运用其行政执法权予以查处。但是，目前大量用人单位的违法行为无法通过劳动保障监察部门予以纠正，只能进入仲裁环节；另一方面，劳动争议仲裁缺乏终局效力和司法监督，从中心的实践来看，约有40%的劳动争议案件以调解或和解方式结案，只有不到10%的案件通过仲裁裁决结案，超过50%的劳动争议案件通过法院判决结案。这样一来，很多案件在劳动行政部门、仲裁委员会、法院等三个部门走完一遍后才能终结，不仅大大增加了农民工维权成本，也浪费了宝贵的公共资源。

四 推动农民工法律援助健康发展的对策建议

现阶段农民工法律援助面临的突出问题，不仅制约着农民工法律援助的健康发展，而且不利于化解社会矛盾和维护社会和谐稳定，需要政策制定者、立法者和公益法律社会组织等相互合作、共同解决。

（一）推广政府购买模式，促进公益法律服务社会化

针对农民工法律援助专业化、职业化程度不高，案件办理与普法、咨询、培训、研究、建议等环节相脱离等问题，建议通过政府购买服务的方式，推动农民工法律援助等公益法律服务社会化。

一是由政府支持建立一批从事农民工法律援助的公益法律社会组织，由

这些组织提供法律援助服务供政府购买，这些组织的专职律师不得办理任何收费案件，且对当事人完全免费。初期可在北京推动建立1~3家专门机构，配备200名左右专职律师和工作人员；在各省会城市推动建立30家左右专门机构，每家机构配备30名左右专职律师和工作人员。各专门机构的办案、办公、人员工资、培训、管理和宣传费用等由政府购买服务的费用支付，总预算不超过2亿元。如果试点取得良好效果，可根据需要在全国推广这种模式。

二是公益法律社会组织在获得政府购买服务的资金后，不仅要办理农民工法律援助案件，还要提供法律咨询、普法培训、实证研究等综合法律服务，并接受政府有关部门的监督和评估。

通过政府购买的方式推动公益法律服务社会化，可以在不占用政府编制、不增加资金投入的情况下获得比单纯办理案件的旧援助模式更全面的法律服务，可以更有效地利用社会资源，并通过引入竞争机制提升法律援助服务质量。

（二）完善培养与评估机制，提高法律援助服务专业性

针对现有的公益法律社会组织和未来可能建立的由政府财政资金或其他社会公共资金资助的公益法律社会组织的自身建设问题，建议建立健全培养与评估机制，推动并督促公益法律社会组织加强能力建设，从而进一步提升法律援助服务的专业水平。

一是建立健全公益法律社会组织培养机制。建议采取自愿申报、资格审核的方式，确定一批公益法律社会组织作为重点培养对象，通过开展职业理想和职业道德教育、法律业务知识培训、矛盾化解能力培训、机构管理能力培训等方式，提升公益法律社会组织提供法律援助服务的能力和水平。

二是建立健全公益法律社会组织评估机制。建议对纳入培养计划的公益法律社会组织实施监督、评估和激励措施，对他们的业务能力、办案质量、资金使用等进行全面考核，对符合要求的机构给予资金和政策支持，提升公益法律社会组织加强自身能力建设的主动性和自觉性。

（三）加强劳动保障监察力度，提高劳动争议处理效率

针对劳动争议处理模式的低效问题，建议赋予劳动保障监察部门一定程度的强制执行权，进一步增强劳动保障监察力度，努力将用人单位违反法律强制性规定而导致的劳动争议案件终结在劳动保障监察阶段。

国务院《劳动保障监察条例》赋予了劳动保障监察部门调查、检查和做出行政处罚的权力，但却没有赋予其强制执行的权力，导致许多处理决定无法执行。比如，针对用人单位的欠薪行为，劳动保障监察部门可以做出责令其限期支付的劳动监察指令书，但是仅凭劳动监察指令书却无法向人民法院申请强制执行，一旦用人单位拒绝履行，农民工只能再去申请劳动仲裁。因此，建议赋予劳动保障监察部门查封、扣押等强制执行权，加强劳动保障监察力度，提升用人单位违法行为的查处效率。

（四）探索劳动争议仲裁制度改革，降低农民工维权成本

针对劳动争议仲裁制度中存在的裁而难决问题，建议专门研究劳动争议仲裁制度的改革方案，努力降低农民工维权成本，节约公共资源。

一是研究裁审分离、各自终局的改革方案。该方案借鉴商事仲裁的制度设计，将选择仲裁或起诉的权利赋予劳资双方，一旦双方达成通过仲裁解决争议的协议，则该争议适用一裁终局，法院不再拥有管辖权。这一方案可以极大提升劳动争议解决效率，但也对仲裁员的职业操守和业务水平要求极高。

二是研究一裁一审、一审终局的改革方案。该方案仍将仲裁作为解决劳动争议的前置程序，但是该争议起诉到法院后，不再"另起炉灶、全盘重来"，而是将诉讼程序实际上变为仲裁的上诉程序，实行一审终局。这一方案既提高了争议解决效率，也兼顾了对仲裁的司法监督，但对仲裁员素质要求较高，且需要对现行法律和制度体系进行较大调整。

三是研究取消仲裁、强化监察的改革方案。该方案主张将仲裁委的资金和人力投入劳动行政部门，试图将违反法律强制性规定而导致的劳动争议案

件终结在劳动监察阶段。这一方案既提高了劳动争议解决效率，也不会导致法院受案数量剧增，但需要对现行法律和制度体系进行重大调整，改革成本较高。

（五）坚持合作而非对抗，正确处理公益法律社会组织与政府、司法机关和其他各方的关系

针对目前公益法律社会组织发展滞后的问题，除了政府以购买服务的方式推动公益法律服务社会化以外，公益法律社会组织自身也应当反思并处理好其与政府、司法机关和其他各类组织的关系。

一是处理好与政府、司法机关的关系。公益法律社会组织经依法登记注册，独立开展法律服务工作，应当保持其相对独立性，但同时也必须与政府、司法机关等建立沟通合作机制，既要维护好当事人的合法权益，也要在当事人提出无理诉求时做好罢访息诉的说服工作，推动实现社会公平正义。

二是处理好与其他各类组织的关系。一方面，公益法律社会组织的工作开展需要得到行业组织、工会、高校等各类组织的支持。比如中心与法学院诊所教育的合作，不仅可以引导学生参与劳工权利维护等公共法律事务，而且为自身提供了潜在的后备力量。另一方面，除了政府购买服务，律师行业的捐助、企业及公民的个人捐赠、国际组织的项目资助也是公益法律社会组织的重要资金来源。

B.24
社会组织的新发展及其在人权保障中的作用：以武汉市为例

丁鹏 张万洪[*]

摘　要： 在2014年，由于开放登记注册、强化政府购买、创新管理机制等方面的原因，中国社会组织实现了蓬勃发展，其通过公共服务与倡导，全面促进人权保障的能力和影响力都显著增强。在未来，社会组织有必要进一步提升其人权意识和法律服务领域的专业性，以在人权保障领域发挥更大作用。

关键词： 社会组织　人权　公共服务　倡导

中国当前有关社会组织法律及政策体系的探索创新，有利于妥善处理国家与社会、政府与民间等错综复杂的关系，形成政府、企业和社会组织互动合作、良性循环的社会结构。社会组织的角色分工明确，实际作用提升，既是进一步推动社会转型、促成政府改革和职能转变、建设现代政府的需要，也是全面落实依法治国、建设法治社会的需要，对于人权保障和实现具有深远意义。

2014年10月23日，中国共产党第十八届中央委员会第四次全体会议审议通过了《中共中央关于全面推进依法治国若干重大问题的决定》，明确

---

[*] 丁鹏，法学硕士，武汉东湖社会发展研究院院长、武汉大学公益与发展法律研究中心研究员，主要研究方向为人权法。张万洪，法学博士，武汉大学法学院副教授、武汉大学人权研究院副院长、武汉大学公益与发展法律研究中心主任，主要研究方向为法理学、人权法。

提出要加强社会组织立法。该《决定》全文8次提及"社会组织"一词，在11个章节中对社会组织改革发展和作用发挥做出新部署、提出新要求达20余处。《决定》强调社会组织必须以宪法作为根本活动准则，积极发挥其在立法协商、普法和守法、推进法治社会建设等方面的作用，并首次明确提出了"加强社会组织立法"。2013～2014年度，中国社会组织蓬勃发展，在人权保障、法治社会建设、社区治理创新、公民文化培育等领域发挥了日益重要的角色。本报告基于对湖北武汉的实例分析，总结社会组织在人权保障领域的最新发展情况，并提出了一些反思和发展完善方面的建议。

一 社会组织的新发展与公民结社权的实现

社会组织的存在本身就是公民结社权的体现。建立健全社会组织管理和服务制度，鼓励、支持社会组织蓬勃发展，即是为公民结社权的保障和实现提供了有利条件。2014年，从中央到地方，共出台了百余项促进社会组织发展的公益慈善政策，其中包括落实和完善公益性捐赠免税政策，通过股权捐赠、慈善信托试点等推出更多鼓励慈善的措施，通过公益创投、金融创新来优先发展具有扶贫济困功能的社会组织，以及强化社会组织行业自律和社会监督等方面的内容。

尤为重要的是，依照2013年《国务院机构改革和职能转变方案》的明确要求，对行业协会商会类、科技类、公益慈善类和城乡社区服务类等4类社会组织的直接登记工作在全国和地方各级层面都在逐步试点和铺开，有序进行。① 截至2014年9月底，全国共有27个省、自治区和直辖市开展或试行了社会组织直接登记工作，有18个省、自治区和直辖市先后出台了推进

---

① 应该指出，自2011年下半年起，中国民政部门已经逐步开始对公益慈善类、社会福利类、社会服务类社会组织实施直接登记。这是民政部推广北京模式、深圳模式的结果，当时还不是一项集中且大规模开展的工作，但已经预示着中国社会组织管理制度的一个发展方向。梳理这个脉络，有助于我们认识当前社会组织蓬勃发展的背景及前景。相关文献可参阅陆璇、林文漪《2012年度中国公益法律政策发展报告》，载朱健刚主编《中国公益发展报告（2012）》，社会科学文献出版社，2013，第225～226页。

社会组织登记制度改革的相关政策文件。全国直接登记的社会组织约 3 万个，占同期登记的社会组织 40% 以上。其中，广东、安徽、江苏、浙江、北京等省市直接登记的社会组织数量较多，行业协会商会类和公益慈善类社会组织所占比例较大。①

此外，2014 年 11 月 25 日中国残联在其官网公布与民政部联合出台的《关于促进助残社会组织发展的指导意见》，加大了对助残社会组织的支持力度。该《意见》将助残社会组织纳入公益慈善类等社会组织范畴，实行直接登记制度。《意见》还要求优化助残社会组织的发展环境，支持助残社会组织优先进驻现有社会组织孵化培育中心，探索整合利用各级残联、民政部门现有综合服务设施或服务场地，为初创期助残社会组织提供支持。②

基于这些政策，武汉市以细化规定的形式进一步扩大了直接登记的社会组织范围。自 2013 年 5 月 1 日开始，在武汉市成立行业协会类、科技类、公益慈善类、城乡社区服务类、社会福利类、文娱类、生态环境类等 7 类社会组织（后 3 类是新的细分），发起人或发起单位只需直接向市、区民政部门依法申请登记即可。③ 同时，取消行业协会"一业一会"的非竞争性限制，放宽社会团体会员地域限制，放宽异地商会登记限制，降低社会组织注册资金门槛，成立社会组织的注册登记资金由 3 万元下调至 1 万元，除法律法规规定外，成立社区社会组织和公益性社会组织零注册资金。④ 这些改革举措有效促进了当地社会组织的发展。

---

① 中民研究：《年终盘点：2014 年慈善政策大汇总》，中国公益慈善网，http://www.charity.gov.cn/fsm/sites/newmain/preview1.jsp? ColumnID = 362&TID = 20141218090402939181100。
② 顾磊：《助残社会组织可直接登记》，《人民政协报》2014 年 12 月 2 日，第 9 版。
③ 这个做法比 2014 年 4 月 1 日起实施的《上海市社会组织直接登记管理若干规定》早一年，与在全国率先开展直接登记的北京只相差一个月。其应与 2012 年湖北省开始推行社会组织直接登记试点有关。2012 年开始试点的还有浙江宁波、温州，江苏太仓等地。相关信息参见《中国社会组织发展专刊》，公益时报网，http://www.gongyishibao.com/zhuan/shzzfzzk/。
④ 武汉市民政局：《市民政局关于简化社会组织登记事项的通知》，武汉民政网，http://www.whmzj.gov.cn/News_View.aspx? id = 11573。

据统计,在 2014 年度武汉市新培育发展各类社会组织 1352 个,总数达到近 5000 个,其中民办非企业单位约占六成。[①] 据当地民政部门的发展规划,自 2015 年起的两到三年内,武汉市社会组织总量将达到 1 万个,从业人员超过 10 万人。

二 社会组织全面参与促进人权保障

社会组织数量的迅速增加,与政府购买社会服务、支持组织孵化、完善监管评估等政策联系起来,意味着社会组织在诸多人权保障领域的工作有了更大影响力。就一般而言,社会组织参与人权保障,主要集中在残障人、儿童、老年人的服务照顾,妇女、劳工权利的保护,以及环境保护等议题。其中,既有经济社会文化权利的实现,也有法律援助、获得司法正义与公正审判等公民权利及政治权利的保障。

除了北京、上海、广州、深圳等发达城市对社会组织的投入与支持令人瞩目[②],像湖北武汉这样的中西部区域中心城市,也开始在社会组织发展领域探索出不少新做法。事实上,考虑到成本投入、可复制性等,后者更具有典型意义,能够反映出全国大部分地区的一般发展水平和趋势。本节以湖北武汉为例,揭示其通过对公益性社会组织的扶持,培育出一批专业化程度较高的社会组织,开发出一系列有影响的社会公益项目,形成了政府提倡、社会组织实施、社会各界广泛参与的良好局面,[③] 为扶贫济困、保障民生,创新社会治理、实现社会正义、保障各项人权奠定了基础。

1. 社会组织参与人权保障工作更加多样化

在政府购买服务政策的强力推动下,社会组织提供公共服务、维护人民

---

① 源自武汉市民政局社会组织管理处的统计数据。
② 例如截至 2014 年 12 月底,上海已有社会组织 12363 个,其中社会团体 3909 个,民办非企业单位 8255 个,基金会 199 个,其社会组织总量、民办非企业单位的比例以及政府资助力度都远超全国省会城市的平均发展水平。数据来自上海社会组织网,http://stj.sh.gov.cn/Info.aspx?ReportId=570fca41-436f-4003-87d3-e20ca6c5bb0c。
③ 张福先等:《武汉打造公益之城》,《中国社会组织》2014 年第 24 期。

基本权利的工作越来越全面而多样。2011年，民政部发布《中国慈善事业发展指导纲要（2011－2015）》，其中明确提出要建立和实施政府购买服务制度，推动政府购买社会组织服务。2012年，民政部联合财政部出台的《关于政府购买社会工作服务的指导意见》加大了政府对社会工作的财政支持力度。2013年9月，国务院办公厅公布《关于政府向社会力量购买服务的指导意见》，将政府购买社会组织服务上升为更有影响力的政策。同年12月，财政部下发《关于做好政府购买服务工作有关问题的通知》，继续落实相关政策。

在此背景下，2014年初，湖北省发布《湖北省人民政府办公厅关于政府向社会力量购买服务的实施意见（试行）》，要求加强和创新社会管理，推进政府职能转变，改进政府提供公共服务方式，加大政府购买服务力度。与此同时，按照武汉市政府办公厅印发的《关于加快推进政府向社会力量购买服务的意见（试行）》的要求，武汉市民政局组织实施了政府购买服务工作，制发《市民政局办公室关于推进政府购买服务的实施方案》，将社区事务类、社会救助类、社工服务类、社会福利类、公益慈善类五大类（15小类）纳入购买服务范围，并安排资金1493.6万元，重点投向社区服务、养老服务、社会救助、灾害应急培训、社工服务以及社会组织评估等。[1]

其中，武汉市武昌区政府运用"公益创投"这一新形式开展为老服务项目，引入第三方社会组织服务机构来管理协调，注重居民的真实需求和基本权益，充分激发各方力量以多种形式开展细致入微的社区老年人服务，成效显著。同时，当地政府积极寻求企业资源参与社区服务，以项目化运作创新服务模式，以政府种子资金推动民间资本参与养老服务，真正让社区老年人享受到社会治理创新的成果。[2] 再比如湖北省妇联开展首届"公益木兰"妇女儿童公益服务项目创意大赛，2014年共面向湖北省各级妇联和社会组织征集妇

---

[1] 付文：《武汉民政买社会服务，试点从市级扩至社区》，《人民日报》2014年4月23日，第13版。

[2] 2014年度武昌区"公益创投大赛最受老年人喜爱的十大项目"，即涵盖了扶贫、残障、心理健康、法律维权等诸多方面的细分议题。参见齐云《武昌首届公益创投赛3企业认捐公益养老项目》，长江网，http://news.cjn.cn/24hour/wh24/201409/t2546002.htm。

女儿童公益服务项目达286个，最后入围项目50个，涵盖留守流动妇女儿童关爱、妇女儿童素质提升、家庭建设、妇女儿童权益维护以及实事帮扶5个类别，服务覆盖受益人群50万人。这些项目面向基层普通妇女，注重妇女儿童基本权益维护，意在搭建妇女儿童需求、社会组织服务和社会资源支持的对接平台，运用社会工作的理念、方法和手段，为妇女儿童和家庭提供个性化的专业服务。① 各个领域的社会组织开展了多种多样、因地制宜、贴近日常生活的服务，为老人、妇女、儿童、残疾人等群体实现基本权利提供了坚实保障。

2. 社会组织参与人权保障工作更加体系化、规范化

随着各地社会组织服务机构的突破性发展，社会组织参与人权保障工作也更加体系化、规范化。在2014年，社会组织服务中心、促进会、联合会、孵化基地、公益创投园……各种形式的社会组织服务机构频频出现在新闻报道和公众视野。社会组织服务机构正逐步建成社会组织的大本营、公益资源的集散地以及社会公共服务的策源地，这是应对政府机构改革简政放权的必经之路，同时也是建设社会组织服务机构，让社会组织参与人权保障工作的服务成体系、更规范的必要举措。②

与此相应，武汉市将实施社会组织孵化园计划写进了全市政府工作报告，并纳入了市委市政府绩效考核目标，在2014年初步建立了以区、街道、社区三级社会组织为孵化基地的网络雏形。其中武昌区社会组织孵化园已于9月正式投入使用，民政部、省、市领导多次到孵化园调研，给予好评。江岸区、江汉区已完成选址和招标，2015年初完成装修并投入使用。与此同时，江汉区3个街道已完成选址，硚口区1个街道孵化园已投入使用。③ 这

---

① 姚鹏：《湖北妇联"公益木兰"妇女儿童服务项目创意大赛》，《中国妇女报》2014年11月25日，第1版。
② 高一村：《全国社会组织服务机构建设开启"破冰"之旅》，《中国社会组织》2015年第1期。
③ 源自武汉市民政局社会组织管理处的统计数据。笔者从当地民政管理部门获悉，社会组织孵化园工作将于2015年在武汉市全面推开。政府将进一步加强对创立初期的公益组织提供办公场地、办公设备、注册协助、种子基金、能力建设、发展指导等关键性支持，探索符合武汉实际、具有武汉特色的社会组织"孵化—培育—扶持"体系。

些服务机构旨在为社会组织提供初期孵化、政策咨询、人员培训、项目指导等集约化服务，指导帮助社会组织不断发展壮大。社会组织提供基本公共服务、参与人权保障工作，在政府引导和法律规范下，逐步从零散的、临时的志愿行动，转变为成体系的、可持续的专业工作。

同时，地方政府通过与枢纽型社会组织以及高校科研机构合作，主办公益与法律类的专题培训，促进了社会组织的专业化和规范化发展。例如2014年12月，"武汉市社会组织领导力建设培训"在武汉大学开班。培训为期3天，涉及广泛的议题，有宏观政策与立法解读，有中观的机构管理和项目管理技能，也有微观的法律实务、传播策略等。[1] 通过这类培训和交流活动，社会组织管理服务部门以及社会组织负责人的人权意识和法律能力都得到了增强。

此外，武汉市将"2014年社会组织评估项目"作为全市推进政府购买服务的试点，采取公开招投标方式，按照"政府指导、社会参与、独立运作"的工作机制，对近200家社会组织进行评估。其中，对社团实行综合评估，对民办非企业单位实行规范化建设评估。其中，一些指标涉及内部治理结构与程序、信息公开、员工的劳工权利保障以及职业道德规范等方面，都与公民的结社、知情、参与、劳动等基本权利相联系。这些工作进一步促进了社会组织对依法加强自身规范化建设的重视，也为政府完善社会组织相关立法、保障公民结社权积累了重要经验。

3. 社会组织参与人权保障工作体现出扎根社区的特点

社会组织迅速发展，除了实现公民的结社权利，其参与促进各项人权保障工作的最重要特色在于扎根社区，提供公共服务，参与公共倡导，全面促进经济社会文化权利、公民权利及政治权利的实现。具体体现在以下几个方面。

第一，社会组织的服务直接在社区层面促进人权的全面实现。在服务对

---

[1] 武汉市民政局：《市民政局举办社会组织领导力建设培训》，武汉民政网，http://www.whmzj.gov.cn/News_View.aspx?id=15014。

象上,对残障人、老年人、儿童(特别是农民工子弟)、妇女(特别是家庭暴力受害人)、农民工等群体的权利保障目前是许多社会组织的工作重点。为这几类群体提供的服务在性质上也更契合社会组织在基层社区内的工作,亦即从社区居民真实的需求出发,依托政府购买,通过专业社工和志愿者的力量,提供上门到户的便捷服务,同时接受全过程的监测与评估,最终达到保障权利的目标。

在服务性质上,居家和社区的养老服务,残障人照顾和支持服务,以及社会救助等,属于实现特定人群社会保障方面的权利。此外,社会组织为社区居民提供平等的文体、教育、就业、医疗卫生等方面的服务,也属于对相应的经济社会文化权利的保障。而其开展的人民调解、法律援助、安置帮教、社区矫正等工作,则属于公民权利及政治权利保障的范畴。由于这些服务都以社区为基础,在当地社会组织的工作中常常不分彼此或很容易融合起来,其工作性质可谓十分贴合"人权各项内容不可分割"这一原则。

仍以武汉为例,2014年1月,武汉市武昌区被民政部确定为"全国社区治理和服务创新实验区"。根据实验方案,2014~2016年,武昌区率先探索推行政管理体系改革,构建社会工作体系,以形成党委领导、政府负责、社会协调、公众参与的多元社区治理格局。试点社区围绕"发展培育社会组织、解决社区发展之困",积极探索社区、社工、社会组织三方联动的模式,充分尊重居民的基本权利,在团队基础上引导成立了公益、互助、体育、文艺等类别的多个社区社会组织,这些组织在提供公共服务、缓解社会矛盾、促进人权保障等方面正发挥着越来越重要的作用。①

第二,在公共服务之外,社会组织还有一定的公共倡导功能,包括参与当地的立法咨询、决策听证以及影响性诉讼等。其中尤为值得注意的是社会组织代表社区居民参与公益诉讼方面的发展。2014年4月,十二届全国人大常委会第八次会议审议通过新修订的《环境保护法》,首次以法律形式确

---

① 徐昌洪、戴新红:《武汉市武昌区:社区社会组织聚人心》,《湖北日报》2014年10月22日,第5版。

立社会组织在环境公益诉讼中的主体资格和认定标准。同时，最高法、民政部、环保部联合下发的《关于贯彻实施环境民事公益诉讼制度的通知》，为支持社会组织参与环境保护提供了更为全面的法律保障。同年9月，江苏省泰州市环保联合会就6家企业非法倾倒案提起公益诉讼，泰州市中院一审判决6家企业赔偿1.6亿元，这是迄今为止全国环保公益诉讼中民事赔偿额最高的案件，引发社会广泛关注。①

此外，通过社会组织的工作，一些通常被忽视的社区弱势群体，也可以进入公众的视野，发出自己的声音，引起关注，影响社区决策。例如在湖北武汉等城市的社会组织发展经验中，研究者发现，通过轮椅或拐杖出行的居民，他们对各种无障碍通道建设的需求，就可以通过对应社群的组织传达出来。再比如当地某社区的自闭症儿童及其家长（或精神障碍者及其家长），也可以通过相关的公共服务项目，让社区居民理解其处境，尊重其平等参与社会生活的权利，争取在社区内的活动空间。因此，在社区内发展社会组织、提供公共服务，对于充分协调社会各方力量、针对不同人群提供不同服务、摆脱政府办社会的困境、提高社区服务效率、提升社区工作的人权品质具有现实意义。②

第三，在服务和倡导之外，社会组织的发展也能有效促进社区居民参与公共事务以及人权文化的形成。社会组织的宗旨是为了社会公益，在这一宗旨的指导下，公民在接受社会组织服务、参与公益活动的同时，能够获得对法治社会的认同感并树立起社会责任心。③为此，在2014年度，武汉市民政局与长江日报社、长江网和武汉电视台合作，启动了2014武汉市社会组织公益项目选拔大赛。经过项目报名、资格审查、媒体公示、网上投票、社区路演、20强评审、社企对接7个阶段，该活动吸引了全市400多家社会

---

① 《2014年社会组织十件大事》，中国民政部网站，http://www.mca.gov.cn/article/zwgk/gzdt/201412/20141200753967.shtml。
② 丁鹏：《试析社区治理创新如何促进法治与人权文化》，中国人权网，http://www.humanrights.cn/cn/zt/tbbd/51/5/t20141118_1209989.htm。
③ 蒋传光：《公民身份与公民参与：法治中国建设的关键要素——以社会组织培育为例》，《浙江社会科学》2014年第6期。

组织参与、2000余万人次投票,并先后到多个社区展示社会组织公益项目,近万人次参与,取得了良好的社会效益。① 社会组织与广大社区的深入互动,营造出一种公民认同、社区参与、以权利为基础的和谐发展氛围。

三 社会组织促进人权保障的反思、展望与建议

如前所述,在2014年度,由于开放登记、强化政府购买、创新管理方式等方面的原因,中国社会组织实现了蓬勃发展,其参与人权保障事业的能力和影响力都进一步提升。与此同时,在未来社会组织的继续发展中,应该着重加强以下几方面的工作,以充分发挥社会组织参与人权保障的作用。

1. 社会组织本身的人权和法律意识有待提升

当前各地的社会组织实际上在基层社区从事着大量广泛而深入的人权保障工作,但这些组织机构本身常常缺乏人权意识,并没有将各种类型的服务、倡导工作纳入人权框架。这在一定程度上缘于社会组织管理及服务机构缺乏人权视角。因此,通过人权教育项目,进一步增强地方政府和社会组织管理及服务机构的人权意识,在为社会组织提供的项目支持、能力建设方案中纳入人权视角,无疑有助于中国人权事业在广大社区的落地与蓬勃发展。

另外,在社会组织的内部治理中,也比较缺乏法律和权利意识。例如,在笔者参与的武汉等地的社会组织培训中,其设置的社会组织法律实务课程,引发了参训人员的强烈反响。事实上,社会组织与员工签订劳动合同、与志愿者签订权利义务相称的服务协议,以及避免工作场所的歧视与恶意环境等,均可谓社会组织以身作则、尊重人权的基本要求。再比如,直接登记的社会组织数量迅速增长,给地方民政部门有限的监管力量带来了挑战。社会组织强化自身的法律意识,也是严格依照法律框架对外开展活动、提供服务并接受社会监督的必然要求。这需要更多公益法律类社会组织以及律师的

---

① 王志新等:《武汉社会组织迎来发展春天》,《长江日报》2014年12月15日,第6版。

志愿法律服务来为同行提供专业支持①，也需要在社会组织能力建设、规范化建设评估过程中列出更明确的人权与法律指标。

2. 社会组织运用法律服务社区的专业能力需要加强

2014年，各类社会组织服务机构的涌现，为社会组织获得专业化发展提供了良机。社会组织有必要提升其在法律服务领域的专业能力，以更好地保障社区居民的基本权利。为此，社会组织管理及服务机构应特别注意到：第一，在公益创投等各种形式的政府购买服务项目中引导社会组织关注本地社区的重大法律需求，例如邻里纠纷解决、婚姻家庭和谐、人身损害赔偿、环境污染防治等当地居民急需的法律服务。第二，在对社会组织工作人员的专业培训与支持中，纳入法律人的力量，例如大力发展"司法社工"，对保障未成年人、残障人等特殊群体获得公正司法的权利尤为重要。

---

① 在此方面，上海复恩社会组织法律服务中心在2014年度发布的《中国社会组织法律实务指南》是一个很好的参考资料，值得推广传阅。不过其中并未强调平等、非歧视等人权原则。

B.25
中国民众反腐败观念调查报告

张永和　朱林方　刘耘芸　周力　严冬　尚海明　钟科　肖武*

摘　要： 十八大以来，以习近平为总书记的新一届党中央以空前力度铁腕反腐，取得了令人瞩目的成效。人民群众是反腐败的重要依靠力量，系统考察人民群众关于腐败的认知、期待与评价极为重要。调查发现，我国民众对腐败内涵的认识较为宽泛和模糊，有将不属于腐败的行为"联想"为腐败的扩大化理解倾向。民众认为，我国腐败状况较为严重，以政治和行政领域为甚，"权力中间地带"的官员更易腐败，拜金型腐败最为突出，贿赂等交互性腐败最为典型。"贪图财富"被认为是官员选择腐败的直接原因，权力没有受到有效的监督和制约被认为是导致腐败的根本原因。对于如何防治腐败，民众比较支持官员财产公开、独立反贪机构、民主和严刑峻法，对于高薪养廉，不同群体的态度存在很大差别，公职人员较为支持，普通民众则比较反对。整体而言，民众对

---

* 张永和，西南政法大学教授、博士生导师、人权教育与研究中心执行主任；朱林方，西南政法大学博士生、人权教育与研究中心研究人员；刘耘芸，成都市预防腐败局副局长；周力，博士、西南政法大学人权教育与研究中心研究人员；严冬，博士、西南政法大学人权教育与研究中心研究人员；尚海明，西南政法大学博士生、人权教育与研究中心研究人员；钟科，成都市纪委研究室主任；肖武，西南政法大学博士生、人权教育与研究中心研究人员。

西南政法大学团委、学生处和各个学院对本次问卷调查的组织开展提供了很大帮助，西北师范大学法学院赵书文老师带领的团队也参与了本次问卷发放工作，在此特别致以谢忱。尤其要感谢每一位执行问卷调查的访员，是他们认真负责的工作，才使我们的报告得以顺利完成。

国家的反腐败工作是有信心的，但也存在一些忧虑，持一种谨慎乐观的态度。

关键词： 中国民众　反腐败观念　社会调查

引　言

腐败是政治之瘤，反腐成败关系人心向背和党的生死存亡。党和国家对腐败的严重性与危险性有着清醒的认识，在预防和惩治腐败上做出了坚持不懈的努力，反腐倡廉建设不断取得新的进展。尤其是十八大以来，以习近平为总书记的新一届中央领导集体以雷霆万钧之势掀起反腐风暴，以空前力度铁腕反腐，猛药去疴，刮骨疗毒，打虎拍蝇，有贪必肃，引起了全社会的强烈反响。

人民群众是反腐倡廉的重要依靠力量，深入推进反腐败斗争必须依靠人民群众，发动人民群众。如今，反腐工作正在迈进任务更加艰巨的新的纵深阶段。那么，民众又是如何认识腐败的呢？民众对反腐败有着什么样的认知、评价与期待？对此进行一项社会学的实证调查意义重大。因为腐败不仅仅是一种客观现象，还在很大程度上反映了人们对这个社会的主观印象和看法。而且，有时候主观感觉可能比客观情况更具现实影响力。因此，研究腐败，不仅需要通过客观指标来度量，还需要对民众的主观感知进行考察。

基于以上认识，我们在2014年7月至8月期间开展了"中国民众反腐败观念调查"这一实证调查项目，对民众关于腐败的认知、评价与期待做了多角度、大范围的考察，希望能在获取大量调研数据的基础上，通过统计分析来展示中国民众关于腐败的观念样态。

（一）抽样设计与执行

本次调查采用建立在科学概率抽样基础上的问卷调查方法，通过采访员问卷面访的方式，获取全国样本范围内公民个体的数据，问卷设计后我们首先进行试发，然后进一步进行修改，同时，我们也对采访员进行了培训并提出要求。此次调查的受访人确定为14~70岁具有中华人民共和国国籍、拥有固定住所的居民。

本次调查采用分层异比、多阶段、等概率的方式抽取样本，覆盖了全国东中西部及东北地区[①]共30个省、自治区、直辖市（港、澳、台及海南除外）。初级抽样单位（PSU，Primary sampling units）为县级行政单位（四个直辖市以市为初级抽样单位），抽样框采用《全国分县市人口统计资料（2010）》中的县级行政单位名单及户数资料；次级抽样单位为乡镇/街道，抽样框采用行政区划网站及《2010中国建制镇基本情况统计资料》相关数据。

此次调查，按照误差率小于5%的精度要求，设计抽选出4000个样本，实际抽到3938个样本，最后有效采访3749个样本，有效率为95.2%。受访人均同意其回答被采集用于学术研究。各地问卷回收情况如表1所示。

表1 问卷发放地点及数量

西 部					
四川	重庆	贵州	云南	陕西	甘肃
201份	258份	92份	122份	93份	76份
青海	内蒙古	广西	新疆	宁夏	西藏
51份	69份	121份	60份	59份	73份
中 部					
湖南	湖北	山西	安徽	江西	河南
155份	148份	97份	135份	116份	242份

---

① 根据国家统计局网站对我国东、中、西部和东北地区划分的描述，东部包括北京、天津、河北、上海、江苏、浙江、福建、山东、广东和海南；中部包括山西、安徽、江西、河南、湖北和湖南；西部包括内蒙古、广西、重庆、四川、贵州、云南、西藏、陕西、甘肃、青海、宁夏和新疆；东北包括辽宁、吉林和黑龙江。参考 http://www.stats.gov.cn/tjzs/t20110613_402731597.htm。

续表

东部及东北地区					
北京	天津	上海	江苏	浙江	山东
51 份	54 份	68 份	183 份	142 份	253 份
福建	广东	黑龙江	吉林	辽宁	河北
96 份	270 份	107 份	75 份	102 份	180 份

（二）样本基本分布

在对数据进行描述统计和分析之前，我们首先呈现以下中国民众反腐败观调查抽样样本在常用的人口学变量上的分布情况。我们选用的变量包括：性别、年龄、民族、政治面貌、受教育水平、户籍、就业情况和工作单位。具体情况如表2~表9所示。

表2　性别变量的样本构成

单位：人，%

男		女	
1898	52.4	1723	47.6
总数 $N=3621$			

表3　年龄变量的样本构成

单位：人，%

18 岁以下		18~28 岁		29~39 岁		40~49 岁		50~59 岁		60 岁以上	
67	1.9	2038	56.5	631	17.5	600	16.6	189	5.2	84	2.3
总数 $N=3609$											

表4　民族变量的样本构成

单位：人，%

汉族		其他民族	
3328	90.0	371	10.0
总数 $N=3699$			

417

表5　政治面貌变量的样本构成

单位：人，%

群众		共青团员		中共党员		民主党派成员	
1340	37.2	1485	41.2	728	20.2	52	1.4
总数 $N=3605$								

表6　受教育水平变量的样本构成

单位：人，%

未受教育	小学	初中	职业高中	普通高中	中专	技校	大学专科	大学本科	硕士	博士	其他
73	184	457	169	395	131	53	415	1689	111	16	5
2.0	5.0	12.4	4.6	10.7	3.5	1.4	11.2	45.7	3.0	0.4	0.1
总数 $N=14550$												

表7　户籍变量的样本构成

单位：人，%

农村		城镇	
1407	40.7	2054	59.3
总数 $N=3461$			

表8　就业状况变量的样本构成

单位：人，%

全职务农	兼业务农	全职就业	兼职就业	在校学生没有就业	离退休	无业、失业、下岗	临时性就业
193	186	1422	196	1302	61	126	162
5.3	5.1	39.0	5.4	35.7	1.7	3.5	4.4
总数 $N=3648$								

表9　工作单位变量的样本构成

单位：人，%

党政机关	国有企业	国有事业	集体企事业	个体经营	私民营企事业	三资企业	其他类型	不清楚
298	289	291	151	434	369	27	810	1047
8.0	7.8	7.8	4.1	11.7	9.9	0.7	21.8	28.2
总数 $N=3716$									

（三）调查方法与影响因素说明

腐败活动极具隐秘性，因此，直接测量难以操作。实践中通过统计分析各种被曝光和查处的腐败案件情况来揭示腐败总体状况的客观测量法只是一种间接的方式，有着很大局限性。因为在现实中被曝光和查处的腐败案件可能只是实际所发生的腐败的"冰山一角"，它只能反映社会反腐败的努力程度，而不能绝对说明腐败的实际情况。因此，无论是透明国际还是世界银行、世界经济论坛等国际机构在进行腐败测量时都选择了主观测量法，即通过问卷调查、实地访谈、材料分析等方式了解不同人群对腐败情况的主观评价，以此为基础建立评估腐败状况的指标体系。

然而，主观测量法也有明显的局限性，因为主观感受有模糊性，不够稳定，且容易受到各种因素的影响而产生波动。在调查中我们发现，只有11.6%的受访者表示他们了解腐败的主要渠道是自己的亲身经历，而绝大多数受访者关于腐败的认知源于"媒体报道"和"听别人说"。"听说"的腐败，其真实性有限，从媒体报道了解腐败的受访者，会受到媒体关于腐败案件的报道的影响。考虑到我们开展调查时，一些大案要案还没有公布，可能会影响到受访者对一些问题的判断。此外，由于人力、财力所限，此次调查，我们只采用了3749个有效样本，相较于中国民众这样的母体，样本代表性有一定的局限。但我们采用了科学的概率抽样方法，并使样本的覆盖范围涵盖了全国东中西部及东北地区共30个省、自治区、直辖市（港、澳、台及海南除外），并对问卷调查的执行进行了严格的质量控制，可以保证调查数据的真实可靠。

一　民众对腐败现象的辨识

什么是腐败？什么现象和行为属于腐败？每个人都有大致的认识，但谁也无法提供通用的或者能被普遍接受的腐败定义。绝大多数国际反腐败文书也只是列出构成腐败的行为的清单，而不对腐败做出一般性的定义，因为对腐败概念的精确界定无论在理论上还是实践中都极为困难，无法包括所有的腐败表现和形式。在不同的国家，"腐败"一词可能具有不同含义，不仅不同的文化和民族可能对腐败做出不同解释，甚至在一种特定文化内，不同群体也可能对腐败有不同理解。在经济学视野中，腐败是一种设租和寻租的行为；如果从法学角度考察，那么腐败是一种违反相应法律规范的有危害性的作为或不作为；从社会学视角观察，腐败被认为是一种消极的越轨行为；政治学中将腐败界定为"滥用公共权力以谋取私人利益"，这是关于腐败的一个经典定义。现在，国际上界定腐败常用的是"透明国际"（TI）关于腐败的定义，即"滥用受托权力以牟取私人收益"[①]。

汉语词典中，"腐败"一词有三项含义：（1）物体腐烂；（2）思想行为堕落，特指国家工作人员以权谋私、贪污受贿、生活腐化等；（3）国家、制度、组织、机构、措施等混乱、黑暗。后两个义项属于我们要考察的范围，这是关于"腐败"最为宽泛和一般的定义。在中国的语境下，党内法规和国家法律是确定某一行为是否属于腐败行为的较为清晰的标准和边界，为"腐败"提供了较为狭窄而严格的定义。

那么，中国民众到底是如何理解腐败的呢？我们在多选题"您认为以下哪些行为属于腐败？"中列举了六种公务员的行为，考察民众对腐败行为的辨识能力与认知特点。

表10　您认为以下哪些行为属于腐败（可多选）

单位：人，%

	频次	有效百分比
某公务员利用公款吃喝游玩	3390	91.4
某公务员利用股票知识炒股赚钱	846	22.8
某公务员为给母亲治病收了开发商两万元好处	2787	75.1
某手术医生收取病人家属红包	2426	65.4
某公务员与多名女性保持婚外性关系	2253	60.7
某公务员结婚办了20桌酒席宴请亲朋好友	786	21.2

数据来源："中国民众反腐败观念调查"数据库，第10题。

[①] Transparency International, *The Anti-Corruption Plain Language Guide* (2009), p. 14.

调查结果显示：

91.4%的受访者认为"公务员利用公款吃喝游玩"是腐败行为，在所列六种公务员行为中比例最高。利用公款吃喝旅游，即所谓"嘴上腐败"和"腿上腐败"，公款吃喝是伴随着公务接待这种公务行为产生的，是指国家公务人员借公务接待的机会，使用公共财政资金进行吃喝，其费用超出国家正常接待标准的现象。用公款旅游或者变相用公款旅游，是指用公款支付全部或者部分费用的参观、游览活动或者变相的参观、游览等活动。公款吃喝和公款旅游是《中国共产党党员纪律处分条例》和《中国共产党党员领导干部廉洁从政若干准则》明令禁止的"挥霍浪费公共财产"的腐败行为，也是日常生活中最为常见的腐败形式，绝大多数受访者能够清晰地辨识。

排在第二位的是"公务员为给母亲治病收了开发商两万元好处"，75.1%的受访者认为其属于腐败行为。国家工作人员非法收受他人财物属于受贿行为，侵犯了国家工作人员职务行为的廉洁性及公私财物所有权，严重的会构成犯罪，是最为典型的腐败形式，大部分受访者可以明确辨认。

排在第三位的是"手术医生收取病人家属红包"，65.4%的受访者认为其属于腐败行为。在医疗卫生行业中，收送红包是比较常见的现象，无论是公立医院还是私营医院的医生，索要或收取红包一般并不会被认定为受贿或商业贿赂。卫生部曾出台《关于加强卫生行业作风建设的意见》和《纠正医药购销和医疗服务中不正之风专项治理工作实施方案》，将收红包界定为行业不正之风，规定"医务人员在医疗服务活动中不准接受患者及其亲友的'红包'、物品和宴请"。医务人员收受红包从本质上说是一种违反社会规范的越轨行为，在较为宽泛的意义上属于腐败行为。

60.7%的受访者认为"公务员与多名女性保持婚外性关系"属于腐败行为。所谓"与多名女性保持婚外性关系"，即通常所说的通奸。在现在的中国，通奸并非法定的刑事罪行，属于违反道德的"生活腐化"的行为。但党纪中则有对通奸的惩戒规定，《中国共产党党员纪律处分条例》第150条明确规定，与他人通奸造成不良影响给予警告或者严重警告，情节较严重的给予撤除党内职务或者留党察看，情节严重的给予开除党籍处分。通奸本

身属于生活作风和道德上的"腐败",而官员通奸背后往往涉及"性贿赂"和权色交易,因此,受访者倾向于认为其属于腐败行为。

22.8%的受访者认为"公务员利用股票知识炒股赚钱"属于腐败行为。20世纪90年代初,我国证券市场初建,监管力量和监管手段薄弱,为了防止党政机关领导干部在股票交易方面以权谋私,党中央、国务院做出了"党政机关县(处)级以上领导干部不准买卖股票"的规定。随着我国证券市场制度走上法制化轨道,2001年,中央颁布了《关于党政机关工作人员个人证券投资行为若干规定》,放宽了对党政机关工作人员买卖股票的禁令,除了滥用职权和内幕交易等若干违反规定的情形,党政机关工作人员可以依法自由买卖股票。因此,无论从广义还是狭义上看,公务员利用自己的股票知识炒股赚钱都不能算腐败行为。

21.2%的受访者认为"公务员结婚办了20桌酒席宴请亲朋好友"属于腐败行为。宴席是中国人人际交往和人情表达的常见场域,遇到婚丧嫁娶等大事,宴请亲朋好友被认为是自然而然的事情。但公务员大摆酒席因有借机敛财和收受贿赂的嫌疑而备受社会诟病,中央出台禁令"严禁利用婚丧嫁娶等事宜借机敛财"后,各地纷纷出台"限宴令",严格限制公务员大办酒席。但究竟办多少酒席才合适,中央并无统一规定,各地的禁令五花八门,最严格者如山东菏泽市《规范管理公务人员操办婚丧喜庆事宜的暂行办法》,规定公务员办理婚丧喜庆事宜"酒席总数不准超过10桌"[1],最宽松者如云南昆明市东川区《东川区行政事业单位工作人员办理婚丧嫁娶事宜的规定(试行)》,公务员"婚丧嫁娶摆酒席不得超过50桌500人"。[2] 因此,公务员结婚办了20桌酒席宴请亲朋好友不一定属于腐败,是否腐败关键要看其是否"借机敛财"。

在问题"您是否认同'送礼的不是腐败,收礼的才是腐败'?"中,有接近1/4(23.4%)的受访者选择了"认同"(见图1)。对于腐败案件,公

---

[1] 参见《菏泽严格公务人员婚丧嫁娶 宴席总数不得超10桌》,齐鲁网,http://news.iqilu.com/shandong/yuanchuang/2014/1117/2215124.shtml。

[2] 参见《东川公务员 摆酒席不得超过50桌》,《云南信息报》2014年8月30日。

众的注意力往往投射在贪官身上，而不大留意行贿者。从道德层面讲，行贿人往往因被视为"无奈的弱者"而得到同情甚至包容，从法律角度看，由于贿赂犯罪的特殊性，证据往往是"一对一"式的，司法机关较多地采用辩诉交易或"污点证人"的做法，只要行贿者如实交代贿赂犯罪，一般可不予追诉。但归根结底，行贿与受贿在逻辑上是相互依存的对偶关系，刑法上的贿赂罪既包括受贿也包括行贿。因此，在贿赂的语境里，送礼和收礼都属于腐败行为。

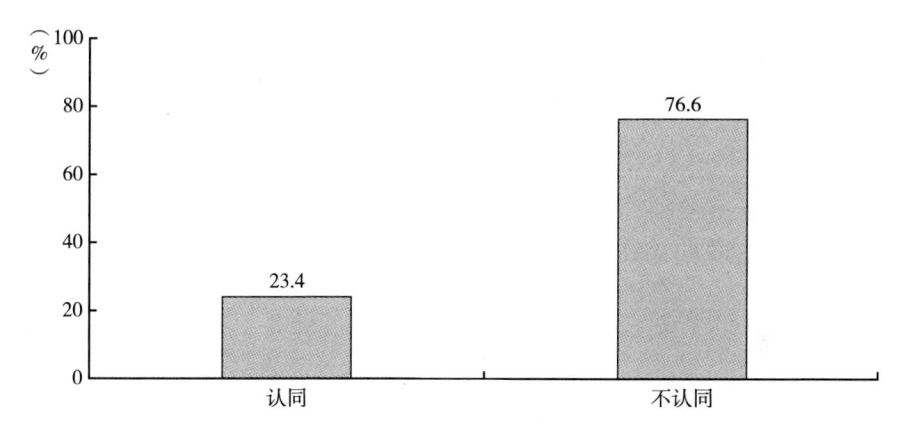

图1　您是否认同"送礼的不是腐败，收礼的才是腐败"

数据来源："中国民众反腐败观念调查"数据库，第25题。

综上可知，腐败的概念也有其"核心地带"与"边缘地带"，中国民众对腐败的认识较为宽泛和模糊，对于"纯正的"腐败行为有较为明确的认识，对于"不纯正"的腐败行为则认识模糊，且有将不属于腐败的行为"联想"为腐败的扩大化理解倾向。这表现在四个方面：第一，公款吃喝、旅游和收受贿赂这种挥霍浪费公共财产、利用公权谋取私利的行为是位于腐败概念核心地带的行为类型，在生活中最为常见和典型，民众可以较为清晰地辨识；第二，对于医生收红包和公务员通奸是否属于腐败，在辨识上有一定的不确定性，对于这类行为，大部分民众偏向于认为其是腐败行为；第三，作为对合行为，送礼和收礼一样都属于腐败，却有接近1/4的民众认为收礼才是腐败，送礼不是腐败；第四，对于公务员利用自己的股票知识炒股赚钱这种无论从狭义还是广义上看都不能算腐败的行为，却有将近1/4的民众将其"联想"为腐败行为。

二 民众对腐败状况的评价

由于腐败的隐蔽性，我们无法精确测量评估真实的腐败程度，加上前文所述，人们如何认识腐败程度比腐败程度实际怎样更能影响民众对国家反腐败事业的评价。因此，我们选择了主观测量法，从民众感知的角度评估腐败状况。不过，必须承认的是，从民众感知的角度测量腐败，会受到民众对腐败内涵认识的影响，从上文我们已经知道，中国民众对腐败的理解存在泛化的倾向，因此，中国民众对腐败状况的评价也同样存在扩大化的可能。

（一）腐败总体状况评估

对腐败总体状况进行评估，可以从多个维度展开。我们从"社会整体腐败状况"、"所在地区官员腐败程度"和"国家机关中腐败官员存量"三个角度对腐败状况这一问题进行了调查。

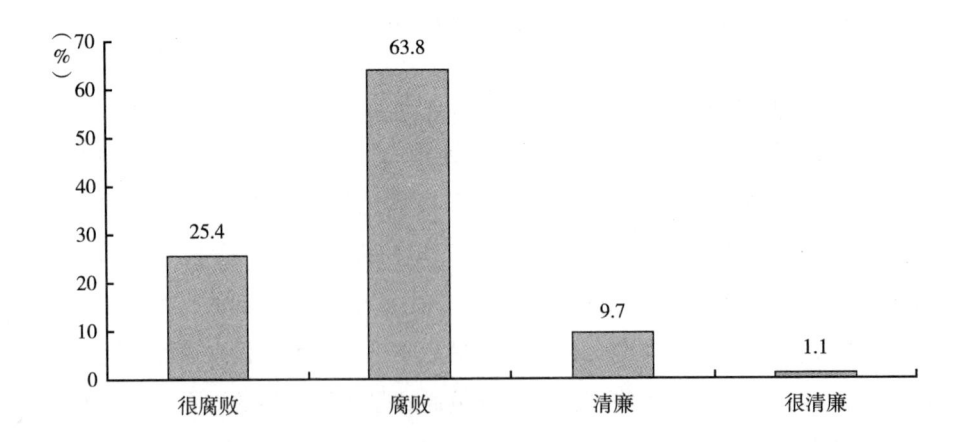

图2 您认为当前我国社会腐败问题的现状是

数据来源："中国民众反腐败观念调查"数据库，第28题。

如上图所示，我国仅有约10%的受访者认为社会是清廉的，而有接近90%的受访者都认为当前社会中存在腐败。在这之中，有1/4的人认为我国社会很腐败，只有1%的人认为这个社会很清廉。由此看来，在受访者的认知上，腐败现象是广泛存在的。

"滥用公共权力以谋取私人利益"作为腐败的经典定义，指出了腐败行为的载体是"公共权力"。虽然现在腐败行为的载体已超越了"公共权力"的范畴，腐败行为的主体也不再仅限于"公共部门中的官员"，但这一主体始终是腐败主体的传统和核心部分。由此，我们考察了民众对于他们所生活地区政府官员腐败程度的认知状况，如图3所示。

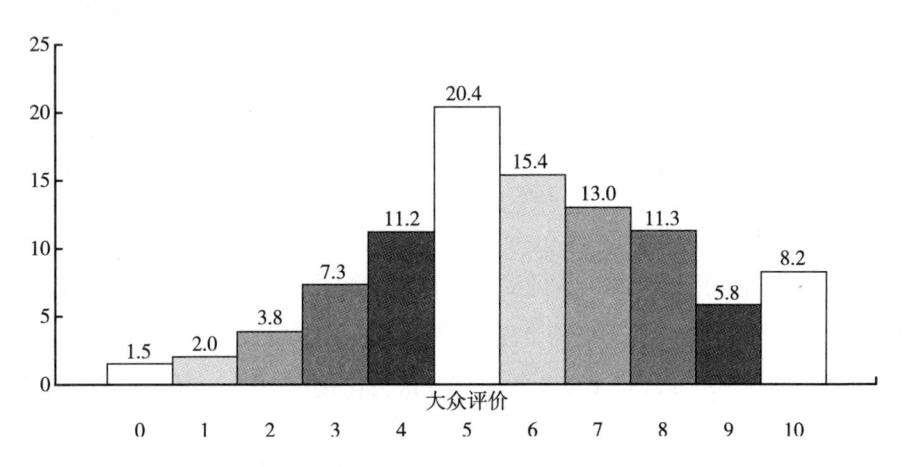

图3 您认为您生活的地区政府官员的腐败程度是
（0表示不腐败，10表示腐败程度最重）

数据来源："中国民众反腐败观念调查"数据库，第26题。

表11 您认为您生活的地区政府官员的腐败程度是
（0表示不腐败，10表示腐败程度最重）

频次	有效	3619
	缺失	130
均值		5.87
中值		6.00
众数		5

数据来源："中国民众反腐败观念调查"数据库，第26题。

均值、中位数和众数都是表示事物集中趋势的测量概念。通过表11可以看到,受访者对当地党政官员腐败程度的均值为5.87,中位数为6,众数为5。其中,53.7%的人的选择高于均值,20.4%的人选择了众数。就整体评价而言,受访者更倾向于认为当地的党政干部存在腐败行为。

而具体到受访者对党和政府机关中官员的态度,如表12所示,有近2/3的受访者认为党政机关中50%以上的官员都存在腐败行为,其中,36.6%的受访者认为50%~80%的官员存在腐败行为,28.2%的受访者认为80%以上的官员存在腐败行为。

表12 在目前我国各级党政机关中,您认为有腐败行为的官员所占比例大约是多少

单位:%

0%	10%以下	10%~20%	20%~50%	50%~80%	80%~90%	90%~99%	100%
0.2	4.9	6.2	23.8	36.6	12.7	12.1	3.4
总数 $N = 3281$							

数据来源:"中国民众反腐败观念调查"数据库,第27题。

与此同时,仍然有约1/3的受访者认为党政机关中存在腐败行为的官员的人数比例不超过一半。0.2%的受访者认为不存在腐败,4.9%的受访者认为这一比例在10%以内,6.2%的受访者认为比例在10%~20%,23.8%的受访者认为这一比例在20%~50%。

综合而言,受访者对党政机关官员存在腐败行为比较确信,若以20%作为确定党政机关内部腐败是否普遍的界限,也只有11.3%的公众认为不普遍,由此可以看出,党政机关官员在公众心目中的廉洁形象不容乐观。

(二)腐败分布状况认知

腐败可能发生在各个领域、各个部门,而不同的领域、部门的腐败状况和腐败特点可能各不相同,我们从社会领域、公共部门、行政级别、权力单位和腐败类型五个层面详细考察了腐败在全社会的分布状况。

如表13所示,受访者认为腐败问题比较突出的领域依次是:政府、国有企业、医院、学校、民营企业、社会团体和其他组织。

中国民众反腐败观念调查报告

表13　您认为腐败问题比较突出的领域是？（可多选）

单位：人，%

	政府	医院	学校	国有企业	民营企业	社会团体	其他组织	都不腐败
有效选择	80.8	47.0	35.6	61.6	17.5	16.3	5.1	0.7
	总数 $N=3693$							

数据来源："中国民众反腐败观念调查"数据库，第13题。

根据腐败行为发生的领域或部门，可以将腐败区分为政治和行政领域的腐败、经济领域的腐败和社会领域的腐败等。[①] 照此划分，可以认为在我国民众的认识中，政治和行政领域的腐败问题较经济领域和社会领域中的腐败问题更为严重，超过80%的人认为政府的腐败问题突出，超过60%的人认为国有企业的腐败问题较为明显，也有接近50%和40%的人分别认为医院和学校中存在的腐败问题值得重视。民众由于每天都会不同程度地与政治、经济、社会等领域或者部门打交道，他们对腐败有最直接的感受，这种区分及相关调查数据的呈现有助于描述腐败可能存在的高发区域。

针对政治和行政领域或部门的突出问题，我们考察了民众对不同行政级别的官员腐败可能性的认知。如图4所示，受访者认为最容易腐败的官员是

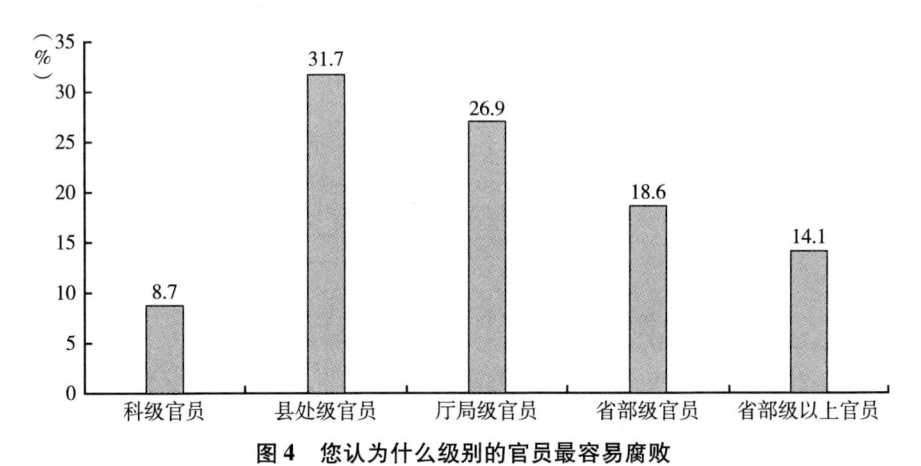

级别	比例(%)
科级官员	8.7
县处级官员	31.7
厅局级官员	26.9
省部级官员	18.6
省部级以上官员	14.1

图4　您认为什么级别的官员最容易腐败

数据来源："中国民众反腐败观念调查"数据库，第15题。

---

① 何增科：《反腐新路——转型期中国腐败问题研究》，中央编译出版社，2002，第42页。

级别处于"权力中间地带"的那些官员，31.7%的人认为县处级官员，26.9%的人认为厅局级官员，还有18.6%的人认为省部级官员，共计超过75%。受访者认为，处于权力最顶峰的和最基层的官员相对而言不容易出现腐败。

表14 工作单位*"什么级别的官员最容易腐败"交叉制表

单位：人，%

党政机关	什么级别的官员最容易腐败					
	科级官员	县处级官员	厅局级官员	省部级官员	省部级以上官员
	13/7.6	62/36.3	40/23.4	22/12.9	34/19.9
	总数 $N=171$				

数据来源："中国民众反腐败观念调查"数据库，第9b、15题。

对于这一问题，党政机关工作人员与普通民众的认识基本一致。由表14可以看出，分别有36.3%和23.4%的党政机关工作人员认为县处级和厅局级官员最容易腐败。与普通民众的认知不同的是，党政机关工作人员认为省部级以上级别的官员较省部级官员更容易腐败。

如图5所示，就权力单位而言，受访者认为，县和市是最容易产生腐败的一级权力单位，乡村一级以及中央一级在受访者看来，腐败的可能性较小，其中相差15~20个百分点。

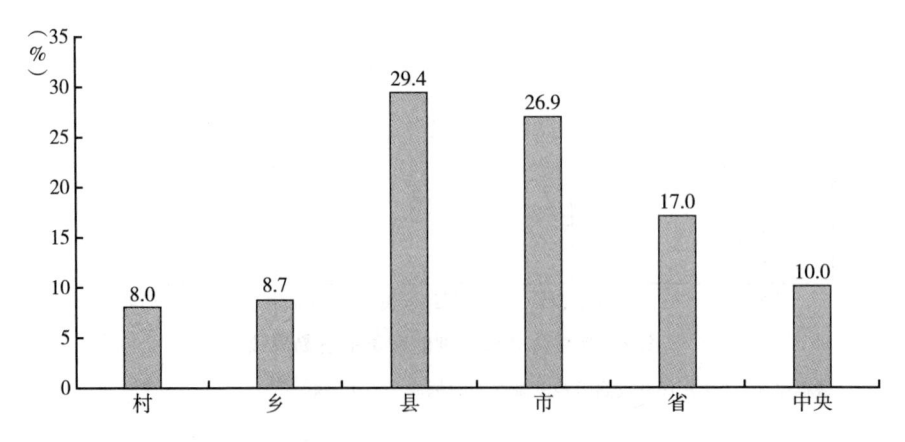

图5 您认为哪里最容易产生腐败

数据来源："中国民众反腐败观念调查"数据库，第16题。

表15　工作单位＊"哪里最容易产生腐败"交叉制表

单位：人，%

党政机关	哪里最容易产生腐败					
	村	乡	县	市	省	中央
	19/11.0	10/5.8	53/30.6	36/20.8	32/18.5	23/13.3
	总数 $N=173$					

数据来源："中国民众反腐败观念调查"数据库，第9b、16题。

而在党政机关工作人员看来，县、市、省级单位更容易产生腐败，这与普通民众的认知也是基本一致的。

可见，无论是从权力主体而言，还是从权力场域而言，受访者都认为"权力的中间地带"最容易产生腐败。

美国学者苏珊·罗斯·艾克曼提出了"竞争性贿赂"的概念，她认为"腐败的性质不仅取决于政府的组织形式，而且还取决于私人行为者的组织形式和权力"[1]，许多低层次官员与为数众多的公民打交道，某些官员的腐败行为刺激了其他官员开始受贿，导致腐败呈螺旋式上升的趋势。美国学者金伯利·艾略特提出了"小腐败、大腐败和影响介入型腐败"[2]三种划分：小腐败也称作下层腐败，主要发生在私人部门与非选举的政府公务员之间，涉及税收、规章、执照申请等的办理等；大腐败也称高层腐败，主要发生在政府领袖、官僚及私人部门之间相互作用，如重大政府工程、高额政府采购、出让特许经营权等；影响介入型腐败，主要发生在被选举官员与私营部门之间。

以上数据表明，在受访者看来，中国的腐败状况更多地表现为"竞争性贿赂"和"小腐败"。这是来自权力末端的最直观的反馈，应当引起注意。

我们同样考察了腐败的具体类型。按照学界对腐败的类型学研究，腐败可以划分为：拜金型腐败、拜物型腐败、聚宝型腐败、徇私型腐败、徇情型腐败、贪色型腐败及其他类型的腐败。[3] 在此划分的基础上，如表16所示，

---

[1] 参见〔美〕苏珊·罗斯·艾克曼《腐败与政府》，王江、程文浩译，新华出版社，2000。
[2] 参见〔美〕金伯利·艾略特《腐败与全球经济》，刘勇等译，北京出版社，2000。
[3] 参见王沪宁《腐败与反腐败——当代国外腐败问题研究》，上海人民出版社，1990，第8页。

收受贿赂是最突出的腐败现象，其后依次是贪污公款、公款消费、领导牟利、买官卖官、权色交易及其他。

表16　您认为以下哪些是目前比较突出的腐败现象（可多选）

单位：人，%

	贪污公款	收受贿赂	公款消费	买官卖官	权色交易	领导牟利	其他
有效选择	78.1	81.0	74.3	60.9	55.9	64.2	6.1
	总数 $N = 3708$							

数据来源："中国民众反腐败观念调查"数据库，第11题。

不难看出，在受访者眼里，拜金型腐败最为突出，徇私、贪色型腐败次之，这之中虽然贪污公款、公款消费等非交互性行为相当突出，但最为突出的是收受贿赂这种交互性腐败。

通过考察民众对我国腐败状况的评价，可以发现：

我国政府的清廉形象亟待提升。民众较为确信党政机关官员存在腐败行为，而且认为这种腐败行为较为普遍。

政治和行政领域的腐败问题较经济领域和社会领域中的腐败问题更为严重，民众认为最容易腐败的官员是级别处于"权力中间地带"的那些官员，而最容易腐败的行政区划级别是在县市一级。

在我国民众眼里，拜金型腐败最为突出，而在拜金型腐败中最为突出的是贿赂这种交互性腐败类型。

三　民众对腐败成因的认知

腐败形成的原因十分复杂，不同的学者基于研究视角的不同会给出不同的答案，权力制约、委托代理、设租寻租、制度缺陷、文化等都被认为是解释腐败成因的重要因素。本调查着重考察民众对腐败的感受和评价，因此通过两个方面来解释中国的腐败成因，一个是从官员个体行为选择的视角考察官员走向腐败的直接因素，一个是从社会整体的视角考察造成腐败的根本原因。

（一）直接原因：官员道德问题

在问题"您认为官员为什么会选择腐败?"中，一半以上（54.5%）的受访者选择了"贪图财富"，15.2%的受访者选择了"人情所迫，不好推辞"，14.6%的受访者选择了"工资低，不腐败日子不好过"，13.8%的受访者选择了"在官场，不腐败会被排挤"（见表17）。

表17 您认为官员为什么会选择腐败

单位：人，%

	频次	有效百分比
贪图财富	1457	54.5
人情所迫,不好推辞	406	15.2
工资低,不腐败日子不好过	390	14.6
在官场,不腐败会被排挤	370	13.8
其他	49	1.8

数据来源："中国民众反腐败观念调查"数据库，第17题。

大部分受访者认为官员之所以选择腐败是因为"贪图财富"，贪财属于贪婪，是一种道德评价，可见，民众在判断官员个人为何会腐败时倾向于进行道德归因。腐败类型学划分中的拜金型腐败、拜物型腐败、聚宝型腐败、享受型腐败都属于贪图财富意义上的腐败行为。[①] 贪图财富，不仅在中国，在世界范围内都是贪腐的重要成因。

民众关于腐败成因的认识与民众关于腐败状况的评价有相关关系。在腐败成因中选择"工资低，不腐败日子不好过"的受访者对腐败程度评价最重，均值为5.99。在腐败成因中选择"贪图财富"的受访者对腐败程度的评价为5.87。在腐败成因中选择"人情所迫，不好推辞"的受访者对腐败程度评价最低（5.47）。

[①] 从"行为指向"来透视中国现阶段的腐败，共有7种：（1）拜金型；（2）拜物型；（3）聚宝型；（4）享受型；（5）徇私型；（6）徇情型；（7）贪色型。参见李勇《当代中国腐败问题研究》，东北大学博士学位论文，2008，第50页。

表18　官员腐败原因与腐败评价交叉分析

单位：人，%

官员为什么腐败	您所生活的地区的腐败程度(均值)	频次
贪图财富	5.87	1427
人情所迫,不好推辞	5.47	402
工资低,不腐败日子不好过	5.99	384
在官场,不腐败会被排挤	5.86	366
其他	4.42	45
合计	5.80	2624

数据来源："中国民众反腐败观念调查"数据库，第17、26题。

（二）根本原因：权力制约问题

在问题"您认为造成我国腐败的根本原因是什么？"中，接近一半（48.4%）的人认为造成我国腐败的根本原因是"权力没有受到有效的监督制约"；21.8%的受访者选择了"传统的人情关系文化"，18.2%的受访者选择了"金钱至上的社会风气"，10.2%的受访者选择了"官员缺乏廉洁操守"（见表19）。

表19　您认为造成我国腐败的根本原因是什么？

单位：人，%

	频次	有效百分比
权力没有受到有效的监督制约	1360	48.4
传统的人情关系文化	613	21.8
官员缺乏廉洁操守	287	10.2
金钱至上的社会风气	511	18.2
其他	41	1.5

数据来源："中国民众反腐败观念调查"数据库，第18题。

近半数受访者认为造成我国腐败的根本原因是"权力没有受到有效的监督制约"，在腐败成因中比例最高，可见，民众在对社会整体腐败状况进行评判时倾向于进行制度归因。权力失去监督从而导致腐败的观点是与腐败行为的经典定义"滥用权力谋取私利"密切联系在一起的,是关于腐败的制度因由最古老也最有解释力的一个概括。由于权力本身就内含着强制性,如果缺乏有效的权力制约和权力监督则不可避免地导致腐败行为。

此外,对于造成我国腐败的根本原因,有超过1/5的受访者将其归结为人情文化,有接近1/5的受访者将其归结为社会风气,1/10的受访者将其归结为官员个人道德。可见,受访者认为,文化因素与社会风气因素也是造成我国腐败状况的重要原因。

交叉分析显示,不同职业/行业的受访者,对于腐败根本原因的认识有所不同。党政机关工作人员对于"权力没有受到有效的监督制约"认可度最高,对"官员缺乏廉洁操守"的认同度最低。这种现象同样存在于国有企业、国有事业、集体企事业的人群中,但相对而言,国有企事业、集体企事业单位人群中,对于"传统的人情关系文化"这一原因的体会更加深刻。个体经营、私/民营企事业和三资企业中的状况较为相似,"权力没有受到有效的监督"是最重要的原因,而"传统的人情关系文化"和"金钱至上的社会风气"亦是同样重要的原因。而不同职业/行业群体的受访者对腐败的感知,很大程度上与其系统内贪腐状况和贪腐特点是相关的(见表20)。

表20 腐败根本原因与工作单位交叉分析

单位:人,%

	权力没有受到有效的监督制约	传统的人情关系文化	官员缺乏廉洁操守	金钱至上的社会风气	其他	合计
党政机关	123	25	11	21	6	186
	9.1%	4.1%	3.8%	4.1%	14.6%	6.6%
国有企业	98	62	21	27	0	208
	7.2%	10.1%	7.3%	5.3%	0%	7.4%
国有事业	91	66	19	42	3	221
	6.7%	10.8%	6.6%	8.2%	7.3%	7.9%
集体企事业	59	42	7	16	1	125
	4.3%	6.9%	2.4%	3.1%	2.4%	4.4%

续表

	权力没有受到有效的监督制约	传统的人情关系文化	官员缺乏廉洁操守	金钱至上的社会风气	其他	合计
个体经营	140	71	42	67	4	324
	10.3%	11.6%	14.6%	13.1%	9.8%	11.5%
私/民营企事业	116	49	34	68	4	271
	8.5%	8.0%	11.8%	13.3%	9.8%	9.6%
三资企业	4	3	2	8	0	17
	0.3%	.5%	.7%	1.6%	.0%	.6%
其他类型	322	120	64	120	9	635
	23.7%	19.6%	22.3%	23.5%	22.0%	22.6%
不清楚	405	174	87	142	14	822
	29.8%	28.4%	30.3%	27.8%	34.1%	29.3%
合　计	1358	612	287	511	41	2809
	100.0%	100.0%	100.0%	100.0%	100.0%	100.0%

数据来源："中国民众反腐败观念调查"数据库，第9b、18题。

总而言之，民众在判断官员个人为何会腐败时倾向于进行道德归因，多数人将腐败的直接原因归结为官员"贪图财富"；民众在对社会整体腐败状况进行评判时倾向于进行制度归因，"权力没有受到有效的监督制约"被多数人认为是导致腐败的根本原因。此外，民众关于腐败成因的认识与民众关于腐败状况评价有相关关系，不同职业/行业的民众，对于腐败根本原因的认识有所不同。

四　民众对腐败防治的态度

反腐败是当代国家共同面临的一个难题，各个国家都在采取各自认为适当的方式与腐败行为做斗争，以期达到限制腐败、建设廉洁国家之目的。但选择不同的反腐措施，反腐的效果可能存在很大差异。在中国，什么样的反腐措施最有利于防治腐败呢？我们考察了民众对此的认识。

（一）高薪养廉与腐败防治

学界针对高薪养廉问题素来有争议，然而，关于高薪养廉的争议并非仅存在于学界，民众对于高薪养廉也有不同的看法。数据显示，只有

52.5%的受访者赞同高薪养廉的举措，在多种防治腐败措施中，支持率并不高（见图6）。

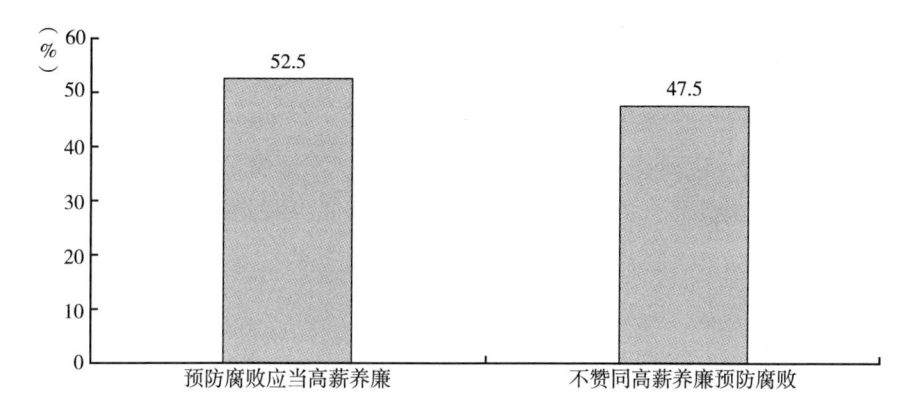

图6 您是否赞同预防腐败应高薪养廉

数据来源："中国民众反腐败观念调查"数据库，第19题。

而不同群体对高薪养廉的态度存在很大差别。公职人员支持高薪养廉的比例非常高，党政机关支持高薪养廉的达到74.4%，国有企业和国有事业单位分别为53.5%和58.1%，其他职业员工支持率均低于50%。可见在高薪养廉问题上存在明显的官民分歧，公务员系统认为这一政策可行，而普通民众反对意见非常高。

一般民众为何反对高薪养廉，大体有以下几点原因。

第一，与民众对腐败成因的认知有关。前文已述，54.5%的受访者认为官员选择腐败是因为贪图财富，只有14.6%的受访者认为官员腐败是因为工资低。可见，大多数受访者认为公务员的腐败源于自身的贪欲，而不是生活所迫，没有必要再给予"高薪"来养廉。

第二，公务员系统工资不够公开透明是原因之一。尽管阳光工资制度早已在全国范围内实施，但对普通民众来说，公务员的收入仍然是一个秘密。并且，很多民众认为，在公务员收入构成中，名义工资只占其收入中相对比较小的一部分，工资外还有相当丰厚的福利收入，因此，对于已经有高收入的公务员，本来就应该廉洁，而不应以再给予高薪为条件。

第三，官民对立是讨论高薪养廉的基本社会背景。官民对立是目前社会的基本背景，在官民对立较为严重，社会理解和包容度却在不断递减的情况下，谈论高薪养廉让一般民众反感。

第四，高薪确实不一定能养廉。现有研究认为，公职人员对预期的价值和实际获得的价值之间差距的感受即相对剥夺感，构成了诱发腐败的主要心理因素。[①] 公务员对自身地位与实际收入之间的差距感到不满可能引发腐败，因此，适当提高官员工资水平，是防治腐败的必要措施。但高薪不是造就廉洁的充分条件，在高薪情况下，如果没有其他的配套措施，腐败仍然无法预防，高薪养廉可能成为变相增加公务员福利的形式。

（二）民主与腐败防治

民主与腐败治理之间的关系受到了非常多的关注。一般认为，民主制度能够有效地控制腐败，如在透明国际腐败状况排名中，腐败程度与民主程度呈现反相关关系。但现实中同样存在大量反例，如印度是公认的"民主"国家，却腐败严重，而新加坡往往不被认为是"民主"国家，却很廉洁。民主与腐败之间存在复杂的相关性。

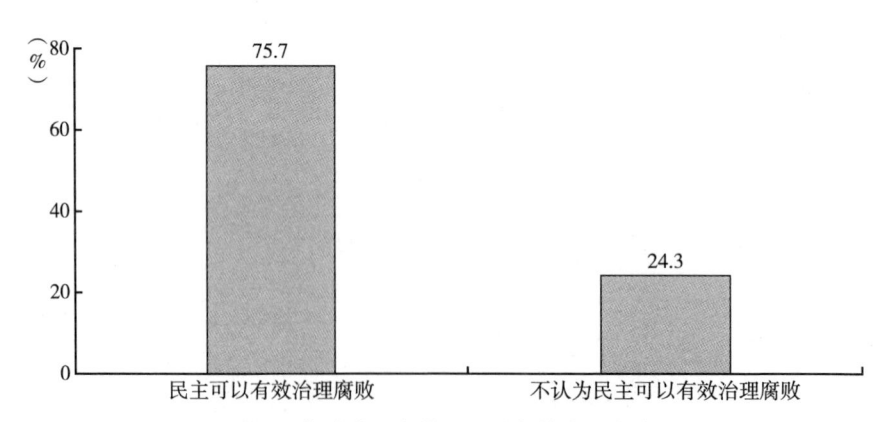

图7 您认为民主是否可以有效治理腐败

数据来源："中国民众反腐败观念调查"数据库，第19题。

[①] 李文：《诱发腐败的相对剥削心理：分析与比较》，《北京行政学院学报》2010年第5期。

图 7 显示，尽管关于民主是否可以有效防治腐败在理论上仍然存在诸多分歧，但在调查中，75.7%的受访者认为民主可以有效防治腐败。也就是说，绝大多数受访者都认为民主是有利于预防腐败的。这可能与受访者对我国腐败成因的认识有关，上文已知，接近 50%的受访者认为，权力没有得到有效的监督制约是我国腐败多发的主要原因，那么，既然权力无法得到有效制约是腐败发生的原因，而民主是对权力进行监督制约的重要方式，受访者自然支持以民主防治腐败。

（三）财产公开与腐败防治

通过财产公开制度防范官员腐败是世界各国通行的做法，截至 2013 年，已先后有 137 个国家建立起了官员财产公开制度。[1] 而众多国家的反腐实践证明，公职人员财产公开制度是遏制公职人员腐败的有效手段，是预防腐败制度体系的重要组成部分。[2] 目前，我国尚未建立财产公开制度。

从经济学的角度看，腐败现象出现的一个重要原因就是委托人与代理人之间的信息不对称，以至于代理人利用委托人赋予的公共权力谋取私利，而完善的财产公开制度可以解决委托代理关系中的委托人信息获取问题，使委托人拥有足够的信息来防止代理人的机会主义行为。此外，现阶段中国民众对官员腐败的估计，很大程度上建立在不了解官员财产情况之上，在这一层面上，财产公开可减少民众对官员腐败程度的扩大化理解。在防治腐败的措施中，财产公开得到了最高票数，80.9%的受访者认为财产公开可以有效防治腐败（见图 8）。可见，民众对财产公开制度是十分期待的，希望国家能够尽快推行财产公开。

（四）严刑峻法与腐败防治

在腐败问题上，学界倾向于反对用严刑峻法的方式治理腐败，如绝大多

---

[1] 章涛：《财产公开全球对比》，《新世纪周刊》2012 年第 48 期。
[2] 蒲志强：《公职人员财产申报制度的行政伦理研究》，《政治学研究》2010 年第 5 期。

图中数据:
- 官员财产公开可以有效治理腐败: 80.9%
- 不认为官员财产公开可以有效治理腐败: 19.1%

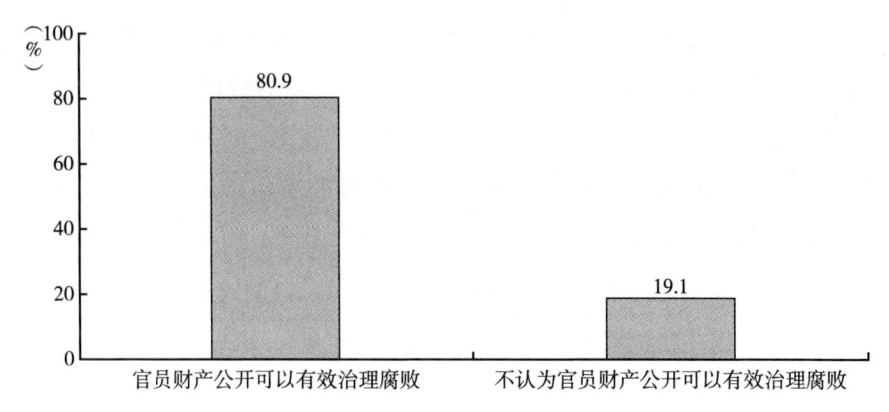

图 8　您认为官员财产公开是否可以有效治理腐败

数据来源:"中国民众反腐败观念调查"数据库,第19题。

数学者主张对于贪污贿赂罪应当废除死刑,认为应当通过加强制度建设来预防腐败,而不以事后惩罚的方式,通过严刑峻法来遏制腐败。而调研发现,70.4%的受访者认为,严刑峻法可以防治腐败,这与学界的观点有很大差别(见图9)。对此,学界多持批评态度,认为是重刑主义的表现。

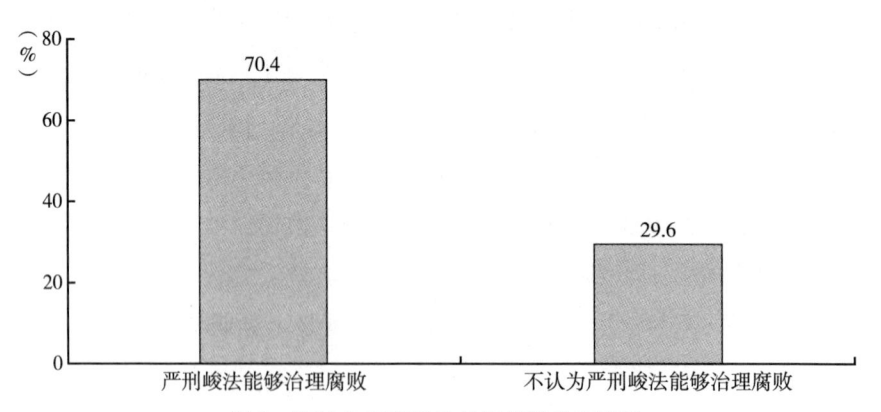

图中数据:
- 严刑峻法能够治理腐败: 70.4%
- 不认为严刑峻法能够治理腐败: 29.6%

图 9　您认为严刑峻法是否能够治理腐败

数据来源:"中国民众反腐败观念调查"数据库,第19题。

由于腐败的存在确实严重影响了民众的基本生存权、发展权,而国家廉政体系尚不完善,无法有效遏制腐败,民众就表现出希望通过严刑峻法来打击腐败的态度。严刑峻法虽不是防治腐败的最佳手段,但民众对严刑峻法的较高认同度至少说明民众对现有的腐败惩治手段是不够满意的，从而希望进一步加大对腐败的打击力度。

（五）独立反贪机构与腐败防治

《联合国反腐败公约》规定，反腐败机构应有必要的独立性，能免受任何不当影响，有效履行职能。独立性、权威性和高效性既是反腐败工作追求的基本目标，也是反腐败专门机构建设的根本要求，直接关系到反腐败工作的力度和效果。

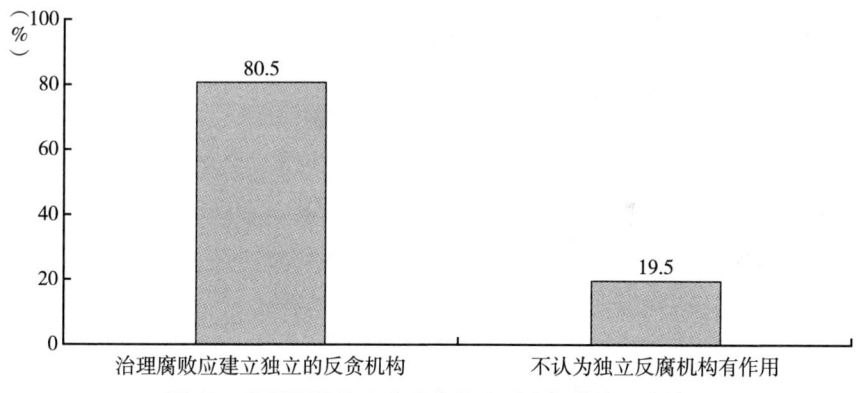

图10 您是否认为应当建立独立反腐机构治理腐败？

数据来源："中国民众反腐败观念调查"数据库，第19题。

调查显示，80.5%的受访者认为，反腐败应当建立独立的反腐机构，这也体现了民众对我国现有反腐机构设置不够满意（见图10）。如果反腐机构设置没有相应的独立性，难以摆脱不当干预，会导致各种反腐措施流于形式，就会让民众产生官员之间存在利益关联的认识，给民众留下"官官相护"的印象。因此，独立的反贪机构应当是反腐机构变革的未来方向。

五　民众对反腐工作的信心

在反腐问题研究中，民众的反腐信心无疑是一个非常重要的问题。现阶段，腐败已经成为民众最为关心的话题，严重的腐败将影响到国家的合法性根基。在反腐这一关系党的生死存亡和民心向背的问题上，民众缺乏信心，将会导致民众对国家认同程度的降低，进而降低国家凝聚力。同时，民众如对反腐信心不足，即认为反腐手段没有效果，就没有积极参与到反腐斗争中去的动力，反腐败事业就没有坚实的社会基础。

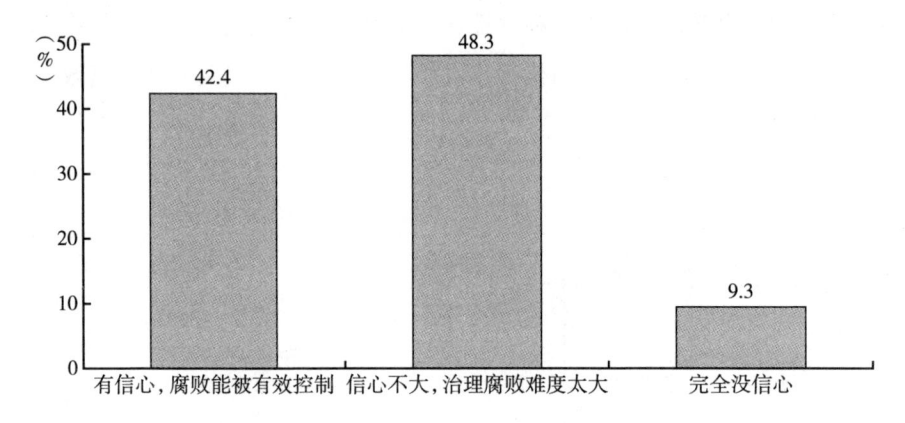

图 11 您对国家打击腐败的工作有信心吗？

数据来源："中国民众反腐败观念调查"数据库，第 19 题。

在"您对国家打击腐败的工作有信心吗？"的问题中，有 42.4% 的受访者选择了对反腐工作有信心，认为腐败会被有效控制；48.3% 的受访者认为腐败打击难度太大，信心不大；认为中国的腐败已经难以遏制，对国家打击腐败完全没有信心的受访者不到 1/10。可见，民众对国家的反腐败工作，既有信心，也有担心，持一种谨慎乐观的态度。

民众的反腐信心与其对我们国家腐败程度的情况判断相关，前文已述，有接近 90% 的受访者都认为当前社会中存在腐败，其中 1/4 的人认为我国社会很腐败，有近 2/3 的受访者认为党政机关中 50% 以上的官员都存在腐败行为，其中，36.6% 的受访者认为 50%~80% 的官员存在腐败行为，28.2% 的受访者认为 80% 以上的官员存在腐败行为。大多数受访者认为我们国家现阶段腐败情况较为严重，基于此，近半数的受访者认为腐败治理难度非常大，甚至有 1/10 的受访者认为腐败已经难以治理便不难理解了。

此外，在访谈中我们发现，由于近年来中央铁腕反腐，腐败官员纷纷被惩治，腐败现象减少了，民众满意度提高了，但民众对这一新风气能够持续却普遍存在疑虑。目前的反腐政策取得了良好效果，在官员不敢腐的情况下，建立让官员不能腐的严密的反腐败制度体系才能让民众真正建立起对反腐的信心。

结　论

在大量调查数据的基础上，我们通过统计分析对民众关于腐败的认知、评价与期待进行了多角度、大范围的考察，就中国民众关于廉政与腐败的观念样态，至少可初步达致以下结论。

（1）民众对"腐败"含义的理解宽泛而模糊，"腐败"有概念扩张的趋势。

腐败的概念也有其"核心地带"与"边缘地带"，中国民众对腐败含义的认识较为宽泛和模糊，对于"纯正的"腐败行为有较为明确的认识，对于"不纯正"的腐败行为则认识模糊，且有将不属于腐败的行为"联想"为腐败的扩大化理解倾向。

（2）民众认为我国腐败状况较为严重，且有其分布特点。

民众较为确信党政机关官员存在腐败行为，而且认为这种腐败行为较为普遍。政治和行政领域的腐败问题较经济和社会领域中的腐败问题更为严重，民众认为最容易腐败的是级别处于"权力中间地带"的那些官员，而最容易腐败的行政区划级别是在县市一级。在民众眼里，拜金型腐败最为突出，而在拜金型腐败中最为突出的是贿赂这种交互性腐败类型。

（3）民众认为官员缺乏道德和权力不受制约是造成腐败的直接和根本原因。

民众在判断官员个人为何会腐败时倾向于进行道德归因，多数人将腐败的直接原因归结为官员"贪图财富";民众在对社会整体腐败状况进行评判时倾向于进行制度归因,权力没有受到有效的监督制约被多数人认为是导致腐败的根本原因。此外,民众关于腐败成因的认识与民众关于腐败状况的评价有相关关系,不同职业/行业的民众,对于腐败根本原因的认识有所不同。

(4) 对于如何防治腐败,民众更支持官员财产公开、独立反贪机构、民主和严刑峻法,不太认同高薪养廉。

不同群体对高薪养廉的态度存在很大差别。尤其是存在明显的官民分歧,公职人员支持高薪养廉的比例非常高,而普通民众反对意见非常高。尽管关于民主是否可以有效防治腐败在理论上仍然存在诸多分歧,但在调查中,绝大多数受访者都认为民主是有利于预防腐败的。在防治腐败的措施中,财产公开的支持率最高,民众对财产公开制度十分期待。绝大多数受访者对严刑峻法持支持态度,认为其可以有效防治腐败。绝大多数受访者也支持建立独立的反贪机构,以有效预防和惩治腐败。

(5) 民众对国家反腐败工作持一种谨慎乐观的态度。

将近一半的受访者表示对国家反腐工作有信心,认为腐败会被有效控制,也有将近一半的受访者认为腐败打击难度太大,信心不是很大。可见,民众对国家的反腐败工作,既有信心,也有担心,持一种谨慎乐观的态度。

附录:

中国民众反腐败观念调查问卷

尊敬的女士/先生:您好,我们是西南政法大学的学生,为了对当下我国民众关于腐败的认识进行全面的研究,我们组织了这次问卷调查。答案没有对错之分,请根据您自己平时的理解作答。问卷信息只用于学术研究,我们会严格保密。衷心感谢您的参与!

请注意：若未注明"可多选"，每个问题只有一个答案，请在您认为合适的选项上画"√"。

1. 您的性别是： （1）男 （2）女

2. 您的出生年月是：_____年_____月

3. 您的民族是： （1）汉 （2）蒙古 （3）满 （4）回 （5）藏 （6）壮 （7）维吾尔 （8）其他（请注明：_____）

4. 您目前的政治面貌是： （1）共产党员 （2）群众 （3）共青团员 （4）民主党派

5. 您的户口是： （1）城镇户口 （2）农业户口

6. 您目前的最高受教育程度是：

（1）没有受过教育 （2）小学 （3）初中 （4）职业高中 （5）普通高中 （6）中专 （7）技校 （8）大学专科 （9）大学本科 （10）硕士 （11）博士 （12）其他

7. 您的宗教信仰： 01 没有宗教信仰 10 有宗教信仰 11 佛教 12 道教 13 伊斯兰教 14 基督教 15 民间信仰（拜妈祖、关公等） 16 其他

8. 您个人去年全年的总收入是：

9a. 您在过去半年中的主要就业状况是：

（1）全职务农 （2）兼业务农 （3）全职就业 （4）兼职就业 （5）在校学生，没有就业 （6）离退休 （7）无业（失业、下岗等） （8）临时性就业

9b. 您的工作单位是：

（1）党政机关 （2）国有企业 （3）国有事业 （4）集体企事业 （5）个体经营 （6）私/民营企事业 （7）三资企业 （8）其他类型 （9）不清楚

10. 您认为以下哪些行为属于腐败？（可多选）

（1）公务员张某利用公款吃喝游玩 （2）公务员王某利用股票知识炒股赚钱 （3）公务员李某为给母亲治病收了开发商两万元好处 （4）手

术医生赵某收取病人家属红包 （5）公务员钱某与多名女性保持婚外性关系 （6）公务员孙某结婚办了20桌酒席宴请亲朋好友

11. 您认为以下哪些是目前比较突出的腐败现象？（可多选）

（1）贪污公款 （2）收受贿赂 （3）公款消费 （4）买官卖官 （5）权色交易 （6）领导干部利用职权为配偶、子女、朋友牟利 （7）其他

12. 您了解腐败的主要渠道是：

（1）亲身经历的 （2）从媒体报道中了解到的 （3）听别人说的 （4）其他

13. 您认为腐败问题比较突出的领域是：（可多选）

（1）政府 （2）医院 （3）学校 （4）国有企业 （5）民营企业 （6）社会团体 （7）其他 （8）都不腐败

14. 您认为腐败问题比较突出的部门是：（可多选）

（1）公安机关 （2）财政部门 （3）人事部门 （4）纪检部门 （5）司法机关 （6）民政部门 （7）海关 （8）教育管理部门 （9）国土资源部门 （10）税务机关 （11）交通部门 （12）计划生育部门 （13）农业部门 （14）烟草管理部门 （15）其他部门 （16）都不腐败

15. 您认为什么级别的官员最容易腐败？

（1）科级官员 （2）县处级官员 （3）厅局级官员 （4）省部级官员 （5）省部级以上官员

16. 您认为哪里最容易产生腐败？

（1）村 （2）乡 （3）县 （4）市 （5）省 （6）中央

17. 您认为官员为什么会选择腐败？

（1）贪图财富 （2）人情所迫，不好推辞 （3）工资低，不腐败日子不好过 （4）在官场，不腐败会被排挤 （5）其他

18. 您认为造成我国腐败的根本原因是：

（1）权力没有受到有效的监督制约 （2）传统的人情关系文化

(3) 官员缺乏廉洁操守　　(4) 金钱至上的社会风气　　(5) 其他

19. 您是否赞成以下防治腐败的措施？

a. 预防腐败应高薪养廉	赞成	不赞成
b. 民主可以有效防治腐败	赞成	不赞成
c. 官员财产公开可以有效防治腐败	赞成	不赞成
d. 严刑峻法能够防治腐败	赞成	不赞成
e. 防治腐败应建立独立的反贪机构	赞成	不赞成

20. 如果您发现了他人的腐败行为，您会如何处理？

(1) 举报揭发　　(2) 损害到自己利益就举报，没损害到自己利益就不管　　(3) 损害到自己利益也不举报，免得被报复

21. 您有没有被公职人员索要过好处？

(1) 没有与公职人员打过交道　　(2) 被索要过　　(3) 没有被索要过

22. 您有没有给公职人员送过礼？

(1) 没有与公职人员打过交道　　(2) 送过　　(3) 没有送过

23. 如果您成为/是政府官员，您认为自己是否会有腐败行为？

(1) 会　　(2) 不会　　(3) 不一定

24. 哪种官员是您更不能容忍的？

(1) 有腐败行为，但能为老百姓干实事　　(2) 不腐败，但不为老百姓干实事

25. 以下说法，您是否认同？

a. 有权不用，过期作废	认同	不认同
b. 礼尚往来不是腐败	认同	不认同
c. 送礼的不是腐败，收礼的才是腐败	认同	不认同
d. 意思意思是人之常情	认同	不认同
e. 腐败官员被抓主要是因为内部斗争失败	认同	不认同

26. 您认为您生活的地区政府官员的腐败程度是（0 表示不腐败，10 表示腐败程度最重）：

0　1　2　3　4　5　6　7　8　9　10

27. 在目前我国各级党政机关中，您认为有腐败行为的官员所占比例大约是多少？_____%

28. 您认为当前我国社会腐败问题的现状是：

（1）很腐败　　（2）腐败　　（3）清廉　　（4）很清廉

29. 您对国家打击腐败的工作有信心吗？

（1）有信心，腐败会被有效控制　　（2）信心不大，腐败打击难度太大

（3）没有信心，腐败已经难以遏制

30. 关于腐败，您还有什么看法或建议？（本题无选项，由问卷填写者自愿作答）

答卷人承诺：我知道我所回答的问题将用于研究，同意被采用。_____

附录
Appendices

B.26
中国人权大事记·2014

许 尧*

一月

2日

最高人民法院、司法部印发《关于加强国家赔偿法律援助工作的意见》，旨在切实保障困难群众依法行使国家赔偿请求权，规范和促进人民法院办理国家赔偿案件的法律援助工作。

7~8日

中央政法工作会议在北京召开。习近平出席会议并强调要把维护社会大

---

* 许尧，管理学博士，南开大学人权研究中心助理研究员。主要研究方向为人权政治学、公共冲突管理。

局稳定作为基本任务，把促进社会公平正义作为核心价值追求，把保障人民安居乐业作为根本目标，坚持严格执法公正司法，积极深化改革，加强和改进政法工作，维护人民群众切身利益，为实现"两个一百年"奋斗目标、实现中华民族伟大复兴的中国梦提供有力保障。

8日

国务院总理李克强主持召开国务院常务会议。会议确定，从2014年1月1日起，将企业退休人员基本养老金水平提高10%，并向其中有特殊困难的群体适当倾斜。全国7400多万企业退休人员因此受益。

8日

国务院办公厅转发教育部等七部门制定的《特殊教育提升计划（2014－2016年）》。计划提出，到2016年，全国基本普及残疾儿童少年义务教育，视力、听力、智力残疾儿童少年义务教育入学率达到90%以上。义务教育阶段特殊教育学校生均预算内公用经费标准要达到每年6000元。

19日

中共中央、国务院印发《关于全面深化农村改革加快推进农业现代化的若干意见》。规定了完善国家粮食安全保障体系、强化农业支持保护制度、深化农村土地制度改革、构建新型农业经营体系等一系列惠农利农的政策方案和举措。

22日

社会党青年国际联盟副主席阿娜·珀斯卡拉瓦（Ana Pirtskhalava）和萨缪尔·穆伊慈（Samuel Muyizzi）拜访中国人权研究会。双方就中国的性别平等及妇女政治参与、同性恋者权益、少数民族政策、劳工权益保障、环境保护等问题进行了座谈。

28日

国务院办公厅印发《中国食物与营养发展纲要（2014－2020年）》。在食物生产量、食品工业发展、食物消费量、营养素摄入量、营养性疾病控制等方面提出了具体的目标。

二月

1日

环保部印发《国家生态保护红线——生态功能基线划定技术指南（试行）》，成为中国首个生态保护红线划定的纲领性技术指导文件。2014年，中国要完成"国家生态保护红线"划定工作。

5日

国家发展和改革委员会确定2014年农村经济工作7大重点：加大强农惠农政策力度、提高粮食安全保障能力、加强以水利为重点的农业基础设施建设、加快构建农业可持续发展长效机制、完善农产品市场价格和调控机制、加大对新型农业经营主体的支持力度、加快推进农村各项改革。

12日

中国国务院总理李克强在北京主持召开国务院常务会议，研究部署进一步加强雾霾等大气污染治理，要求在大气污染防治上下大力、出真招、见实效，消除人民群众"心肺之患"。

17日

教育部印发《教育部办公厅关于进一步做好重点大城市义务教育免试就近入学工作的通知》，要求制订完善进一步规范义务教育免试就近入学的方案。到2015年，19个重点大城市（4个直辖市、5个计划单列市、10个副省级省会城市）所有县（市、区）实行划片就近入学政策，100%的小学划片就近入学。

20日

人力资源和社会保障部、国家卫生和计划生育委员会联合颁布《工伤职工劳动能力鉴定管理办法》，自2014年4月1日起施行。

20日

中国外交部副部长李保东和澳大利亚外交贸易部副秘书长伯德在北京共同主持中澳第15次人权对话。双方介绍了各自在保护和促进人权方面的新进展。中方重点介绍了中国共产党十八届三中全会完善人权司法保障制度的新举措等。

21日

国务院总理李克强签署国务院令，公布《社会救助暂行办法》。该办法共13章70条，将最低生活保障、特困人员供养、受灾人员救助、医疗救助、教育救助、住房救助、就业救助和临时救助等8项制度以及社会力量参与作为基本内容，确立了社会救助制度体系，是中国第一部统筹各项社会救助制度的行政法规。

21日

《国务院关于建立统一的城乡居民基本养老保险制度的意见》发布，部署在全国范围内建立统一的城乡居民基本养老保险制度。

24日

世界卫生组织表彰中国政府在防控儿童乙肝方面所取得的突出成就。世卫组织指出，中国的乙肝免疫项目显著降低了儿童中的乙肝感染率，是中国公共卫生领域取得的最重要成就之一。1992年起，中国通过及时接种乙肝疫苗，让超过8000万儿童免于乙肝感染。

25日

中共中央办公厅、国务院办公厅印发《关于创新群众工作方法解决信访突出问题的意见》。意见指出，要着力从源头上预防和减少信访问题发生；进一步畅通和规范群众诉求表达渠道；健全解决信访突出问题工作机制；全面夯实基层基础；切实加强组织领导。

28日

国务院新闻办公室发表《2013年美国的人权纪录》，回应美国政府发布的《2013年国别人权报告》。人权纪录分为导言、关于生命与人身安全、关于公民权利和政治权利、关于经济和社会权利、关于种族歧视、关于妇女和儿童权利、关于侵犯他国人权等部分，指出了美国诸多严重甚至持续恶化的人权问题。

三月

4日

中国社会科学院发布《世界社会主义黄皮书》，指出斯诺登事件是美国长期奉行"内外有别"双重人权标准的必然产物，人权在今天更是变成了美国愚民统治的意识形态话语工具。斯诺登事件让世界看清美国所谓人权、自由等伪善本质。

5日

十二届全国人大二次会议在人民大会堂开幕。国务院总理李克强做政府工作报告，民生再次成为关键词。

10日

十二届全国人大二次会议在人民大会堂举行第三次全体会议，听取了最高人民法院工作报告。最高人民法院院长周强从"依法惩治犯罪、保障人权、化解矛盾，维护社会和谐稳定""坚持司法为民，依法维护人民群众合法权益""深化司法公开，促进司法公正"等方面总结了2013年的工作。

10日

十二届全国人大二次会议在人民大会堂举行第三次全体会议，听取了最高人民检察院工作报告。最高人民检察院检察长曹建明报告了检察机关的工作，并强调，检察机关将完善人权司法保障制度，加强刑事诉讼监督，重点监督纠正违法立案、非法取证、滥用强制措施、量刑畸轻畸重等问题，严防冤假错案。

12日

最高人民法院发布《2010－2013年人民法院维护消费者权益状况》白皮书，对人民法院4年来依法审理各类涉及消费者权益纠纷案件的情况进行了系统总结，同时公布了10起人民法院维护消费者权益典型案例。

12日

中国代表团在日内瓦举行的联合国人权理事会第25次会议上就文化权、贩卖儿童问题阐述中方立场，强调了就历史上的冲突或大规模侵犯人权事件建造纪念设施对于汲取历史教训、避免悲剧重演的重要意义，介绍了中国政府在打击拐卖儿童、儿童色情等犯罪行为方面的主要做法，呼吁各国加强司法和执法合作。

14日

中国人民大学法学院举办"'人权条款'入宪十周年座谈会"。来自北京大学、北京师范大学、中国政法大学、中国社会科学院、郑州大学、中国青年政治学院、首都师范大学等院校和科研机构的20多名学者和学生参加了座谈会。

15日

经全国人大常委会审议通过的修订后的《中华人民共和国消费者权益保护法》正式实施。新消法赋予了消费者新的权益，增加了经营者新义务，重新定位了消协组织的功能，进一步加大了政府的责任。

16日

《国家新型城镇化规划（2014－2020年）》公布。规划分8篇31章详细明确了规划背景、指导思想和发展目标、有序推进农业转移人口市民化、优化城镇化布局和形态等具体内容或措施。

17日

国务院审改办在中国机构编制网公布了"国务院各部门行政审批项目汇总清单"，涉及国务院60个部门正在实施的行政审批事项共1235项。按照国务院要求，各部门将不得在清单之外实施行政审批。

19日

中共中央办公厅、国务院办公厅印发《关于依法处理涉法涉诉信访问题的意见》，并发出通知，要求各地区各部门切实加强协调配合，健全涉法涉诉信访工作机制，努力形成依法解决涉法涉诉信访问题的合力。

19～28日

由中国人权发展基金会理事长黄孟复率领的中国人权发展基金会代表团访问南非、纳米比亚和津巴布韦三国，期间会见了纳米比亚总理根哥布、开国总统努乔马和津巴布韦众议院议长穆登达等领导人，并与南非人权委员会、非国大经济发展论坛、纳米比亚司法部、津巴布韦人权委员会等机构的负责人进行了会谈。

20日

联合国人权理事会在日内瓦核可了中国2013年10月接受第二轮国别人权审查的报告。

21日

中国互联网协会、国家互联网应急中心在北京发布《中国互联网站发展状况及其安全报告（2014年）》，报告对中国网站总量及分布情况、网站主办者组成情况、网站所使用的独立域名、专业互联网信息服务网站发展、网站接入市场竞争和中国网站的安全状况等方面进行了全面统计分析。

25日

国家发展改革委、国家卫生计生委、人力资源社会保障部联合发布《关于非公立医疗机构医疗服务实行市场调节价有关问题的通知》，要求非公立医疗机构服务价格实行市场调节，鼓励它们提供形式多样的医疗服务，建立医疗保险经办机构与定点非公立医疗机构的谈判机制，同时加强对医疗服务价格行为的规范。

27日

教育部发布《关于做好2014年普通高校招生工作的通知》。其中规定，各级考试机构要为残疾人平等报名参加考试提供便利。有盲人参加考试时，为盲人考生提供盲文试卷、电子试卷或者由专门的工作人员予以协助。

四月

1日

国务院办公厅印发《2014年政府信息公开工作要点》，对政府信息公开工作做出部署，强调要以保障人民群众知情、参与和监督为目标，深入贯彻落实《政府信息公开条例》，不断增强公开实效，更好地发挥信息公开对建设法治政府、创新政府、廉洁政府的促进作用。

4日

县级公立医院综合改革电视电话会议在北京召开。国务院总理李克强批示指出：各地区、各有关部门要继续以县级公立医院改革为突破口，用中国式办法着力破解医改这个世界性难题，实现人人享有基本医疗卫生服务的目标。

10日

最高人民法院召开电视电话会议，动员部署在全国法院开展网上申诉信访平台和远程视频接访系统建设工作。最高人民法院要求，各级法院抓住涉诉信访信息化建设机遇，全面做好网上申诉信访和视频接访建设工作，确保信访群众在第一时间知晓案件所处的办理环节以及办理结果。

10日

最高人民法院审判委员会第1611次会议通过《最高人民法院关于减刑、假释案件审理程序的规定》。该司法解释进一步规范减刑、假释案件的审理程序，确保减刑、假释案件审理的合法、公正。

13日

全国"扫黄打非"工作小组办公室、国家互联网信息办公室、工业和信息化部、公安部发布公告宣布，自2014年4月中旬至11月，在全国范围内统一开展打击网上淫秽色情信息"扫黄打非·净网2014"专项行动。

16日

中国残联第二代残疾人证网上查询服务上线。通过登录中国残联网站和中国残疾人服务网，可对第二代残疾人证持有人信息的真实性及残疾人证办理状态进行查询，为残疾人以及政府部门、社会服务机构、残疾人用人单位等提供了更便捷的查询渠道。

24日

十二届全国人大常委会第八次会议表决通过了《中华人民共和国环境保护法（修订草案）》。修订后的环保法进一步明确了政府的监督管理职责，完善了生态保护红线、污染物总量控制等基本制度，加大了违法行为制裁，对政府、企业公开环境信息与公众参与、监督环境保护做了系统规定。

29日

财政部、国家税务总局、人力资源社会保障部发布《关于继续实施支持和促进重点群体创业就业有关税收政策的通知》，延长了针对下岗失业人员等重点群体创业就业优惠税收政策的有效时间，明确了具体优惠的条件和额度。

30日

国务院关于批复发展改革委，同意建立深化收入分配制度改革部际联席会议制度。联席会议由中央编办、发展改革委、教育部、科技部等21个部门和单位组成。该机制在国务院领导下，统筹协调深化收入分配制度改革各项工作。

五月

1日

国家信访局印发的《关于进一步规范信访事项受理办理程序引导来访人依法逐级走访的办法》正式施行。该办法就来访事项由哪一级受理办理，哪些该受理哪些不受理，受理后怎么办等相关事项，做出了明确规定。

6日

中国首部国家安全蓝皮书《中国国家安全研究报告（2014）》在北京发布。蓝皮书以中国国家安全为中心，对2014年的国家安全形势，包括国际安全形势与国内安全形势进行全面回顾、评估与分析，并就面临的安全挑战提出对策思考。

8日

联合国经济、社会和文化权利委员会顺利完成对中国执行《经济、社会及文化权利国际公约》第二次履约报告的审议，中国常驻联合国日内瓦办事处及瑞士其他国际组织代表吴海龙率中国政府代表团出席，香港、澳门特别行政区政府代表作为中国代表团成员参加。

9日

国务院办公厅印发《关于做好2014年全国普通高等学校毕业生就业创业工作的通知》，鼓励高校毕业生到城乡基层就业；鼓励小型微型企业吸纳高校毕业生就业。通知要求，用人单位招聘不得设置民族、种族、性别、宗教信仰等歧视性条件，不得将院校作为限制性条件。

15日

国务院发布《2014-2015年节能减排低碳发展行动方案》，提出单位GDP能耗、化学需氧量、二氧化硫、氨氮、氮氧化物排放量分别逐年下降3.9%、2%、2%、2%、5%以上，单位GDP二氧化碳排放量两年分别下降4%、3.5%以上。并从8个方面明确了推进节能减排降碳的30项具体措施。

16日

中共中央总书记、国家主席、中央军委主席习近平在北京会见第五次全国自强模范暨助残先进集体和个人表彰大会受表彰代表。他强调各级党委和政府要高度重视残疾人事业，把推进残疾人事业当作分内的责任，各项建设事业都要把残疾人事业纳入其中，不断健全残疾人权益保障制度。

17日

由中国人权研究会主办的"中国梦与中国人权"理论研讨会在济南召开，来自全国有关高校和人权研究机构的近50名专家学者围绕实现中华民族伟大复兴中国梦的人权内涵进行了热烈讨论。中国人权研究会会长罗豪才、国务院新闻办公室副主任崔玉英出席会议并致辞。

19~20日

中国外交部人权事务特别代表刘华和英国外交部亚太司司长李丰在伦敦共同主持中英第21次人权对话，并会见英国外交部常务次官弗雷德。两国主管外交、司法、民族、宗教、妇女和残疾人事务的部门派人参加。

26日

国务院新闻办公室发表《2013年中国人权事业的进展》白皮书，以大量数据和事实从9个方面介绍了中国人权事业取得的成就，包括：发展权利、社会保障权利、民主权利、言论自由权利、人身权利、少数民族权利、残疾人权利、环境权利、人权领域的对外交流与合作。

27日

国务院办公厅印发《大气污染防治行动计划实施情况考核办法（试行）》，该办法是国务院发布的《关于印发大气污染防治行动计划的通知》的配套性文件，由环境保护部会同国家发展改革委、工业和信息化部、财政部、住房城乡建设部、能源局等有关部门编制。

28日

国务院办公厅印发《深化医药卫生体制改革2014年重点工作任务》。

2014年深化医改重点工作任务是，按照保基本、强基层、建机制的要求，继续推动实施国务院"十二五"医改规划，坚持以群众反映突出的重大问题为导向，以公立医院改革为重点，深入推进医疗、医保、医药三医联动，推动医改向纵深发展。

六月

5日

中国人权研究会会长罗豪才在北京会见了由老挝国家人权事务协调指导委员会主席蓬沙瓦·布法率领的老挝人权代表团一行。罗豪才就中国人权研究会的定位、宗旨和职能，以及在开展人权理论研究、人权教育培训和国际交流合作等方面所做的工作进行了介绍。

10日

国务院新闻办公室发表《"一国两制"在香港特别行政区的实践》白皮书，介绍了政策由来和在香港取得的实践成就，包括：香港顺利回归祖国的历程、特别行政区制度在香港的确立、香港特别行政区各项事业取得全面进步、中央政府全力支持香港特别行政区繁荣发展、全面准确理解和贯彻"一国两制"方针政策。

11日

教育部网站发布《2014年国家鼓励高校毕业生就业创业新政策》，要求各地区、各有关部门要积极采取措施，促进就业公平。明确要求省会及以下城市用人单位招聘应届毕业生不得将户籍作为限制性条件。用人单位招聘不得设置民族、种族、性别、宗教信仰等歧视性条件，不得将院校作为限制性条件。

14日

国务院办公厅发布《关于加强城市地下管线建设管理的指导意见》。2015年底前，要完成城市地下管线普查，建立综合管理信息系统，编制完成综合规划。力争用5年时间，完成城市地下老旧管网改造，显著降低事故率，避免重大事故发生。用10年左右时间，建成较为完善的城市地下管线体系。

17日

中国法学会组织撰写的《中国法治建设年度报告（2013）》在北京发布，报告从立法工作和全国人大常委会的法律监督，依法行政和行政执法体制机制改革，审判、检察、公安和司法行政工作，人权的法治保障，生态文明法治建设等9个方面阐述了2013年中国法治建设的实践和取得的成就。

22日

国务院印发《关于加快发展现代职业教育的决定》，全面部署加快发展现代职业教育，提出到2020年，形成适应发展需求、产教深度融合、中职高职衔接、职业教育与普通教育相互沟通，体现终身教育理念，具有中国特色、世界水平的现代职业教育体系。

23～24日

全国职业教育工作会议在北京召开。国家主席习近平强调，职业教育是国民教育体系和人力资源开发的重要组成部分，是广大青年打开通往成功成才大门的重要途径，肩负着培养多样化人才、传承技术技能、促进就业创业的重要职责，必须高度重视、加快发展。

24日

国家互联网信息办公室发布《恐怖主义的网上推手——"东伊运"恐怖音视频》电视专题片，通过梳理北京"10·28"、昆明"3·01"、乌鲁木齐"4·30"等多起暴力恐怖袭击案件,将境外"东伊运"组织指挥、在网上传播涉暴恐音视频、煽动境内恐怖活动的真相公之于众。

14日

国务院印发《社会信用体系建设规划纲要（2014-2020年）》，提出到2020年，社会信用基础性法律法规和标准体系基本建立，以信用信息资源共享为基础的覆盖全社会的征信系统基本建成，信用监管体制基本健全，信用服务市场体系比较完善，守信激励和失信惩戒机制全面发挥作用。

28日

"妇幼健康中国行"活动在北京启动，该活动以开展系列妇幼健康专题讲座、科普知识宣传和专家义诊、健康咨询等活动为主要内容来普及知识，增强妇女儿童自我保健意识和能力，从而提高妇女儿童健康水平，将在全国各地遴选的12个省份陆续开展。

30日

中共中央政治局召开会议，审议通过了《深化财税体制改革总体方案》《关于进一步推进户籍制度改革的意见》《党的纪律检查体制改革实施方案》。中共中央总书记习近平主持会议。

30日

最高人民法院公布《关于人民法院赔偿委员会依照〈中华人民共和国国家赔偿法〉第30条规定纠正原生效的赔偿委员会决定应如何适用人身自由赔偿标准问题的批复》。该批复自2014年8月1日起施行。

七月

9日

最高人民法院召开新闻发布会，介绍《人民法院第四个五年改革纲要

(2014－2018年)》情况。这份与中国共产党的十八届三中全会决定和中央司改意见"对表"、指导未来五年法院改革工作的重要纲领性文件明确了改革的总体思路，提出到2018年初步建成具有中国特色的社会主义审判权力运行体系。

9日

外交部国际司与澳大利亚人权委员会在扬州市共同举办"竞聘联合国人权机制职位能力建设培训班"。该培训班为期3天，共有30多位中澳人权领域官员、专家参加。双方围绕"联合国人权机制情况"、"人权理事会特别机制职责与功能"和"如何竞聘人权理事会特别机制"三项议题进行了研讨。

13～14日

第十二届中德人权研讨会在北京举行。与会专家围绕"国际法与人权保障"，就国际法如何保护各国主权和各国公民权利、人权国际公约如何与本国的具体情况相结合等议题进行了深入探讨。中国人权发展基金会理事长黄孟复、国务院新闻办公室副主任崔玉英等出席开幕式并致辞。

15日

最高人民法院印发《关于人民法院在审判执行活动中主动接受案件当事人监督的若干规定》，要求各级人民法院严格执行廉政纪律，不断改进司法作风，实行廉政监督卡和廉政回访等制度，主动接受案件当事人对审判、执行活动的监督。

22日

教育部、国务院新闻办公室在北京举行第二批国家人权教育与培训基地授牌仪式，向中国人民大学人权研究中心、复旦大学人权研究中心、武汉大学人权研究院、山东大学人权研究中心和西南政法大学人权教育与研究中心五所第二批国家人权教育与培训基地授牌。中国人权研究会会长罗豪才、教育部副部长李卫红、国务院新闻办公室副主任崔玉英出席仪式。

24日

国务院发布《关于进一步推进户籍制度改革的意见》，明确了进一步推进户籍制度改革的指导思想、基本原则、发展目标、政策措施和实现路径。意见指出，要建立城乡统一的户口登记制度，取消农业与非农业户口性质区分和由此衍生的蓝印户口等户口类型，统一登记为居民户口，体现户籍制度的人口登记管理功能。

25日

教育部公布《高等学校信息公开事项清单》，清单共有10大类50条，包括了招生考试信息、高校财务、资产、收费、学风建设等社会普遍关注的信息。教育部要求各高校对清单列举的内容及时、准确地公开，接受社会监督。

28日

中国残联发布《2013年度全国残疾人状况及小康进程监测报告》。报告显示，残疾人生存状况得到持续明显改善，生存指数稳步提升为75.7%，比上年度增长4.8个百分点。

八月

1日

中国人权研究会首次设立年度课题项目，经过两轮评选，共有40位专家学者签约了其中的35个课题。其中重点课题3项，资政课题13项，一般课题19项。

2日

教育部制定印发《义务教育学校管理标准（试行）》，就义务教育学校管理工作提出了平等对待每位学生、促进学生全面发展、提升教育教学质量、营造和谐安全环境、建设现代学校制度等6个方面共92条具体要求。

5日

由中国人权研究会组织编写的《中国人权事业发展报告（2014）》（人权蓝皮书）正式发布。蓝皮书分析了中国梦的人权内涵，重点阐释了十八届三中全会对推进中国人权事业发展的重大意义。在专题报告部分，蓝皮书就反腐败、社会主义协商民主建设、劳动教养制度改革、社区矫正、公益诉讼、农村留守儿童以及生态文明建设等领域人权保障进展情况进行了阐述。

11日

为保证农村义务教育学生营养改善计划顺利实施，中央财政下达了2014年农村义务教育学生营养改善计划专项资金162亿元，比2013年增加了5亿元，增长了3.2%。

12~13日

由国务院新闻办公室和西藏自治区人民政府共同主办的"中国西藏发展论坛"在拉萨举行。本届论坛的主题为"西藏发展的机遇与选择"，设有"西藏的可持续发展之路"、"西藏文化的传承与保护"和"西藏的生态与环境保护"三个分议题，中外近百名代表参会。

20日

最高人民法院发布司法解释，明确职工在上下班途中工伤的四种情形。根据规定，职工在合理时间内往返于工作地与配偶、父母、子女居住地的合理路线的上下班途中发生事故的，可认定为工伤。

21日

国家卫生计生委、国家发展改革委、财政部、国务院扶贫办、国家中医药局联合制定印发《关于扎实推进农村卫生和计划生育扶贫工作的实施方案》，确定了采取有效措施逐步解决因病致贫（返贫）问题、进一步健全基层卫生计生服务体系、加大卫生计生人才培养培训力度等8项主要任务。

31日

十二届全国人大常委会第十次会议在北京人民大会堂闭幕。会议表决通过全国人大常委会关于修改预算法、关于修改安全生产法、关于修改保险法等五部法律的决定，国家主席习近平签署主席令予以公布。

九月

3日

《国务院关于深化考试招生制度改革的实施意见》公布。意见要求，2014年启动考试招生制度改革试点，2017年全面推进，到2020年基本建立中国特色现代教育考试招生制度，形成分类考试、综合评价、多元录取的考试招生模式，健全促进公平、科学选才、监督有力的体制机制。

5日

中共中央、全国人大常委会在人民大会堂举行庆祝全国人民代表大会成立60周年大会。中共中央总书记、国家主席、中央军委主席习近平发表重要讲话，阐述了中国实行人民代表大会制度、坚定不移走中国特色社会主义政治发展道路的必然性、合理性和正确性，提出了新形势下坚持和完善人民代表大会制度、发展中国特色社会主义民主政治的原则、目标、要求和重点。

9日

商务部等6部门联合发布《关于落实2014年度医改重点任务提升药品流通服务水平和效率工作的通知》，提出要加快清理和废止阻碍药品流通行业公平竞争的政策规定，构建全国统一市场；采取多种方式推进医药分开；鼓励零售药店发展和连锁经营；增强基层和边远地区的药品供应保障能力。

9日

最高人民法院、最高人民检察院、公安部联合出台《关于办理暴力恐怖和宗教极端刑事案件适用法律若干问题的意见》。明确了办理相关案件的基本原则，对准确认定案件性质、明确认定标准和明确管辖原则做出了具体规定。

12日

国务院发布《关于进一步做好为农民工服务工作的意见》。提出，到2020年，引导约1亿人在中西部地区就近城镇化，努力实现1亿左右农业转移人口和其他常住人口在城镇落户，未落户的也能享受城镇基本公共服务，农民工群体逐步融入城镇，为实现农民工市民化目标打下坚实基础。

14日

民政部通过《家庭寄养管理办法》，规定了寄养条件、寄养关系的确立与解除、政府的监督管理、相关法律责任等内容。该办法自2014年12月1日起施行。

17~18日

由中国人权研究会和中国人权发展基金会联合举办的第七届北京人权论坛在北京举行。本届论坛的主题为"中国梦：中国人权事业的新进展"，下设"中国梦的人权意义""人权的跨文化交流""国家治理创新与人权保障""反恐怖与人权保障"四个分议题,来自联合国以及30余个国家和地区的人权高级官员、专家学者和相关国家驻华使节代表等逾百人出席论坛。

17日

国务院正式批复原则同意国家发展和改革委员会报送的《国家应对气候变化规划(2014-2020年)(送审稿)》。要求牢固树立生态文明理念,坚持节约能源和保护环境的基本国策,统筹国内与国际、当前与长远,减缓与适应并重,努力走一条符合中国国情的发展经济与应对气候变化双赢的可持续发展之路。

18~20日

应中国人权研究会邀请,由主席吴温莫拉率领的缅甸国家人权委员会代表团一行五人来华访问。来访期间,代表团与中国人权研究会、中国人民大学人权研究中心进行了对话与交流。

28~29日

中央民族工作会议暨国务院第六次全国民族团结进步表彰大会在北京举行。这次会议的主要任务是:准确把握新形势下民族问题、民族工作的特点和规律,统一思想认识,明确目标任务,坚定信心决心,提高做好民族工作能力和水平。

十月

9日

《最高人民法院关于审理利用信息网络侵害人身权益民事纠纷案件适用法律若干问题的规定》公布。该司法解释与《关于审理侵害信息网络传播权民事纠纷案件适用法律若干问题的规定》《关于办理利用信息网络实施诽谤等刑事案件适用法律若干问题的解释》共同形成互联网法律问题的裁判规则体系。

23日

中国共产党第十八届中央委员会第四次全体会议审议通过了《中共中央关于全面推进依法治国若干重大问题的决定》，强调了依法治国是坚持和发展中国特色社会主义的本质要求和重要保障，是实现国家治理体系和治理能力现代化的必然要求。

23日

国务院妇女儿童工作委员会副主任宋秀岩率中国政府代表团在日内瓦万国宫就中国履行《消除对妇女一切形式歧视公约》第七、八次合并报告接受联合国消除对妇女歧视委员会审议。联合国消除对妇女歧视委员会委员积极评价中国政府的履约努力和成果，对中国性别平等和妇女发展事业取得的成就表示赞赏。

26日~11月2日

中国人权研究会代表团访问美国和加拿大。访问期间，代表团会见了美国民主、人权和劳工局和亚太事务局等负责人，并与纽约大学亚洲研究所、约翰·霍普金斯大学高级国际问题研究院、渥太华大学人权研究中心、约克大学人文社会科学学院等机构进行了座谈交流。

十一月

1日

十二届全国人大常委会第十一次会议表决通过了修改行政诉讼法的决

定，国家主席习近平签署第 15 号主席令予以公布。审议并通过了关于设立国家宪法日的决定，明确将 12 月 4 日设立为国家宪法日，国家通过多种形式开展宪法宣传教育活动。

11日

人权建设协同创新中心年度工作会议在广州大学召开。南开大学、中国政法大学、广州大学、西南政法大学四所协同高校的相关人员参加了会议。会议对如何深入合作、充分发挥协同中心的平台作用、建设高水平智库等问题进行了讨论。

13日

最高人民法院开设的中国审判流程信息公开网正式开通，可查询最高人民法院以及北京、浙江、重庆等 20 个省（区、市）地方法院的案件审判流程信息和进展情况。

14日

由中国人权研究会主办，中国人民大学法学院、人权研究中心承办的"法治中国与人权"研讨会在苏州召开。罗豪才在开幕致辞中表示，法治的核心始终应该是维护人权，要围绕中国特色社会主义法治体系建设，推进人权工作法治化。中国人权研究会副会长李君如、陈士球等近 50 位专家学者就人权的司法保障、人权法治的比较与借鉴、人权发展与国家治理等议题进行了讨论。

18日

最高人民法院、最高人民检察院联合制定的《关于办理危害药品安全刑事案件适用法律若干问题的解释》发布。该司法解释共 17 条，明确了生产、销售的假药以孕产妇、婴幼儿、儿童或者危重病人为主要使用对象等 7 种情形应当酌情从重处罚，进一步完善了生产、销售假药犯罪的定罪量刑标准。

18日

人力资源和社会保障部、财政部、国家卫生和计划生育委员会联合印发《关于进一步做好基本医疗保险异地就医医疗费用结算工作的指导意见》。意见明确，2016年将全面实现跨省异地安置退休人员住院医疗费用直接结算。

18日

国家卫生计生委流动人口司发布《中国流动人口发展报告2014》，主要包括对人口流动迁移和城镇化、流动人口生存发展与社会融合、流动人口基本公共服务、流动人口卫生计生服务管理和流动人口生育等五个专题。

24日

为进一步加强和改进慈善工作，统筹慈善和社会救助两方面资源，更好地保障和改善困难群众民生，国务院印发《关于促进慈善事业健康发展的指导意见》，确定鼓励和规范慈善事业发展的一系列重大政策措施。

26日

国务院总理李克强主持召开国务院常务会议，讨论通过《中华人民共和国大气污染防治法（修订草案）》。草案强调源头治理、全民参与，强化污染排放总量和浓度控制，增加了对重点区域和燃煤、工业、机动车、扬尘等重点领域开展多污染物协同治理和区域联防联控的专门规定，明确了对无证、超标排放和监测数据作假等行为的处罚措施。

27日

外交部副部长程国平礼节性会见了来华进行人权交流的俄罗斯外交部人权、民主和法治问题全权代表多尔戈夫。双方就中俄关系、两国人权交流与合作等问题交换了意见。会见后，外交部人权事务特别代表刘华与多尔戈夫就有关人权问题进行了交流。

十二月

4日

国务院法制办就《居住证管理办法（征求意见稿）》向社会征求意见。意见稿明确居住证持有人可与户籍人口享有同等的包括免费接受义务教育、平等劳动就业等多项权利，并可逐步享受同等的中等职业教育资助、就业扶持、住房保障、养老服务、社会福利、社会救助、随迁子女在当地参加中考和高考的资格等权利。

4日

中国与德国第十二次人权对话在柏林举行，中国外交部国际司司长李军华与德国联邦政府人权事务专员施特拉瑟共同主持对话，双方坦诚交流了各自人权观，并讨论了各类歧视及国际人权合作等问题。中国最高人民法院、中央统战部、国家民委、民政部、司法部及国家宗教局派代表参加了本次对话。

4日

《全国法院新浪微博运营报告》对外发布。截至2014年11月10日，全国法院微博总数为3636个，其中法院官方微博3322个，90%的法院已开通官方微博，总粉丝数超5000万。通过全国各级法院的官方微博，公众可以看到包括法院要闻公告、裁判文书、审判流程、执行信息等诸多信息。

4日~13日

中国人权研究会交流团访问瑞典、荷兰和法国三国。访问期间，交流团分别拜会了三国外交部人权大使，并与瑞典平等监察专员署、瑞典隆德大学罗尔·瓦伦堡人权与人道法研究所、乌特勒支大学荷兰人权研究所、国际人权学院、法国新人权协会等机构进行了座谈交流。

5日

最高人民检察院发布《人民检察院受理控告申诉依法导入法律程序实施办法》《人民检察院司法瑕疵处理办法（试行）》《人民检察院控告申诉案件终结办法》等三个涉法涉诉信访改革配套办法，保障当事人依法行使控告、申诉等诉讼权利，依法及时公正解决人民群众的合理合法诉求。

8日

中欧第33次人权对话在比利时布鲁塞尔举行，中国外交部国际司司长李军华和欧盟对外行动署东亚司司长萨巴蒂尔共同主持了对话，中欧双方坦诚交流了各自人权观，并讨论了国际人权合作、妇女权利等问题，加深了相互了解，并探讨了未来合作。

9~10日

由中国人权发展基金会和中国人民抗日战争纪念馆联合主办的第二届人权文博国际研讨会在北京举行，会议的主题是"以史为鉴、珍爱和平、维护人权"。来自中国、俄罗斯、法国、乌克兰、比利时、以色列、巴西、韩国等15个国家和地区的反法西斯战争等战争类博物馆、纪念馆负责人和代表，以及中国从事二战史、抗战史研究的专家学者100多人出席了研讨会。

10日

中国人民大学法学院召开纪念《世界人权宣言》66周年纪念研讨会，主题为"《世界人权宣言》——努力实现的共同目标：联合国人权保护机制与中国"来自中国人权研究会、中共中央党校、中国社会科学院、中国政法大学的学者应邀出席了会议。

13日

中共中央、全国人大常委会、国务院、全国政协、中央军委在南京举行南京大屠杀死难者国家公祭仪式。中共中央总书记、国家主席、中央军委主席习近平出席并发表重要讲话。中共中央政治局常委、全国人大常委会委员长张德江主持公祭仪式。

17日

国家卫生计生委发布2013年中国居民健康素养监测报告。报告显示，中国居民健康素养水平提高至9.48%，比2012年的8.80%提高0.68个百分点，比2008年的6.48%提高3个百分点。

18日

最高人民法院、最高人民检察院、公安部、民政部联合印发《关于依法处理监护人侵害未成年人权益行为若干问题的意见》。《意见》包括一般规定、报告和处置、临时安置和人身安全保护裁定、申请撤销监护人资格诉讼、撤销监护人资格案件审理和判后安置等5部分共44条。自2015年1月1日起实施。

21日

国家卫生和计划生育委员会、教育部、民政部联合发布《关于进一步落实受艾滋病影响儿童医疗教育和生活保障等政策措施的通知》，要求确保受艾滋病影响儿童医疗、教育和生活保障等政策措施落实到位，对推诿或者拒绝受艾滋病影响儿童入学、就医等行为的单位和个人，要依法依规严肃处理。

23日

《国家人权行动计划（2012－2015年）》中期评估会在北京举行。国务院新闻办公室主任蔡名照表示，两年来，在以习近平同志为总书记的党中央坚强领导下，在实现中国梦的征程中，本期行动计划得到切实贯彻执行，我国人权事业发展取得了显著成绩。国务院新闻办、外交部牵头的50多个部委以及有关单位组成的"国家人权行动计划联席会议机制"负责对该行动计划的评估。

23日

国务院副总理马凯代表国务院向第十二届全国人大常委会第十二次会议做关于统筹推进城乡社会保障体系建设工作情况的报告。报告明确，机关事业单位养老保险制度改革方案，已经国务院常务会议和中央政治局常委会审议通过。党政机关、事业单位将建立与企业相同的基本养老保险制度。

28日

北京师范大学中国扶贫研究中心发布《中国绿色减贫指数报告（2014）》。报告提出了绿色减贫新理念，在借鉴联合国人类发展指数及中国绿色发展指数等成果基础上，构建了中国绿色减贫指数，对11个连片特困地区的505个片区县进行了测度和分析，提出了推进绿色减贫的政策建议。

Abstract

This is the fifth Blue Book on China's human rights, which focuses on the latest progress of China's human rights cause in 2014.

The book includes general reports, thematic reports, research reports and case studies, and appendices.

The general report reviews the new progress of China's human rights cause in the process of comprehensive deepening the reform in 2014, analyzes the new requirements on China's human rights development made by the Decisions on A Number of Major Issues of Comprehensively Promoting the Rule of Law made in the Fourth Plenary Session of the Eighteenth CPC Central Committee, and points out that the China's human rights cause will enter into a new stage of comprehensive safeguarding human rights by rule of law.

21 thematic reports are focusing on the most important issues of China's human rights cause in 2014. In terms of economic, social and cultural rights, 8 reports are related to the landless farmers' rights, the right to social assistance, the right to health, the right to education and the protection of environmental right; in the area of civil and political rights, 6 reports discuss respectively the limiting the death penalty, the fight against terrorism, the reform of the household registration system, power list system, citizens data privacy protection, and the impact of the judicial openness on the human rights protection; in terms of the human rights protection for specific groups, 3 reports discuss the employment rights protection in Xinjiang, Tibet and four provinces of the Tibetan minority, the consular protection of overseas Chinese's human rights, as well as the influence of the overseas investment made by the Chinese enterprises under the strategy of "going out" on human rights; in terms of the study of human rights, 2 reports analyze the papers on human rights published in the CSSCI Journals and the national human rights education and training bases respectively. In addition, according to past

practice, there are 2 reports analyze national human rights legislation in 2014 and the international human rights cooperation and exchange carried out by China.

In the part of research reports and case studies, 3 reports related to the legal aid for migrant workers, social organizations and the Chinese people's awareness on anti corruption.

2 appendices related respectively to the Chronicle of China's human rights in 2014 and the laws and regulations enacted, amended or modified in 2014 that directly related to human rights.

All reports are written with serious attitude and follow the blue book requirements on authority, frontier, originality, positive, forward-looking and timeliness. The authors try to realistically reflect the actual development of China's human rights cause in 2014, objectively analyze the progress and the problems, and make policy recommendations to promote the protection of human rights and prediction on the prospects of China's human rights cause on the basis of a full study.

Contents

B I General Report

B. 1   The Development of Human Rights in China under
the Background of Comprehensive Deepening Reform
and Promoting the Rule of Law

Luo Haocai, Li Junru and Chang Jian / 001

Abstract: The human rights in China have made all-round development with the comprehensive deepening economic, political, cultural, social, ecological and environmental and judicial reforms. The Decision on A Number of Major Issues of Promoting the Rule of Law made in the Fourth Plenary Session of the Eighteen Session of The Communist Party of China put forward the new request to the cause of human rights in China. Looking to the future, the cause of human rights in China is entering the new stage of full legalization.

Keywords: Deepening the All-Round Reform; Governing the Country according to Law; Human Rights Protection

B II Thematic Reports

Economic, Social and Cultural Rights

B. 2   Protection of The Rights of Land-lost Farmers

Zheng Zhihang / 046

Abstract: China's urban and rural process speeding up brings a direct consequence which is more and more farmers lost their houses and lands. For over 30 years of reform and opening up, China has made great progress in protecting the rights of earnings, social security, working and the right to information. In 2014, China has done more efforts in the protection. However, our country still has many deficiencies in the protection of land-lost farmers' rights. China needs to promote the land-lost farmers rights cause by deepening the reform household registration system, strictly controlling the government's power of expropriation, and actively improving the rights of appealing, concentrating on their protection.

Keywords: Land-lost Farmers; Urbanization; Social Security; Resident System Reform; Social Rights

B. 3　Right to Social Assistance in China: Developments and Challenges　　　　　　　　　　*Lu Haina* / 061

Abstract: The right to social assistance is a fundamental human right, as an essential element of the right to social security. After the economic reform, China has gradually established and developed the modern social assistance system. In 2014, China issued the Interim Measures on Social Assistance, which is the highest legal rule on social assistance so far. Personal coverage of social assistance is also enlarged and the level of assistance has been enhanced. Nevertheless, the system faces serious problems and challenges. China needs to tackle these issues with long-term efforts and devoting maximum available resources in order to progressively realize the right to social assistance.

Keywords: Right to Social Assistance; Poverty Relief; Vulnerable Groups; Remedies

B. 4　Protection of Reproductive Health Right　　*Liu Hongyan* / 074

Abstract: During the period from 2013 to 2014, China made considerable progress on protection of reproductive health rights. From 2013, National Health and Family Planning Commission launched the birth policy that allows coupels to have two children if one of them is an only child, ensuring more people's reproductive rights. In the recent years, China has further developed the related laws and relevant norms of conduct to build up the basis for protection of rights. China also has organized series of maternal and child health project activities to improve women's health consciousness and ability. However, the service staff's awareness on rights protection still needs to be improved, the reproductive issues of vulnerable group, such as adolescent, floating population are very highlighted. The prevalence of Syphilis still tends to increase. Therefore, China need to further strengthen the advocacy and training, improve people's awareness on rights protection, form the health behavior, and promote the implementation of the new birth policy, provide effective service for special group, such as adolescent and floating population.

Keywords: Reproductive Health; Reproductive Health Rights; Family Planning

B. 5　The Equalization of Essential Public Health Service and the Protection of the Right to Health　　*Man Hongjie* / 088

Abstract: It is the requirement of the right to health to the Equalization of essential public health service. Chinese Government made tremendous efforts in the construction of essential public health service system, which contributed remarkably to the improvement of the population's health level. The equalization of essential public health became the priory goal of the "New Healthcare Reform" launched from 2009. In the year of 2014, more funds were distributed to support more essential public service projects. Special attention has been paid to the vulnerable groups, such as transient population, women and children. As a result, the health quality of the population was highly improved. As the next steps, the disparities of essential public health service among regions and between urban and rural area shall be eliminated, and the legalization of essential public health service shall be pushed forward, and more projects shall be included into the list.

Keywords: Essential Public Health Service; Equalization; the Right to Health

B. 6　Education Reform in 2014 and the Protection of

　　　Right to Education　　　　　　　　　　　　　*Liu Yi* / 105

Abstract: The right to education is not only one term of human rights, but also can promote the realization of other rights. In 2014, China has accelerated education reform, the protection of right to education has gained new achievements: the right to education of three groups has improved obviously, the distribution of compulsory education resources is more balanced, admission of high-quality high school is more fair, the gap between urban and rural areas' opportunity to higher education narrows further, the scale of fiscal expenditure on Education from China's central government increases constantly, and the sharing of top higher education resource in digital format improves constantly. But the protection of right to education in China is also facing challenges: regional gap of opportunity to higher education narrows slightly, performance-related pay system of teachers in primary and secondary schools needs perfecting and innovation of educational form is insufficient.

Keywords: The Right to Education; Education Reform; Compulsory Education Resources; Migrant Children

B. 7　The Guarantee for Vocational Education Right

　　　　　　　　　　　　　　　　　　　Zhou Wei, Zhong Hui / 122

Abstract: In 2014, with the new position of vocational education established in China, government has simultaneously proposed the innovation model of vocational education, improving quality of personnel training, supporting social forces running education, and consummating the policy support system and other measures. However, the protection rights of vocational education still remains challengeable, so all we should do is to speed up the adjustment of the structure of vocational education, strengthen social participation, improve basic vocational education system, and to tradicate the vocational education legislation system in four aspects for improving the existing security system.

Keywords: Vocational Education Right; Vocational Education System; Legal Guarantee

B. 8 The Air Pollution Control and Legal Protection for
Civil Health Rights　　　　　　　　　　　*Zhang Mingtao* / 137

Abstract: In 2014, china makes improvement in air pollution control, from revising law, carrying out the inspection of law enforcement, formulating supporting documents of "Air Pollution Prevention Action Plan", strengthening information disclosure and public participation, regional cooperation, transforming the mode of development to establishing environmental resources tribunal. The legislative, administrative and judicial organs work together to combat air pollution, improve air quality and protect civil health rights. The work of air pollution control cannot meet the requirements of civil demand for air quality improvement. In order to protect public health rights, the management system should be perfected from increase in social responsibility for air clean, rationalization of environmental management system, further enhancement of information disclosure and public participation, improvement in regional cooperation of air pollution control to amelioration of pollution risk management and damage relief institution.

Keywords: Air Pollution Control; Health Rights; Legal Protection

B. 9　New Progress on Judicial Protection of Rights to Environment

Tang Yingxia / 153

Abstract: In recent years, the increasingly serious environmental pollution and ecological destruction influenced the realization of the citizens' environmental right, and it has become a social hot issue which concerning every social member's health and property interests. The protection of civil environmental rights and interests was explicitly mentioned in the two National Human Rights Action Plan, and was an important part in the revision of the Environmental Protection Law in 2014. In 2014, we've got remarkable achievements in the legal protection of environment, especially remarkable effect of environmental justice. The Environment Protection Law experienced four reviews before it was passed, and finally, environmental public interest litigation system was written. The Supreme People's Court Tribunal set up Environmental tribunal, and a large number of Environmental tribunals emerged around China, and environmental justice became more professional. The Supreme People's Court issued the Judicial Interpretation and Typical Cases, to guide the local environmental justice, and to improve the judicial protection of Environmental right.

Keywords: Rights to Environment; Judicial Protection; Environmental Public Interest Litigation; Environmental Tribunal

Civil and Political Rights

B. 10　Restriction of the Death Penalty and Guarantee the

　　　　Right to Life　　　　*Zhang Xiaoling, Liu Peien* / 167

Abstract: The death penalty was extreme penalty deprivation of human life. Nowadays, restrict and abolish the death penalty has become an internationally recognized trend. Since the United Nations General Assembly in 1989 passed the Second Optional Protocol to the "International Covenant on Civil and Political Rights," the international community has made significant progress in restricting the death penalty and the abolition of the death penalty, the state abolished the death penalty has now reached over 160. The constitution and laws in China attaches great importance to the guarantee of citizens' right to life, for the death penalty is the basic policy of "retain the death penalty, strict restrict to death penalty, prevent the wrong death sentence". To the right of life is more and more attention, our government by law and strictly restrict the death penalty in the judicial reform to the attention of the right of life to guide society.

Keywords: Restriction the Death Penalty; The Right to Life; Human Rights Protection

B. 11 China's Anti-terrorism and Human Rights Protection in 2014
Gulazat Tursun / 184

Abstract: In 2014, China experienced several serious terrorist incidents. These terrorist incidents damaged the interest of state, society and citizens. They violated the rights of life, health, property, development and the right to be immune from horror. In order to protect these rights and punish the criminals in time, under the leadership of the State Anti-Terrorism Office, Xinjiang local government set up special act of terrorist punishment from May 23, 2014 to June 2015. At the same time, China NPC drafted the Anti-terrorism law and Criminal Law Amendment (9) while Chinese government strengthening international anti-terrorism cooperation. By doing so, China expressed its will to combat terrorism and protect human rights in terrorism incidents.

Keywords: Anti-terrorism; Human Rights; China

B. 12 The Reform of the Household Registration System and the Equality of Resident Status *Li Yunlong* / 199

Abstract: The household registration system of China has not suitable for today's economic and social development reality. The ultimate goal of household

483

registration system reform is to realize the equality of citizen identity. A substantial relaxation of urban household registration restrictions will promote the process of urbanization Chinese. By 2020, 100 million countryman will register permanent residence in towns. The widespread implementation of the residence permit system will significantly improve the situation of floating population.

Keywords: The Household Registration System; Equality of Resident Status; Rights Protection

B.13　Establishing the System of Power Lists to Protect Citizens' Rights of Supervision and Freedom　　*Liu Ming* / 216

Abstract: Government information publicity not only is an important measure to ensure various government departments administrate according to law, but also is the basic premise to protect citizens' rights of supervision and freedom. "The Decision of Some Important Problems on Comprehensively Advancing the Rule of Law" passed by The Fourth Plenary Session of the 18th, stipulates explicitly that local governments and their departments carry out the System of Power Lists and make power running processes public. Since early 2014, governments at all levels have gradually established the System of Power Lists to ensure administrative examination and approval matters to the public, which contributing to the achievement of citizens' rights of supervision and freedom. However, there are still some aspects need to be improved to ensure the System of Power Lists function effectively.

Keywords: the System of Power Lists; the Right of Supervision; Rights of Freedom

B.14　A Study on Data Privacy of Chinese Citizens: Challenges and Responses　　*Wang Sixin, Li Wenlong* / 234

Abstract: Data and Privacy becomes increasingly inter-connected in the era of big data, and meanwhile privacy protection is now heavily influenced by data practices. Data privacy is currently the focus of privacy protection that we need to attach importance to. The data revolution fueled by technological advances makes the privacy more important in the human right system, especially in the cyberspace. This study illustrates the relevant data privacy issues, analys the relationship between data and privacy, and shed light on data-related challenges. It mainly discuss the current measures taken by Chinese government in 2014, along with its impact and implications. The study aims to offer advice for development of Chinese privacy law.

Keywords: Data Privacy; Human Rights; Big Data

B. 15   Open Justice and the Right to Know   *Huang Shiyuan* / 249

Abstract: In recent years, the Supreme People's Court of the PRC has passed a batch of judicial documents concerning public trials, and the local people's courts have made some progress in adopting various measures to promote the works of open justice, especially in constructing of Three Big Platforms, uploading judgment documents and live streaming of court trials to the Internet. But there are still some problems to be solved. The phenomena of selective openness and pro-forma openness are common. The judicial documents concerning public trials are not fully enforced. The supporting measures have not been taken.

Keywords: Open Justice; The Construction of Three Big Platforms; Uploading Judgment Documents to the Internet; Uploading Live Streaming of Court Trials to the Internet

Protection of Human Rights of Special Groups

B. 16   The Protection of the Right to Work of Minority
         Nationalities in Xinjiang and Tibetan Society   *Chen Chao* / 267

Abstract: The protection of the right to work is the basis and premise for

485

basic constitutional rights of minority nationalities citizens. In recent years, the government of Xinjiang and Tibetan Society has taken a number of measures, including increasing jobs, formulating proportional employment policy, promoting minority nationalities students' employment, promoting the rural surplus labor employment, strengthening vocational training, to protect the right to work of minority nationalities successfully. However, to protect the right to work of Chinese minority nationalities citizens still face challenges. Chinese government needs to take measures from five aspects, including formulating specific guidance documents promoting the transfer of employment of minority nationalities, providing more jobs which only for minority nationalities, enhancing the employabilities of minority nationalities college students, developing Vocational Education, developing of green agriculture, to protecting the right to work of minority nationalities citizens better.

Keywords: Minority Nationality; The Right to Work; Xinjiang; Tibetan Society

B.17　Protection of Overseas Chinese People's Human Rights in 2014　　　　　*Liu Jie, Shi Dongxu* / 289

Abstract: In 2014, various risks faced by overseas Chinese becoming diversified, which promote to increase the institutional building of our diplomatic and consular protection. That is, by strengthening consular protection, improve preventive protection mechanism, improve measures and post-incident emergency mechanism, efforts to create "the overseas livelihood projects". However, the strengthening of human rights protection is still facing some difficulties. The Chinese government needs to improve support capabilities through participation in international affairs, at the same time, improve the human rights protection of overseas citizens from a legal perspective, in addition to increase the resources inputs and strengthen multifaceted cooperation of consular protection, then strengthen the protection of human rights.

Keywords: Overseas; Chinese People; Protection of Human Rights

B. 18　Human Rights Impacts of Overseas Investments by
　　　　Chinese Corporates under the "Going Out" Strategy
　　　　　　　　　　　　　　　　　　Zhang Wanhong, Cheng Qian / 305

Abstract: This paper views the positive and passive human rights impacts of overseas investments by Chinese corporates under the "Going Out" strategy, from the perspective of human rights. It states the significance of respecting human rights principles in overseas investments, and provides suggestions regarding the improvement of human rights performances by Chinese Overseas Investments.

Keywords: "Going Out" Strategy; Overseas Investments; Human Rights Impacts

Human Rights Legislation and International Cooperation

B. 19　Analysis Report on China's Human Rights
　　　　Related Legislation in 2014　　　　　Ban Wenzhan / 322

Abstract: In 2014, the NPC Standing Committee and the State Council of China continually and positively carried out human rights related legislative activities. As a result, several laws and regulations that having significant influence on human rights were enacted or amended. In particular, the legislation on administrative proceedings, environmental protection and social assistance has made remarkable development. In consideration of the unfinished tasks on human rights related legislation as well as the inadequacy and inappropriateness of the contents of some enacted or amended laws and regulations, both the NPC Standing Committee and the State Council still need to take necessary and effective measures to strengthen and improve their human rights related legislation works.

Keywords: Human Rights; Legislation; Law; Regulation

人权蓝皮书

B. 20 The Development of China's International Cooperation and Exchanges in Human Rights Field in 2014

Luo Yanhua / 340

Abstract: In 2014, China made new progress in conducting international human rights cooperation and exchanges. As for international cooperation, multilateral human rights cooperation is the major part for China. China got the approval of the second UPR, and received the deliberation of the Committee on Economic, Social and Cultural Rights and the Committee on the Elimination of Discrimination against Women on its performance reports. And China also kept good cooperation with the Office of the High Commissioner for Human Rights. In the aspect of international human rights exchanges, China promoted the exchanges both officially and non-officially. In the official level, China conducted several bilateral dialogues; in non-official level, human rights organizations are very active and did a lot of work in enhancing mutual understanding in human rights field.

Keywords: China; Human Rights; International Cooperation; International Exchanges

The Study of Human Rights Situation

B. 21 An Analysis Report on Human Rights Papers Published on CSSCI Journals during 2004 −2014

Xu Yao, Zhu Xiaoxu and Wang Yan / 359

Abstract: There are 1975 papers on human rights which had been published on CSSCI periodicals during 2004 − 2014. If we make a research on their numbers, content, subject, financing, periodicals and so on, we can find that the government gives more and more support to human rights study. A lot of subjects studied the issue of human rights on their own perspective and these subjects are closely related to the different rights. Generally speaking, the content and perspective of human rights study is becoming more and more specific and many topics are focus on the hot issues.

Keywords: Human Rights Papers; Human Rights Project; Human Rights Study

B. 22 National Institutes of Human Rights Education and

Training: Retrospect and Prospect   *Zhang Xian* / 373

Abstract: In order to implement National Human Rights Action Plan of China, Chinese government has established eight National Institutes of Human Rights Education and Training in universities. This paper aims to look back at their achievements in human rights education and training, theoretical studies, policy consultation, social services and international exchanges since their establishment. Besides that, the paper also focus on the selection and approval of the second batch of National Institutes of Human Rights Education and Training in 2014, explores the existing difficulties and problems in their development, and their prospect.

Keywords: National Human Rights Action Plan of China; National Institutes of Human Rights Education and Training; University

B Ⅲ Research Reports and Case Studies

B. 23 The New Progress in the Field of Legal Aid for Migrant

Workers: Taking the Practice of Beijing Zhicheng

Migrant Workers' Legal Aid and Research

Center as An Example   *Tong Lihua*, *Chen Siyuan* / 384

Abstract: Playing an active role in protecting migrant workers' rights and promoting social harmony, Beijing Zhicheng Migrant Workers' Legal Aid and Research Center has established the legal aid model composed of specialization, legalization, mainstreaming, comprehensiveness, institutionalization and internationalization; summed up the characteristics of the legal aid for migrant workers including the weakening particularity, rising complexity, improving judicial environment and constant difficulty in case handling; realized the problems of the legal aid for migrant workers in specialization, resolving social conflicts, boosting legal aid civil societies and improving the efficiency of disputes settlement; and advised promoting the socialization of legal aid services, enhancing the ability of providing legal aid, strengthening labor supervision, exploring the reform modes of the labor arbitration and valuing the relationship between legal aid civil societies and governments, judicial authorities and other parties.

Keywords: Migrant Workers; Legal Aid; Zhicheng Model

B. 24 The New Development of Social Organizations and Its Role in Human Rights Protection: A Case Study of Wuhan

Ding Peng, Zhang Wanhong / 403

Abstract: The social organizations have boomed in 2014 in China due to the new registration system, increased government purchase and innovative management mechanism. As a result, its capability and influence in human rights protection, mainly through public service and advocacy, has been enhanced significantly. To strengthen this role in the future, the human rights awareness and legal professionalism must be improved among social organizations.

Keywords: Social Organization; Human Rights; Public Service; Advocacy

B. 25 Survey Report of the Chinese Public's Ideas on Anti-corruption

Zhang Yonghe, Zhu Linfang, Liu Yunyun, Zhou Li,
Yan Dong, Shang Haiming, Zhong Ke and Xiao Wu / 414

Abstract: Since the party's 18th national conference, the new session of the

CPC central which Xi jinping as general secretary using unprecedented strong hand to fight against corruption, has achieved remarkable success. The people are the important strength to rely on in the process of anti-corruption, so the study of people's cognition, expectation and the evaluation about corruption is very important. The survey has found that, people's understanding of corruption is broad and vague, inclined to associate the practices not belong to the corrupt practices with the corrupt practices. The People believe that, corruption situation of our country is serious, especially in political and administrative areas. Officials "in the middle of power ground" are more likely to putrefy. Putrefy money worship is the most outstanding type, and interactive corruption such as bribe is the most typical one. "Covet after wealth" is considered to be the immediate causes of officials to putrefy, and power without effective supervision and restraint is considered to be the primary cause of corruption. For how to prevent and combat corruption, people are more likely to support public officials' property, independent anti-corruption agencies, democratic and harsh punishment. For the High-Salary System, there was a big difference in the attitude of different groups. Civil servants are more likely to support it, while the ordinary people are more likely to against it. Taken as a whole, the people have confidence in the country's anti-corruption work, but also fear, holding a cautious optimism.

Keywords: Chinese People; The Social Survey; Anti-Corruption Conception

B Ⅳ Appendices

B.26 Chronicle of Human Rights in China in 2014 *Xu Yao* / 447
B.27 The Law and Regulations Enacted, Amended and
       Modified in 2014 that Directly Relate to Human Rights
                                              Ban Wenzhan

法律声明

"皮书系列"（含蓝皮书、绿皮书、黄皮书）之品牌由社会科学文献出版社最早使用并持续至今，现已被中国图书市场所熟知。"皮书系列"的LOGO（ ）与"经济蓝皮书""社会蓝皮书"均已在中华人民共和国国家工商行政管理总局商标局登记注册。"皮书系列"图书的注册商标专用权及封面设计、版式设计的著作权均为社会科学文献出版社所有。未经社会科学文献出版社书面授权许可，任何使用与"皮书系列"图书注册商标、封面设计、版式设计相同或者近似的文字、图形或其组合的行为均系侵权行为。

经作者授权，本书的专有出版权及信息网络传播权为社会科学文献出版社享有。未经社会科学文献出版社书面授权许可，任何就本书内容的复制、发行或以数字形式进行网络传播的行为均系侵权行为。

社会科学文献出版社将通过法律途径追究上述侵权行为的法律责任，维护自身合法权益。

欢迎社会各界人士对侵犯社会科学文献出版社上述权利的侵权行为进行举报。电话：010-59367121，电子邮箱：fawubu@ssap.cn。

社会科学文献出版社

权威报告·热点资讯·特色资源

皮书数据库
ANNUAL REPORT(YEARBOOK) DATABASE

当代中国与世界发展高端智库平台

www.pishu.com.cn

皮书俱乐部会员服务指南

1. 谁能成为皮书俱乐部成员？
- 皮书作者自动成为俱乐部会员
- 购买了皮书产品（纸质书/电子书）的个人用户

2. 会员可以享受的增值服务
- 免费获赠皮书数据库100元充值卡
- 加入皮书俱乐部，免费获赠该纸质图书的电子书
- 免费定期获赠皮书电子期刊
- 优先参与各类皮书学术活动
- 优先享受皮书产品的最新优惠

3. 如何享受增值服务？

（1）免费获赠100元皮书数据库体验卡

第1步 刮开附赠充值的涂层（右下）；

第2步 登录皮书数据库网站（www.pishu.com.cn），注册账号；

第3步 登录并进入"会员中心"—"在线充值"—"充值卡充值"，充值成功后即可使用。

（2）加入皮书俱乐部，凭数据库体验卡获赠该书的电子书

第1步 登录社会科学文献出版社官网（www.ssap.com.cn），注册账号；

第2步 登录并进入"会员中心"—"皮书俱乐部"，提交加入皮书俱乐部申请；

第3步 审核通过后，再次进入皮书俱乐部，填写页面所需图书、体验卡信息即可自动兑换相应电子书。

4. 声明

解释权归社会科学文献出版社所有

皮书俱乐部会员可享受社会科学文献出版社其他相关免费增值服务，有任何疑问，均可与我们联系。

图书销售热线：010-59367070/7028
图书服务QQ：800045692
图书服务邮箱：duzhe@ssap.cn

数据库服务热线：400-008-6695
数据库服务QQ：2475522410
数据库服务邮箱：database@ssap.cn

欢迎登录社会科学文献出版社官网
（www.ssap.com.cn）
和中国皮书网（www.pishu.cn）
了解更多信息

社会科学文献出版社 皮书系列
SOCIAL SCIENCES ACADEMIC PRESS (CHINA)

卡号：364450281041
密码：

S 子库介绍
Sub-Database Introduction

中国经济发展数据库

涵盖宏观经济、农业经济、工业经济、产业经济、财政金融、交通旅游、商业贸易、劳动经济、企业经济、房地产经济、城市经济、区域经济等领域，为用户实时了解经济运行态势、把握经济发展规律、洞察经济形势、做出经济决策提供参考和依据。

中国社会发展数据库

全面整合国内外有关中国社会发展的统计数据、深度分析报告、专家解读和热点资讯构建而成的专业学术数据库。涉及宗教、社会、人口、政治、外交、法律、文化、教育、体育、文学艺术、医药卫生、资源环境等多个领域。

中国行业发展数据库

以中国国民经济行业分类为依据，跟踪分析国民经济各行业市场运行状况和政策导向，提供行业发展最前沿的资讯，为用户投资、从业及各种经济决策提供理论基础和实践指导。内容涵盖农业，能源与矿产业，交通运输业，制造业，金融业，房地产业，租赁和商务服务业，科学研究，环境和公共设施管理，居民服务业，教育，卫生和社会保障，文化、体育和娱乐业等100余个行业。

中国区域发展数据库

以特定区域内的经济、社会、文化、法治、资源环境等领域的现状与发展情况进行分析和预测。涵盖中部、西部、东北、西北等地区，长三角、珠三角、黄三角、京津冀、环渤海、合肥经济圈、长株潭城市群、关中—天水经济区、海峡经济区等区域经济体和城市圈，北京、上海、浙江、河南、陕西等34个省份及中国台湾地区。

中国文化传媒数据库

包括文化事业、文化产业、宗教、群众文化、图书馆事业、博物馆事业、档案事业、语言文字、文学、历史地理、新闻传播、广播电视、出版事业、艺术、电影、娱乐等多个子库。

世界经济与国际政治数据库

以皮书系列中涉及世界经济与国际政治的研究成果为基础，全面整合国内外有关世界经济与国际政治的统计数据、深度分析报告、专家解读和热点资讯构建而成的专业学术数据库。包括世界经济、世界政治、世界文化、国际社会、国际关系、国际组织、区域发展、国别发展等多个子库。